本研究得到國家自然科學基金項目
（項目批准號：40901074）
的資助

張乃翥
張成渝　編

絲路紀影
——洺泗草堂藏拓擷英

國家圖書館出版社

圖書在版編目（ＣＩＰ）數據

絲路紀影——洛汭草堂藏拓擷英 / 張乃壽, 張成渝編. --
北京: 國家圖書館出版社, 2017.10
ISBN 978-7-5013-5810-6

I. ①絲… Ⅱ. ①張… ②張… Ⅲ. ①龍門石窟—石刻—
文集 Ⅳ. ①K877.404-53

中國版本圖書館CIP數據核字（2016）第066071號

書　　名　絲路紀影——洛汭草堂藏拓擷英
著　　者　張乃壽　張成渝　編
責任編輯　苗文葉
封面設計　張乃壽　張成岱

出　　版　國家圖書館出版社（100034 北京市西城區文津街7號）
　　　　　　（原書目文獻出版社　北京圖書館出版社）
發　　行　（010）66114536　66126153　66151313　66175620
　　　　　　66121706（傳真）　66126156（門市部）
E－mail　nlcpress@nlc.cn（郵購）
Website　www.nlcpress.com→投稿中心
經　　銷　新華書店
印　　裝　北京金康利印刷有限公司
版　　次　2017年10月第1版　2017年10月第1次印刷

開　　本　787×1092毫米　1/8
印　　張　56.5
字　　數　220千字

書　　號　ISBN 978-7-5013-5810-6
定　　價　1980.00圓

本書緣起

　　收入本書的這部分石刻拓本，是家父張乃翥先生最近二十餘年來在龍門石窟工作過程中，爲了研究當地"區系文化"形態而收集的部分文物資料。

　　這些拓本資料的主體來源有兩項：

　　一、近年民間出土且流散於洛陽古舊市場的石刻文物，其拓本出現於坊間銷售者。

　　二、龍門石窟魏唐時期佛教窟龕的石刻浮雕和題記，以拓本方式流入市場者。

　　自然，在龍門從事石窟藝術研究多年的父親，深深理解這些文化資料的價值和難得。於是，傾其積蓄，斷斷續續從坊肆間購回了這些珍貴的拓本。記得當年父親曾有感言："這些文物資料在法規限制、部門所有、行業壟斷、人際封鎖種種規則流行的當下，能以市場轉換的方式流落到研究人員的手中，實在是中國學界的苦澀！無奈耶歟？慶幸耶歟？傷感耶歟？"

　　出於職業敏感的原因，父親首先意識到這類新近面世的文物資料在揭示龍門地區古代文化生態方面具有無可替代的價值。所以還在拓本搜集過程的初始，即立意編輯一部以反映地域文化群落爲主題的公共讀物——在國家圖書館出版社發行的《龍門區系石刻文萃》一書，即是父親董理新藏與舊輯，奉獻給學界的一部資料彙編。書中豐富的石刻文獻向人們揭示了，中古時代的龍門地區曾以"信仰本位"爲基點，形成了一個信士群體的動態文化的積聚過程。

　　此外，家父在收集這些資料的同時，有意遴選那些在"石刻功夫"方面具有視覺衝擊魅力的兩項藝術精品——那些具有中國傳統文化特質的漢字書法藝術的傑出作品和傳達著西方裝飾美術"密體風範"的綫刻石雕。希冀用此日積月纍的心力集結，爲後人留下一部體驗古代東方藝術博大精深文化意蘊的美術讀本。

　　現今呈現在讀者面前的這部美術史料的彙集，正是以上家藏資料分類結集的產物——這是父親一向念叨的"學術資料應爲天下之公器"心路理念的實現。

在編輯完畢這部圖書的日子裏，父親曾反復提醒我們，中國書道史上這類以"楷法韻致"爲文人磨礪心靈的過程及其藝術産品，使我們認識到農耕時代東方文人社會給人們提供的視覺讀品具有無可替代的陶冶心靈的審美價值——"學而優"背景下"室內悠閒"的生存勢態，鑄就了古代文人從容創作文化精品的人生境界！如果將這類書法作品與同期石刻綫畫的視覺風貌給予綜合審視，則來自"力工場域"下的這些石刻美術産品，無疑從另一角度再次透露出那一時代東方藝術風尚的嚴謹和創作態度的堅韌——祇有一個視域博大的時代環境，纔能孕育並容納這種"時光積聚"的文化成果的産生。

將個人家藏轉化爲一件具有公共教育意義的文化讀品，以美術史料的真實信息宣傳文化行爲"品質至上"的學理觀念，是父親編纂本書的基本出發點之一。他之所以念念心繫於此道，一個主要的想法是，産生於一座古老文化都會的這些具有重大欣賞價值的美術遺跡，從視覺感受上可以爲人們認識古代中外社會的文化場態提供值得珍惜的敘事意境。因此，這批史料的公佈，將爲改進中國史學長期忽視視覺史料的治學傳統做出一份綿薄的貢獻。

除此之外，他希望讀者能從本書資料的閱覽中意識到，在相對開放時代的中國，我們的祖先曾以豁達、包容的胸懷，以"密體美術"的創作實踐，接納、傳延了西方心靈世界的"堅毅和認真"！這對人們理解中國封建社會的"繁榮階段"何以會出現於盛唐一代，將會具有值得深思的歷史意義！

張成崑、張成渝、張成岱
2010 年農春正月朔日於洛汭草堂老屋

目　録

論文 ··· 三一一

中古時期漢地裝飾美術中的“密體意致”——美術史視域下的

　中古漢地石刻裝飾藝術 ·············· 張乃翥　張成渝　三一一

洛陽“格里芬”美術遺跡與西域文明之東漸 ········ 張乃翥　三五三

磚石裝飾雕塑藝術

1. 西安出土西漢 "四神" 瓦當

（19.5/104 釐米）

2. 洛陽龍門西山出土西漢晚期畫像磚

（左端高 27 釐米

右端高 26 釐米，橫長 110.5 釐米）

2009 年冬龍門西山張溝村一帶出土

磚面裝飾圖案中所見幾何紋邊飾

藝術風格含有古代波斯

"細密畫"美術格調的遺風

而其排列有緻的雪杉紋和聯珠紋圖案

更是西域公元前 6 世紀波斯波利斯故城

常見裝飾題材的移植

3. 洛陽出土東漢畫像磚‧山林狩獵圖

（25/132 釐米）

4. 洛陽出土東漢畫像磚·虎嘯山林圖

（33/102 釐米）

5. 龍門出土東漢畫像磚・里人趨舍圖

（22.5/108/11.5 釐米）

6. 龍門出土東漢畫像磚・里人趨舍圖 　　(66.5/42/11.5 釐米)

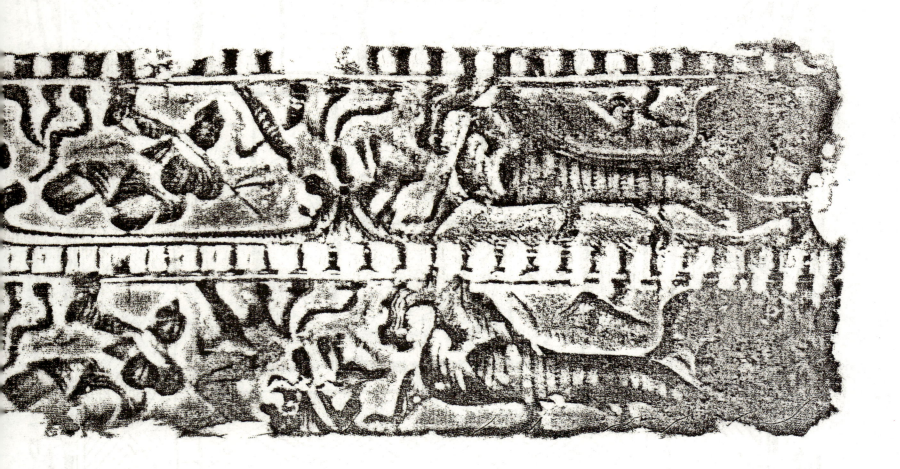

7. 洛陽出土東漢畫像磚·鬥獸圖

（10/44.5 釐米）

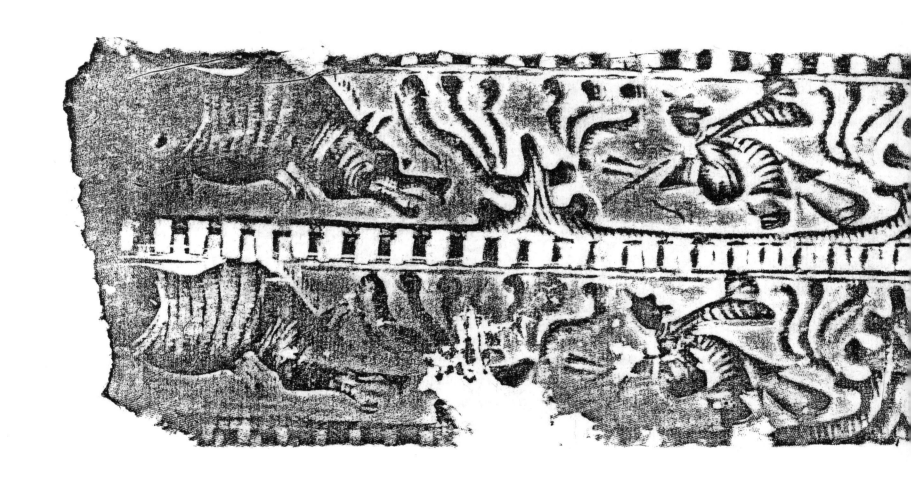

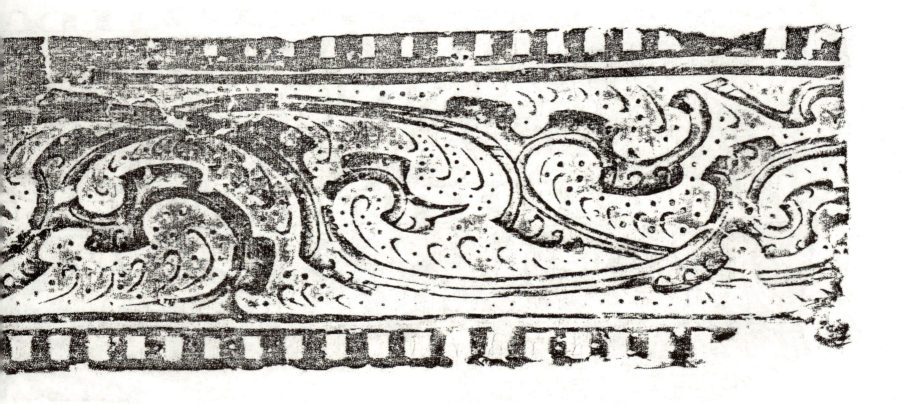

8. 洛陽出土東漢畫像磚·夔龍玄鳥圖

（9/44.5 釐米）

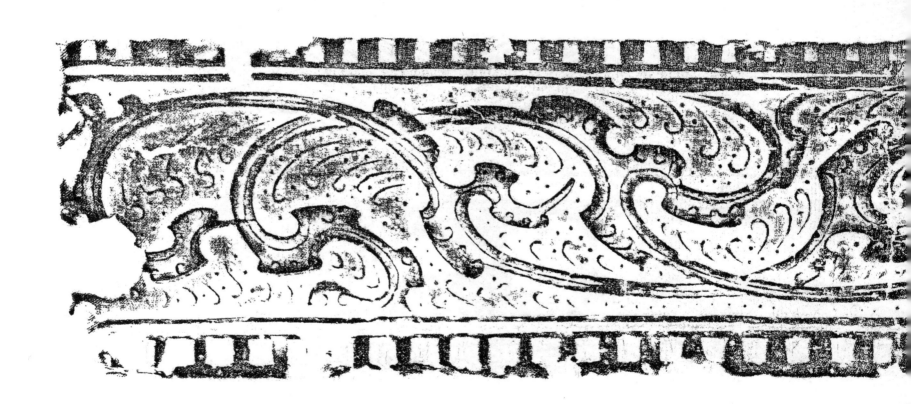

9. 洛陽出土東漢畫像磚·龍虎向陽圖

（33/53 釐米）

10. 洛陽出土東漢畫像磚·"長樂、益壽、延年"

（19/116 釐米）

11. 山西出土東漢“眗氏祠當”瓦當（朱拓）

（直徑 13 釐米）

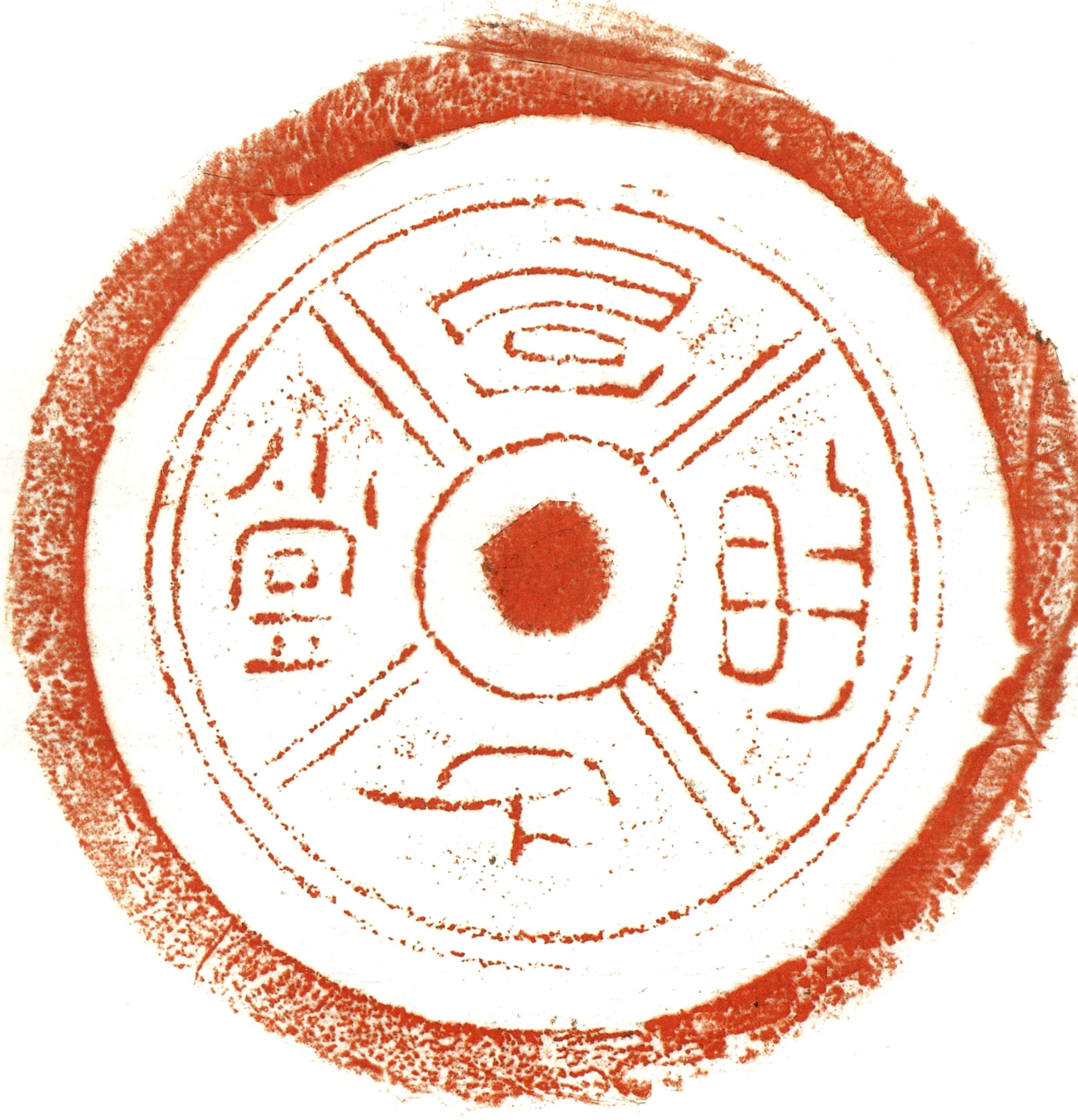

12. 四川出土東漢畫像磚—1號・戰騎圖

（38/45 釐米）

13. 四川出土東漢畫像磚—2號・雜
藝圖

（29/46 釐米）

14. 四川出土東漢畫像磚—3號·井鹽圖

15. 四川出土東漢畫像磚—4 號・鳳
  闕圖

（41/48 釐米）

16. 西晉韓壽墓表

（47.5/30.5 釐米）

西晉，失紀年

清道光廿一年（1841）洛陽出土，現藏洛陽博物館

17. 龍門石窟古陽洞北壁第一列比丘慧成造像龕平座間聯珠紋、卷草紋浮雕

（7/38.5 釐米）；（9/19 釐米）

北魏太和十二年（488）九月十四日

18. 龍門石窟古陽洞南壁第一列比丘法生造像龕供養人行列

（38/148 釐米）

北魏景明四年（503）十二月一日

19. 龍門石窟古陽洞南壁西端頂層安定王元爕造像龕供養人行列

（35/148 釐米）

北魏正始四年（507）二月中

20. 龍門石窟古陽洞北壁第二列東三龕（元燮造像龕）供養人行列

（22/55 釐米）

北魏永平四年（511）十月十六日

21. 龍門地區寺院遺址出土北魏烏丸
人展祖暉等信士造像碑

（47/116 釐米）

北魏神龜元年（518）六月十五日

圖版引自北京圖書館金石組編：《北京圖書館藏中國歷代石刻拓本彙編·北朝》004 冊，鄭州：中州古籍出版社
1989 年 11 月，第 56 頁。

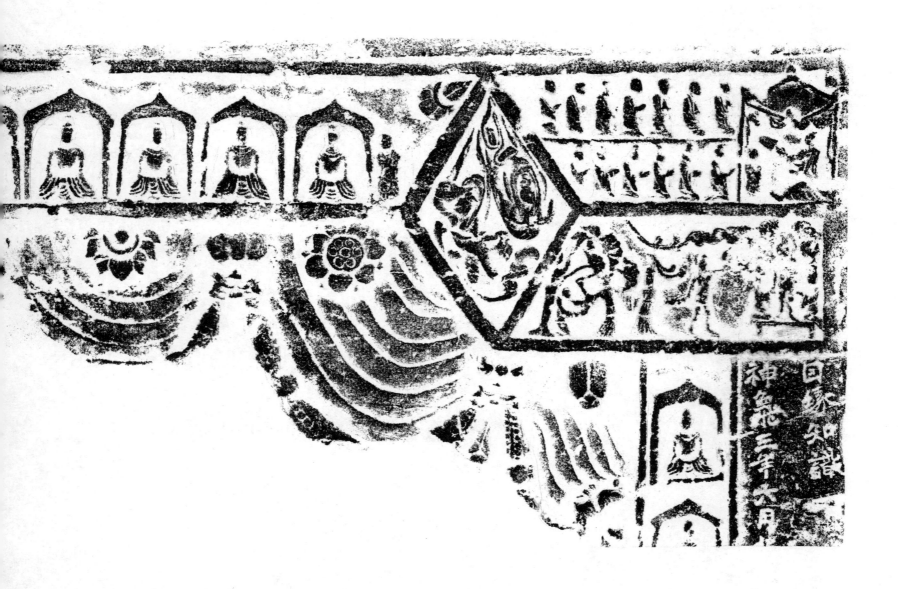

22. 龍門石窟古陽洞南壁第三列西起第一龕（比丘惠感等造像龕）龕楣

（27/92 釐米）

北魏神龜三年（520）六月九日

23. 龍門石窟火燒洞南壁比丘惠榮造像龕題記與供養人

（14/54 釐米）

北魏正光三年（522）七月十七日

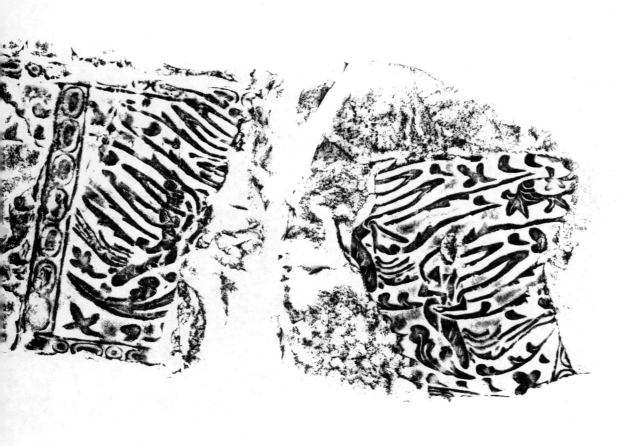

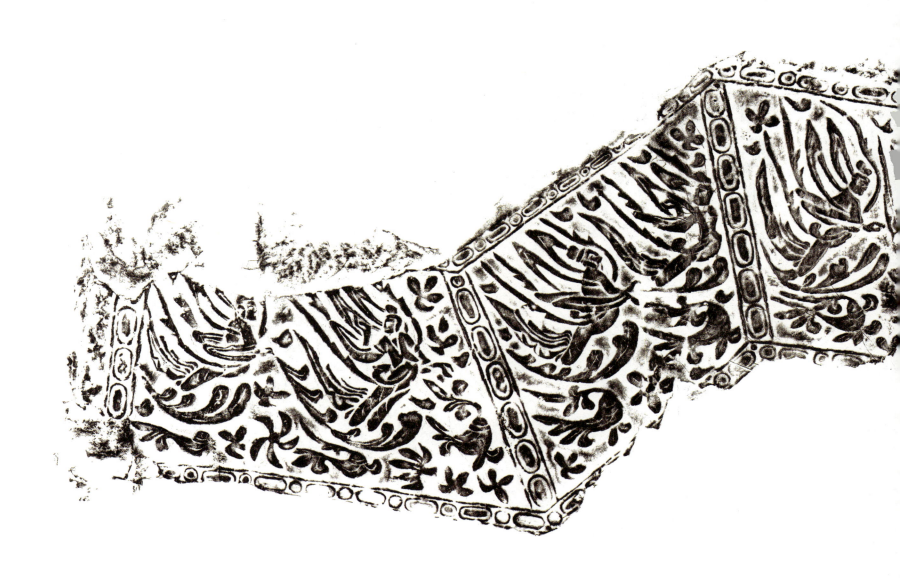

25. 龍門石窟古陽洞北壁第二列東起
第四龕盝頂龕楣內供養天人（北
魏）

（60/48 釐米）

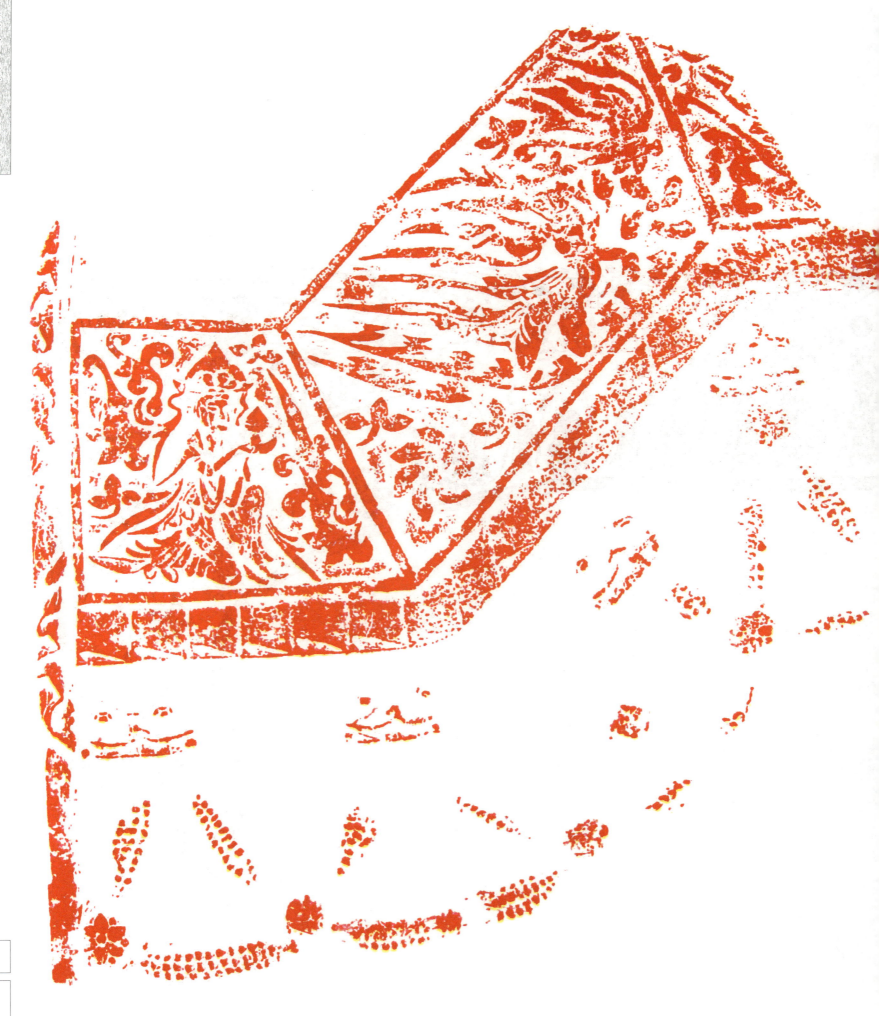

26. 龍門石窟古陽洞北壁第三列東起
第二龕龕楣（北魏）

27. 龍門石窟古陽洞北壁上層胡服供
養人像龕（北魏）

（38/35 釐米）

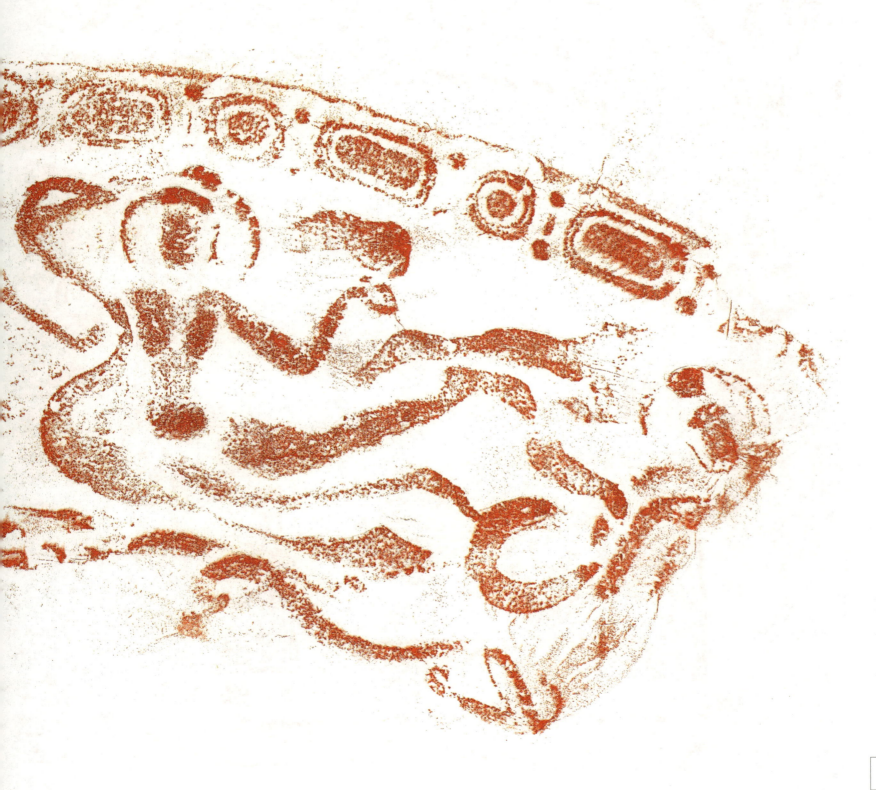

28. 龍門石窟古陽洞北壁上層魏灵藏 等造像龕背光內飛天（北魏）

（21/53 釐米）

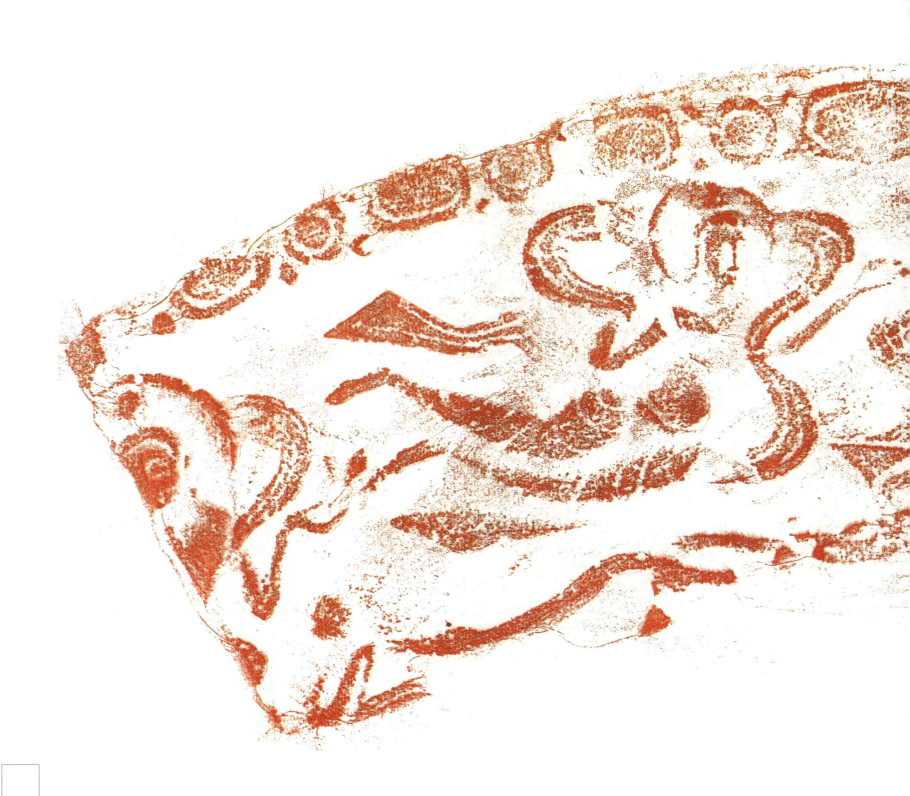

29. 龍門石窟古陽洞北壁第三列東起第二龕西臨龕龕楣（北魏）

（56/86 釐米）

30. 龍門石窟古陽洞北壁第三列東起
　　第二龕龕下一"千佛屏風"式龕
　　楣（北魏）

（33/65 釐米）

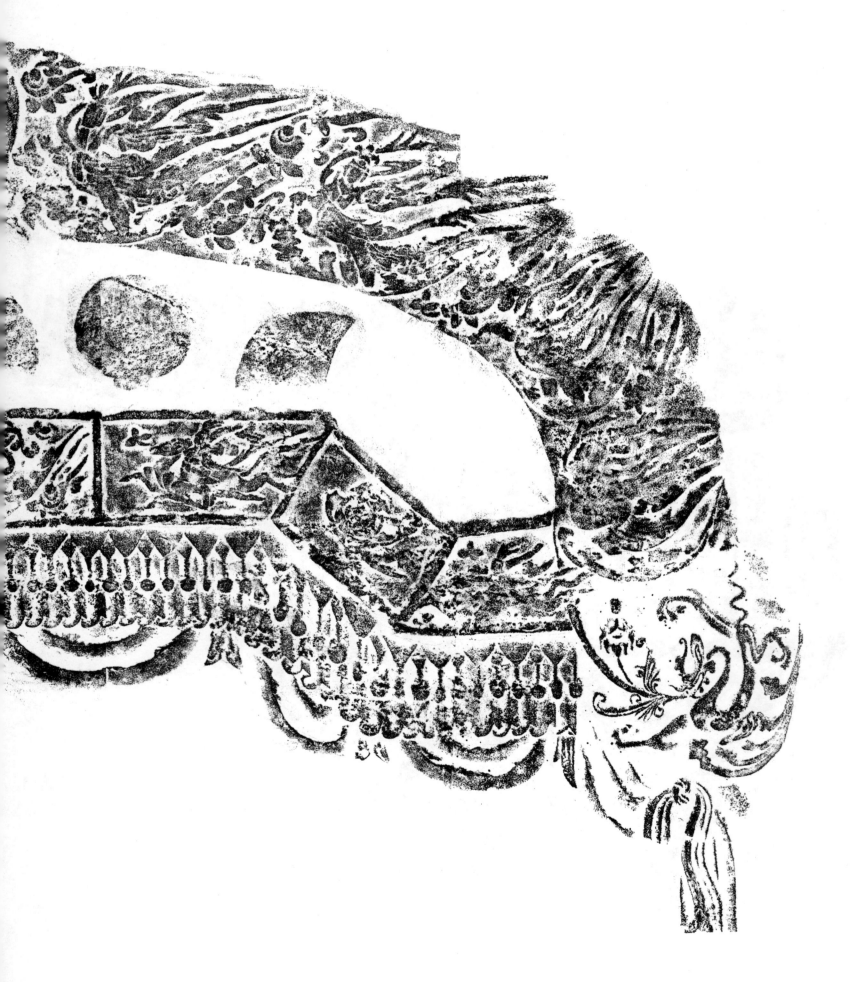

31. 龍門石窟古陽洞南壁第二列西起第一龕龕楣（北魏）（尖拱—盝頂龕楣）

（80/145 釐米）

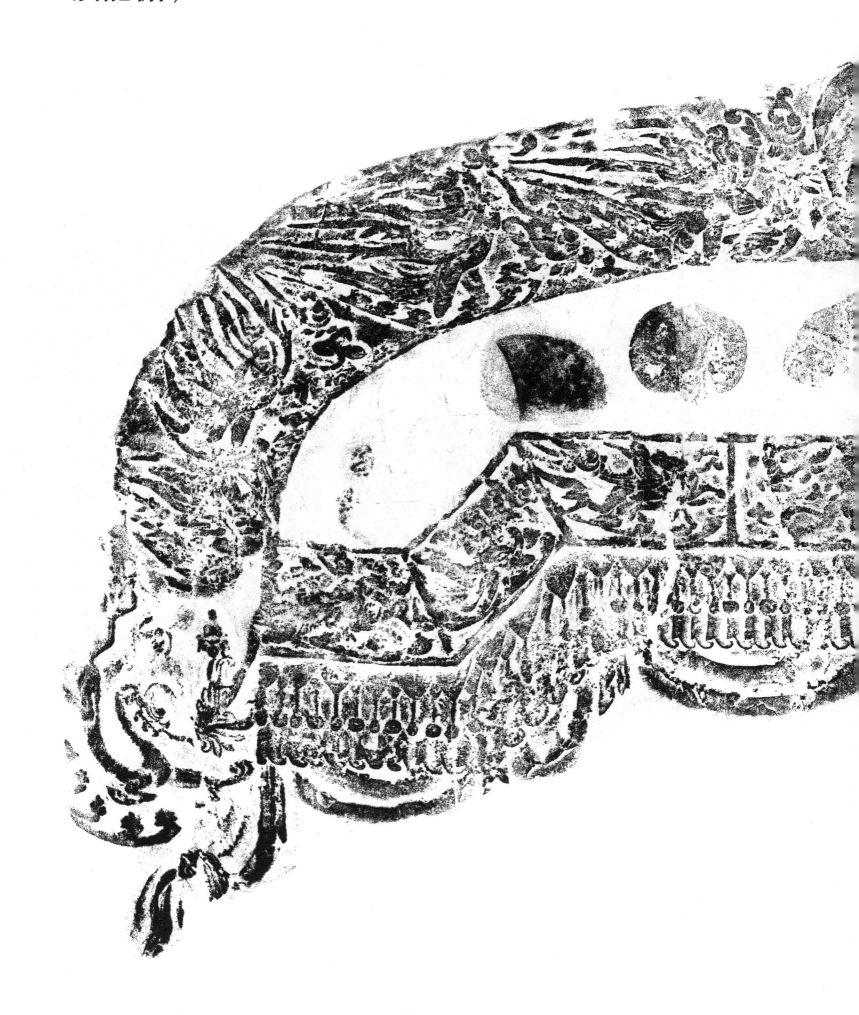

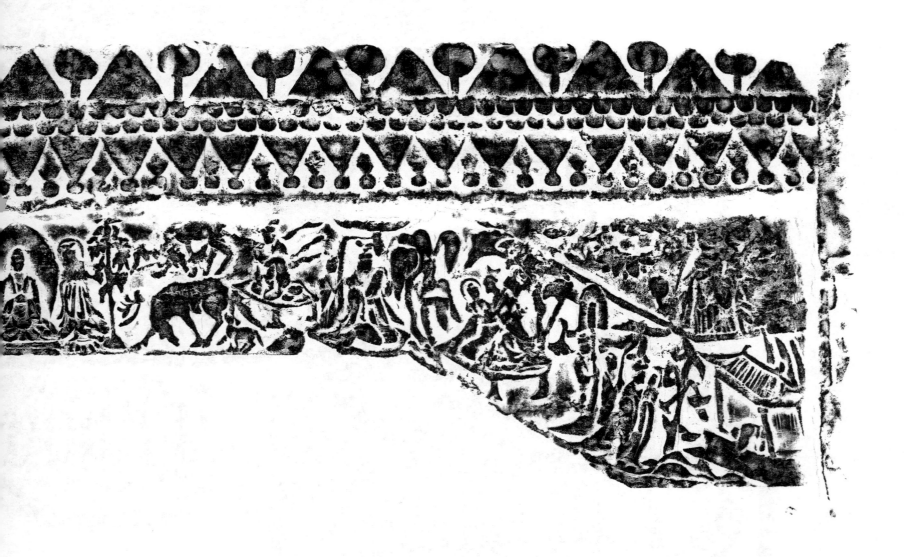

32. 龍門石窟古陽洞南壁第二列西起第二龕龕楣（北魏）（佛傳故事浮雕）

（48/148 釐米）

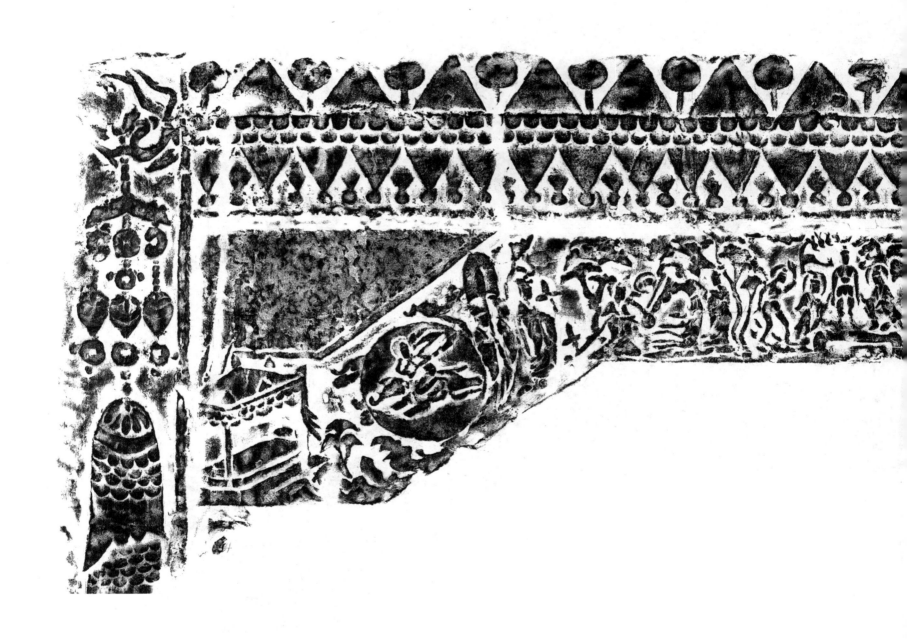

33. 龍門石窟古陽洞南壁第二列西起第四龕龕楣（北魏）（雉尾龍龕楣）

34. 龍門石窟蓮花洞南壁第一列東起第二龕龕楣（北魏）（執塵尾飛天）

35. 龍門石窟蓮花洞南壁第一列東起第二龕龕內佛傳故事─1（北魏）

（48/66 釐米）

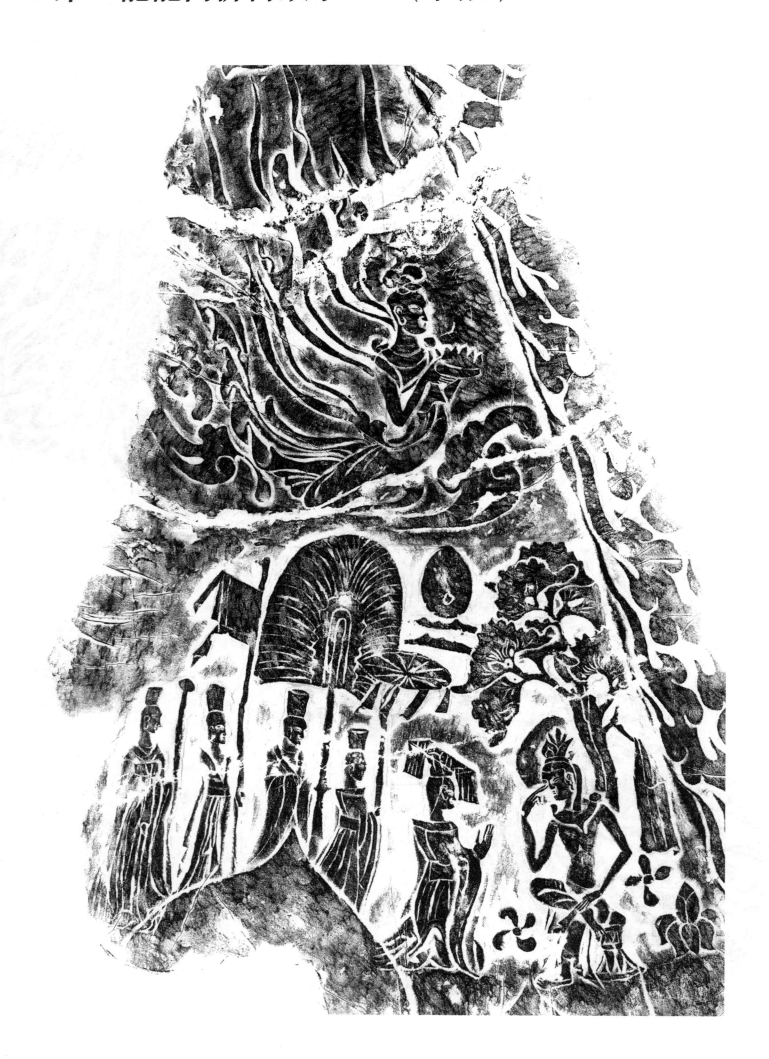

36. 龍門石窟蓮花洞南壁第一列東起
第二龕龕內佛傳故事—2（北魏）

（48/66 釐米）

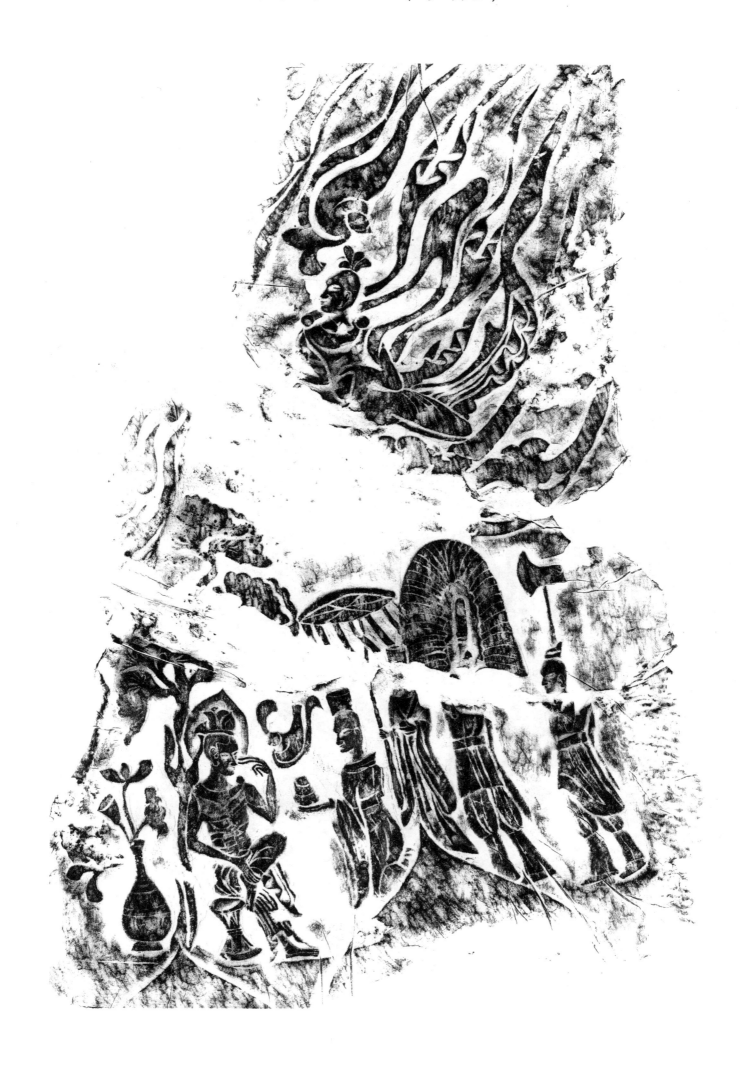

37. 龍門石窟蓮花洞南壁第一列東起 第二龕龕下供養人行列（北魏）

（14/17 釐米）

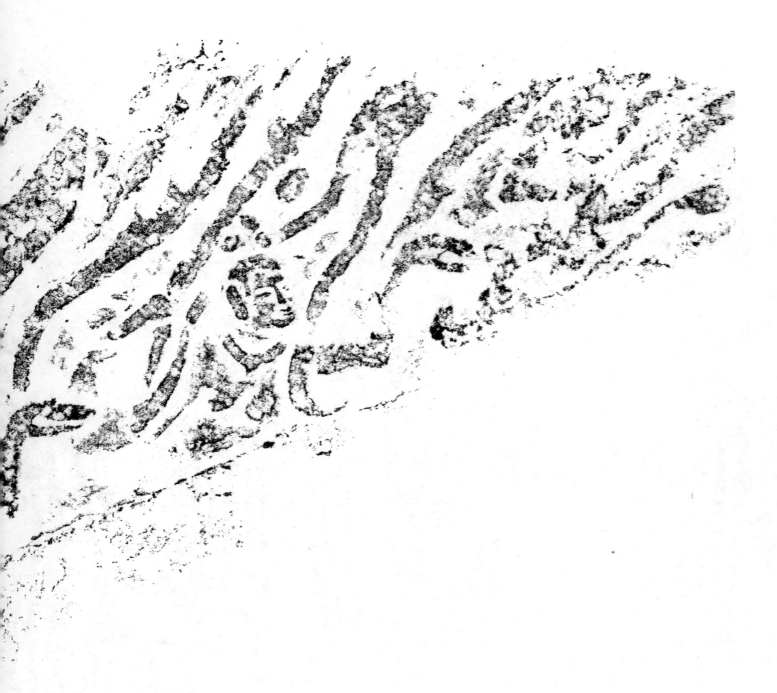

38. 龍門石窟蓮花洞南壁第一列東起
第三龕龕楣伎樂天（北魏）

（28/40.5 釐米）

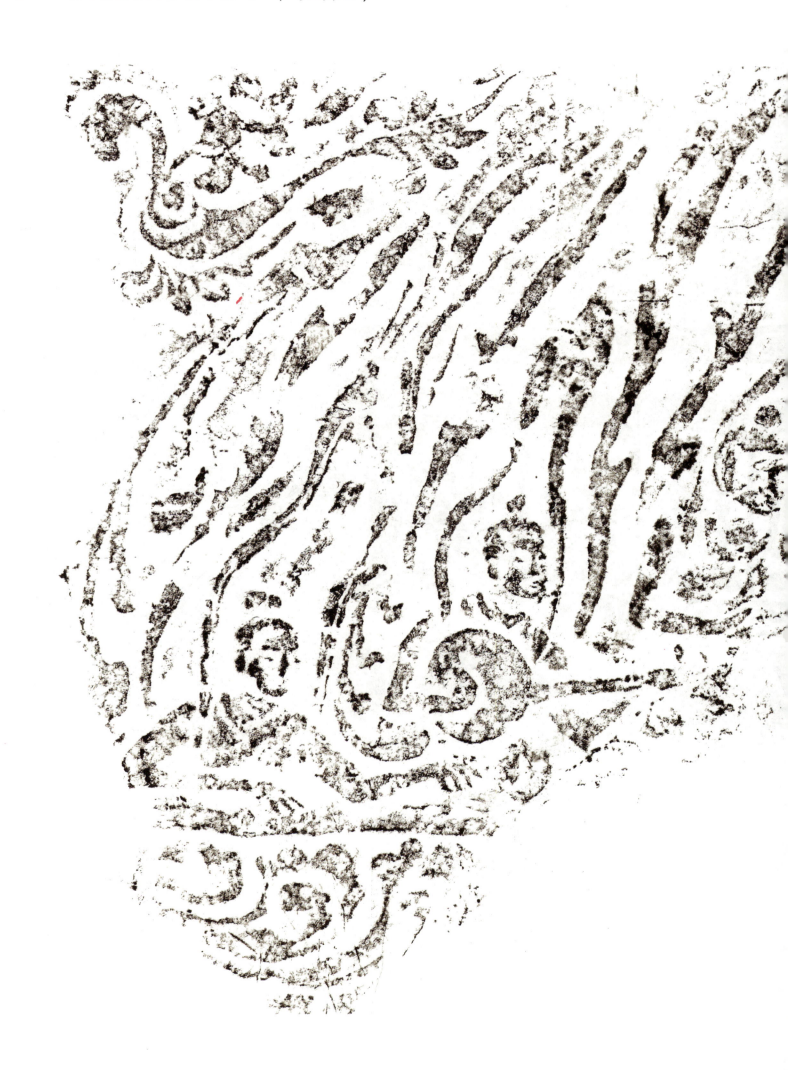

39. 龍門石窟古陽洞南壁北魏佛龕盝頂龕楣七佛及維摩變裝飾雕刻

（31/56 釐米）

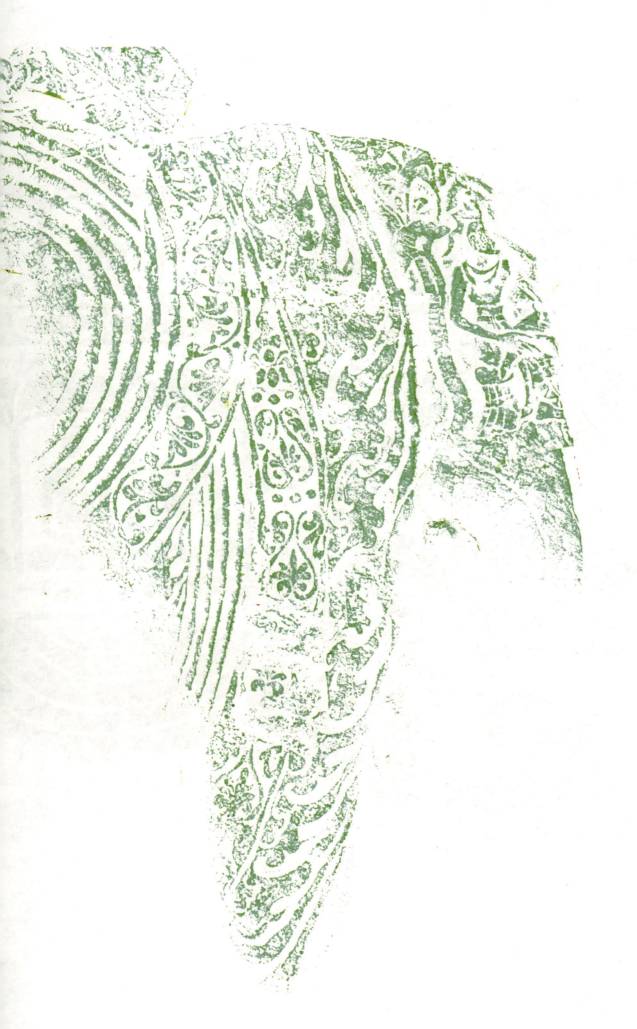

40. 龍門石窟火燒洞南壁北魏佛龕內
背光浮雕

（70/89 釐米）

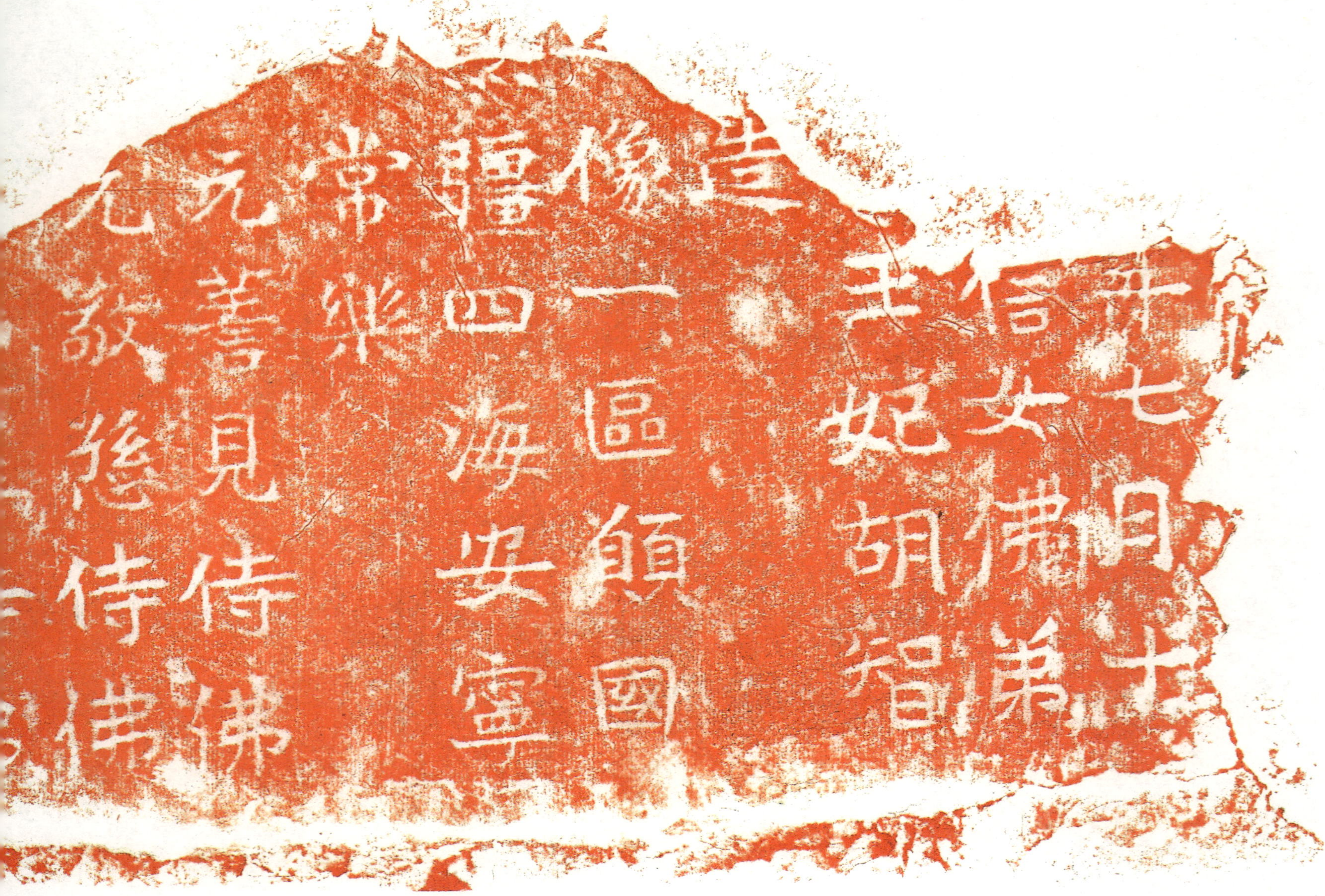
七月十
信女佛弟
王妃胡智
造
像一區願國
疆四海安寧
常樂
元善見侍佛
元敬慈侍佛

41. 龍門石窟火燒洞西壁北魏元善見造像龕題記與供養人、力士

（23/64 釐米）

42. 洛陽出土北魏石棺床壺門立面

（48/202/6—8 釐米）

2003 年 8 月洛陽龍門西山溢坡村一帶出土

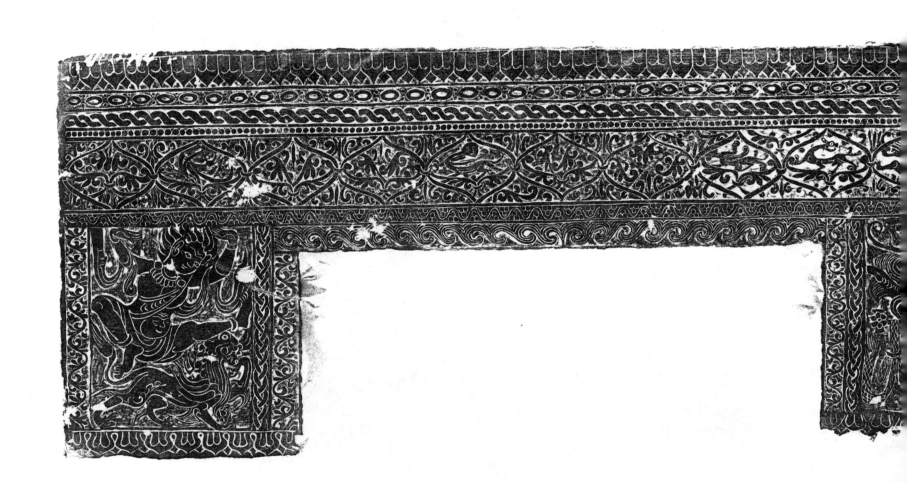

43. 龍門石窟古陽洞北壁第三列東四龕西臨龕力士造型（东魏）

（31/67 釐米）

东魏天平三年（536）五月十五日

44. 洛陽邙山出土唐泉男生墓誌蓋綫刻造型藝術

（93/92 釐米）

唐調露元年（679）十二月廿六日

1921 年洛陽邙山出土

45. 龍門東山出土唐安菩薩墓門綫刻造型藝術

（173/129.4 釐米）

唐景龍三年（709）十月廿六日

1981 年龍門東山北麓考古發掘出土

圖版採自洛陽市文物工作隊，《洛陽龍門唐安菩夫婦墓》《中原文物》1982 年第 3 期，第 21—26 頁，圖版 8。

46. 洛陽偃師出土唐李嗣本墓誌蓋綫刻造型藝術

（80/80/10.5 釐米）

唐景龍三年（709）十二月十四日

1984 年夏至 1985 年秋偃師杏園村出土

圖版採自中國社會科學院考古研究所河南第二工作隊：《河南偃師杏園村的六座紀年唐墓》，《考古》1986 年第 5 期，第 441 頁，圖 21。

47. 洛陽偃師出土唐李嗣本墓誌綫刻造型藝術

（80/80/23 釐米）

唐景龍三年（709）十二月十四日

1984 年夏至 1985 年秋偃師杏園出土

圖版採自中國社會科學院考古研究所河南第二工作隊：《河南偃師杏園村的六座紀年唐墓》，《考古》1986 年第 5 期，第 442 頁，圖 22。

48. 洛陽邙山出土唐宗瑾墓誌蓋

（63/63 釐米）

唐開元五年（717）十月廿六日終於
洛陽縣福先寺三階院
其年十一月廿四日葬於北邙山之原
2008 年春洛陽北郊邙山南麓出土

49. 洛陽邙山出土唐宗瑾墓誌

（62.5/63/11.6 釐米）

唐開元五年（717）十月廿六日終於
洛陽縣福先寺三階院
其年十一月廿四日葬于北邙山之原
2008 年春洛陽北郊邙山南麓出土

唐故常州長史宗君墓誌銘并序

君諱瑾，字彦淑，南陽安眾人也。源系殷湯氏，殷周伯珍之仕楚……

50. 龍門東山出土唐盧正容墓門綫刻造型藝術

（180/116 釐米）

唐開元十九年（731）十一月廿七日

近年龍門東山南麓出土

石刻 2008 年爲河南博物院收藏

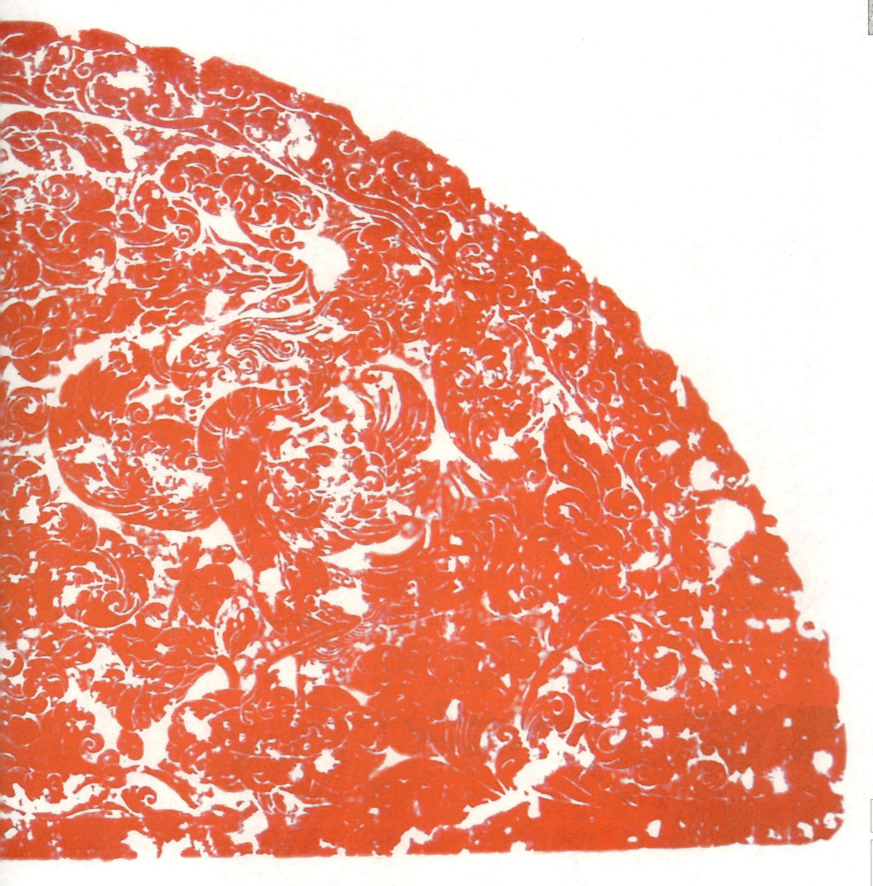

51. 龍門西山北麓出土唐睿宗皇帝故貴妃豆盧氏墓葬門楣綫刻

（底寬 122 釐米，楣拱高 57 釐米

石厚 11 釐米）

唐開元廿八年（740）七月廿五日

1992 年 5—9 月龍門西山北麓發掘出土

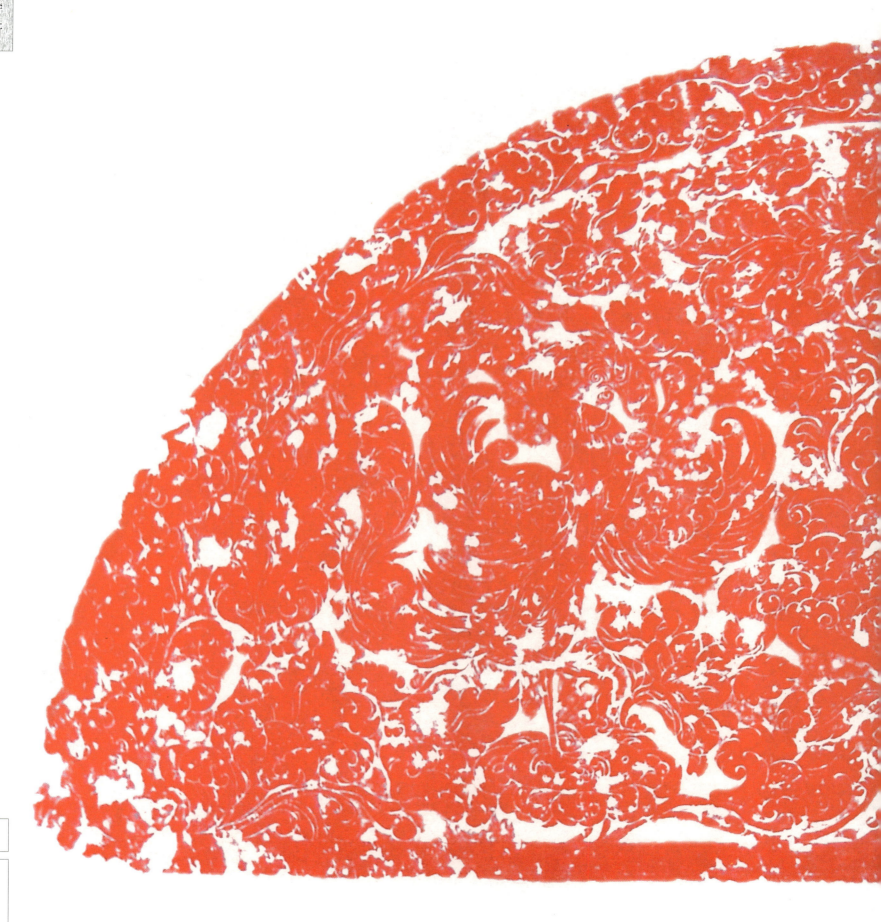

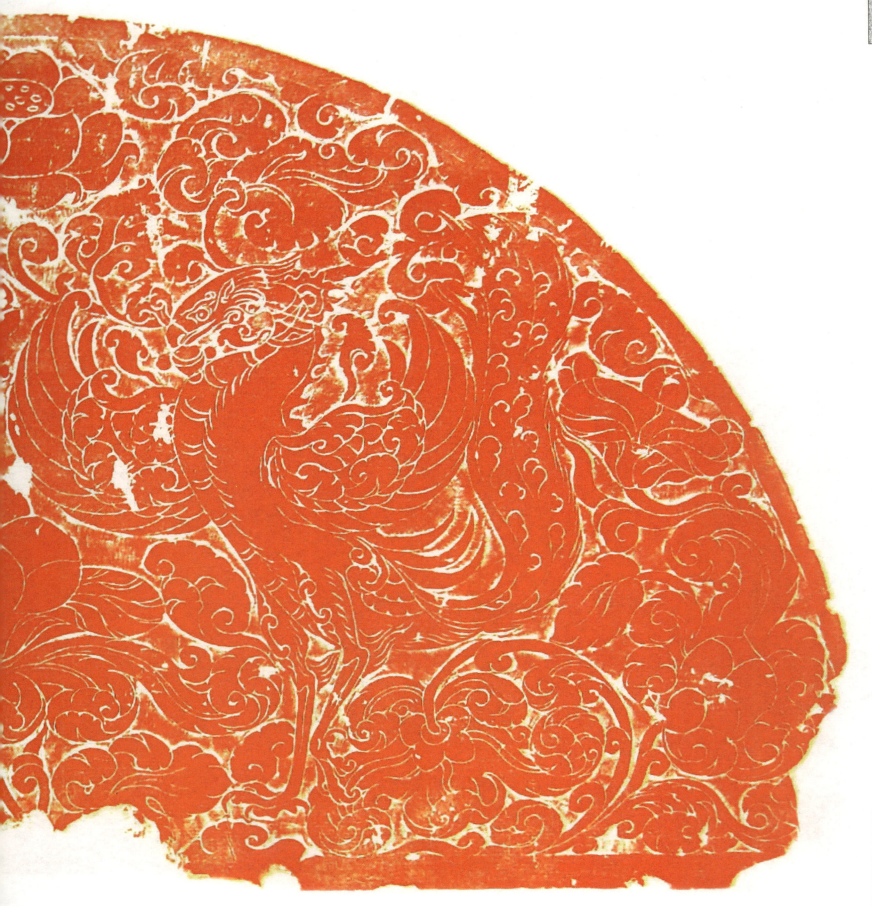

52. 龍門西山出土盛唐石刻墓門門楣綫刻圖畫

（底寬 94 釐米，楣拱高 47 釐米）

2008 年秋龍門西山南麓發掘出土

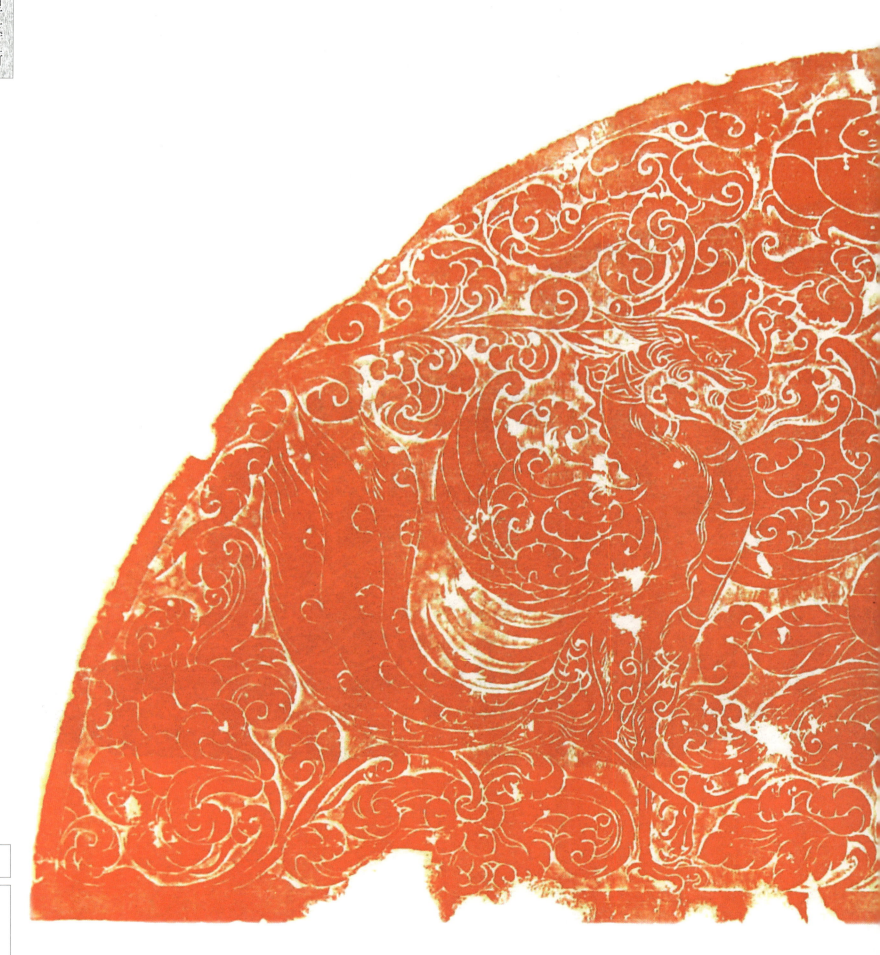

53. 龍門西山出土盛唐石刻墓門門楣綫刻圖畫

（底寬 118 釐米，楣拱高 38 釐米）

1990 年秋龍門西山出土

54. 龍門西山盛唐墓葬出土石椁立柱綫刻仕女圖

（石高 98 釐米，寬 26.5 釐米
厚 21 釐米）
1992 年夏龍門西山武家沟一带出土

55. 龍門西山出土盛唐某比丘尼墓門門楣綫刻造型藝術

（門楣石刻底寬 97 釐米
楣拱高 37 釐米；門楣拓本 49/91 釐米）

2005 年秋龍門西山出土

56. 龍門西山出土盛唐某比丘尼墓門門檻綫刻造型藝術

（14/91 釐米）

2005 年秋龍門西山出土

57. 龍門西山出土盛唐和尚墓門裝飾雕刻造型藝術

（152/91 釐米）

20 世紀 70 年代龍門西山南麓

唐奉先寺遺址西北側出土

石藏龍門石窟研究院

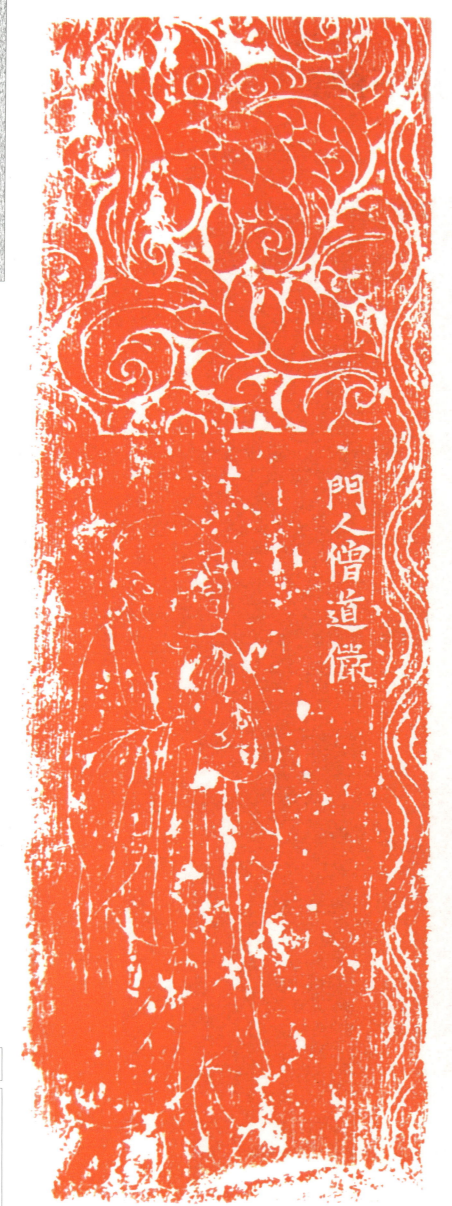

門人僧道儼

門人僧光忠

58. 王子雲先生收錄中古時代石棺綫刻拓本

（尺幅未詳）

圖版引自王子雲：《中國古代石刻畫選集》，圖版 30，北京：中國古典藝術出版社，1957 年。

洛陽等地出土的石刻文獻及其裝飾藝術

1. 洛陽出土熹平石經殘石

（47.5/44 釐米）

東漢熹平四年（175）三月

2. 洛陽出土正始石經殘石之一

（45/30 釐米）

三國魏正始年間（240—248）

3. 洛陽出土正始石經殘石之二

（42/32 釐米）

三國魏正始年間（240—248）

4. 洛陽出土正始石經殘石之三

（31/17.5 釐米）

三國魏正始年間（240—248）

5. 洛陽出土正始石經殘石之四

（35/17 釐米）

三國魏正始年間（240—248）

6. 洛陽出土正始石經殘石之五

（18/27.5 釐米）

三國魏正始年間（240—248）

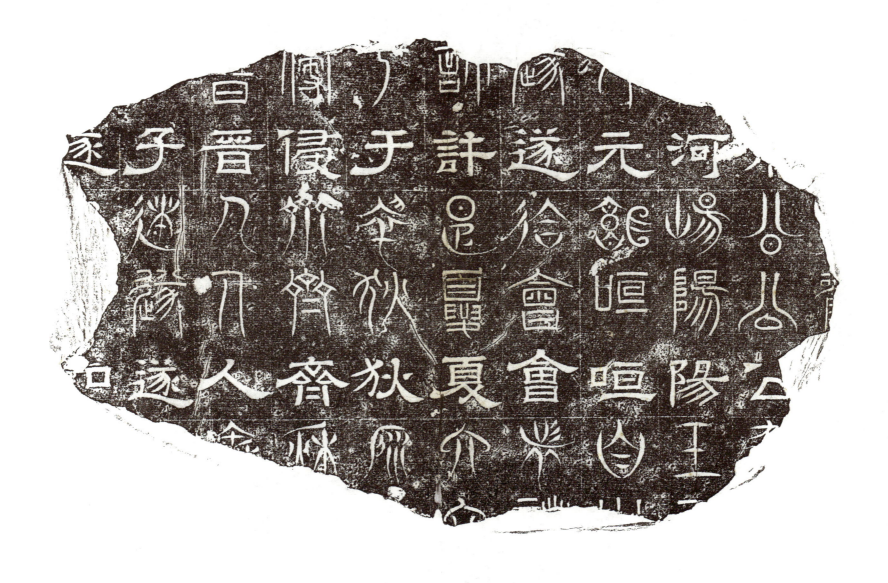

7. 龐泰磚誌

（31/16.5/5.5 釐米）

西晉咸寧五年（279）三月三日

2005 年 8 月洛陽出土

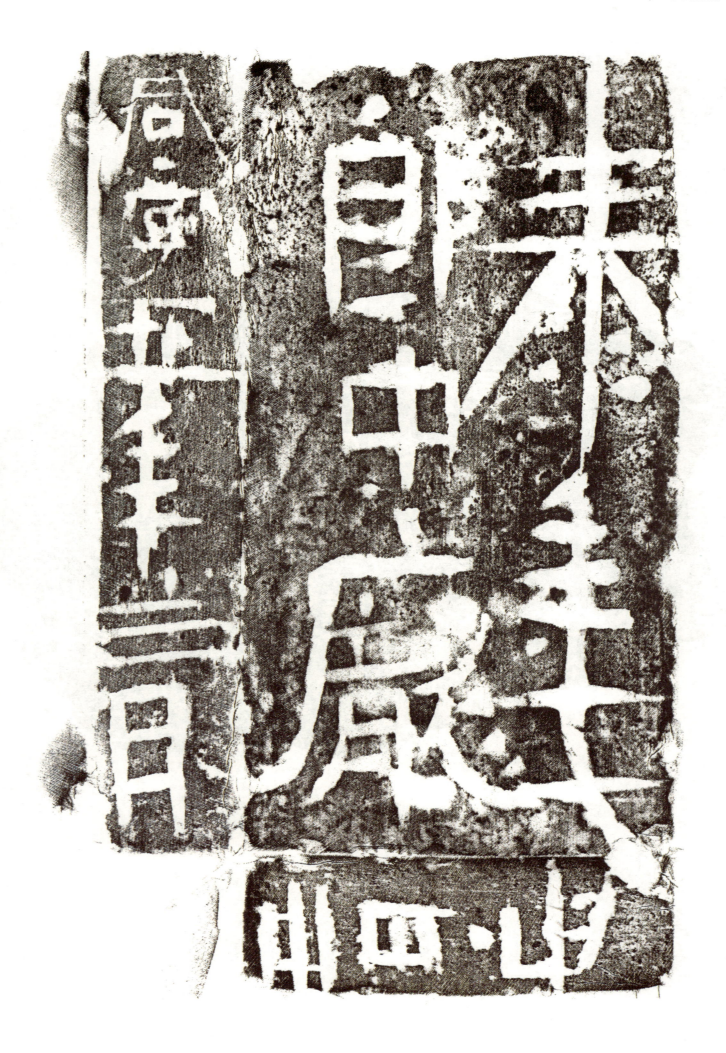

8. 吳金宛磚誌

（33/15.5 釐米）

西晉元康八年（298）二月廿二日

2005 年 8 月洛陽出土

9. 徐美人墓誌（碑陽）

（90/51.5 釐米）

西晉元康九年（299）二月五日

1953 年洛陽老城北郊出土

現藏關林洛陽古代藝術館

晉賈皇后乳母美人徐氏之銘

美人諱義襄城陽東武之世其祖禰九狹出自海濱

之竇昔以鄉里慈亂父母兄弟繁遷遂流離亡蓬伯姬逰竄同川內之士娉逕閑閑於嚴容容如也居於春陽治模範過於神明鑒

美人姿德遐縱文母立身清絜止慈遂流離亡徐氏名為

聞仁夫不近下堂而韻四方慈惠稱於閭容恤施於四隣人咸夷歌邑室是遵

晉故侍中行大子太保大宰曾武公賈公平陽韓公夫人祗公家門尊貴族鮮於子孫夫人且貴露三豐歲

君郭安產輔不全賓晉皇后又父故驪騎將軍南陽韓公視立世也家門尊貴侍寢天姿挺茂愛至貴賜賜

在汝慈母恩愛梁重過異親故戴居濕濕堂聲不揮外霜聞家顏泰始六豐歲在庚寅正月盡賜賜休宗

情語若未及慕恩愛梁重過異親戴機輔彌皇人在家不妾庶之尊美人匪食遊觀繒

康豐十三子陳惶娉為東宮皇帝以皇大子妃妃以妙丰託皇人至若父如親為大熙元丰四月廿二日故遂匪匪食遊觀繒

立卿洲澮子不行技會樂上待音中十美人匪息親觀不之看潤洽人側摅平元丰二月九日故遂

衣裳服匪窺御者見行役涉武皇帝發詔嘉拜為美人大侍后轉為皇后在皇后在元丰大熙元丰三月廿二日大傳

廿四日武皇帝崩陸下詔踐祚為北美人人西官呼賈皇后在元康五丰二月大晉魏蠅蠅之員

楊駿委以內授舉兵畫之危社稷傾霣楊之禍在亏斯須皇后在元康五丰二月大晉魏蠅蠅之員

實懷慘火懼不免犴狼勳元康丰拜為美人斬艱在亏斯須皇后得彰劈離元丰黃隆

伏罪誅聖上嘉感功勳託以親尼韋拜膳同於細御賜寵過分賞夏大晉魏蠅蠅之員

溢皇后姿以庶績託以美人息烈為大尼皇同於細御賜寵過分賞夏大

皇帝陸下詔以美人息烈為大子千人置抽擢榮覆積累過分賞夏大

美人以元康七年歲在丁巳七月寢疾出還家宅自廣治

10. 徐美人墓誌（碑陰）

（90/51.5 釐米）

西晉元康九年（299）二月五日

1953 年洛陽老城北郊出土

現藏關林洛陽古代藝術館

皇帝陸下皇后慈仁捛愍使黃門旦夕間諒道殿中大醫奉

車都尉程璩等就家瞻視供給御藥飲食衆屬

皇后所嗷玲奇異物美人悲蒙之疾病弥丰增篤廄不損丰

七十八,以八丰歲在庚
戊時裹殞
十四月丁酉朔廿有四日丙宸申午

皇后追念殞咷不自堪朕賜祕器衣服使宮人女監宋䄂臨

親紼殯賜金五百萬絹希五百疋供備裹事

皇帝陸下遣使者郎中趙痊奉三牲祠

皇后遣無和府丞謂者黃門中郎將成公芭奉少窂祠亐家

皇墓灰九丰二月五日祖載安措永即窆窆子孫棽慕斷絕

堂墓灰九丰二月五日

永無瞻奉嗚呼哀亐潑徂征頌曰

穆穆美人邁德宣英齊紇頌

惟侍間途皇家賴宣歌駆名當享無窮永壽青青昊天永丹奄

棄巖齡神爽飛散長幽竄慾悠痛亥千秋叄生號咷割剝

寥碎五情謹讚斯頌絲始素銘

經無瞻途皇家扶提順聲啟悟識徹窮圉政循明憲制嚴威美人

永穆美人邁德宣歌駆

堂登亐紫庭沙廐闥闕二宮是

11. 支伯姬磚誌

（左側高 30.5 釐米，右側高 27 釐米
厚 7.3 釐米）

西晉永康元年（300）二月廿日

2003 年—2004 年洛陽偃師縣首陽山鎮

邙山南麓發掘出土

圖版引自洛陽市第二文物工作隊、偃師商城博物館：《河南偃師西晉支伯姬墓發掘簡報》，《文物》2009年第3期，第40頁。

庄蔡字蘭芝齊國臨菑人
晉武帝貴人也永康元年
二月十八日薨四月廿五
日葬峻陽陵西激道內

12. 左棻墓誌

（27/14.5 釐米）

西晉永康元年（300）四月廿五日

1929 年洛陽偃師縣南蔡莊出土，現藏偃師商城博物館

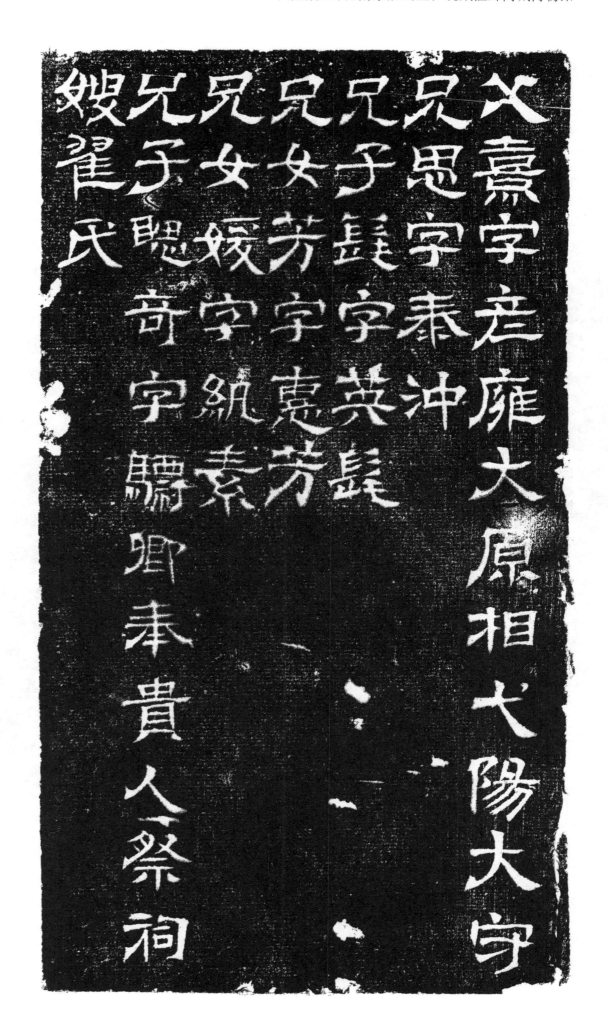

13. 蘇峻之亂記事刻石

（11/34.5 釐米）

東晉咸康六年（340）

石藏洛南關林廟東跨院洛陽市文物工作隊文物倉庫

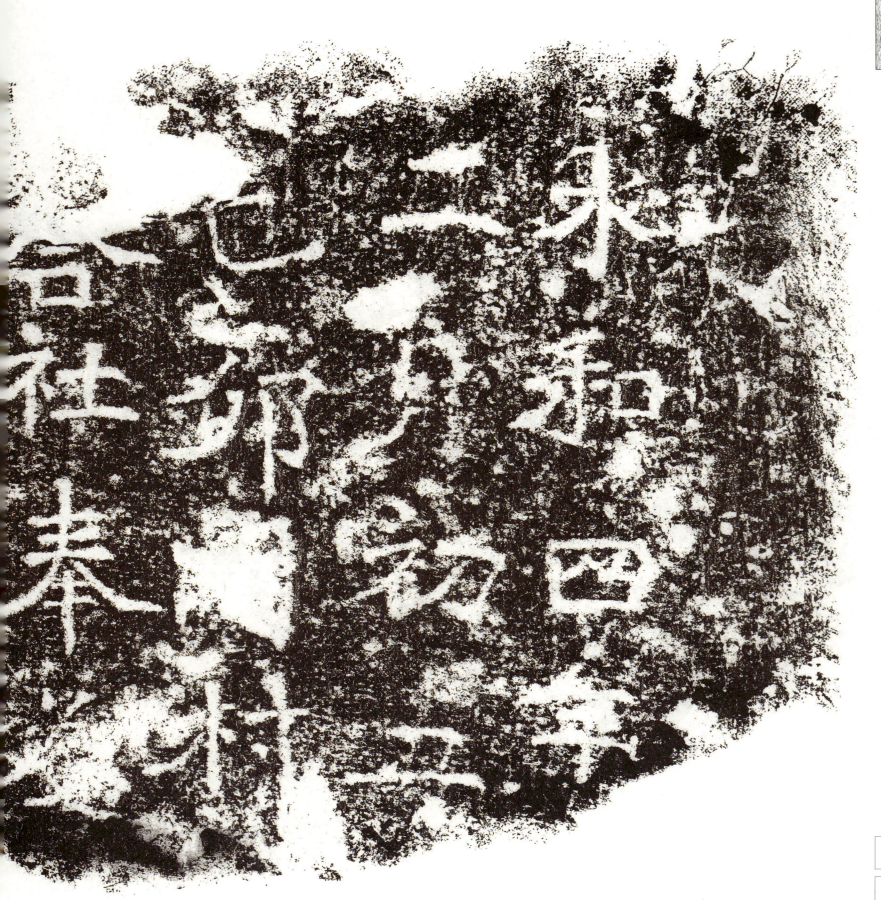

14. □村合社同立石堪（龕）

（11/23.5 釐米）

東晉永和四年（348）二月初二日

石藏洛南關林廟東跨院洛陽市文物工作隊文物倉庫

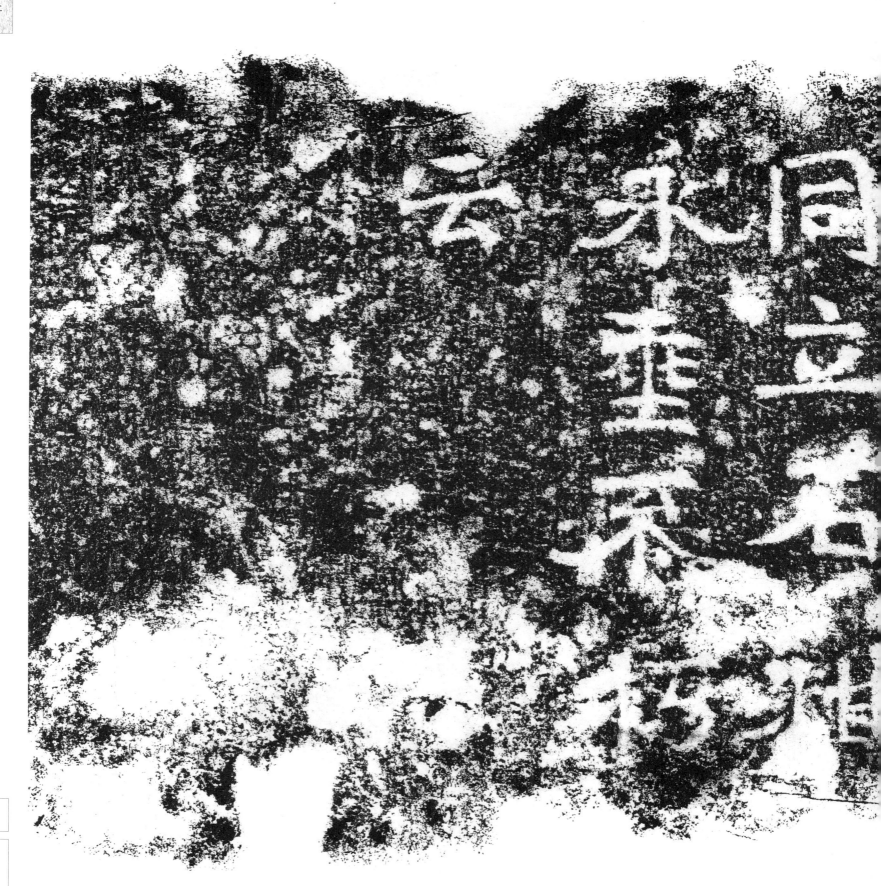

15. 弟子李□庸赦廟地題記

（11/29 釐米）

約東晉永和四年（348）□日

石藏洛南關林廟東跨院洛陽市文物工作隊文物倉庫

16. 護國定遠侯墓誌

（39.5/28.5 釐米）

前秦建元二年（366）四月一日

1953 年前後洛陽偃師縣佃莊鄉河頭村外出土

1982 年 12 月中旬徵集

現藏關林洛陽古代藝術館

17. 大同市出土司馬金龍墓表

（49/45 釐米）

北魏太和八年（484）十一月十六日

18. 龍門石窟古陽洞比丘慧成造像記

（89/38.5 釐米）

北魏太和十二年（488）九月十四日

佛弟子
像一區

夫靈降□□真□□故則舉宗庬尋谷像
不束□□余之私必爲大代誠心功康
圖造石窟□慧□□如年坐灌主流遊□父□運庫瀉誠
大夫洛州刺史□□父母造□□□□□以摧祖弘
國□以□□□□□照則不□道場廬□□□□神乘三
匡□□□士□□□□父造名像一區□□□已神□千斯
世師□父母□雲□敕五□道場廬咸同斯頌若居□
元三□□□父九□□頌□□□□□□□千斯□
月□太和十九月十四日□□朱萬□□孟達文

19. 龍門石窟古陽洞魏靈藏等造像記

（殘石 48/38 釐米）

無紀年，約北魏太和末年（499）

迦像

陛去紹

藏鏞應改墾
翅魏真貼跡
頭靈博大諮
之藏三千逝
益河乘懷
敢東之綴
陸蘼暎
軻去憑之
蓉蘿逐
家紹
財
若

蓬菀願
芳乾
聖神祚
黿貲興
再迄
繁萬
璨方
摧朝
閣費
頌

陛運鵬弊
罷

20. 龍門石窟古陽洞楊大眼造像記

（93/41 釐米）

考爲北魏景明元年（500）六月壽春之役後

邑子像

夫靈光弗曜大千懷永夜之

是以如來應群緣以現跡

功廞作輔國將軍直閤

開國子仇池楊大眼

於弱年挺超辯於始誓九

於三紛掃雲勒於天路期

石窟覽先皇之明蹤

遂為孝文皇帝造石像

功示之云杰武

牙仇池楊大眼為

21. 龍門石窟古陽洞孫秋生等造像記

（133/49.5 釐米）

北魏景明三年（502）五月廿七日

邑子像

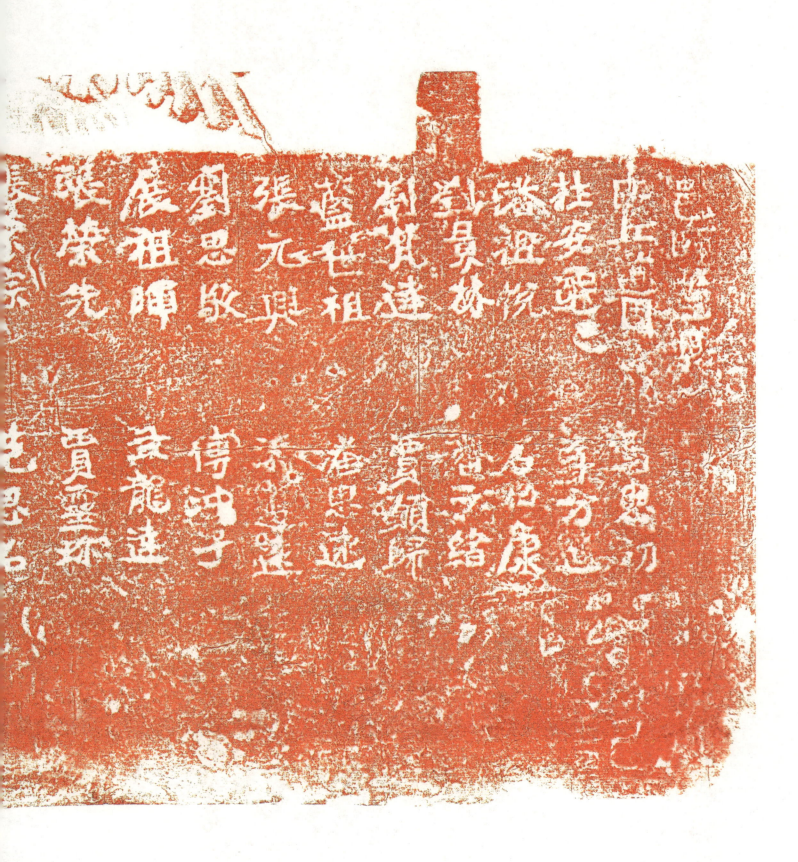

22. 龍門石窟古陽洞展祖暉等造像記

（25/55 釐米）

北魏神龜元年（518）六月十五日

23. 龍門石窟古陽洞比丘惠感等造像記

（72/26 釐米）

北魏神龜三年（520）六月九日

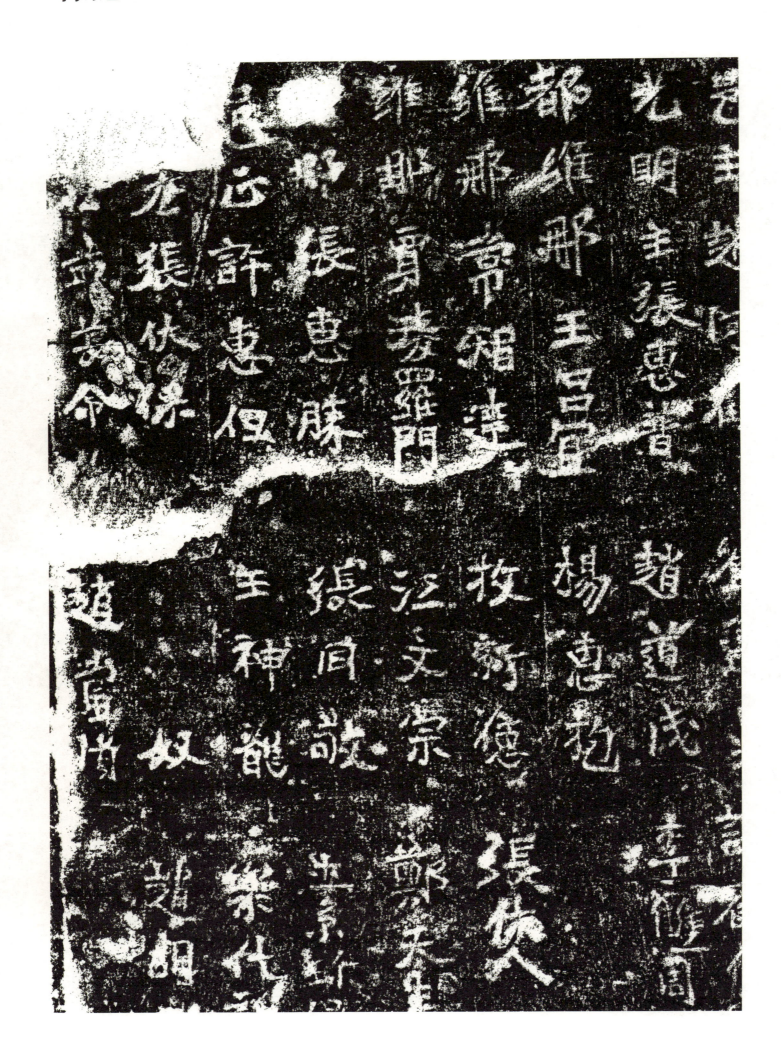

24. 龍門西山出土劉纂墓誌蓋

（49/49 釐米）

北魏正光四年（523）十二月廿一日

2003 年秋龍門西山出土

25. 龍門西山出土劉纂墓誌

（55.5/56 釐米）

北魏正光四年（523）十二月廿一日

2003年秋龍門西山出土

魏故司州皇子金曹從事劉君之墓誌銘

君諱纂興與河南雒陽人也侍中司徒魏郡康王之少子母
曰勃海討氏系緒氤氳芳萬古宗繁尉垂茂千載君貧陰
青腴場資令望水鏡韶羊球明立歲而君少寶是覆訓闈過遷
崇師訪友求成自立優遊諸子俳個六籍片蒙必存千金非眄
是以賢愚灑泰賓響于時廣平武程王
世宗母弟初開牧選民涅波歸台法曹從事君單言訟理窮
元衷王並器以中程之風徽辟水軍事清班第臺尋以王薨遂
五聽尋遷金曹從事俄而程王登台中鉉引賢東閤君與主簿
而除於後悟然里宅藉賞上遺槃陶潛之遁踵於陵之撫而
報善徒波殲我良淵春秋卅正光四年十月十九日終於安武
里而夫人苻氏以延昌四年十一月七日卒於同里宅粵正元
四年十二月癸丑朔廿一日癸酉合葬伊闕之南大石嶺西十
里乃作銘曰
靡靡系績烈烈清風四葉何盛九世非隆資靈克誕隆神唯嵩
蒿生德司徒侍中登台作弼道顯丕融當朝寒愕亦曰匪躬
藉甚餘軆載挺民英少邁玉溫長秀金聲孝童闈塾義結多情
文饒比性卅度齊名忽蒼寒炎錯序溫涼當春結歟盛夏蒸霜
諒窮文史汎涉儒經程王丙辟枚馬興征千刃之峻萬頃之平
蘭早蔵良木中偽辟彼三秀落猶芳遠日拍辰結駟高堂
遺我人里宅入泉鄉即此已瞑寄茲當光

26. 北魏汝南王元悦靈臺遺址造佛塔銘

（31/47.5/5.5 釐米）

北魏正光五年（524）閏二月十日

石存洛陽古代石刻藝術館

27. 龍門地區出土北魏晚期常岳等人造像碑題記

（100/82 釐米）

無紀年

石原存關林洛陽古代藝術館，今移河南博物院

28. 西安出土《使持節驃騎大將軍開府儀同三司大都督高唐縣開國侯乙弗紹墓誌銘》

（53.5/53.5 釐米）

北周天和二年（567）十月十七日

2006 年 8 月西安出土

29. 顏智孫墓誌蓋

（44/45 釐米）

隋開皇十五年（595）八月廿日

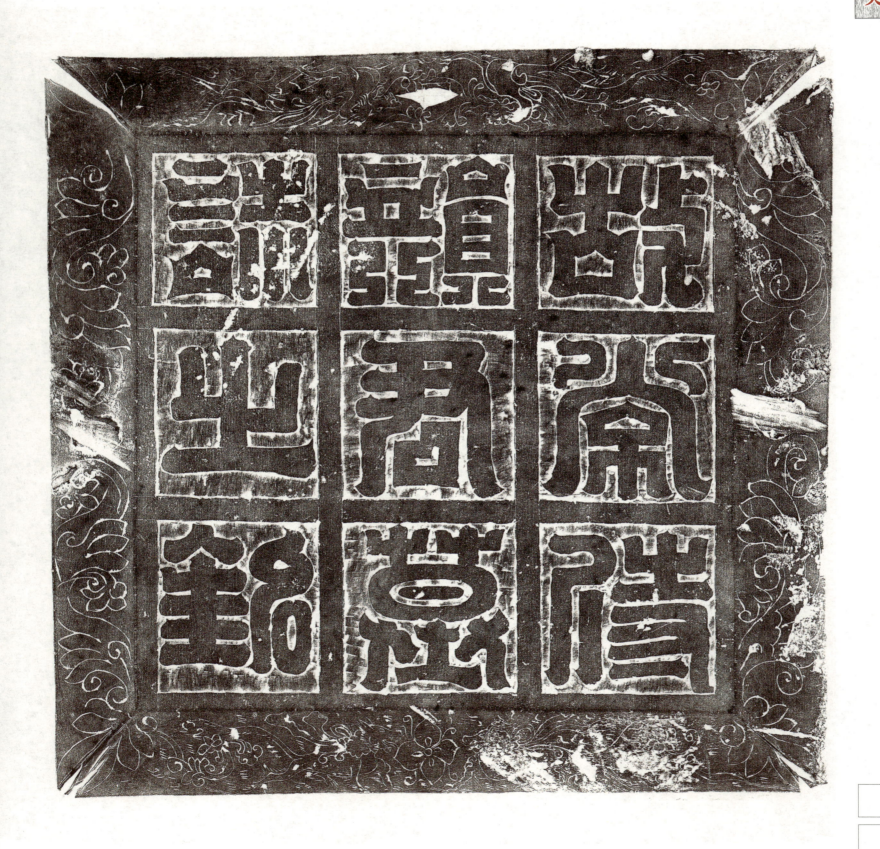

30. 顔智孫墓誌

（43.5/43.5 釐米）

隋開皇十五年（595）八月廿日

31. 裴覬墓誌蓋

（49.5/49 釐米）

隋仁壽二年（602）十一月十一日

2005 年洛陽邙山出土

蓋芯陽刻篆書 "隋故廣德 / 將軍洛州 /

鎧曹參軍 / 裴君墓銘"

32. 裴覬墓誌

（60/61.5 釐米）

隋仁壽二年（602）十一月十一日

2005 年洛陽邙山出土

君諱覬字道將河東聞憙人
史徽之後也八世祖苞隆芭
秦晉二州刺史丹載龍棋之盛朱衣
籲冕齊之宰牢太尉堂十
冠盍重雲之峻司空淕淕以光枝前
祖廟清羽徽魏仁璡檢父金紫光祿大夫
照善魏仁璡模光州念司馬邵太守敬德
同澣流而盍漢人物故又除安樂邵太守敬德
貞天無因匹寤長慕斑之生性好武雄情髙翻氣
曶元瑜問下偹南書加梯難將養志令
曹尜軍佃栢年加啚書智揚祖至
土周遒德年加梯難將養志令大隋唐
以煩辱在懷飄以江蘭今車書壹涫萬里無塵填合浦
程穋帀曉日當今車書壹涫萬里無塵
秋年七十有七此往年壽二年九月廿五日遇痾奄迯不禄可胃
珉山抃辭鍾嶺次興瑩火燃桂林灰填合
泉海屦明鼏雨次功銘記以江力此墓門何悟星間寶鈉於斯絕
其年十一月十日蛋此洛陽通德不朽其詞曰
矣鶴金頃我千刃至德珪摸風神雅根尤
汪汪萬頃兼名超八徧情雄梃此恕氣陵雲曬隨電影方邊泡魂
謡德万古寄銘流芳悲哉荒遂永浸荊珉

33. 陸平墓誌蓋

（43/43/8 釐米）

隋大業十年（614）十一月十五日

2002 年冬洛陽邙山出土

蓋芯篆書 "隋太谷 / 戌主陸 / 君之銘"

34. 陸平墓誌

（42.5/42.5/6.5 釐米）

隋大業十年（614）十一月十五日

2002 年冬洛陽邙山出土

君諱平字銓代人也其先顓頊曾孫陸終之苗裔西
漢大夫以才辯而下南越東吳上宰布恩信帀咸业
魏績以誠節濟君機以文章冠俗自兹纓緌偏諸蘭
素祖生魏父希光禄大夫业道行臺青州刺史昌梨
郡開國矦里高東正都督襲封為佰矦及齊氏乱
上退歸田里高東一志不事兩君匡影園絶跡朝
帀而上天賜福延壽退期大業元年五使板愍韓
州刺史君資神挺生齊和秀出孝友閑於天性德為高
冶於人倫雖皇甫諡之小品沇子友之三秒未為高
論張仲景之鑒治傯子達之七尕可編奇解褐
楊州惣管条軍事加宣惠尉又除絳郡大谷大主帝
水泡不實石火難甘以大業十年四月遘疾而須春
秋六十有八即以其年十一月十五日已酉葬於郭
址破陵之西三里但筠細芬實或恐秦政之災金石
淳言廢畢麻姑业齒其詞曰
堂久盛緒郁久時英彌諧正岳光兹美聲琟璋惡寶
松栢慚貞何知失路作灰壇亭悲夫運土丁兹褐録
永葉亻倫長治愚秩荒壙宿莾栱樹初木九泉旣華
三光詎燭嗚呼衰哉

35. 龍門石窟賓陽洞《伊闕佛龕之碑》局部

（80/45 釐米）

碑身通高 616 釐米，寬 186 釐米，厚 90 釐米

兼中書侍郎岑文本撰文，黃門侍郎褚遂良書丹

岑文本，《舊唐書》卷七〇

《新唐書》卷一〇二有傳記；褚遂良

《舊唐書》卷八〇

《新唐書》卷一〇五有傳記

唐貞觀十五年（641）十一月□日

36. 龍門石窟賓陽南洞北壁《韓文雅造像記》

（29/23 釐米）

唐貞觀廿年（646）五月五日

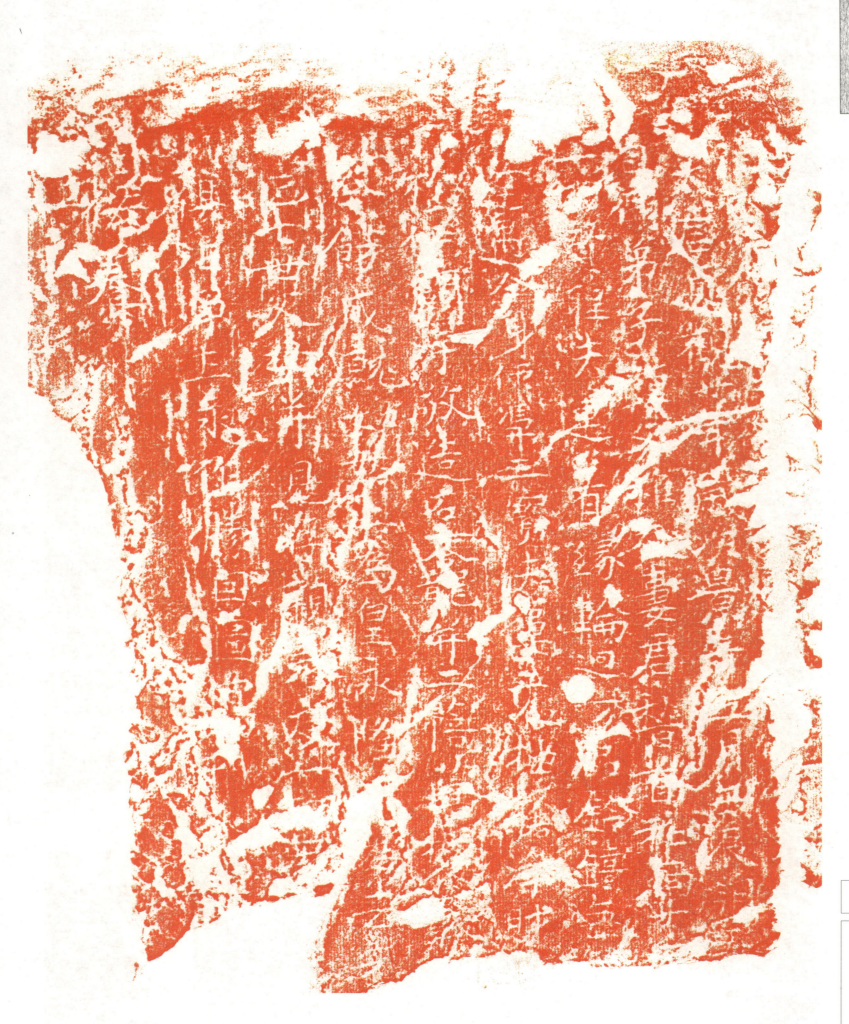

37. 龍門石窟《敬善寺石像銘並序》

（76/42 釐米）

無紀年，考此造像約竣工於唐高宗初年

宣德郎守紀室參軍事李孝倫撰

38. 洛陽偃師出土《大唐故昭武校尉宋君（文成）之墓誌並序》

（42.5/42 釐米）

唐永徽四年（653）三月九日

2000年2月偃師北郊出土

39. 龍門地區出土管雅墓誌蓋

（47/47 釐米）

誌額篆書 "大唐故 / 管君墓 / 誌之銘"

唐顯慶四年（659）四月廿七日

2002 年冬龍門西山南麓出土

40. 龍門地區出土管雅墓誌

（44.5/44.5 釐米）

唐顯慶四年（659）四月廿七日

2002 年冬龍門西山南麓出土

41. 龍門地區出土《唐故源州平涼縣令嚴君（道）墓誌並序》

（49.5/50 釐米）

唐上元三年（676）四月十二日

42. 洛陽邙山出土泉男生墓誌

（94/93 釐米）

唐調露元年（679）十二月廿六日

1921 年洛陽邙山出土

43. 洛陽邙山出土《大唐故中散大夫使持節簡州諸軍事簡州刺史虞公（遜）墓誌銘並序》

（56/56 釐米）

唐永淳元年（682）十月廿六日

44. 龍門地區出土《大唐故容州都督李府君（儉）墓誌銘並序》誌蓋

（75/76 釐米）

唐光宅元（684）十一月十九日

2005 年 6 月洛陽龍門北原龍門鎮"花園村"出土

45. 龍門地區出土《大唐故博州刺史韋府君（師）墓誌銘並序》誌蓋

（72.5/72.5/14 釐米）

蓋芯篆書 "大唐故博 / 州刺史京 / 兆韋府君 / 墓誌之銘"

唐垂拱四年（688）正月十三日

2004 年 8 月龍門西山出土

46. 龍門地區出土《大唐故博州刺史韋府君（師）墓誌銘並序》

（72.5/72.5/17 釐米）

唐垂拱四年（688）正月十三日

2004 年 8 月龍門西山出土

47. 龍門石窟南市香行社造像記

（55/34 釐米）

唐永昌元年（689）三月八日起手

48. 洛陽邙山出土《大周故銀青光禄大夫行籠州刺史上柱國燕郡開國公屈突府君（詮）墓誌銘並序》

（72/73/15 釐米）

誌主父屈突通，《舊唐書》卷五十九

《新唐書》卷八十九有傳

屈突詮，《舊唐書》卷五十九

《新唐書》卷八九有傳

武周天授二年（691）十月十八日

2001 年春洛陽邙山孟津縣宋莊鄉西山頭村東南

出土，石存新安縣鐵門千唐誌齋

49. 洛陽邙山出土《故銀青光禄大夫燕郡公屈突府君男季札墓誌銘並序》誌蓋

（72.5/72 釐米）

額芯篆書 "大周故 / 屈突府 / 君墓誌"

武周天授二年（691）十月十八日

1991 年 9 月洛陽邙山孟津縣宋莊鄉

西山頭村東南出土

50. 洛陽邙山出土《故銀青光禄大夫燕郡公屈突府君男季札墓誌銘並序》

（56.5/57.5/12 釐米）

誌主祖屈突通，《舊唐書》卷五十九

《新唐書》卷八十九有傳

誌主父屈突詮，《舊唐書》卷五十九

《新唐書》卷八十九有傳

武周天授二年（691）十月十八日

1991 年 9 月洛陽邙山孟津縣宋莊鄉

西山頭村東南出土

51. 龍門地區出土《大周處士故夏州長史梁公（玉）之誌銘並序》誌蓋

（52.5/52.5 釐米）

額芯篆書 "大周故 / 良君墓 / 誌之銘"

武周證聖元年（695）三月八日

2004 年 8 月龍門東山出土

52. 龍門地區出土《大周處士故夏州長史梁公（玉）之誌銘並序》

（38/39/10.5 釐米）

武周證聖元年（695）三月八日

2004 年 8 月龍門東山出土

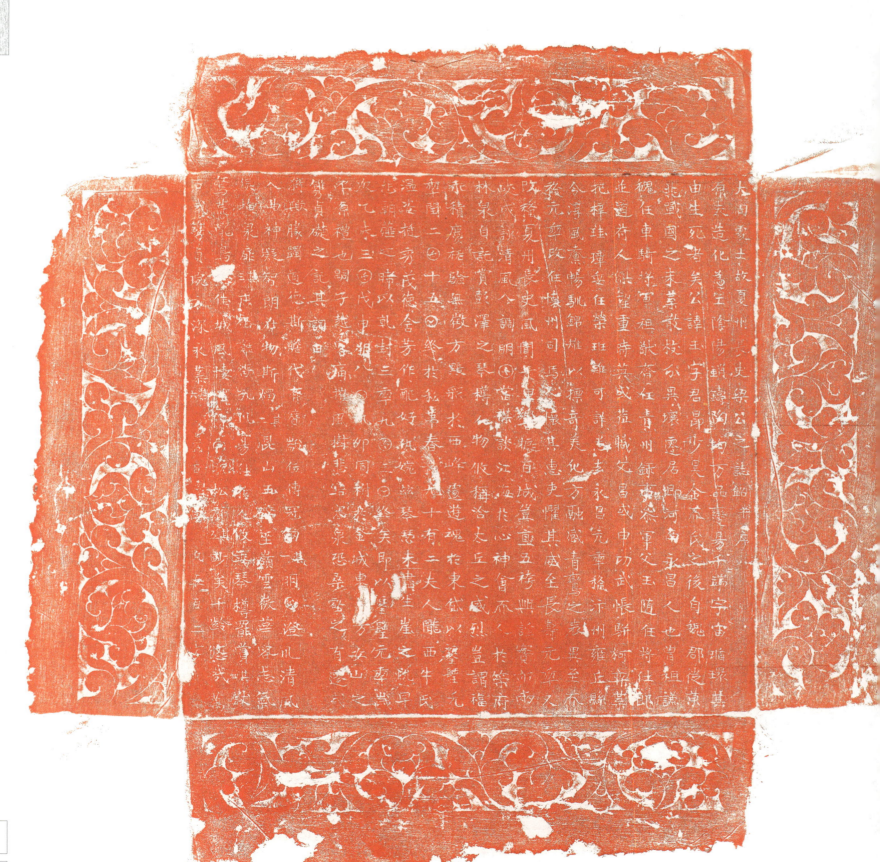

53.《大周處士張府君（思）墓誌銘並序》

（36/36/9.5 釐米）

武周天册萬歲二年（695）正月初二日

54. 鞏縣出土《大周故唐安東都護府萬金鎮副騎都尉李府君（吉）墓誌銘並序》誌蓋

（52.5/52.5 釐米）

額芯篆書 "大周故 / 李府君 / 墓誌銘"

武周天册萬歲二年（695）正月十六日

2006 年 12 月鞏縣出土

55. 鞏縣出土《大周故唐安東都護府萬金鎮副騎都尉李府君（吉）墓誌銘並序》

（49.5/50 釐米）

武周天冊萬歲二年（695）正月十六日

2006 年 12 月鞏縣出土

56. 洛陽邙山出土《大周故司衛少卿張君（遠助）墓誌銘並序》

（58/57/12.5 釐米）

武周神功元年（697）十月廿一日

2002 年春洛陽邙山出土

57. 洛陽邙山出土《大周常州録事參軍長孫永妻鄭氏（上行）墓誌銘並序》誌蓋

（34.5/36.5 釐米）

蓋芯篆書 "大周故 / 鄭夫人 / 墓誌銘"

武周聖曆元年（698）正月初三日

2000 年冬洛陽邙山出土

58. 洛陽邙山出土《大周常州錄事參軍長孫永妻鄭氏（上行）墓誌銘並序》

（32.5/32.5 釐米）

武周聖曆元年（698）正月初三日

2000 年冬洛陽邙山出土

59. 龍門出土《大周故陪戎副尉隴西李府君（文楷）墓誌銘並序》誌蓋

（48/48 釐米）

蓋芯篆書"大唐故 / 李君墓 / 誌之銘"

武周大足元年（701）五月廿四日

2007 年 1 月龍門西山北麓出土

60. 龍門出土《大周故陪戎副尉隴西李府君（文楷）墓誌銘並序》

（46/46/11 釐米）

武周大足元年（701）五月廿四日

2007 年 1 月龍門西山北麓出土

61. 洛陽邙山出土《大周故朝請大夫隨州長史上輕車都尉李府君（自勖）墓誌銘並序》誌蓋

（83/83 釐米）

蓋芯篆書 "大周故朝 / 請大夫隨 / 州長史李 / 府君墓誌"

武周長安二年（702）五月卅日

2004 年 12 月洛陽邙山出土

62. 洛陽邙山出土《大周故朝請大夫隨州長史上輕車都尉李府君（自勛）墓誌銘並序》

（70/70/15 釐米）

武周長安二年（702）五月卅日

2004 年 12 月洛陽邙山出土

63.《大周故澤州晉城縣令樊府君（鼎）墓誌銘並序》

（44/44.5/9.5 釐米）

武周長安三年（703）正月廿日

64. 龍門出土《大周故古州思原縣令孫公夫人衛氏（華）墓誌銘並序》誌蓋

（41.5/41.5/7 釐米）

蓋芯篆書 "大周故 / 衛夫人 / 墓誌銘"

武周長安三年（703）四月初十日

2005 年 2 月上旬出土於龍門西山

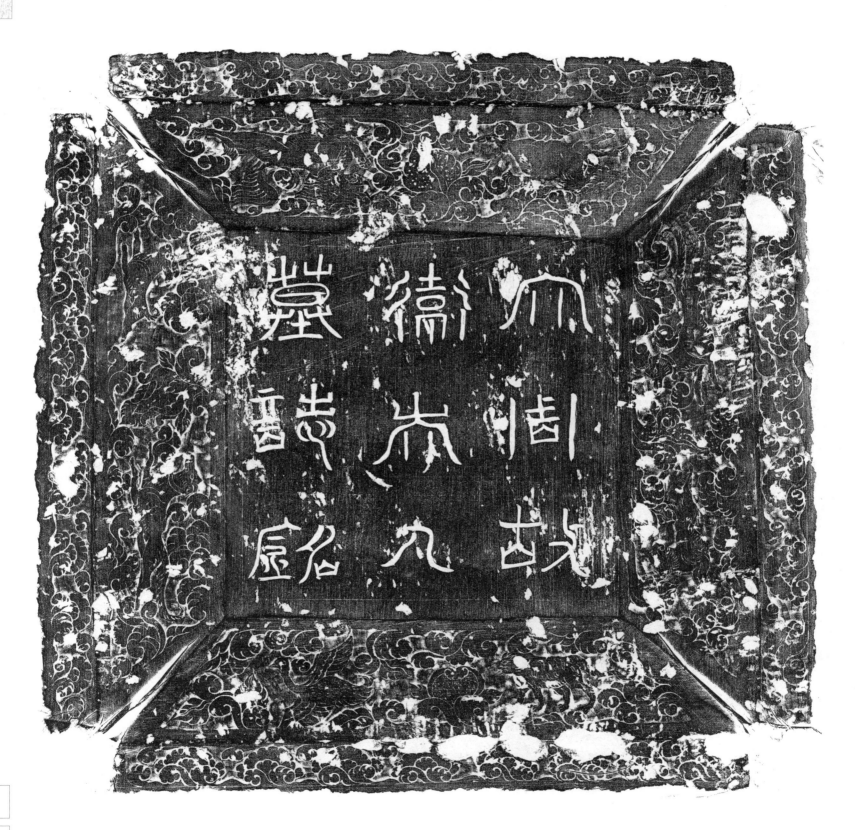

65. 龍門地區出土《大周故古州思原縣令孫公夫人衛氏（華）墓誌銘並序》

（41/41/10 釐米）

武周長安三年（703）四月初十日

2005 年 2 月上旬出土於龍門西山

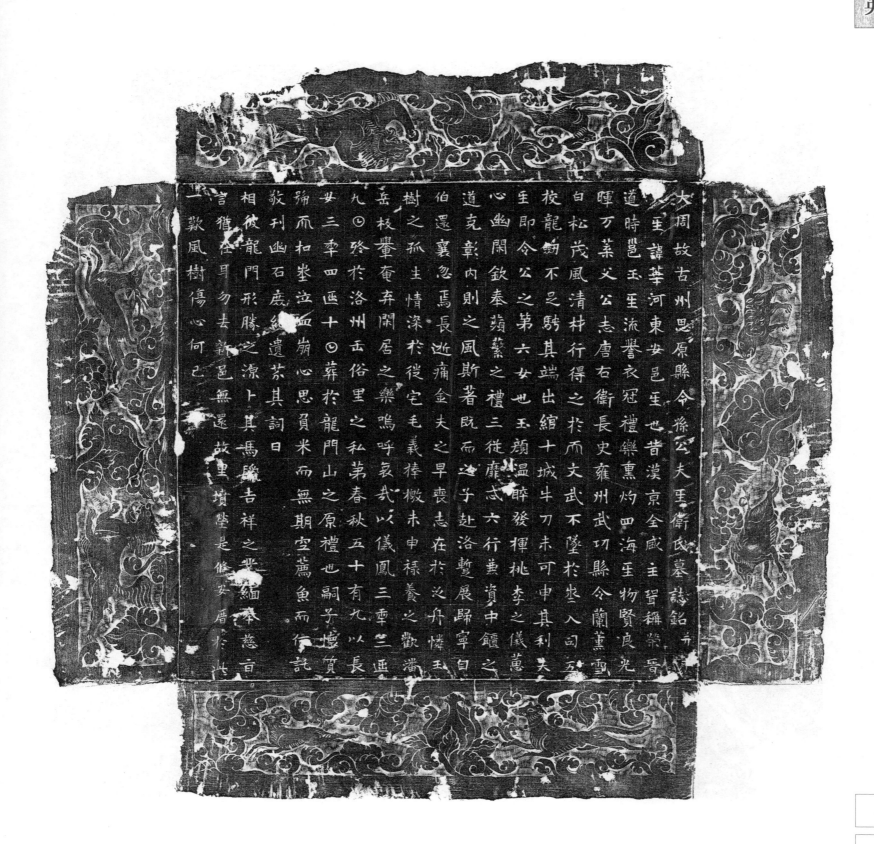

66. 龍門地區出土《有唐雍州咸陽縣丞杜君（榮觀）墓誌銘並序》

（89/89 釐米）

武周長安三年（703）八月廿四日

2002 年 9 月龍門西山出土

67. 鞏縣出土《大唐故宣州當塗縣丞楊府君（元亨）墓誌銘並序》誌蓋

（82/82 釐米）

額芯篆書 "大周故 / 楊府君 / 墓誌銘"

武周長安三年（703）十月十二日

2008 年冬鞏縣南山出土

68. 鞏縣出土《大唐故宣州當塗縣丞楊府君（元亨）墓誌銘並序》

（66/65.5釐米）

武周長安三年（703）十月十二日

2008年冬鞏縣南山出土

69. 龍門出土《大周故左羽林衛將軍上柱國定陽郡開國公右北平陽君（玄基）墓誌銘並序》

（76.5/77/16.5 釐米）

武周長安三年（703）十月廿六日

1994 年秋龍門東山南麓出土

70.《唐故詹事府主簿王公（鼎）墓誌銘並序》誌蓋

（62/62 釐米）

額芯篆書 "唐故王 / 君裴夫 / 人墓誌"

武周長安三年（703）十月十五日

71.《唐故詹事府主簿王公（鼎）墓誌銘並序》

（61.5/61.5 釐米）

奉議郎行來庭縣尉武功蘇頲文

武周長安三年（703）十月十五日

72. 龍門出土《大唐故騎都尉單府君（恪）墓誌並序》

（38/37.3 釐米）

唐神龍二年（706）十一月廿日

2006 年春龍門東山南麓出土

73. 洛陽邙山出土《大唐故魏州武聖尉輔君（簡）墓誌銘並序》

（46/43/10.5 釐米）

唐神龍三年（707）五月初五日

2001 年秋洛陽邙山出土

74. 龍門出土《大唐故朝議郎行洛州邯鄲縣令上輕車都尉盧府君（正勤）墓誌並序》

（53.5/53.5/13 釐米）

唐景龍二年（708）正月十二日

1997 年 2 月龍門東山南麓出土

75. 龍門出土《大唐故洺州邯鄲縣令范陽盧正勤夫人隴西李氏墓誌銘並序》

（40/39.5/9.5 釐米）

唐景龍三年（709）三月廿八日

1997 年 2 月龍門東山南麓出土

76. 偃師出土《大唐故衢州須江縣令弘農楊府君（務本）墓誌銘並序》誌蓋

（63/63 釐米）

蓋芯篆書 "大唐故／楊府君／墓誌銘"

唐景龍三年（709）七月初七日

據云 2004 年夏偃師縣首陽山出土

77. 偃師出土《大唐故衢州須江縣令弘農楊府君（務本）墓誌銘並序》

（55.5/55.5/13 釐米）

唐景龍三年（709）七月初七日

據云 2004 年夏偃師縣首陽山出土

78. 洛陽邙山出土《大唐故上騎都尉朝散郎吏部常選楊公（處濟）墓誌銘並序》誌蓋

（45.5/46 釐米）

蓋芯篆書 "大唐故 / 楊府君 / 墓誌銘"

唐景龍三年（709）七月廿六日

2005 年夏洛陽邙山出土

79. 洛陽邙山出土《大唐故上騎都尉朝散郎吏部常選楊公（處濟）墓誌銘並序》

（44.5/44.5/12 釐米）

唐景龍三年（709）七月廿六日

2005 年夏洛陽邙山出土

80. 龍門出土《唐故滑州匡城縣丞范陽盧府君（罃王）墓誌銘並序》

（70/70/14.6 釐米）

唐景龍三年（709）十月初五日

1998 年 2 月龍門東山南麓出土

81. 洛陽鞏縣出土《大唐故正議大
夫守太子詹事兼修國史崇文館
學士贈使持節都督兗州諸軍事
兗州刺史上柱國中山劉府君
（憲）墓誌銘並序》

（88/87/15 釐米）

刑部尚書修文館學士兼修國史汝南郡

開國公岑羲撰

誌主劉憲，《舊唐書》卷一百九十中

《文苑傳》、《新唐書》卷二百○二有傳

撰文岑羲，《舊唐書》卷七十

《新唐書》卷一百○二有傳

唐景雲二年（711）十月初八日

2008 年夏洛陽鞏縣出土

82. 龍門出土《大唐故懷州獲嘉縣令房府君李夫人（靜容）墓誌銘並序》

（60.5/60.5/13 釐米）

唐景雲二年（711）十月初八日

1994 年 5 月龍門東山南麓許營村北原出土

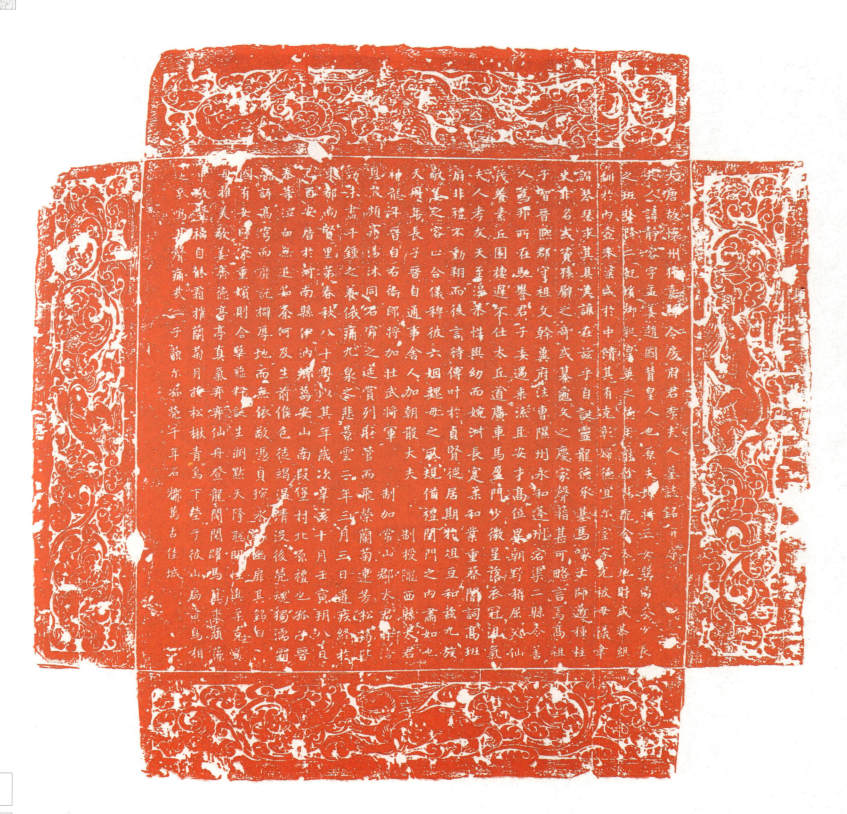

83. 洛陽邙山出土《故銀青光禄大夫行黃門侍郎傅公（遊藝）墓誌》

（71/72 釐米）

唐先天元年（712）十一月十九日

誌主傅遊藝

《舊唐書》卷一百八十六上

《酷吏傳》、《新唐書》卷二百二十三上有傳

2004年5月洛陽邙山出土

84. 孟縣出土《大唐故幽州都督左威衛大將軍兼左羽林軍上下贈使持節都督兗州諸軍事兗州刺史河東郡開國公裴府君（懷古）墓誌銘並序》誌蓋

（92.5/91.5/13.5 釐米）

蓋芯篆書"大唐故 / 裴府君 / 墓誌銘"

裴懷古，《舊唐書》卷一百八十五下

《良吏傳》，《新唐書》卷一百九十七

《循吏傳》有傳

唐先天二年（713）三月廿二日

2004 年春孟縣北嶺出土

85. 孟縣出土《大唐故幽州都督左威衛大將軍兼左羽林軍上下贈使持節都督兗州諸軍事兗州刺史河東郡開國公裴府君（懷古）墓誌銘並序》

（87.5/87.5/13 釐米）

朝議郎行洛州河南縣尉鉅鹿魏烜撰

猶子無惑書

裴懷古，《舊唐書》卷一百八十五下
《良吏傳》，《新唐書》卷一百九十七
《循吏傳》有傳

唐先天二年（713）三月廿二日

2004年春孟縣北嶺出土

86. 龍門地區出土《大唐故鎮軍大將軍行右羽林軍大將軍上柱國遼陽郡王食恒州實封八百五十戶封王（李多祚）墓誌銘》誌蓋

（75/75/16 釐米）

蓋芯篆書"大唐故／遼陽郡／王李公／墓誌銘"

唐先天二年（713）九月廿四日

誌主李多祚，《舊唐書》卷一百〇九《新唐書》卷一百一〇有傳

1991 年秋龍門西山南麓郭寨村東地出土

石存龍門石窟研究院

參見張乃翥、張成渝：《洛陽龍門山新出土的唐李多祚墓誌》，《考古》1999 年第 12 期，第 91—93 頁。

87. 龍門地區出土《大唐故鎮軍大將軍行右羽林軍大將軍上柱國遼陽郡王食恒州實封八百五十戶封王（李多祚）墓誌銘》

（75/75/15 釐米）

唐先天二年（713）九月廿四日

誌主李多祚，《舊唐書》卷一百〇九

《新唐書》卷一百一〇有傳

1991 年秋龍門西山南麓郭寨村東地出土

石存龍門石窟研究院

參見張乃翥、張成渝：《洛陽龍門山新出土的唐李多祚墓誌》，《考古》1999 年第 12 期，第 91—93 頁。

88. 粟特人石野那造浮圖銘記

（32/33 釐米）

唐開元三年（715）正月廿七日

石刻浮圖存關林洛陽古代藝術館西展廊

大唐開元三年正
月二十七日家人
石野郍為曹主
故王元邵造五給
浮圖一區為記

89. 龍門西山出土司馬崇敬墓誌

（53/53 釐米）

唐開元五年（717）一月廿一日

2003 年 2 月龍門西山南麓魏灣村北嶺出土

90. 龍門地區出土《大唐故贈銀青光禄大夫使持節相州諸軍事相州刺史蘭陵蕭府君（元禮）墓誌銘並序》

（65.5/65.5/12 釐米）

朝議郎行職方員外郎許景先撰並書

書者許景先，《舊唐書》卷一九〇中、《新唐書》卷一二八有傳

唐開元六年（718）十月廿二日

2002 年春龍門西山張溝村北原出土

91. 龍門地區出土《大唐故饒州司倉參軍事李府君（晶）墓誌並序》

（45.5/45.5/12 釐米）
唐開元七年（719）五月十四日
1996 年 9 月龍門東山南麓出土

92. 龍門地區出土《大唐河南府伊關縣上柱國胡君（勖）墓誌並序》誌蓋

（47/47 釐米）

蓋芯楷書 "大唐故／胡府君／墓誌銘"

唐開元八年（720）正月十九日

2004 年秋龍門東山南麓出土

石存麗景門張某古舊商店中

93. 龍門地區出土《大唐河南府伊關縣上柱國胡君（勖）墓誌並序》

絲路紀影——洛汭草堂藏拓擷英

（45/45/10.5 釐米）

唐開元八年（720）正月十九日

2004 年秋龍門東山南麓出土

石存麗景門張某古舊商店中

94. 龍門地區出土《唐故兗州金鄉縣丞薛君（釗）墓誌銘並序》誌蓋

（69/69 釐米）

蓋芯篆書 "大唐故 / 薛府君 / 墓誌銘"

唐開元九年（721）六月十四日

2005 年秋龍門西山北麓出土

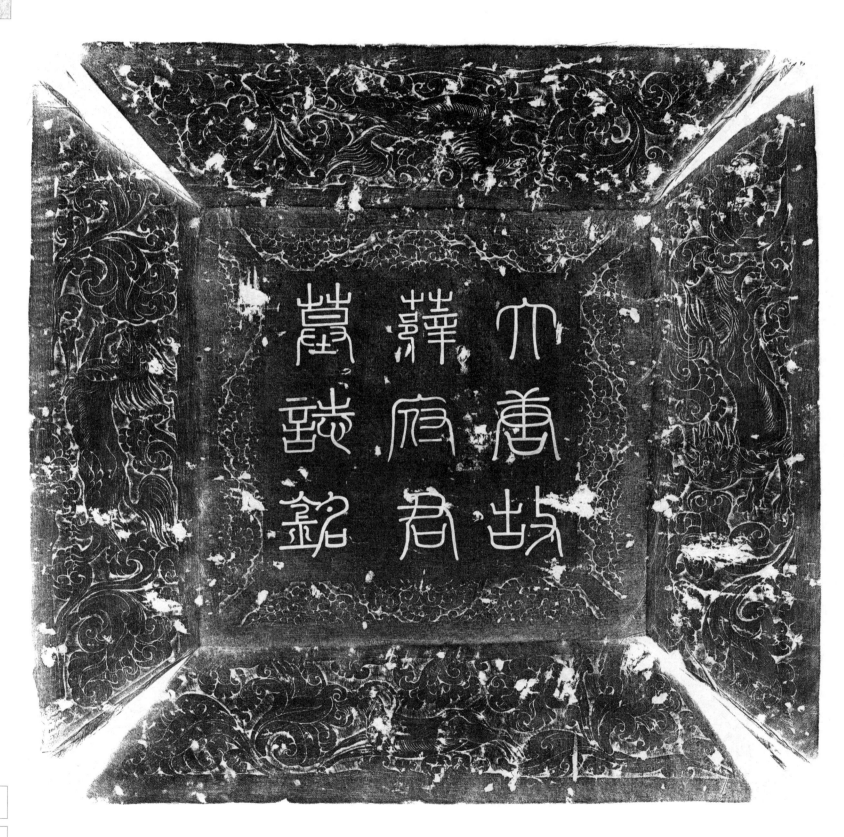

95. 龍門地區出土《唐故兗州金鄉縣丞薛君（釗）墓誌銘並序》

（62.5/62.5 釐米）

開元九年（721）六月十四日

2005 年秋龍門西山北麓出土

唐故兗州金鄉縣丞薛君墓誌銘并序

君諱釗字釗河東汾陰郡人也薛氏之來上矣自奚仲居夏始為諸侯

96. 龍門石窟《河洛上都龍門山之陽大盧舍那像龕記》

（110/70 釐米）

唐開元十年（722）十二月十二日

97. 洛陽西北郊出土焦大娘爲亡母劉二娘建石浮圖銘

塔石殘高 62 釐米，水平截面 30/39 釐米

唐開元十一年（723）二月廿七日

據云 2006 年秋洛陽西北郊出土

98. 龍門地區出土《大唐中嶽東閒居寺故大德珪和尚紀德幢》

幢身高 126 釐米，八面棱柱水平截面
外接圓直徑 32 釐米；幢文拓本 89/96 釐米
弟子大敬愛寺沙門智嚴立廟敘文
左補闕集賢院直學士陸去泰書
陸去泰，《新唐書》卷二〇〇有傳
唐開元十三年（725）六月十五日
1973 年龍門東山北麓出土
石存龍門石窟研究所

99.《大唐故朝請郎行許州長社縣丞祖君（好謙）墓誌銘並序》

（60/59.5/12 釐米）

唐開元十五年（727）十月十七日

據云 1998 年秋龍門東山南麓許營村出土

100. 洛陽邙山出土《唐故巂州都督李府君（釋子）之墓誌銘並序》

（73/73/19 釐米）

中散大夫守常州刺史褚秀撰

唐開元十八年（730）十二月廿九日

2004 年春洛陽邙山出土

101. 洛陽邙山出土《唐故滄州東光縣令段府君（嗣基）墓誌銘並序》

（70/70/13 釐米）

唐開元十九年（731）十一月十五日

2005 年春洛陽邙山出土

102. 龍門地區出土《大唐故朝議郎行潤州司户參軍范陽盧府君（正容）墓誌銘並序》

（64/64/14.5 釐米）

墓門通高 176 釐米，欄額寬 119.5 釐米

厚 21 釐米；門楣寬 93 釐米、拱高 43.5 釐米

唐開元十九年（731）十一月廿七日

近年龍門東山南麓出土

石刻後爲河南博物院收藏

103. 龍門地區出土《唐故尚書左丞相燕國公贈太師張公（說）墓誌銘並序》誌蓋

（78.5/78.5/14 釐米）

蓋芯篆書"唐贈太/師燕文/貞公張/公墓志"工部侍郎集賢院學士族孫（張）九齡撰，朝散大夫中書舍人梁升卿書

郇州三川縣丞衛靈鶴刻字

誌主張說，《舊唐書》卷九七、《新唐書》卷一二五有傳

撰文者張九齡，《舊唐書》卷九九、《新唐書》卷一二六有傳

書丹者梁升卿，《新唐書》卷九二《韋安石傳》載其工書

趙明誠《金石錄》亦多載梁氏書碑

唐開元廿年（732）八月十四日

1998 年冬龍門東山南麓出土，石藏洛陽博物館

104. 龍門地區出土《唐故尚書左丞相燕國公贈太師張公（說）墓誌銘並序》

（79/79/16 釐米）

唐開元廿年（732）八月十四日

1998 年冬龍門東山南麓出土，石藏洛陽博物館

工部侍郎集賢院學士族孫（張）九齡撰

朝散大夫中書舍人梁昇卿書

鄜州三川縣丞衛靈鶴刻字

誌主張說，《舊唐書》卷九七、《新唐書》卷一二五有傳

撰文者張九齡，《舊唐書》卷九九

《新唐書》卷一二六有傳

書丹者梁昇卿，《新唐書》卷九二《韋安石傳》載其工書

趙明誠《金石錄》亦多載梁氏書碑

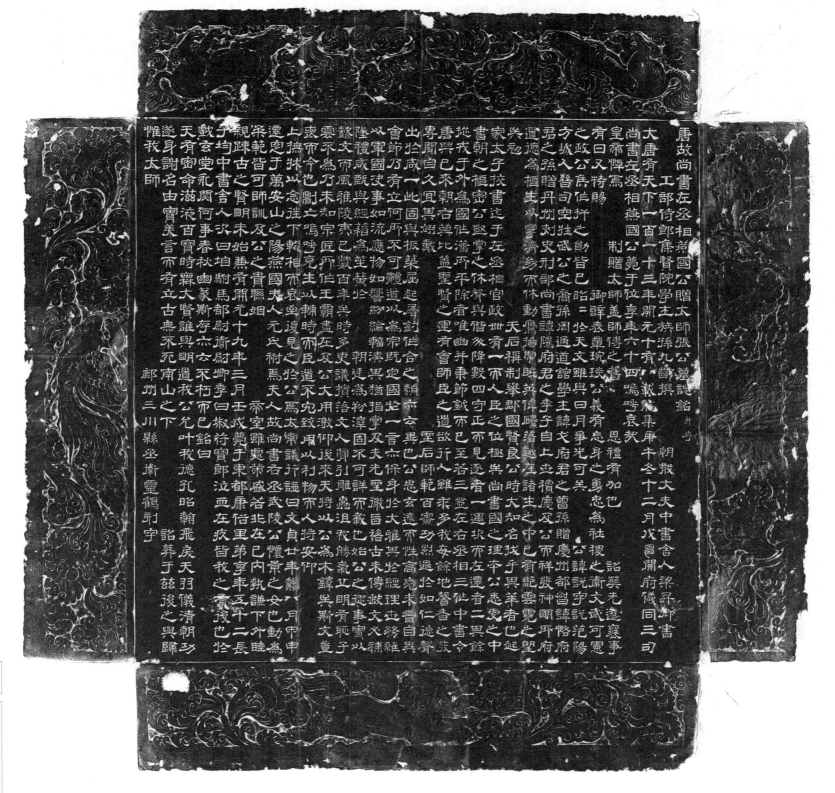

105. 龍門地區出土《唐故正議大夫邢州長史贈相州別駕上柱國南陽張府君（承基）墓誌銘並序》誌蓋

（65/66 釐米）

蓋芯篆書"大唐故／張府君／墓誌銘"

唐開元廿一年（733）十月廿七日

2006 年春龍門西山張溝村東南出土

106. 龍門地區出土《唐故正議大夫邢州長史贈相州別駕上柱國南陽張府君（承基）墓誌銘並序》

（58/57 釐米）

唐開元廿一年（733）十月廿七日

2006年春龍門西山張溝村東南出土

107. 洛陽邙山出土《大唐西崇福寺故侍書僧崇簡上人墓誌銘並序》誌蓋

（28.5/30.5/9.5—10 釐米）

蓋芯楷書"大唐故／張崇簡／師志銘"

唐開元廿二年（734）四月十八日

2005 年 10 月洛陽邙山出土

108. 洛陽邙山出土《大唐西崇福寺故侍書僧崇簡上人墓誌銘並序》

（28.5/30.5/9.5—10 釐米）

唐開元廿二年（734）四月十八日

2005 年 10 月洛陽邙山出土

109. 龍門地區出土《唐故勝、夏二州都督司馬公夫人河内郡君苟氏墓誌銘並序》誌蓋

（46.5/46 釐米）

蓋芯篆書 "大唐故 / 苟夫人 / 墓誌銘"

唐開元廿四年（736）正月五日

2003 年 2 月龍門西山南麓魏灣村北嶺出土

110. 龍門地區出土《唐故勝、夏二州都督司馬公夫人河内郡君苟氏墓誌銘並序》

（41/41 釐米）

唐開元廿四年（736）正月五日

2003 年 2 月龍門西山南麓魏灣村北嶺出土

111. 洛陽偃師出土《唐故平原郡太君盧氏合祔之銘》誌蓋

（81/81 釐米）

蓋芯篆書 "唐故平 / 原郡太 / 君盧氏 / 合祔銘"

唐開元廿五年（737）五月廿三日

2006 年 8 月洛陽偃師出土

112. 洛陽偃師出土《唐故平原郡太君盧氏合祔之銘》

（74/74/17 釐米）

唐開元廿五年（737）五月廿三日

2006 年 8 月洛陽偃師出土

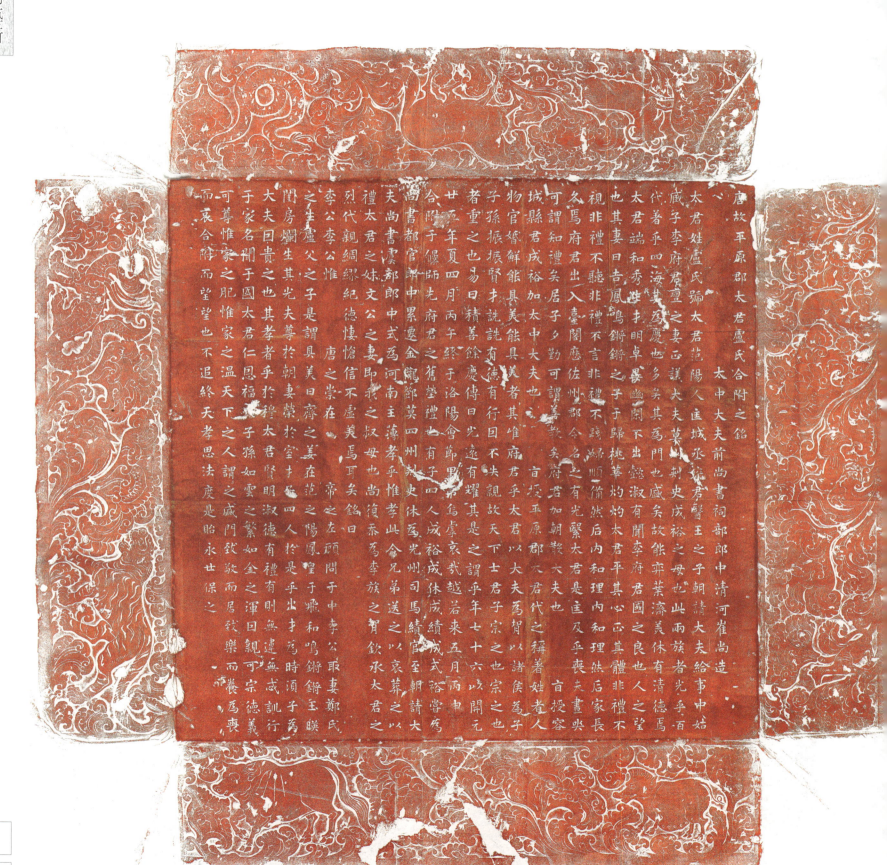

113. 龍門地區出土《唐監察御史邢府君（巨）墓誌銘並序》誌蓋

（54/54 釐米）

蓋芯篆書"大唐故 / 邢府君 / 墓誌銘"

前鄭州陽武縣主簿蕭昕撰

誌主邢巨

《舊唐書》卷一九〇中《文苑傳》有傳

另《全唐文》卷三〇一

收録邢氏文章且有傳記

唐開元廿六年（738）十一月廿日

2006 年春龍門西山南麓出土

114. 龍門地區出土《唐監察御史邢府君（巨）墓誌銘並序》

（48.5/48/13 釐米）

前鄭州陽武縣主簿蕭昕撰

誌主邢巨

《舊唐書》卷一九〇中《文苑傳》有傳

另《全唐文》卷三〇一

收錄邢氏文章且有傳記

唐開元廿六年（738）十一月廿日

2006 年春龍門西山南麓出土

115. 龍門地區出土《唐故安國寺大德盧和上依止弟子尼悟因墓誌銘並序》誌蓋

絲路紀影——洛汭草堂藏拓擷英

（39/39.5 釐米）

蓋芯篆書"大唐故 / 李五師 / 墓誌銘"

悟因祖李敬玄，高宗朝中書令

《舊唐書》卷八一、《新唐書》卷一〇六有傳

父思冲，《舊唐書》卷八一

《新唐書》卷一〇六有傳

唐開元廿七年（739）五月五日

2005 年春龍門西山出土

116. 龍門地區出土《唐故安國寺大德盧和上依止弟子尼悟因墓誌銘並序》

（36/36 釐米）

悟因祖李敬玄，高宗朝中書令
《舊唐書》卷八一
《新唐書》卷一○六有傳；父思沖
《舊唐書》卷八一、《新唐書》卷一○六有傳
唐開元廿七年（739）五月五日
2005 年春龍門西山出土

117. 龍門地區出土《唐故安國寺大德盧和上依止弟子尼悟因墓誌銘並序》墓門石刻

墓門石刻原为七件

之後门扇下門檻一石佚失，今存六件

通高 166 釐米，寬 96 釐米

與墓誌同出

唐開元廿七年（739）五月五日

2005 年春龍門西山出土

118. 龍門地區出土《唐益府參軍高府君故夫人太原王氏墓誌銘並序》誌蓋

（45/45 釐米）

蓋芯楷書 "大唐故/王夫人/墓誌銘"

唐開元廿七年（739）十二月八日

2006 年 8 月龍門西山出土

119. 龍門地區出土《唐益府參軍高府君故夫人太原王氏墓誌銘並序》

（42/42/10 釐米）

前鄉貢明經博陵崔晟篆文

唐開元廿七年（739）十二月八日

2006年8月龍門西山出土

120. 龍門地區出土《唐睿宗大聖
真皇帝故貴妃豆盧氏墓誌銘
並序》誌蓋

（75.5/75.5/18.5 釐米）

蓋芯篆書 "唐故貴 / 妃豆盧 / 氏誌銘"

唐開元廿八年（740）七月廿五日

1992 年 5—9 月龍門西山北麓發掘出土

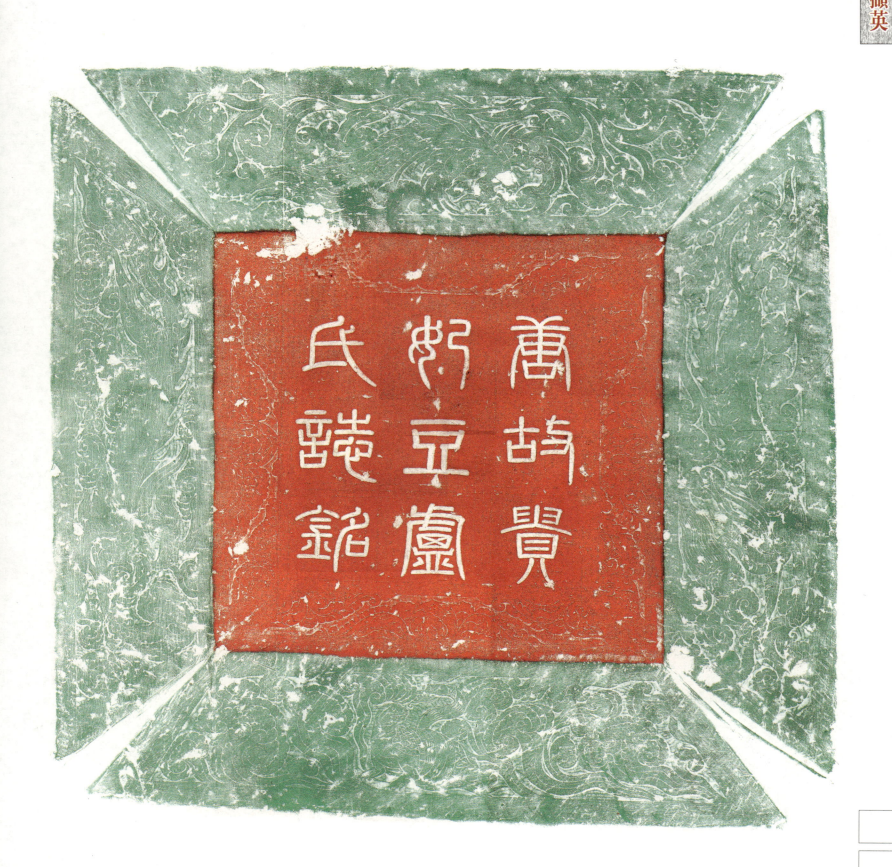

121. 龍門地區出土《唐睿宗大聖真皇帝故貴妃豆盧氏墓誌銘並序》

（77/77/20 釐米）

庫部郎中知制誥兼修國史吳鞏撰

東海徐澥書

唐開元廿八年（740）七月廿五日

1992 年 5—9 月龍門西山北麓發掘出土

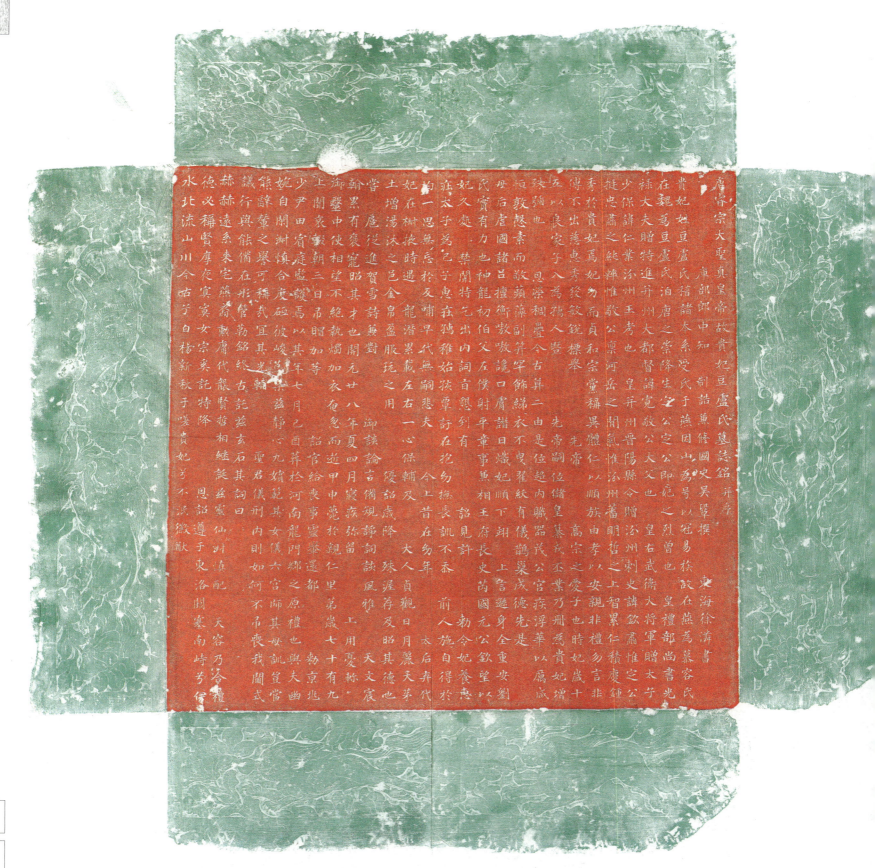

122. 龍門地區出土《唐故滎陽郡夫人鄭氏（德曜）墓誌銘並序》

誌石 76/76/14.5 釐米；

誌蓋 76/76/15 釐米，蓋芯篆書

"唐故滎 / 陽郡夫 / 人鄭氏 / 墓誌銘"

固安文公三從弟朝散大夫

行尚書吏部員外郎佺撰，漢陽沙門湛然書

其夫盧從願，《舊唐書》卷一○○有傳

撰文者盧佺，《新唐書》卷二○○有傳

唐開元廿八年（740）十一月十九日

1987 年 12 月龍門西山南麓出土

圖版參見洛陽市文物工作隊：《洛陽出土歷代墓誌輯繩》，北京中國社會科學出版社 1991 年，第 522 頁。

123. 洛陽邙山出土《大唐故太中大夫使持節同州諸軍事守同州刺史上柱國張府君（涗）墓誌銘並序》誌蓋

誌蓋 （86/86 釐米）

蓋芯篆書 "大唐故 / 張府君 / 墓誌銘"

唐開元廿八年（740）十一月十九日

誌主祖公謹、父大安，《舊唐書》卷六八

《新唐書》卷八九並有傳

2006 年夏出土於洛陽邙山

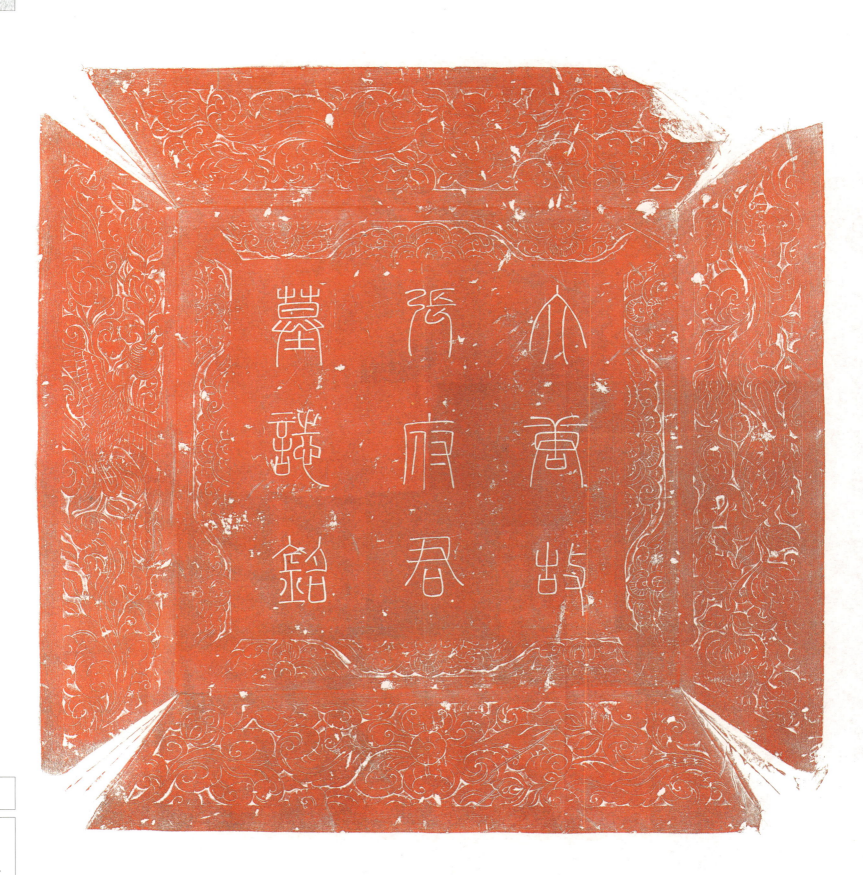

124. 洛陽邙山出土《大唐故太中大夫使持節同州諸軍事守同州刺史上柱國張府君（涗）墓誌銘並序》

（76/75.5/16 釐米）

通直郎行洛陽縣尉趙良玉撰

范陽盧之翰書

唐開元廿八年（740）十一月十九日

誌主祖公謹、父大安，《舊唐書》卷六八

《新唐書》卷八九並有傳

2006年夏出土於洛陽邙山

125. 龍門地區出土《大唐故鳳州別駕張府君（景尚）墓誌銘並序》誌蓋

（拓本 57/57.5 釐米）

蓋芯楷書 "大唐故 / 張府君 / 墓誌銘"

唐開元廿九年（741）八月六日

2005 年 3 月龍門西山張溝村東南出土

126. 龍門地區出土《大唐故鳳州別駕張府君（景尚）墓誌銘並序》

（51.5/51 釐米）

唐開元廿九年（741）八月六日

2005 年 3 月龍門西山張溝村東南出土

127. 龍門地區出土《唐中大夫行歙州長史尹公故夫人上邽郡君李氏墓誌銘並序》誌蓋

（拓本 41/41 釐米）

蓋芯楷書 "唐歙州 / 長史夫 / 人墓誌"

唐開元廿九年（741）十一月十三日

2006 年 8 月龍門西山北麓平原出土

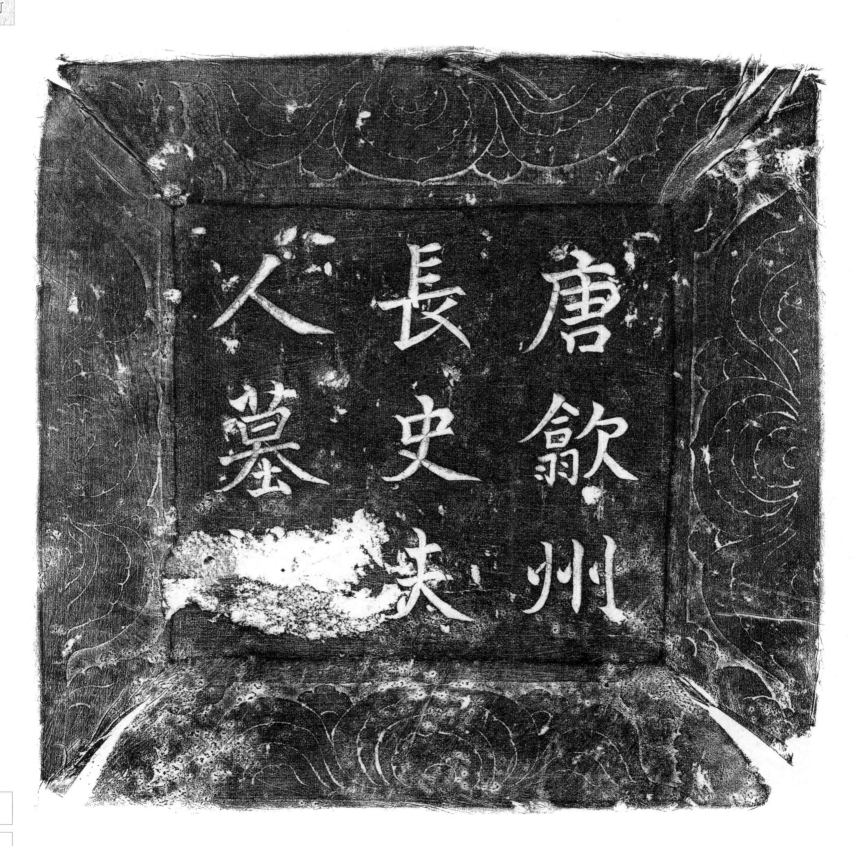

128. 龍門地區出土《唐中大夫行歙州長史尹公故夫人上邽郡君李氏墓誌銘並序》

（37.5/38/10.5 釐米）

唐開元廿九年（741）十一月十三日

2006年8月龍門西山北麓平原出土

129. 龍門地區出土《唐故京兆府武功縣令蔡府君（鄭客）墓誌銘並序》

（62.5/62.5/10.5 釐米）

鄭州陽武縣主薄蕭昕撰

前汲郡新鄉尉李頎書

唐天寶元年（742）正月十五日

約 2003 年 9 月出土於龍門西山

130. 龍門地區出土《唐故梓州司戶參軍彭府君（紹）墓誌銘並序》誌蓋

（59/59/11.5 釐米）

蓋芯篆書 "大唐故 / 彭府君 / 墓誌銘"

唐天寶元年（742）十月十四日

1998 年 12 月中旬龍門西山張溝村東地出土

石存洛陽市文物工作隊

131. 龍門地區出土《唐故梓州司戶參軍彭府君（紹）墓誌銘並序》

（59/59/12 釐米）

監察御史孟匡撰

唐天寶元年（742）十月十四日

1998 年 12 月中旬龍門西山張溝村東地出土

石存洛陽市文物工作隊

132. 龍門地區出土《唐故平陽郡霍邑縣令許府君（温）墓誌銘並序》誌蓋

（拓本 40/39.5 釐米）

蓋芯篆書 "大唐故 / 許府君 / 墓誌銘"

唐天寶元年（742）十一月十九日

2006 年春龍門西山北麓出土

133. 龍門地區出土《唐故平陽郡霍邑縣令許府君（溫）墓誌銘並序》

（37/37/9.5 釐米）

唐天寶元年（742）十一月十九日

2006 年春龍門西山北麓出土

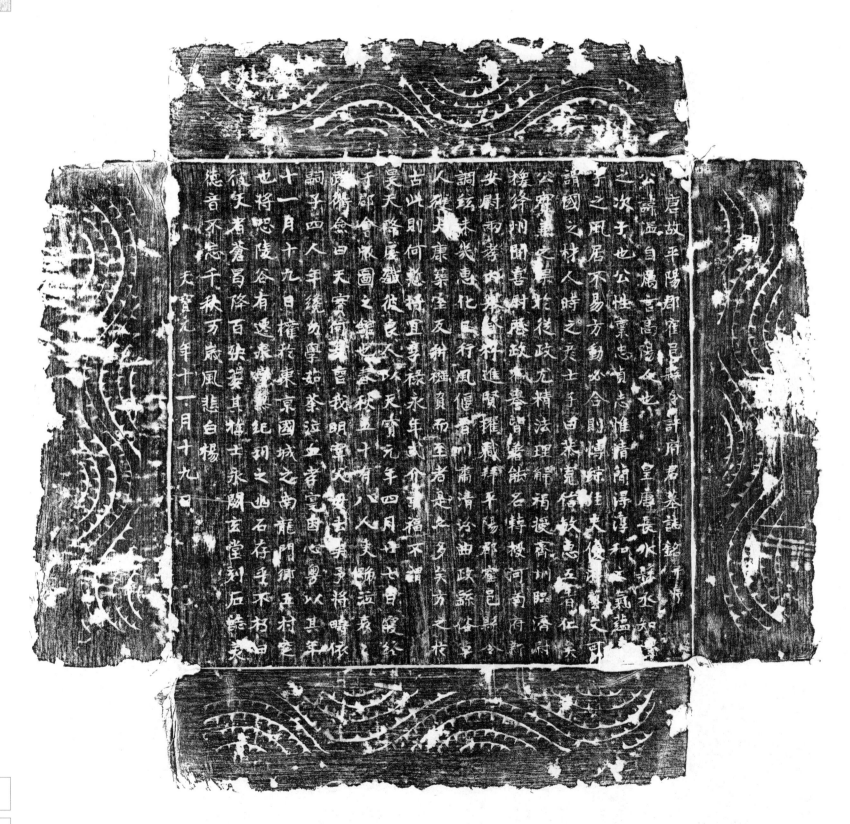

134. 龍門地區出土《唐扶風竇氏李夫人碑銘並序》

（51/26/7.8 釐米）

唐天寶三年（744）閏二月三日

20世紀70年代出土於龍門西山

石存龍門石窟研究院

135. 洛陽邙山出土《唐故尚書吏部主事南陽韓府君（履霜）墓誌銘並序》

（56.5/55 釐米）

太子正字郎鄭日成撰

唐天寶四年（745）十月十八日

2002 年 5 月洛陽邙山出土

136. 洛陽邙山出土《大唐高道不仕府君郭公（山松）墓誌銘並序》

（45.5/45.5 釐米）

餘姚郡參軍弘農楊朝輔撰

唐天寶五年（746）十一月廿五日

約 2006 年 2 月出土於洛陽邙山

137. 西安出土《大唐故忠武將軍行右龍武軍翊府中郎將賜紫金魚袋上柱國贈本軍將軍裴府君（智）墓誌銘並序》誌蓋

（拓本 58.5/58.5 釐米）

蓋芯篆書 "大唐故／裴府君／墓誌銘"

唐天寶六年（747）二月三日

2005 年冬西安出土

138. 《大唐故忠武將軍行右龍武軍翊府中郎將賜紫金魚袋上柱國贈本軍將軍裴府君（智）墓誌銘並序》

（57/57/11 釐米）

唐天寶六年（747）二月三日

2005年冬西安出土

139. 洛陽邙山出土《大唐故朝散郎裴府君（少烈）墓誌文並序》誌蓋

（拓本 33/33 釐米）

蓋芯楷書 "大唐故 / 裴府君 / 墓誌銘"

（改用 "朱府君" 志蓋）

唐天寶六年（747）二月廿六日

2003 年洛陽邙山出土

140. 洛陽邙山出土《大唐故朝散郎裴府君（少烈）墓誌文並序》

（43.5/43.5 釐米）

唐天寶六年（747）二月廿六日

2003 年洛陽邙山出土

大唐故朝散郎裴府君墓誌文并序

君諱少烈，字悟微，河東聞喜人也。其先與秦同系，曰封命氏，世為盛族，休有烈光，與曹……祖永嗣，懷州武德縣令。祖河南府銀青光祿……縣。大夫貝州刺史。父遊見，河南府……守。令并葉增輝，積德垂裕。君幼……造……謙……遊藝有文，履善知……意非常……所……師進，始階於……命也。夫春秋……命曰休……無……仙府遂浸九原……命也。六載二月十一日卒於東……昭戌花山……禮合……院以其載二月廿六日癸於……范山……後徒於魯所。終身未聘，奚娶於齋，非禮不行，無後……列。悠悠逝者，精奚何依，爵爵佳城，封樹徒於魯列。

銘曰：

盛德之業兮，赫赫有光，之子克紹……英……其昌身世不永兮，……業之風，悲于……揚英……

141. 龍門地區出土《大唐天宮寺巖和尚誌銘並序》

（46.5/47.5/10 釐米）

前鄉貢明經王鑠撰，沙門釋靈琇書

唐天寶七年（748）六月二十八日

2006 年 8 月龍門西山出土

142.《唐故承議郎行桂陽郡平陽
　　縣令騎都尉賈府君（福謙）
　　墓誌銘並序》誌蓋

（48.5/49 釐米）

盖芯篆书 "大唐故／賈府君／墓志铭"

唐天寶七年（748）八月廿一日

石存洛陽劉氏

143.《唐故承議郎行桂陽郡平陽縣令騎都尉賈府君（福謙）墓誌銘並序》

（45/45 釐米）

河間郡劉冽文並書

唐天寶七年（748）八月廿一日

石存洛陽劉氏

144. 洛陽出土《唐故朝議大夫使持節歷陽郡諸軍事守歷陽郡太守上騎都尉襲常山郡開國公河南元府君（琰）墓誌銘並序》

（60.6/60.6/10.6 釐米）

從侄臨汝郡魯山縣令德秀文

侄前左羽林軍錄事參軍輻書

唐天寶七年（748）"十一月十八日安窆洛陽縣崇義鄉故城東原"

本誌撰文者元德秀，《舊唐書》卷一九〇《文苑傳下》有傳

元德秀墓誌 1959 年出土於嵩縣陸渾庫區

現藏伊川縣文管所

2009 年夏隋唐洛陽故城東郊李樓村東地一帶出土

唐故朝議大夫使持節歷陽郡諸軍事守歷陽郡太守上騎
都尉襲常山郡開國公河南元府君墓誌銘并序
公諱琰字允殖生在河南靈源軒本枝魏盛祖帝宗慈
累葉布衣曾祖布在河南懷道諒名不可略詳高祖授命皇父朝議大夫之
絳州稷山縣令曾祖朝遷嘉佟書上贈坊州刺史見危授命大父慈隱几
南郭君乃朝世當書上柱國常山郡之詠公致辜贈朝議王之祀
弘文館學士麗正德當解巾儒武子之詠授章曹懷陶令部之歌兩任尚書
謚曰文獻胄子通事舍人改領三薛府為歧州司功懷撓遵乘平方任政乃繼
居為長貪弱茂經明當世鴻儒又輔為政州司功曹懷廟令兩任尚書
滿轉補通事舍人改波遷江郡往承化時虎鄧別方至熊方得有
勅授通事彰忽於春秋六十取其門女茨洛陽縣崇義鄉故
能飛彰存虛以其載十一月十八日安窆洛陽縣崇
行薨于平原忽歡於載八月六日薨之貞才進得
日薨于平原靜詩書自悅琴酒取娛儉約世言乃為銘曰
中和退之限靜宦舍逝波江其遺仕嗣並泣血茹茶昊天岡極
迫生涯之限以其載十一月未盡洛陽縣崇義鄉故郡
城東原禮也塗翊幼曰輔童年未仕乃為銘曰
都智府象軍輔奪軍次授章曹懷撓遵乘平方任政乃繼
位之端至遵薄葵之遺執古其已銘曰
夫位之端至明德不朽
同位之...
君之先君之至明德不朽
姪前左羽林軍錄事參軍輻書

145. 洛陽出土《唐陳鼎墓誌銘並序》誌蓋

（拓本 38/38 釐米）

蓋芯楷書"大唐陳／府君墓／誌之銘"

唐天寶八年（749）"三月八日遷窆於洛陽縣

感德鄉齊村之北"

2005 年 2 月隋唐故城東李樓鄉齊村出土

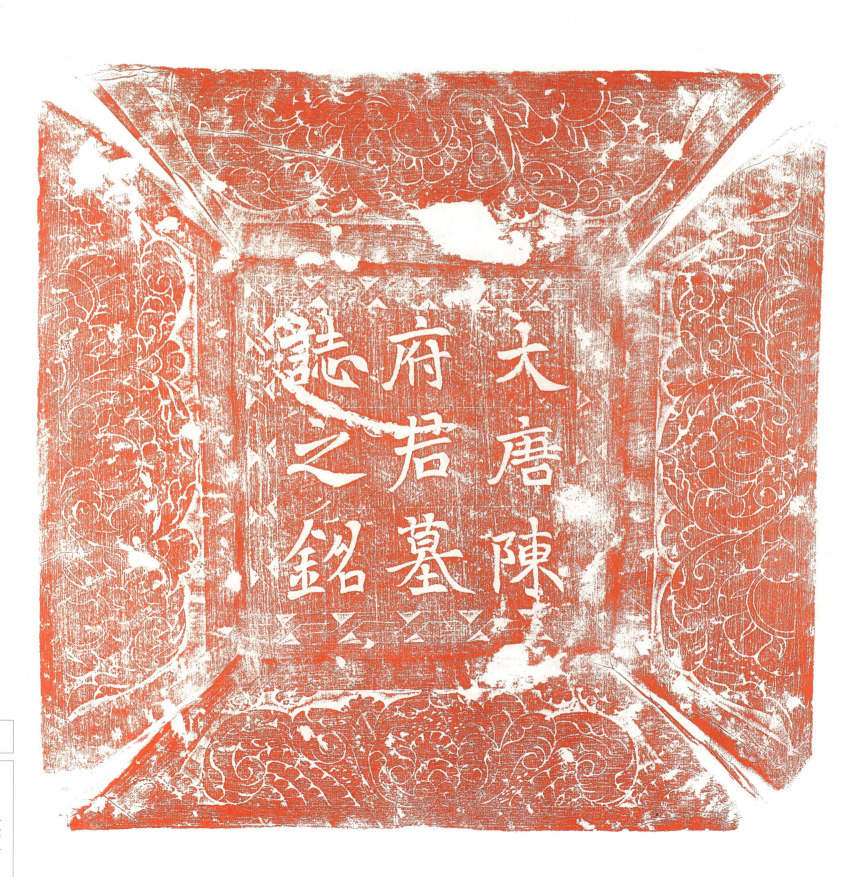

146. 洛陽出土《唐陳鼎墓誌銘並序》

（36/36/8.2 釐米）

唐天寶八年（749）"三月八日遷窆於
洛陽縣感德鄉齊村之北"

2005年2月隋唐故城東李樓鄉齊村出土

147. 洛陽邙山出土《唐故將仕郎臨汝郡梁川府兵曹參軍蘇公（德宏）墓誌銘□□（並序）》

（35/35 釐米）

唐天寶八年（749）九月廿一日

葬于邙山平樂鄉之原

2000年洛陽邙山出土

148. 洛陽邙山出土《唐故雲麾將
　　 軍左龍武軍將軍上柱國李府
　　 君（獻忠）墓誌銘並序》誌
　　 蓋

（拓本 64/65 釐米）

蓋芯篆書"大唐故 / 李府君 / 墓誌銘"

唐天寶九年（750）四月八日

葬於邙山平樂鄉

1999 年 10 月洛陽邙山出土

石存龍門石窟研究所

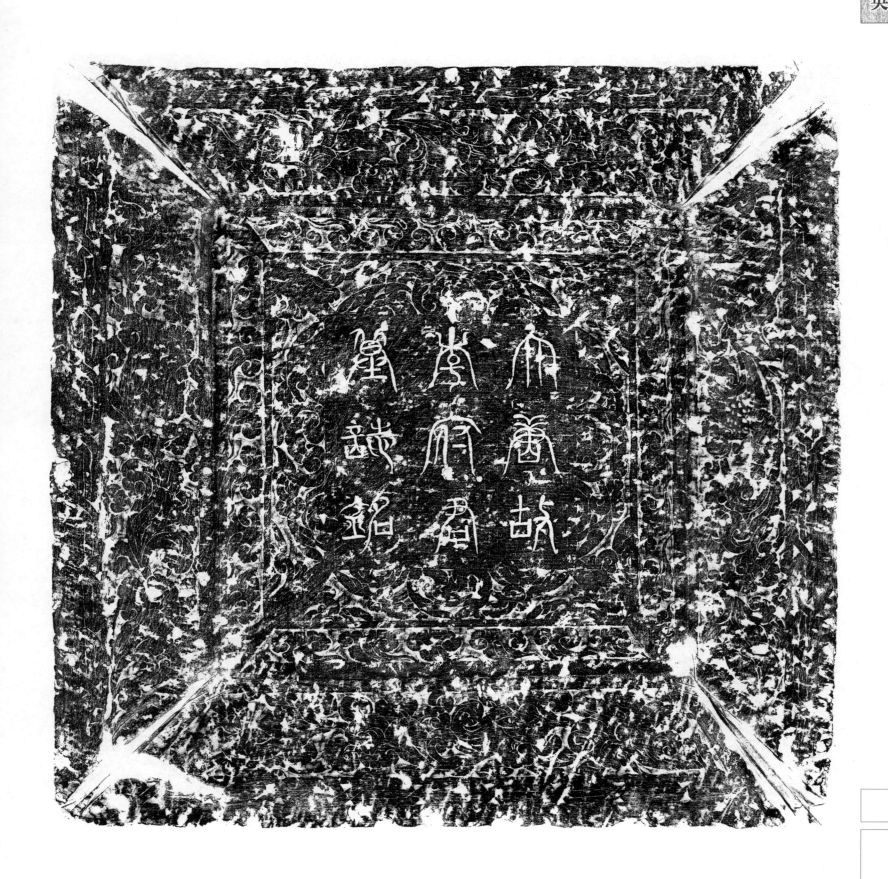

149. 洛陽邙山出土《唐故雲麾將軍左龍武軍將軍上柱國李府君（獻忠）墓誌銘並序》

（59.5/59.5/15 釐米）

唐天寶九年（750）四月八日

葬於邙山平樂鄉

1999 年 10 月洛陽邙山出土

石存龍門石窟研究所

150. 洛陽出土《唐弘農劉氏夫人昌黎韓氏墓誌文並序》

（拓本 48/49 釐米）

唐天寶十二年（753）六月廿七日

卒於洛陽縣感德里之別業

唐天寶十二年（753）七月三日葬

2004 年秋出土於洛陽隋唐城遺址東郊

151. 龍門地區出土《唐故左龍武軍大將軍譙國曹公（仁）墓誌銘並序》

（59.5/59.5 釐米）

河南府進士李漸撰，又銘河府進士張視

安定胡霈然書

唐天寶十三年（754）正月十三日

約 2002 年 8 月龍門東山南麓出土

152. 洛陽邙山出土《唐故恒州真定縣丞潁川陳公（希喬）墓誌文》

（35.5/36 釐米）

進士賈鵬撰

唐至德元年（756）十一月十日

據云 2005 年夏洛陽邙山出土

153. 龍門地區出土《大燕故唐澤州司法參軍清河張府君（惟恭）墓誌》誌蓋

（拓本 40/40 釐米）

蓋芯楷書 "大燕故 / 張府君 / 墓誌銘"

安燕聖武二年（757）十月五日

2001 年春龍門西山畢溝村西原出土

154. 龍門地區出土《大燕故唐澤州司法參軍清河張府君（惟恭）墓誌》

（38/37.5 釐米）

刑部員外郎陽陟撰

誌主曾祖張文琮，《舊唐書》卷八五有傳

安燕聖武二年（757）十月五日

2001年春龍門西山畢溝村西原出土

155.《唐寧刹寺故大德惠空和尚墓誌銘並序》誌蓋

（拓本 41/41.5 釐米）

蓋芯楷書 "大唐寧 / 刹寺主 / 墓誌銘"

唐大曆二年（767）十月廿日葬龍門

156.《唐寧剎寺故大德惠空和尚墓誌銘並序》

（39/39/8 釐米）

唐大曆二年（767）十月廿日葬龍門

157. 洛陽北郊出土《唐故南平郡司馬贈秘書少監虞公（從道）墓誌銘並序》

（59.2/60 釐米）

朝散大夫守河中少尹兼御史中丞知府事
仍充朔方節度行軍司馬賜紫金魚袋嚴郢撰
太中大夫前行國子司業上柱國趙甚書
河南府戶曹參軍李陽冰篆額
唐大曆四年（769）八月
2003 年 6 月洛陽北郊出土

158. 龍門地區出土《唐故秘書監崔公（望之）墓誌銘》

誌石 59.5/59.5/13 釐米

盝形誌蓋 60/60/13 釐米

唐大曆十三年（778）四月十四日

1992 年 3 月龍門西山弘聖寺遺址西側出土

石存洛陽市文物工作隊

唐故秘書監崔公墓誌銘

公諱望之博陵人也其所由來備諸史諜曾祖洺隋

安州長史祖孝基皇朝散大夫寧州司馬

皇岐州雍縣主簿德行嗣續文學相傳道不行於大賢顯

將垂於後商索履清風人倫師範姓氏之首姻婭所貴顯

世以來英之與京也公在抱而孤太夫人潁川陳氏侍

中趀達之孫汾州刺史賢德之女字志翰育訓以詩禮亦

院戍貧人事親盡孝性闊略不覊仰自通蓰於官者未嘗

憂貧中宗時拜尚輦奉御非所好也竟以疾辭家本

山東遂居於中牟可上或觀耦耕成自垂釣或獵經往月

縱詠歌超人之急愛客不倦風流談笑與德拜諫議大夫

來仕旋加銀青光祿大夫遷秘書監致仕

致仕十餘年間與親戚相

既嗚呼樂極哀至大曆十二年十月二日薨於東京歸義

弟錫以章服獨齊尊事榮耀當時

里享年九十有一夫人京地王氏先公而卒以明年四月

十四日合祔於龍門之西原陪先塋禮也侍御史程懷憂

公之子揖公無兒視之如子愚亦以孝報德送往恤存士

之義也嗚呼哀哉銘曰

彼美君子在汴之陽不瞭不昧達於行藏晚遇

予欲泣言錫以命服策名於坦登于秘閣久已懸車龍光

猶在壽考無餘關塞之側松柏蒼然祔於先君從此終天

159.《唐故伊闕縣令鉅鹿魏府君（系）墓誌銘並序》誌蓋

（44/44.5 釐米）

蓋芯篆書"唐伊闕/令魏府/君墓銘"

唐大曆十三年（778）十一月十八日

160.《唐故伊闕縣令鉅鹿魏府君（系）墓誌銘並序》

（58.5/58.5 釐米）

前鄉貢進士張莒撰，睦州司馬劉長卿書

唐大曆十三年（778）十一月十八日

唐故伊闕縣令鉅鹿魏府君墓誌銘并序

前鄉貢進士張莒撰

睦州司馬劉長卿書

唐持進士中鄭國文貞公曾孫曰系字建宗　皇帝嘗詔曰玉延昌董生備身　玄宗補千牛備身

蕭宗朝授左驍衛錄事參軍以　皇帝嘗詔拜大理評事暨舊府廉察京輔而　玉延昌董生

邦有懷能吏表公以政術顯聞觀察使嘉縣人

公又佐之轉大理司直調鄧州南陽以政術是一人歟

之將圖報且未及以　皇曆祚九

戊申中邦有懷能吏表公河南府伊闕縣令故相彭城劉公

之將圖報且未及以　皇曆祚九月十日寢疾告終享年五十有

一鳴呼哀哉　皇唐曆祚九

賞延邑食世世無絕況貞固本之道動自父貞縱子之懿　器而不及大位者乎為後才尚

國官心勞州刺史汝陽令皆崇德象賢而爵重

而嗣官心勞州刺史蔡州刺史汝陽令即潁州之第三子也

不嗣實應盖習之家政文敏仁恕又得之心誠天寶之難先朝

溫良忠簡故仕宦時隔迺先業噫夫官不專職廉白以其年十一月

德之胤道輔時公玉顯先業噫夫官不稱德不專職廉白安貞和陽鄭

論道輔時玉顯先業示詭不多進德不稱職廉保護修葬是用銘

癸卯十八日庚申祔葬于洛陽首陽原從先塋礼也夫人滎陽鄭

氏嗣子駒茹哀纏毒扶杖未支季弟瞱炊然永慟保護修葬是用銘

石竁坎且申哀誠而紀歲時也銘曰

生有稱芳歿何往洛川北弓首陽上猗歟德而不延賞貞芳猶可尚

芳噫乎嗚呼歸草莽死可作乎魂有反乎陰陽遄遷芳先後歸無仁哲亦盖

161. 龍門地區出土《唐故殿中侍御史趙郡李公（荅）墓銘並序》

（64.5/65 釐米）

吳郡張少博銘墓，東海徐琪篆文

唐建中二年（781）十二月十二日

2004 年 6 月龍門西山北麓出土

162. 龍門地區出土吳六郎造尊勝陀羅尼經幢題記

幢體系一八面棱柱，殘高 130 釐米

每面寬 16 釐米，拓本兩紙，每紙 128/63 釐米

沙門明獻撰

唐元和五年（810）十一月九日建

2006 年 6 月龍門北原出土

佛頂尊勝陀羅尼經

門佛陀波利本

羅底毗瑟陀耶

恒姪他五菴引六毗輸馱耶七娑摩三滿多襪皤娑

勃陀列耶諦下

如是我聞一時薄伽梵在室羅筏城逝多林給孤獨園與大苾芻眾千二百五十人俱又與諸大菩薩僧萬二千人俱尔時三十三天於善法堂會有一天子名曰善住與諸大天遊於園觀又與諸大天女前後圍繞歡喜遊戲種種音樂共相娛樂受諸快樂尔時善住天子即於夜分聞有聲言善住天子却後七日命終已後生贍部洲受七返畜生身即受地獄苦從地獄出希得人身生於貧賤之家而無兩目尔時善住天子聞此聲已即大驚怖身毛皆豎愁憂不樂速疾往詣天帝釋所悲啼號泣惶怖無計頂禮帝釋二足尊已白帝釋言我與諸天女共相圍繞受諸快樂聞有聲言善住天子却後七日命終已後生贍部洲七返受畜生身受地獄苦出地獄已希得人身生於貧賤復無兩目天帝云何令我得免斯苦尔時帝釋聞善住天子語已甚大驚愕

163. 龍門地區出土吳六郎造尊勝陀羅尼經幢題記

幢體系一八面棱柱，殘高 130 釐米

每面寬 16 釐米，拓本兩紙，每紙 128/63 釐米

沙門明獻撰

唐元和五年（810）十一月九日建

2006 年 6 月龍門北原出土

光焰照徹無不周遍若諸眾生持此陀羅尼亦復如是閻浮檀金明淨柔軟令人喜見不為穢惡之所染著天帝若有諸眾生持此
道天帝此陀羅尼所在之處若能書寫流通受持讀誦聽聞供養故如是者一切惡道非得清淨一切地獄苦悲皆消滅佛告天帝若有
高山或安樓上乃至安置塔中天帝若有必芻必芻尼優婆塞優婆夷族姓男族姓女於幢上或見或與其影相近其影映身或風吹陀羅
彼諸眾生所有罪業應隨惡道地獄畜生閻羅王界餓鬼阿脩羅身惡道之苦皆不受亦不為罪垢染污天帝此等眾生為一切諸佛之所
三藐三菩提者名摩訶薩埵真是佛子持法棟梁又是如來全身舍利卒堵波塔眾時間摩羅法於四衢道造窣堵波安置陀羅尼合掌恭敬
供養者名為我黃說持陀羅尼法介時佛告我當為汝宣說受持此陀羅尼法亦名隨求即得一切如來心佛介時世尊即說陀羅尼即星其頭以
礼佛之而作是言世我聞如來演說讚詩大力陀羅尼者我常隨逐守護不令持者墮於地獄以大

顏如來為我黃說持陀羅尼法介時佛告四天王汝今諦聽我當為汝宣說受持此陀羅尼法亦名隨求即得諸佛剎土常與諸佛俱會一處名香右膝著地胡跪合掌
尼蒲其千遍短命眾生還得增壽永離病苦一切業障悉皆消滅一切地獄諸苦亦得解脫諸飛鳥畜
大惡病聞陀羅尼即得永離一切擁重罪遂即消滅隨惡道者若人能日日誦此陀羅尼一遍消諸世間廣大供養捨身
佛言若人造一切擁重罪業遂即命終乘斯惡業應隨地獄若人能日日誦此陀羅尼一遍隨往生天
佛言天帝我以此方所受此陀羅尼廿一遍散亡者骨上即得生天一切如來恒為演說一切世界廣大微妙諸佛剎土常與諸佛俱會一處
介時天帝於世尊所受此陀羅尼法應如是我今時天帝於世尊所受此陀羅尼法其頭頂星其頭以大
一百八遍說於其壇中如雲王雨華能徧供養八十八俱脏殑伽沙那庾多百千諸佛彼佛世尊咸共讚言善哉善哉希有真是佛子即得無
持此陀羅尼法應如是我介時天帝我以此方所受此陀羅尼廿一遍散亡者骨上即得生天一切如來恒為
日汝與善住俱來見我介時天帝於世尊所受此陀羅尼法應如是我今為汝與諸世尊受此陀羅尼廿一遍其頭以
塗香末香寶幢幡蓋天衣瓔珞種種嚴淨莊嚴諸佛所說介時四天王於佛前立踊躍歡喜諦聽
子頂即為說法受菩提記佛言此經名淨一切惡道佛頂尊勝陀羅尼即得無上正等菩提至第七踊躍歡喜信受奉行
即為說法受菩提記佛言此經名淨一切惡道佛頂尊勝陀羅尼

沙門明獻建

天寶十一載十一月

164. 龍門地區出土徐景威墓誌

（34/34.2 釐米）

唐元和□申歲（丙申，十一年 /816）二月六日

墓誌開首刊漢字音譯《佛頂尊勝陀羅尼》經一部

2005 年春龍門西山北麓出土

165. 洛陽邙山出土《唐故太常寺奉禮郎顏公（季康）墓誌銘並序》

（47/46 釐米）

通直郎前太子校書郎杜從立撰

唐長慶元年（821）十一月十四日卒

2000 年洛陽邙山出土

唐故太常寺奉禮郎顏公墓誌銘并序

通直郎前太子校書郎杜從立撰

公諱季康字茂安瑯琊人也歷承榮寵代襲簪纓

曾祖元

敬皇太子舍人掌書令亳州刺史秘書監祖曜皇淄州司

馬賜緋魚袋父亮皇通王府叅軍先夫人彭城劉氏

父見虔州感縣令，公即叅軍嗣子弟譯三衛出身久習詩

禮花萼並秀鶴鴒在原公禮節殊稱才行卓絶乃瓚環相

映甡乱蘭含芳以一子出身解褐授古監門衛兵書泊尭

和十一祀轉授太常寺奉禮竟未遷啇命矣夫長慶元年十

一月十四日遘疾終于洛陽陶化里之私第也尊年五十有

一將襄哲人其蔞曰沈光黃泉奄玉曋平有金石之德無

松栢之齡夫人順陽范民父邕皇恒王府叅軍夫人即叅

軍之長女也今洌有聞蕭清閨訓孝慈二姓惠敷六姻每望

月衛悲瞻星慟哭一男繼宗年繞成童氣毓無由還鄉之禮

長女巳歸南陽葉氏公之先世松域遐方婦袝無由還鄉之禮

未可以令年二月十一日宆于河南縣杜郭里北邙原之

也嗣子弘師扶杖泣血荼護此馬故刊石他山銘曰

帝城之北卬嶺之前霜墳月白封墳於此万古依焉

時遷歳改荒壠草碧桑田成海兹貞石靈魂何之永為幽容

芳名猶在

166. 龍門地區出土《大唐故朝議郎試和州司馬飛騎尉崔府君（迢）墓誌銘並序》

（53/52.5 釐米）

前鄉貢進士楚州刺史郭行餘撰

和州刺史劉禹錫書

郭行餘，《舊唐書》卷一六九

《新唐書》卷一七九有傳記

劉禹錫，《舊唐書》卷一六〇

《新唐書》卷一六八有傳記

唐寶曆二年（826）十月三日

2001年夏龍門西山出土

167. 龍門地區出土《唐故侍御史撫州刺史王府君（沼）夫人河東裴氏墓銘並序》

61.5/61.5 釐米；誌蓋 62/63 釐米，
蓋芯篆書"唐故王/君裴夫/人墓誌"
將仕郎守河南府司錄參軍韋正貫撰
韋正貫，《新唐書》卷一五八有傳
唐大和三年（829）二月十日
2003年春龍門東山南麓出土

唐故侍御史撫州刺史王府君夫人河東裴氏墓銘并序

將仕郎守河南府司錄參軍韋正貫撰

夫人姓裴氏河東人也曾祖洵皇武州司馬娶隴西李氏夫人祖
城縣丞父洵皇□州司馬娶隴西李氏夫人司馬次女
也早識禮道幼而惠和秊十四歸於王氏勤志服義令問
於宗姻自結褵至臨川太守殘踰三十秊婦道無懈敏德也
尚行也臨川以景子歲終於理所子幼女稚夫人命子
則長子泰前試左千牛衛長史以文行碎桂管防禦巡官娶
儉簡甄德亦克用濟葬既畢葬家于九江訓三子以義導四女以
泰護率德卒於前試太常寺協律郎早有微譽光于文親娶
龍西李氏次子礓前試□□禄非其志也次女適京地韋氏三子肱冨
辟舒州郡從事急養焉長女適盧逡時並受義訓其仁其
才行不藥聞達有茂聲焉娶京地韋氏出家從緇衣其
流次修黃冠黃冠之道幼適范陽盧逡之清涼里享秊陸拾
順大和丁未歲陸月參拾日殁于舒州之清涼鄉萬安山
捌巳酉歲貳月拾日長史三昆弟奉靈轝歸于伊汭鄉萬安山
黃花堆之南原窆窆惟舊精魂其依既卜攸久其誌以辭遂
為銘曰
洛都之南　　　　　原巘山抱　　再從兄估皇吏部侍郎
伊水之東　　　　　勢遠川長　　再從兄堪皇吏部尚書
有德預歸　　　　　仁子令孫　　再從弟武皇工部尚書
與天死窮　　　　　伋熾而昌　　　　李子肱書
　　　　　　　　　　　　　　　　吳郡朱潤刻字

168. 洛陽出土《大秦景教宣元至本經》經文石幢殘卷

經幢八棱，殘高 84 釐米，每面寬 14 釐米

水平截面外接圓直徑 40 釐米

唐元和九年（815）農曆十二月八日

買地樹幢

唐大和三年（829）二月十六日遷厝大事

2006 年 6 月洛陽隋唐故城建春門東南齊村出土

有關這一石刻最早的學術報告，見張乃翥：《跋洛陽新出土的一件唐代景教石刻》，《西域研究》2007 年第 1 期，第 65—73 頁。

169. 洛陽出土《大秦景教宣元至本經幢記》

經幢八棱，殘高 84 釐米，每面寬 14 釐米

水平截面外接圓直徑 40 釐米

唐元和九年（815）農曆十二月八日

買地樹幢

唐大和三年（829）二月十六日遷舉大事

2006 年 6 月洛陽隋唐故城建春門東南齊村出土

有關這一石刻最早的學術報告，見張乃翥：《跋洛陽新出土的一件唐代景教石刻》，《西域研究》2007 年第 1 期，第 65—73 頁。

170. 龍門地區出土《楚王白公勝之陵》碑（局部）

原碑通座高 582 釐米，寬 165 釐米
厚 50 釐米。局部拓本 165/58 釐米
裔孫白居易撰文，元稹書丹
白居易，《舊唐書》卷一六六
《新唐書》卷一一九有傳
元稹，《舊唐書》卷一六六
《新唐書》卷一七四有傳
唐大和五年（831）五月五日遷神樹碑於龍門西山南麓
2001 年 5 月中旬龍門西山魏灣村北嶺出土

碑石出土情況及碑刻文字，報導首見張乃翥：《記洛陽新出土的兩件珍貴的唐代石刻》，《河南科技大學學報》2005 年第 1 期，第 20—22 頁。

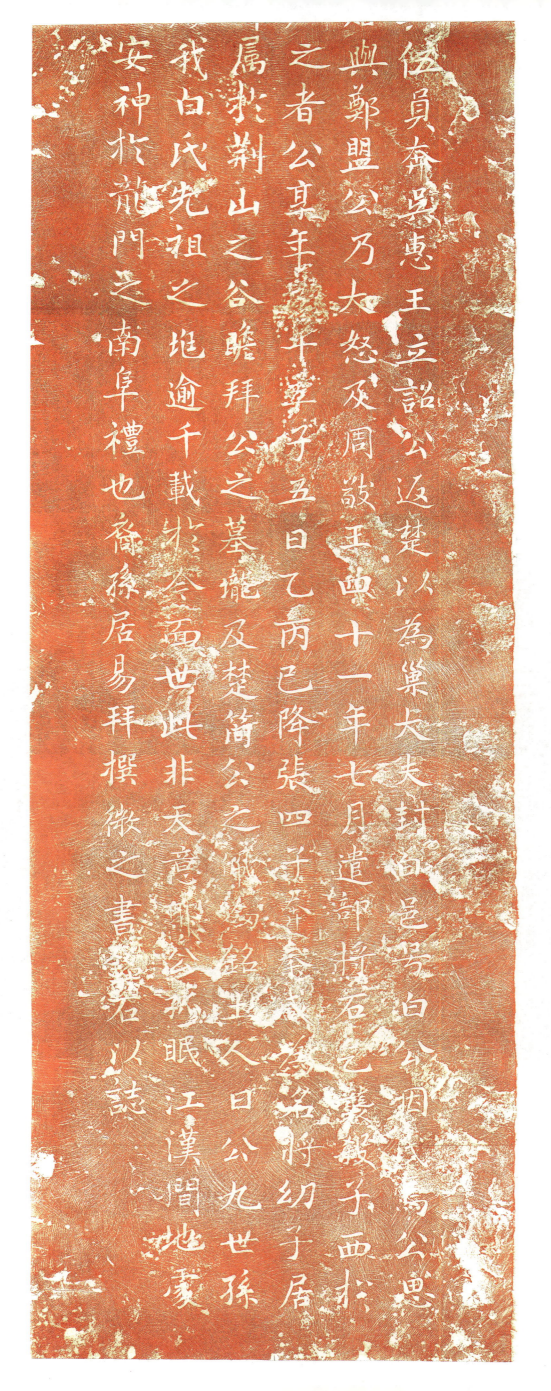

伍員奔吳惠王立詔公返楚以為巢大夫封白邑号白公因
與鄭盟公乃大怒及周敬王酉十一年七月遣鄧將石乞襲敗子西於
之者公享年午歲字丑日乙丙巳降張四子不肯秦戈薨名將幼子居
屬於荆山之谷曉拜公之墓龍及楚簡公之孤鉤銘虫人曰公九世孫
我白氏先祖之坻逾千載於今面世此非天意鄧公形眠江漢間地震
安神於龍門之南阜禮也裔孫居易拜撰微之書君以誌

171. 洛陽唐城履道里遺址出土白居易經幢題記

幢體爲六面棱柱，殘高 31 釐米
1992 年 10 月至 1993 年 5 月洛陽唐城
履道里白居易故居遺址考古發掘出土

172. 孟縣出土《唐故苟府君（寰）墓誌銘並序》誌蓋

（42/42 釐米）

蓋芯篆書 "大唐故 / 苟府君 / 墓誌銘"

唐大和七年（833）十一月八日

2005 年冬孟縣出土

173. 孟縣出土《唐故苟府君（寰）墓誌銘並序》

（40/40.5/10 釐米）

唐大和七年（833）十一月八日

2005 年冬孟縣出土

174.《唐故秀士史府君（喬如）墓誌銘並序》

175.《唐姑臧李氏故第二女（國娘）墓誌銘並序》

（33/33 釐米）

父汴、宋、亳等州觀察判官

監察御史裏行胤之撰

唐大中三年（849）正月廿四日

176.《唐隴西李氏女十七娘（第娘）墓誌銘並序》誌蓋

（45/44 釐米）

唐大中十一年（857）十二月廿七日

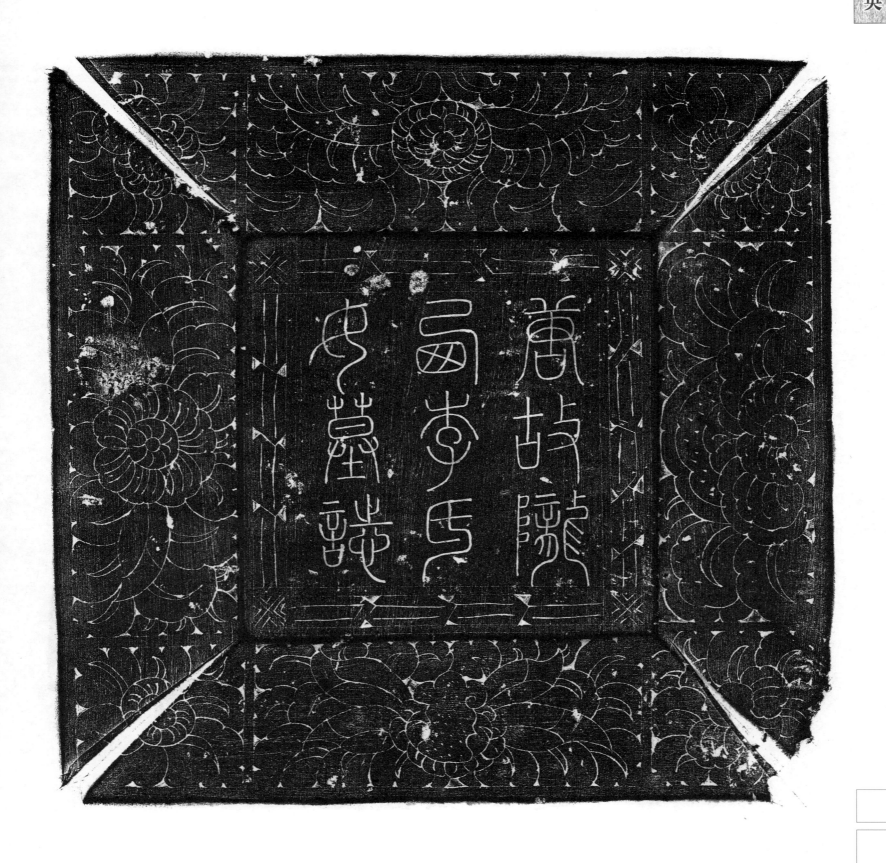

177.《唐隴西李氏女十七娘（第娘）墓誌銘並序》

（42/42 釐米）

父守河南府陸渾縣令胤之撰，兄鄉貢進士滁書

唐大中十一年（857）十二月廿七日

178.《唐北平田君故夫人隴西李氏（鵠）墓誌銘並序》誌蓋

（53/52 釐米）

蓋芯篆書 "唐田君／故夫人／隴西李／氏墓誌"

武甯軍節度掌書記試文館校書郎姚潛撰

田宿書，屈瑗篆額並鐫

唐大中十三年（859）七月廿日

179.《唐北平田君故夫人隴西李氏（鵠）墓誌銘並序》

（52/50 釐米）

武甯軍節度掌書記試文館校書郎姚潛撰

田宿書，屈瑗篆額並鐫

唐大中十三年（859）七月廿日

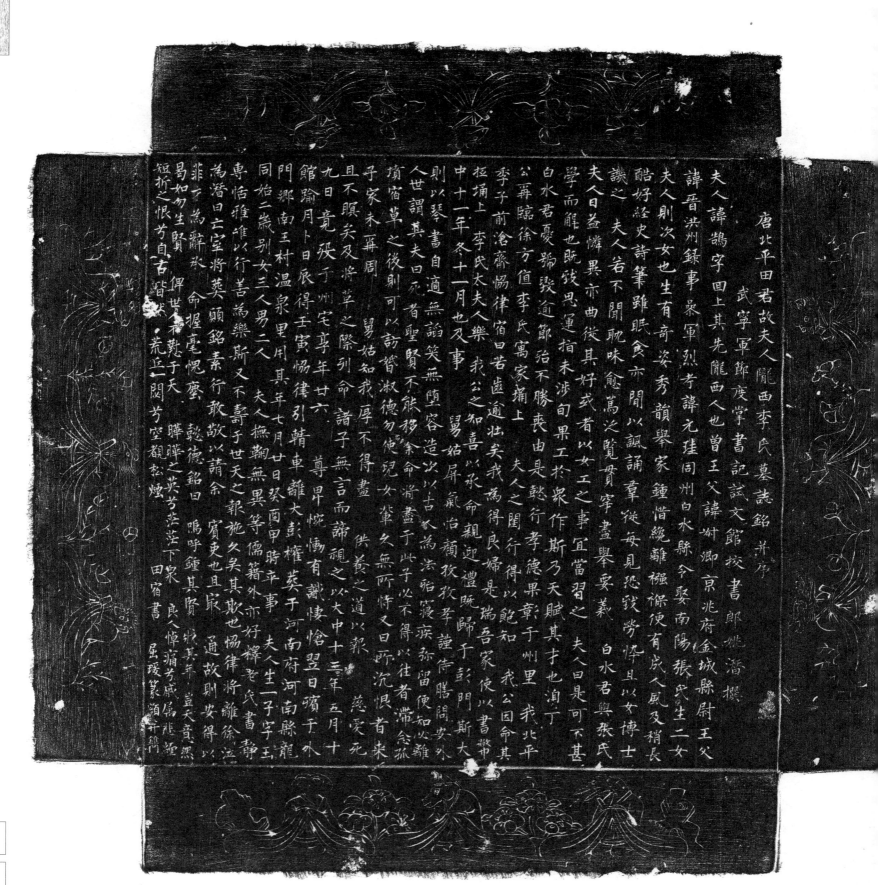

180. 孟縣出土《唐故河内郡苟府君（寰）房氏夫人祔墓誌銘並序》誌蓋

（拓本 41.5/42 釐米）

蓋芯篆書 "唐故苟 / 府君祔 / 祔墓誌"

唐咸通五年（864）二月九日

2005 年冬孟縣出土

181. 孟縣出土《唐故河内郡苟府君（寰）房氏夫人祔墓誌銘並序》

（39/40/7.5 釐米）

唐咸通五年（864）二月九日

2005 年冬孟縣出土

182. 唐韓擇交書某君懿行碑（隸書）（局部）

（62/64 釐米）

石殘，失紀年、出土地點，石存洛陽

183. 唐韓擇交書某君懿行碑（碑陰）（局部）

（60/64 釐米）

石殘，後人採用爲墓誌蓋

失紀年、出土地點，石存洛陽

184. 洛陽邙山出土《唐故大同軍
都防禦營田供軍等使朝請大
夫檢校右散騎常侍使持節都
督雲州諸軍事雲州刺史御史
中丞柱國賜紫金魚袋贈工部
尚書琅耶支公（謨）墓誌銘
並序》

（76/76.5/13 釐米）

朝議郎守尚書膳部郎中柱
國賜緋魚袋房凝撰
庚子歲（唐廣明元年 /880）
七月十五日葬於河南縣杜翟村
2004 年 12 月洛陽邙山出土

185. 洛陽偃師出土《宋故朝奉郎守尚書都官郎中知池州軍州事騎都尉賜緋魚袋偕紫任君（乃孚）墓銘並序》

（72/75/14.5 釐米）

朝散大夫守尚書户部侍郎致仕

上輕車都尉蜀郡開國公食邑一千八百户

食實封五百户賜紫金魚袋範鎮撰

朝散大夫右諫議大夫充集賢院學士

史館修撰護軍常山郡開國侯食邑一千二百户

賜紫金魚袋宋敏求書

宋熙寧五年（1072）十月葬河南府

緱氏縣洛南鄉鳳凰里北邙之原

2013 年春季出土

中古時期漢地裝飾美術中的"密體意致"
——美術史視域下的中古漢地石刻裝飾藝術
（3—10世紀）

The 'Poetic Charm of the Ornate Pattern' in the Chinese Decorative Arts of the Middle Ancient Period (Third to Tenth Century AD)

張乃壽　　张成渝

（洛陽龍門石窟研究院 471023）　（北京大學 100871）

ZHANG NAIZHU　　ZHANG CHENGYU
（RESEARCH INSTITUTION OF THE LONGMEN GROTTOES, 471023) (PEKING UNIVERSITY, 100871)

內容摘要：

　　考察中國自古以來的美術遺跡，人們可以發現中國古代的美術造型——尤其是包含其中的裝飾美術造型——於中古時期之始末，曾經發生過一次重大的風格轉型。一種以"密體意致"爲特徵的狀物寫形藝術手法，充斥於期間的衆多美術實例中，從而與此前、此後的美術時尚形成鮮明的對比。

　　本文採擷中外美術史上帶有階段序列意義的一組文物史料，指出東方這類傳達著"密體意致"的美術視象，實乃起因於兩漢以降佛教藝術東漸中國和西域文化播越漢地的移植。究其含蘊其間的文化淵源，無疑來自西方造型藝術裝飾風尚的美學感染。

　　文物遺跡的系統考察顯示，在兩漢以降西方美術時尚東漸漢地的過程中，東方藝術之接納西域文化首先是從美術題材的汲取與創作技巧的消化開始的。期間出現於漢地文化圈石刻裝飾藝術中的美術題材，諸如佛經故事畫中的人物場景、千佛圖、飛天、伎樂天人、蓮花、瓔珞、火焰紋、神異動物等等佛教藝術樣本，及卷草紋、連珠紋、忍冬紋、葡萄紋、水波紋、繩索紋、幾何紋、獅子紋、翼獅紋、畏獸紋、翼馬紋、鷹首異獸紋、斑豹紋、寵物紋樣、其他禽獸紋樣、神異動物紋樣等等西域世俗藝術樣本，都是異域文化題材移植東方的結果。而摻雜其中的飛禽、走獸、四神、十二生肖紋、建築及其用具場景等等漢地藝術形象，則體現出東方傳統美術創作採用西域表現技法的情勢。

　　以洛陽石刻文物實例爲綫索，筆者的研究結果表明，這類呈現出濃郁"密體意致"的美術作品，充滿了域外文化情調的審美意境。它們貫穿於魏晉盛唐之際包括宗教和世俗美術在內的一代主流造型藝術的創作實踐中，從而形成這一時期中原乃至中國美術格調的主體時尚。這一文化時態的出現，折射出在中古時期中外社會往來和文化交流的歷史條件下，中原文化階層審美趣味"西化"傾向的濃烈。世界文明史上這一典型美術視象的存在，其實質反映了東西方文化資源消費取向的轉移——喜新厭舊是人類消費、尤其是精神消費的常態，這就必然刺激不同地域文化資源分配格局的流動。西域具有"密體意致"的美術傳統，對於巨久以來漢地"寬鬆律度"美術模式的衝擊也就不難理解了。這與中古末葉這一西來美術風尚在內地因審美疲勞而淡出東方美術領域一樣，都是上述資源分配原理的邏輯演繹。

這樣看來，中古時期發生在漢地藝術領域內的這一美術過程，實質上正從文物遺産角度傳達了當年東西方物質往來、文化交流歲月的真實。

在回溯這段歷史真實的過程中，本文力圖通過"遺産敘事"——以文物遺迹信息解讀闡釋歷史演進過程——的特有方式，揭露人類文明史上這一華彩樂章的視象情節。作者的敘事目標，在於提醒人們開拓一種更爲廣闊的閱歷視域——無時不有的"資源分配率"，纔是人類文明史演進機理的真正所在。

關鍵詞：

絲綢之路　文化交流　洛陽　佛教藝術　密體意致

Abstract:

By examining the extant works of traditional Chinese fine arts, it is possible to notice that the ancient compositional processes, especially in the realm of decorative arts, had once experienced a sheer stylistic change from the beginning to the end of the Middle Ancient period (third-tenth centuries AD). This aesthetical shift consisted in the development of a particular type of descriptive and narrative techniques characterized by what we may call the 'poetic charm of the ornate pattern,' to such an extent that the works of decorative arts prior and posterior to this period are marked by sharp stylistic differences.

Through the selection and the sequenced exposition of Chinese and foreign archeological and historical materials, this paper points out that those artistic phenomena expressing the so-called 'poetic charm of the ornate pattern' are actually the result of the spreading of Buddhist art as well as of the diffusion of Western cultures (in the general sense of being situated West of China, from Serindia to the Roman-Hellenistic world) into the Chinese world occurred since the two Han dynasties (202 BC-220). The conclusion of the analysis conducted on the materials collected is that the cultural matrix which shaped such relics undoubtedly relies in the aesthetic influence exerted on Chinese fine arts by the decorative style embodied by those foreign compositional processes.

As the study of relevant cultural relics shows, the diffusion of Western decorative styles in Chinese arts actually commenced with the reception and the application of its artistic themes and creative techniques. In fact, we notice that the decorative motifs applied in stone inscriptions from this period profusely adopt themes from Buddhist scriptures, such as the Thousand Buddhas, flying apsaras, kiṃnaras, lotuses, keyūras, flaming auras, mythical animals, as well as foreign non-religious elements like ferns, chained pearls, achanthuses, grapes, ripples, threads, geometric patterns, lions, winged-lions, imaginary beasts, winged horses, eagle-headed beasts, leopards, pet animals, etc., thus manifesting the results of Western art's diffusion into the Chinese world. At the same time, though, such stone inscriptions also present Chinese traditional subjects, like the four celestial animals (dragon, tiger, tortoise, peacock), the twelve zodiac animals, as well as architectural elements and physical settings that noticeably show the adoption of Western artistic techniques in Chinese traditional artistic procedures.

By adopting examples of figurative and epigraphical inscriptions unearthed from the Luoyang area as primary factual evidence, the author has demonstrated that the Western artistic ideal conveyed by those decorative artifacts did eventually penetrate into mainstream Chinese compositional processes, both in their religious and lay representations. These have thus turned to be the core trend in the artistic preferences of the Chinese Central Plain and the whole of China during the epoch considered.

The appearance of such an artistic phenomenon shows that with the intense exchanges which China experienced with foreign cultures in the Middle Ancient Period, the aesthetic views shared by the society of the Central Plain had clearly tended towards a 'westernization' of taste. Hence, this peculiar cultural phase is of the greatest importance in the history of the world's civilization, as it reveals a change in the attitude of Chinese towards the consumption of cultural resources which at that time started to be acquired from Serindia and other cultural areas West of the Chinese world.

To prefer what is new and to dislike what has become old is a constant feature in the psychology of man, no wonder then that it often stimulates the distribution of cultural resources amongst different geographical and historical areas. This is exactly the reason why during the Middle Ancient Period of Chinese history, the 'ornate pattern' typical of Western art happened to exert such a profound influence over the Chinese traditional 'loose' style. Accordingly, the same Western style ended up in fading out of Chinese art at the end of the Middle Ancient Period due to aesthetic boredom, thus reinforcing the logical assumption of the distribution rate of cultural resources.

From this perspecitve, as the extant cultural relics evidently proof, such an artistic phenomenon in the Chinese arts during the Middle Ancient Period is actually the undoubted sign of a time of much more intense material and spiritual exchanges between China and the West.

By adopting the specific method of illustrating the historical processes through the analysis of the information conveyed by cultural relics, the present study tries to reveal the 'visual models' underlying such a marvelous episode in the history of human civilization. Therefore, the primary aim of such a recount relies in pointing out a wider viewpoint in the study of cultural history, that of the distribution rate of resources as a key mechanism governing the development of human civilization.

Key words:

Silk Road   Cultural Exchanges   Luoyang   Buddhist Art   Poetic Charm of the Ornate Pattern

一、漢地史前、先秦視覺藝術造型風格的回顧

近代出土文物和考古發現告訴人們，黃河、長江流域等地的東方社會，遠在 7000 年前的史前時代，土著先民們已在高度發展起來的彩陶文化中運用繪畫造型傳達著自己的視覺審美。在這一藝術生產的過程中，一些具有典型寫實意味的陶器繪畫中，突出地傳達著當時原住居民們採風現實的審美時尚。

如 1973 年中國青海大通縣上孫家寨馬家窑文化遺址中，出土了一件新石器晚期的彩繪陶盆。在這件陶盆口沿內部彩色繪製的裝飾圖案中，有三組五人一列的舞蹈者群像。這些列隊攜手、動作劃一的群體舞蹈樂人，身著飾作動物外皮的道具服飾，踏著帶有旋律節拍的步點，以其極具剪影色彩的身段姿態，表達著古代先民狩獵農牧之餘歡慶收穫的聚會場面（圖 1）[①]。藝術情節與此相近的彩陶圖畫，90 年代中期該省同德縣宗日遺址中亦曾出土了一件形制類似的陶盆（95TZM157：1）（圖 2）[②]。

圖 1　青海省大通縣上孫家寨出土的舞蹈紋彩陶盆

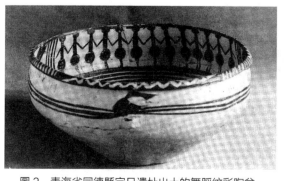

圖 2　青海省同德縣宗日遺址出土的舞蹈紋彩陶盆

這類描摹先民生活情節的風俗畫卷，其場景捕捉之富於詩意、情趣逼真，形象勾勒之極盡傳神、意息盎然，充分反映了我國史前藝術家善於以寫意手法傳達審美意致的文化傾向。

除此之外，數以萬計業已出土的彩陶遺物，顯示出當時這類生活用具的美術刻畫更加廣泛地採用了幾何圖案的裝飾手法——或者取材於編製工藝的印痕，或者傳情於建築結構的啟發——一種看似富於抽象意味的藝術選材，其實依然揭示了我國先民提煉藝術於生活的文化範式（圖 3、圖 4、圖 5）[③]。

圖3 中國西北地區出土的彩陶盆

圖4 中國西北地區出土的彩陶盆

圖5 中國中原地區出的土彩陶罐

　　由此人們可以看出，當華夏史前美術提倡審美欣賞之初軔——無論具象描摹抑或抽象創作之取材、構思，無不承載著藝術產品根植現實生活的鄉土氣息——東方視覺藝術拓荒時代之意象境界，自來已顯示出鮮明而濃郁的地域色彩。幅員遼闊的漢地史前考古文化中，其生活遺物的美術裝飾風尚，幾無例外地傳達著同一的信息。

　　不僅如此，當我們從美術風格的角度審視上述藝術作品的時候，我們不難發現這些美術作品在構圖風尚上——尤其是造型筆觸在整體畫面中的份額比例中，體現著一種“空間稀疏”的格調（圖6、圖7、圖8）。

圖6 河南博物院藏帶柄彩陶盆

圖7 河南博物院藏黑陶杯

圖8 河南博物院藏漢代畫像石

　　中國文化史上如此源遠流長的注重寫意形態的藝術傳統，雖然與同期西方新石器時代的繪畫陶器表現出風格接近的審美格調，但是與稍後的西元前一千紀以下的西方其他美術品類——如片巖雕刻、黑繪陶器、建築石刻等等——卻出現了風格路徑的截然分歧。此後中國傳統的美術作風，一仍沿襲史前彩陶繪畫的“空間稀疏”的格調，形成了上古藝術造型強調寫意品色的程式化風貌。

　　這種美術作品顯示給人們的視覺感受是，造型刻畫與背景空間的搭配，始終保持著一種極具東方色彩的“寬鬆律度（loose pattern）”。每一幅作品的畫面空白，幾乎都與造型筆觸一樣，佔據著視覺分野的重要地位。這種以“寬鬆律度”爲特徵的美術風尚，嗣後千百年來一直影響著東方造型美術的整體面貌。以墓葬遺物——墓內壁畫、畫像磚、畫像石等等爲載體的先秦、兩漢美術實踐，反映的正是這樣的一種文化軌跡和傳統時尚（圖9、圖10、圖11）。

圖9 河南博物院藏漢代陶壺

圖 10　洛陽出土東漢畫像磚

圖 11　山東省滕州出土東漢畫像石（已有翼獸）

二、中古時期內地視覺藝術造型風格的轉身

　　然而，文化史考察與研究表明，自東漢、十六國以降的漢地社會，尤其是南北朝隋唐之際，由於佛教造型藝術引進的影響，東方藝術領域在美術作品的題材內容和表現形態方面出現了明顯的轉變——以佛教美術爲敘事樣本的藝術創作，率先以其密集繁複的畫面構圖，迅速地形成漢地造型藝術一種全新的時代風貌，之後石窟寺造像及世俗美術造型中，幾無例外地爲這種"寫實填充式"的技藝手法所統領（圖 12、圖 13、圖 14、圖 15、圖 16）。

圖 12　雲岡石窟第六窟內的
佛教密體雕刻藝術

圖 13　龍門石窟北魏交腳彌勒像龕

圖 14　龍門石窟北魏始平公像龕

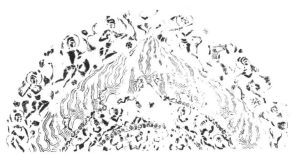

圖 15　龍門石窟北魏始平公像龕本尊背光

圖 16　龍門石窟古陽洞北魏佛龕背光

考古研究提示我們，這種給予視覺感受以"密體意致（Poetic Charm of the Ornate Pattern）"的藝術史態，著重出現在十六國以後至盛唐之前的中古時代，其美術實例則包括宗教造型藝術和世俗實用藝術兩個文化領域。

中原一帶遺存至今的上述美學作品，堪稱人們心目中"國寶"級別的可以選擇幾例略予介紹：

1. 龍門石窟古陽洞北壁西段北魏佛龕內壁浮雕造像（拓本）。圖中自該龕本尊束髮繪向外，依次鐫刻著頭光蓮花、環狀列佛、化生、飛天、背光火焰紋、供養天、脅侍羅漢及菩薩等多重美術圖像。由於造像空間的彎曲，此圖因畫面展開的需要將拓本剪開，以致出現了圖畫單元之間的裂隙。倘若排除了這種圖本技術處理造成的感受致誤，人們不難看到北魏佛教造型藝術給人們展示的那種密集、繁縟的視覺意致（圖17）。

2. 龍門地區北魏寺院遺址出土的造像碑浮雕圖畫（北魏神龜元年/518）。這件造像碑畫面的中央，鐫刻一佛二菩薩三尊主像，其左右兩側分別羅列著供養菩薩、比丘、比丘尼、乘象普賢、騎獅文殊以及化生、飛天、蓮花等多種美術題材（圖18）。其題材構置之繁密，刀工技法之嫻熟，顯示出古代藝術家中虛遊刃的造型技巧。

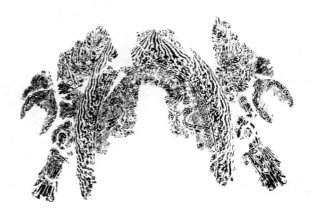

圖 17　龍門石窟古陽洞北壁西段北魏佛龕背光

圖 18　龍門地區北魏寺院遺址出土造像碑浮雕造像

同一造像功德主群體，同日亦在龍門石窟古陽洞南壁造像一鋪。其畫面製作與前件寺院遺物在美術風格上有著同一的時代特點④。

3. 龍門石窟古陽洞北魏龕楣佛傳故事浮雕（拓本）。

我們知道，在印度的佛教文化遺產中，最早的佛傳故事雕刻出現於巴爾胡特（Bharhut）佛塔圍欄中。今藏加爾各答印度博物館的巴爾胡特佛塔圍欄石刻中，即有包括《托胎靈夢》《逾城出家》《降魔成道》《祇園佈施》等大約16幅佛傳故事的浮雕⑤。這些產生於西元前150年至前100年之際的佛傳故事圖畫，帶動了後來犍陀羅地區等佛教本緣故事石刻的出現。中國石窟寺系統中的佛傳故事刻畫，繼承的正是這一佛教美術意識的思想傳統。

在龍門石窟，描繪佛陀生平情節的石刻畫卷，以古陽洞南壁第一層列龕中一鋪龕楣浮雕最稱完備。從故事內容情節遞進的次序上考察，這一幅石刻圖畫從左右兩個方向向畫面中心依次展開的故事情節包括以下11個場景：

（1）"乘象投胎"、（2）"摩耶遊園"、（3）"林下誕生"、（4）"步步生蓮"、（5）"九龍灌頂"、（6）"王宮報喜"、（7）"阿私陀占相"、（8）"立爲太子"、（9）"山林之思"、（10）"犍陟辭還"、（11）"苦修成佛"（圖19）⑥。

古陽洞這一組佛傳故事雕刻，按其在該列龕中所佔空間位置及與周圍佛龕的打破關係而言，其雕刻年代當在北魏宣武帝景明年間（500—503年）。在北魏遷都洛陽以後龍門石窟早期的佛教造像案例中，古陽洞這一鋪佛傳故事雕刻以其內容豐富、情節連貫，選材典型、製作精麗而著稱。這種富有敘事色彩和生活氣息的藝術畫面，爲北魏遷都以來佛教信仰的理喻宣傳提供了一種帶有觀感意義的形象化教材。因此，這類賦有特殊會意功能的美術素材，對於人們了解中國佛教的教化職能應該有著重大的認識價值。

這裏應當指出的是，像龍門石窟這種刻畫釋迦牟尼自誕生以至涅槃的佛傳故事，西元1世紀犍陀羅一帶的片巖雕刻中，亦有形制相近的浮雕作品的出現⑦。從兩地這類佛傳故事畫面構圖情調接近這一點來審察，人們自然可以發現兩者之間似乎存在著粉本傳遞的可能。

4. 四川成都萬佛寺出土的南朝劉宋元嘉二年（425）石刻佛本行故事浮雕。石刻中部鐫刊經變故事一品。兩側原刊本行故事各一列，可惜僅存右側的五幅。

圖 19　龍門石窟古陽洞南壁

據考，其右側本行故事第一幅係依據當時求那跋陀羅所譯《過去現在因果經》卷一的敘述，描繪釋迦自母氏摩耶夫人"右脅誕生"的情節。

第二幅依據同經同卷或支謙所譯《太子瑞應本起經》卷上，描繪"步步生蓮"的場景。

第三幅依據《太子瑞應本起經》卷上或《過去現在因果經》卷一的敘事，描繪"馬生白駒"的故事。

第四幅依據《太子瑞應本起經》卷上或《過去現在因果經》卷一的敘事，描繪"九龍灌頂"的情節。

第五幅依據《過去現在因果經》卷一的敘事，描繪太子"乘象入城"的故事。

這一組帶有連環畫體裁特點的經變故事雕刻，識者認爲它們的"浮雕手法"及其"造型"特徵，"很清楚的是承繼了漢畫像的傳統"（圖20）[8]。

圖20　（四川）出土的南朝佛本行故事浮雕造像

這一石刻中部的經變故事浮雕，學界認爲係依據《妙法蓮華經·普門品》刻畫顯示威力的觀世音拯救"風難""水難""火難""劍難""鬼難""賊難"於衆生的故事[9]。

5. 洛陽地區近年出土的北魏石棺床壺門立面。

2003 年 8 月前後，洛陽出土了一件北魏時期的石棺床。這一石刻葬具底座的正立面，通高 48 釐米，寬 202 釐米，係一三隻支腿銜接起來的壺門。整個壺門之正面，以"減底剔地"及陰綫刻兩種方式，刻畫出一幅內容充塞、構圖繁麗的浮雕畫面。

這件石棺床基座雕刻，按其用具功能或板塊造型之格局，可以劃分爲上層橫欄和下層立足兩個部分。

橫欄部分，其裝飾雕刻自上而下又可分爲七個構圖層次。

其第一層，通欄係由雙重蓮瓣平鋪一列。

第二層，由一組上下佈局的對珠，橫向將一組空心圓珠一一隔開，由此形成一列頗有透氣意象的聯珠紋。

第三層，爲一列雙股扭合的繩紋。

第四層，爲一列橫向鋪開的實芯聯珠紋。

第五層，由一組呈圓弧狀的菱形卷草紋團花，扭結起來構成一列二方連續的裝飾條帶。這一列共 20 幅的卷草紋團花，因構圖嚴謹，題材多變，刀法圓潤、富於動感而極具視覺衝擊力。其中以下幾幅的造型題材，因含有濃郁的西域文化的因素，所以值得我們給予特別的關注：

自左至右：

第 2 幅——內刻一隻振翅欲飛、回首嘶鳴的神鳥。

第 5 幅——內刻一人首、獸身、有翼的怪異動物，人首呈正面透視的構圖。

第 8 幅——內亦刻一人首、獸身、有翼的怪異動物，人首則呈側面透視的角度。

第 9 幅——內刻一軀回首嘶吼的走獸。

第 10 幅——與第 11 幅一起，居於壺門的中心位置。內刻一軀雙臂伸展、兩腿馬步蹲跨而肩頸叢生火焰的"畏獸"。

第 11 幅——內刻"六牙白象"一尊。

第 12 幅——內刻有翼神獸一軀。

第 16 幅——內刻一軀鳥首、獸身、帶翼的怪異動物。

第 19 幅——內刻一軀口吐雲氣的翼獸。

第六層，由一列呈蠕動狀波折的繩紋構成。繩紋波折回環處，則以一組三顆的團珠一一填充。

第七層，其裝飾圖案因基座立足分爲兩段，每段均由向本段中心對稱排列的水波紋構成。

這件基座的三隻立足，居中的一隻，外沿由蓮瓣紋、忍冬卷草紋及繩紋圍繞，內芯爲一狀若饕餮而長舌下垂的"祆神"填充其間。祆神口齒間有橫柱一根，其兩端分別由織物條帶打結維繫。

立足左端的一隻，週邊亦由蓮瓣紋、忍冬卷草紋及繩紋圍繞。內芯上段，爲一身著帔帛、頸部戴項圈、四肢戴鐲、肩部生焰的祆教神祇形象；下段刻一面向中心的翼獸。

立足右端的一隻，周邊亦由蓮瓣紋、忍冬卷草紋及繩紋圍繞。內芯上段，仍刻一身著帔帛、頸部戴項圈、四肢戴鐲、肩部生焰的祆教神祇形象；下段同爲一身面向中心的翼獸。

從整體構圖上考察，與洛陽以往出土北魏石棺床遺物相比較，這件石刻作品的題材內容及藝術手法顯然更帶有西域祆教文化的特徵（圖21）[10]。

6. 洛陽出土北魏正光五年（524）的元謐石棺（1—4）[11]。

元謐石棺的前檔，以減底剔地手法結合陰綫刻造型，刻畫了一組世俗葬具的裝飾圖畫。圖中二門吏束髻執笏、褒衣博帶佇立於一座裝有忍冬紋浮雕券拱的門洞前。門洞券拱拱腳鳥首反轉，其下連綴以科林斯類型的覆蓮棱柱。該門拱頂層有摩尼珠居中，兩側各雕一身肩部生焰的畏獸。二畏獸下方，刻祥雲、化生各一組，使畫面富有天國仙境的氣氛。門洞前方，二獅守護，不遠處見有護欄沼梁橫臥於蓮池之上。整個畫面洋溢著一派清涼世界的意境（圖22）。

元謐石棺的後檔，仍以上述手法刻畫了一幅焰肩畏獸放聲山林原野的圖畫（圖23）。

元謐石棺的左梆，於山林花木之間，鐫刊"孝孫棄父深山""母欲殺舜焉得活""老萊子年受（壽）百歲哭內""孝子董篤父贖身""孝子伯奇耶父"" 孝子伯奇母赫兒"六幅漢地孝子故事。其中人物，或坐於榻几之上，或跪於席筵之間，或撒潑於堂陛之下，或致禮於雙親之前。其裙袂當風、神情顧盼之情狀，傳達出一種極富人際交流的生活意境。石刻畫面上層煙雲繚繞處，有銜環鋪首、翼虎、駝首翼獸、焰肩畏獸、乘鶴仙人、飛仙、天蓮花、化生童子、頻迦陵鳥等多種神話形象，從中透露了域外美術題材的束漸（圖24）。

元謐石棺的右梆，以同樣手法鐫刊"丁蘭事木母""韓伯余母與丈和顏""孝子郭巨賜金一釜""孝子閔子騫""眉間志妻"" 眉間志與父報酬（仇）"六幅孝感圖畫。與石棺左梆保持了同一的藝術氛圍（圖25）。

7. 洛陽出土泉男生墓誌蓋藝術造型（唐調露元年/679）。

泉男生墓誌蓋當芯篆書"大唐故/特進泉/君墓誌"。誌芯四周梯形邊框內，各刻結紮起來的卷草紋一組。誌蓋四剎密佈卷草紋樣的梯形邊坡內，各自穿插著四軀奔騰跳躍的獅子和翼獸。尤其引人矚目的是，其中若干獅子高舉前掌奮力騰躍的姿勢，頗具人格化造型的韻味，體現了當年藝術家創作技巧出神入化的意識流境界（圖26）。

8. 洛陽出土李文楷墓誌（武周大足元年/701）。

近年洛陽出土的李文楷墓誌，誌石四周鐫刻帶有域外裝飾風格的動植物紋樣。自誌文頂端一面開始，逆時針順序分別於卷草紋樣的內部分佈著斑豹、獅子和翼獸凡七軀美術形象。儘管石刻品相未臻完美，但其動物刻畫之栩栩如生、動態傳神，足以折射出中古藝術家不凡的造型技藝。（圖27）[12]。

圖21　洛陽出土北魏石棺床壺門立面密體浮雕

圖22　洛陽出土北魏元謐石棺前檔密體浮雕

圖23　洛陽出土北魏元謐石棺後檔密體浮雕

圖24　洛陽出土北魏元謐石棺左梆密體浮雕

圖25　洛陽出土北魏元謐石棺右梆密體浮雕

圖26　洛陽出土唐泉男生墓誌蓋密體浮雕

圖 27　洛陽出土唐李文楷墓誌密體浮雕

9. 山西萬榮縣 1995 年考古發掘的唐開元九年（721）薛儆墓葬，出土了包括墓門、石槨、墓誌等眾多鐫有綫刻浮雕的裝飾圖畫。其中所見現實人物、「四神」「十二生肖」、寶相花、卷草紋及各類神異動物形象，題材廣泛、技藝精湛，傳達出盛唐時期中原裝飾美術爐火純青的造型技術（圖 28、圖 29）[13]。

10. 近年洛陽龍門地區出土盧正容墓門石刻一套，據墓誌記載它雕刻於唐開元十九年（731）。其券拱頂部，刻一對含綬鳥（Ribbon–bearing bird）於雲間簇擁團花上下各一。墓門欄額於卷草紋樣中鐫刊雄獅逐鹿圖畫。左右門框，於卷草紋樣中刊翔雁各一隻。墓門地栿刊卷草紋樣一組。左側門扇於唐草紋中刊執笏門吏一身，右側門扇則刊捧印門吏一軀。整個墓門的裝飾效果，顯得層次繁縟，富麗堂皇（圖 30）[14]。

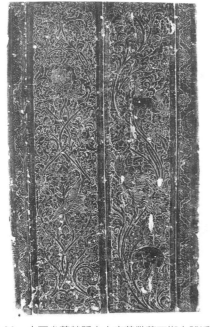

圖 28　山西省萬榮縣出土唐薛儆墓石槨密體浮雕

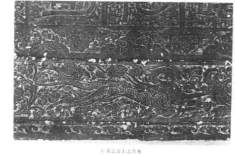

圖 29　山西省萬榮縣出土唐薛儆墓誌蓋密體浮雕

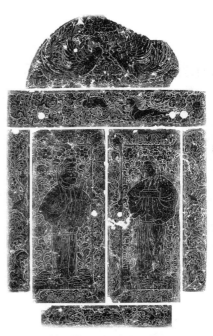

圖 30　龍門地區出土唐盧正容墓門石刻

　　中古時代上述形諸石刻創作的美術實例，從藝術效果角度考察，無一例外顯示著題材充實、構圖密集，形象寫實而生動、綫條流暢而洗練的美術風尚，由此在視覺感官上給人們留下深刻的印象。

　　值得指出的是，這類富有寫實意味的美術作品，自南北朝以降延及於盛唐，在漢地裝飾藝術中幾乎享有著一枝獨秀的風光，從而與此前、之後的內地美術形成鮮明的對比。

　　事實上，從造型藝術的題材主流上審查，人們不難發現這種帶有明顯時代特徵的美術史態，與域外佛教藝術東漸漢土所引進的西方美術浸染華夏有著密切的關聯。

三、回溯西域異邦美術傳統的活水源頭

　　回溯西方藝術史上帶有「密體意致」的美術傳統，人們理應通過對西方藝術遺跡作出整體的考察而得出相應的結論。爲討論的方便，以下若干文物遺跡可以作爲我們進行歸納的實證性案例和依據。

　　1. 現藏於牛津阿什姆林博物館的一件埃及西元前 3000 年的片巖雕板，其正、反兩面均以浮雕手法鐫刊著包括獅子、牛、羊、羚羊、盤羊、鹿、長頸鹿、狗及鷹首翼獸、長吻怪獸等動物形象（圖 31）[15]。在這一高僅 43 釐米的造型板塊上，上古藝術家以嫻熟的刻畫技藝將如此眾多的美術素材，通過巧妙的空間穿插手段，安排得錯綜複雜、井然有序！其畫面題材佈局之密集、構圖意境之繁複，

圖 31　牛津藏埃及西元前 3000 年片巖雕板

圖 32 開羅埃及國立考古博物館藏"那爾邁王
石板"片巖雕刻

圖 33 雅典國立考古博物館藏西元前 8 世紀
"狄庇隆陶罐"

給人們留下了強烈的視覺印象。

　　與此造像風格類從的同期藝術品，開羅埃及國立博物館收藏有另一件被稱爲"那爾邁王石板"的片巖雕刻。這件石刻作品的背面，上段以上述淺浮雕手法塑造了一組那爾邁王行列儀式的圖畫。中段刻畫了兩個手牽長頸獅頭怪獸人物形象。研究者認爲這類藝術手法同前一件石刻作品一樣，明顯受到西亞古老藝術的影響。其背面造像之下段，雕刻了象徵法老的神牛，以雙蹄踐踏敵人、以犄角摧毀要塞的畫面(圖 32)[16]。

　　從整體藝術效果上考察，以上兩件古埃及美術作品的視覺風貌顯然富有"密體意致"的特色。這一方面可能由古埃及自身的美術傳統而使然，亦或許與埃及上古美術接受西亞藝術感染有所關聯。

　　2. 雅典國立考古博物館收藏的兩件被稱爲"狄庇隆陶罐"的西元前 8 世紀的骨灰盛器，其周身即密集地勾畫著各式幾何紋綫條和人物造型(圖 33)[17]，從而傳達出西方民族那個時代的審美情趣。

　　3. 之後盛行於地中海地區的希臘"古風時期的美術"作品，繼續保持了形象刻畫的"密體意致"。現藏巴黎盧浮宮的一件西元前 6 世紀的黑繪風格的陶缽，通體密佈著各式人物、動物和裝飾圖案(圖 34)[18]。其器物構造設計之精工靈巧、圖繪描摹之繁縟絢麗，足爲當時西方工藝造型之翹楚範本。

圖 34 巴黎盧浮宮藏西元前 6 世紀希臘黑繪陶缽

　　4. 在古代美索不達米亞(Mesopotamia)的亞述(Assyria)地區，一種有翼神獸的美術技法也引起了我們的注意。

　　如巴黎盧浮宮藏西亞克沙巴城薩爾貢宮殿遺址出土的西元前 721 至前 705 年間高約 396 釐米的亞述翼獸數尊，翼獸牛身、人面，頭頂著冠，肩胛生翼，西人稱之爲"拉瑪什圖(Lamashtu)"。這類雪花石膏質地的藝術品，雕飾詭異，氣勢宏偉，顯示出亞述文化藝術特有的氣質(圖 35 、圖 36)[19]。

　　又如在波斯大流士(Darius)大帝(西元前 521—前 485)首都波斯波利斯(Persepolis)宮殿遺址中，這類有翼神獸的雕刻應該反映著當年這一中亞古國雕刻藝術的時尚[20]。

　　在波斯波利斯遺址"萬國門"牆柱的正面，即雕刻有氣勢宏偉的人面翼獸像(圖 37)。同一遺址上大流士一世創建的"謁見殿"臺基浮雕中，也可以看到西元前 6 至前 5 世紀的同類藝術題材(圖 38)。此外，在這一"謁見殿"遺址台基東側的浮雕中，另有一幅翼獅撲食牡牛的畫面(圖 39)[21]。如將該遺址其他幾幅同類藝術題材聯繫起來加以考察的話，無疑可以看出這類翼獸題材在波斯早期美術中的廣泛流行。

圖 35 盧浮宮藏西亞克沙巴城薩爾貢宮殿遺址
亞述翼獸(西元前 721—前 705)

圖 36 盧浮宮藏西亞克沙巴城薩爾貢宮殿遺址
亞述翼獸(西元前 721—前 705)

圖 37 波斯波利斯遺址"萬國門"牆柱石雕翼獸

圖 38 波斯波利斯遺址"謁見殿"台基浮雕翼獸

圖 39　波斯波利斯遺址"謁見殿"台基浮雕翼獅

圖 40　印度山奇大塔東門密體雕刻

圖 41　印度山奇大塔北門密體雕刻

圖 42　犍陀羅出土的佛本行故事
"自三十三天降凡"雕刻

這種帶翼神獸不僅以題材詭異引起人們對其創作源泉的關注，且其裝飾繁縟的畫面構圖亦給人們留下深刻的印象。

5. 印度桑奇大塔東門上的密體石刻造型。

在佛教藝術的故鄉，桑奇大塔東門第二道橫樑正面雕刻有《逾城出家》（Great Departure from Kapilavastu）的佛傳故事。

東門第三道橫樑正面雕刻有《阿育王參謁菩提樹》（Ashoka's Visit to Bodhitree）的浮雕，圖中"刻畫虔誠的阿育王在樂隊伴奏下、宮女環繞中，正從跪伏的大象背上起身下來禮拜菩提樹的莊嚴場面，不僅具有藝術魅力，而且具有珍貴的歷史文獻價值"[22]。

東門左側立柱上的方形浮雕表現的是《徒涉尼連禪河》的故事。

桑奇大塔東門的美術造像中，尤其值得人們稱道的是正面右側立柱與第三道橫樑之間那尊享譽世界的《桑奇藥叉女》（Sanchi Yakshi）透雕。這尊創造於西元前後的裝飾性雕刻，除了兼有建築"加固構架"的性能外，從造型藝術的技巧上，爲印度早期佛教美術"三屈式"（tribhanga, 三折）形象模式建立了一個完美的典型——其洋溢著柔美旋律的女性肌體，與連貫其上、繁縟交織的芒果樹冠一起，構成了一組極具展示意趣的藝術場面（圖 40）[23]。

從藝術題材和美術技巧上考察，這座牌樓在多種佛經故事人物畫面的間隙中，密集展示了包括大象、翼獅、孔雀等動物形象和菩提樹、芒果樹之類植物形象以及各式幾何紋飾的工藝造型，從視覺整體上給人們以繁麗無比而又層次活潑的感受，刻刀落筆處，在在體現出"只可神遇，不可目視"的藝術境界。

6. 桑奇大塔北門上的密體石刻造型。

桑奇大塔北門牌樓的橫樑上，雕刻著佛傳故事《降魔成道》（Defeat of Mara and Enlightenment of Buddha）和本生故事《須大拿本生》（Vessantara Jataka）等佛教敘事經變作品。在上述人物造型的周圍，穿插著各種動物、植物、建築和幾何紋樣的裝飾題材。其畫面構圖之密集繁複，令人觸目震駭、視神亂離，顯示出印度早期佛教美術在空間利用手法上的高超技藝和民族特色（圖 41）[24]。

7. 實際上，這種富有"密體意致"的石刻圖畫，在犍陀羅地區出土的 3 世紀片巖浮雕《從三十三天降凡》（Descent from the Trayatrimsa）中也可以看到（圖 42）[25]。在這一美術作品中，佛陀從象徵天國世界的三道寶階拾級而下，寶階兩翼密佈著神態各異、儀仗簇擁的芸芸眾生。其畫面構圖之形象錯綜、琳琅滿目，給人以眼花繚亂、目不暇接的視覺效果。

8. 現藏拉合爾中央博物館的犍陀羅地區出土的 3 或 4 世紀題爲《舍衛城神變》（Great Miracle of Sravasti）的片巖浮雕（圖 43）[26]。

圖 43　拉合爾中央博物館藏"舍衛城神變"片巖浮雕

佛陀周圍佈滿了形形色色的各種神俗人物，畫面之窮瑰極致、富麗堂皇，突出顯示了希臘化的犍陀羅佛教藝術在板塊構圖方面擅長密集造型的技藝風尚。

圖44　薩爾那特考古博物館藏石雕
"鹿野苑説法的佛陀"

圖45　新德里總統府藏石雕
"秣菟羅佛陀立像"

不僅如此，就在屬於經典意義上的裝飾美術題材中，西域佛教藝術亦不乏"密體"造型手法的運用。如在佛教藝術聖地薩爾納特（Sarnath）一帶，人們即可以看到這樣的美術作品。

9.現藏薩爾納特考古博物館的一尊出土於當地的西元5世紀晚期被稱爲"鹿野苑（Mrigadāva）説法的佛陀"坐像，其頭光裝飾紋樣中就雕刻了密集的卷草紋和連珠紋圖案（圖44）[27]。

10.另在笈多時代秣菟羅佛像背光的裝飾刻畫中，亦曾流行著這樣的密體造型。現藏印度新德里總統府（Rashtrapati Bhavan, New Delhi）而出土於秣菟羅地區賈馬爾普爾（Jamalpur）的一軀西元5世紀的紅砂巖《秣菟羅佛陀立像》（Standing Buddha from Mathura），是迄今發現的最爲優美的一尊秣菟羅佛像樣板（圖45）[28]。這一南亞圓雕人物的頭光刻畫，自內向外以同心圓方式安排了包括蓮花、忍冬卷草紋、連珠紋等等六個層次的視覺題材。其整體雕琢身態洗練而裝飾繁縟，圖案刻畫繁華似錦而井然有序，展現給人們一種形色充實、意氣清新的審美愉悦。

11.印度馬德拉斯政府博物館收藏的出土於南印度阿馬拉瓦蒂大塔（Great Stupa of Amaravati）遺址的西元150—200年的"窣堵波樣圖（Stupa Pattern）"石灰巖浮雕，以繁縟的美術造型，縮寫了西元2世紀安達羅國時代阿馬拉瓦蒂大塔的形象，表現了當年南印度佛教美術"密體"刻畫的風格（圖46）[29]。

凡此種種的文物實例，一再透露出古代西域造型藝術在每一構圖單元的題材佈置方面，長於使用密集塑造的美術手法，從而形成一套以"題材充實、形式繁麗"爲特徵的美術裝飾風尚。美術史實例無疑表明，從古埃及到希臘的環地中海一帶，從美索不達米亞（Mesopotamia）到印度次大陸的蔥西地區（蔥嶺以西的地區——帕米爾以西的中亞和南亞），自古以來即流行著一種富於"密體意致"的美術造型傳統。這種美術傳統形成了西方世界帶有文化標識意義的文明特色。

圖46　印度馬德拉斯政府博物館藏
"窣堵波樣圖"石灰巖浮雕

通過以上西方美術史蹤的考察，我們不難發現，中古以降漢地藝術創作中流行已久的"密體"美術時尚，實際淵源於西域美術實踐的文化影響。而此種藝術事象出現於當時，適與此間東西方絲綢之路不輟歲月的文化交流有著密切的聯繫。

四、"密體意致"：中古漢地造型藝術主流時尚的時代特點

透過以上兩節對中外美術遺跡的考察，我們可以看到中古時代的漢地造型藝術，在構圖風尚方面實際上汲取了西方裝飾美術源遠流長的以"飽和韻律"爲視覺審美基調的板塊造型技巧。

但是，具有密體造型技巧的美術創作，究竟在漢地文化圈內有著怎樣的場態際遇，這將引導我們回到相關歷史時期的藝術現實中作一次系統的回顧。

通過考察我們發現，在這一文化沿革過程中，相對於上古時代漢地傳統美術充盈世俗視界的情況，具有里程碑意義的是：純粹顯示著"密體意致"的藝術遺跡，首先出現在中國魏晉以降含有佛教藝術因素的生活器具中。繼此之後十六國以來的石窟寺造像，其裝飾美術中更有絡繹不斷的實例。中國"密體"美術之結緣於佛教信仰，正是值得人們注意的一個文化現象。

1.1977年湖北鄂州市五里墩孫吳後期墓出土銅鏡一枚，年代判斷在3世紀的中期。該鏡直徑16.4釐米，"鏡的主紋

爲四組相對的雙鳳，雙鳳之間以一下垂的多須球狀物相隔。佛像在柿蒂形紐座的四瓣內。其中三瓣內各有一尊坐佛，有頭光、龍虎蓮花座。另一瓣內有三像。中央的一尊在蓮花座上作半跏思維狀，有頭光。兩側的兩像一立一跪，立像爲侍者，手持曲柄傘；跪像爲供養人，作跪拜狀。鏡緣內側連弧紋帶的十六個弧形內各有青龍、白虎、朱鳥、朱雀等"[30]。

這一銅鏡的鑄造構圖，以極爲纖麗柔和而佈局密集的綫條造型，傳達了三國時代東方美術採用西域文化題材和藝術手法從事器物創作的實踐。它以精美而寫實的畫面效果，展現了中國早期"密體"藝術造型的審美情趣，是我們認識這類文化現象的一個典型的美學案例。

與這一美術實例風格接近的同類作品，有1975年鄂州當地同期銅鏡採集品一件[31]。此外，还有1973年浙江武義縣桐琴果園發掘孫吳"黃道十二宮佛獸鏡"一枚[32]、1986年鄂州西晉墓出土佛獸境一枚[33]、1960年湖南長沙左家塘發掘孫吳中後期佛像夔鳳鏡一枚[34]等等。

值得引起人們注意的是，在這些風格相似的銅鏡裝飾造型中，武義縣上述"黃道十二宮佛獸鏡"個性化題材"巨蟹"的出現，在一定層面上表明"早在三世紀的三國時代，隨著外來僧人在吳地從事佛經的翻譯，希臘'黃道十二宮'的圖形已經由印度傳入中國了"[35]。因此，這一文化遺跡已經表明，漢地密體造型藝術的濫觴，確與包括佛教文化在內的西域文明的束漸有著密切的聯繫。

圖47 敦煌莫高窟275號窟西壁北涼佛龕裝飾繪畫

圖48 敦煌莫高窟275號窟北壁北涼佛龕裝飾繪畫

2. 在莫高窟十六國窟龕的裝飾繪畫中，見有密體風格的壁畫藝術。近代編號第275號洞窟西壁北涼時期的交腳彌勒像龕中，從本尊頭光到其餘的壁面，均已爲各種人物形象及幾何紋、團花紋、卷雲紋裝飾圖案所佈滿。同窟北壁上層同期佛龕中，佛像周圍亦密集分佈著各種形態的裝飾繪畫（圖47、圖48）[36]。而敦煌北涼、北魏時期的壁畫，多有"印度犍陀羅藝術中出現的蓮花紋、忍冬紋、菱格紋、幾何紋、水波紋以及受波斯薩珊影響的連珠紋圖案……成爲敦煌早期藝術主要的裝飾紋樣"[37]。這是漢地美術造型中引進西域藝術時尚的前沿實例。

3. 張掖馬蹄寺北涼時代的窟龕中，裝飾繪畫每以飛天伎樂、千佛坐像、建築紋樣、蓮花飾帶及各種寶相花圖樣充斥於壁間（圖49）[38]。其美術風格顯然帶有西方密體藝術的因素。

圖49 張掖馬蹄寺北涼佛龕裝飾繪畫

4. 雲岡曇曜五窟窟龕背光裝飾雕刻之一——如第20窟本尊背光的裝飾浮雕，自內向外分別佈置了蓮花紋、坐佛、火焰紋、供養菩薩、坐佛、火焰紋、供養菩薩七個層次的藝術題材。整個構圖空間爲層層環繞的浮雕圖像所佈滿，使畫面顯示出繁縟緻密、異彩紛呈的視覺效果（圖50）。實際上，北魏時代的雲岡石窟，自始至終各類洞窟的整體視覺效果無不充斥著密體造型藝術的風格，這在中國石窟寺系統中給人們留下鮮明的印象。

5. 龍門石窟早期窟龕的裝飾雕刻，如古陽洞太和（477—499）至正始（504—508年）年間的佛教造像中，除了佛龕內壁遍佈各式裝飾紋樣外，各龕的立面構造亦佈滿各種樣式的裝飾雕刻。如該窟北壁太和十二年（488）的始平公像龕，龕下平座橫欄中即刻有二方連續的忍冬紋和連珠紋圖案。在這種連珠紋單元的內部，則有採自梵經的雙佛形象和各式翼獸相間排列，從而在題材設置方面顯示出濃郁的西域美術的風尚（圖51）。

圖50 雲岡石窟第20窟本尊背光裝飾浮雕

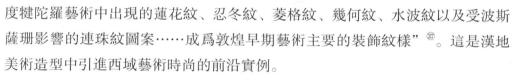

圖51 龍門石窟始平公造像龕平座橫欄連珠紋浮雕

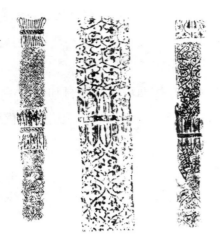

圖52　龍門石窟古陽洞列龕拱柱所見裝飾浮雕

古陽洞同期的列龕中，另有一類佛龕的券拱立柱裝飾有各種卷草紋構圖。這類紋樣的畫面佈局，綫條曲折，陰陽各半，表現了藝術家極其純熟的空間造型技巧（圖52）。龍門石窟北魏時期的窟龕裝飾，像其他北魏石窟寺裝飾風尚一樣，密體美術意致顯示出突出的藝術魅力。

古陽洞這類柱身通體爲綫條繁密的各式卷草紋樣所佈滿的美術實例，透露出濃郁的域外建築"密體"裝飾藝術的風範。研究者認爲，北魏石窟中這類結體繁縟的植物花紋，實際上應受到了西亞、中亞雕刻藝術的影響[39]。

中國佛教美術裝飾造型如此絢麗多姿的刻繪，自然爲東方審美世界廓開一片有別傳統風尚的藝術享受的天地。自此而後的漢地造型藝術，乘此別開新面的西來熏風，創作出大量爲當地人民喜聞樂見的美術樣本，由此形成東方藝術史上一段值得人們回味的樂章。

通過對既有美術遺產的勘查，我們可以爲中古一代漢地"密體"造型藝術的圖像學寶庫作出一個全景式的盤點與概括。以下就讓我們對這類美術遺跡做一次分門別類的尋蹤。

中古漢地密體藝術的題材類型大致包括以下的諸種：

（一）以"飽和韻律"見長的板塊造型，隨著佛教藝術題材內容與創作技巧的引入，導致了漢地美術畫面意境的突破性創新。這從以下幾種佛教美術場面可以看出。

1. 佛經故事畫中的人物場景

在內地裝飾藝術畫面構圖的題材選取中，最富於"充實型"意味的當屬因主題需要而刻畫的佛經故事畫人物場景。這類藝術體裁情節曲折、場面宏大，最能從空間處理技巧上達到密體美術的視覺效果。

如龍門石窟古陽洞南壁下層的西端，有北魏神龜三年（520）比丘惠感等人造釋迦像一龕。在該龕高16釐米、寬93釐米的盝頂龕楣裝飾浮雕中，於佛龕帷幕上方見有九佛並坐、飛天、"維摩詰經變"故事及類似前引圖19的佛傳雕刻各一鋪。內容繁富，雕飾瓊瑰，彰顯著優美而華麗的視覺意境。

僅就其中的佛傳故事雕刻而論，這一組浮雕繪畫即充分顯示出域外密體造型藝術板塊處理的功力。

圖中西段題材內容起於"樹下誕生"之場景。畫面中，林下摩耶夫人在一侍女扶持下右臂側伸，傾身而立。夫人前方一侍女屈膝而跪、雙手合掬作腋下接生狀。其人物形象身姿柔曼、偎依有情，傳達出女性個體生理動態的特有韻致。

龕楣西段的第二幅圖畫是"步步生連"，畫面上刻畫著祥雲漫捲之下悉達多太子悠悠渟渟的步履。

西段第三幅圖畫是"九龍灌頂"，畫面中同樣裸體的悉達太子佇立於几榻之上，其頭頂上方有九條噴灑甘霖的雲龍。

該龕龕楣東段佛傳圖刻有"阿私陀占相"和"王位相讓"兩個故事畫面。前者刻一窩棚形式的居廬，居廬門口有胡跪姿勢的阿私陀懷抱繈褓之中的太子爲其占相。在阿私陀對側，刻胡跪二人、立姿二人，此即經中淨飯王與王妃、乳母問占的摹寫。居廬內外二組人物相向呼應的場景，從構圖意致上具有濃郁的人際交流的氛圍。

龕楣東端"王位相讓"的圖畫，雖邊緣部位稍有殘損未能詳悉其全貌，但尚且保存的部分仍能看到高坐低沉情態的太子與其對面羽葆、華蓋翊衛中屈膝下跪的淨飯王形象（圖53）。

比丘惠感像龕這一組高不盈寸的裝飾圖畫，以富於立體感覺的圓浮雕石刻繪畫，將佛本行故事中一系列人物形象的生活情趣狀摹得有血有肉、惟妙惟肖、生動逼真。這種極備傳神意趣的石刻小品，

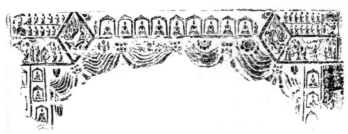

圖53　龍門石窟古陽洞南壁北魏神龜三年（520）
佛龕龕楣佛傳故事浮雕

給佛龕主像的禮拜觀想提供了讓人馳騁想象的思維空間，極大地增進了人們對佛陀人生歷程和宗教動機的思想認識。龍門北魏裝飾圖畫在宗教哲理的宣傳過程中發揮著突出的賦彩效果，比丘惠感像龕的這一組佛傳故事雕刻可謂一個典型的例證。

值得人們仔細觀察的是，這一組故事浮雕中表現"阿私陀占相"的一幕場景，其畫面上有一長者蝸居草廬的構圖。其實這一人物場景的生活原型，即源於南亞熱代環境下土著居民棲居窩棚的習俗。

追溯佛教石刻藝術作品，我們知道還在秣菟羅、犍陀羅藝術的發育階段時，已有刻畫土著人物寄居窩棚的實例[40]。古代龜茲壁畫、敦煌壁畫以及雲岡石窟北魏時期的石刻構圖中，亦不乏此類風情畫卷的再現，可見經變故事中的這種典型的域外

生活場景，在東方佛教藝術的畫面選取中享有形象設定的意義。我國佛書《釋氏要覽》曾有如下的敘説："《釋名》曰：'草爲圓屋曰庵。庵，掩也，以自覆庵也。西天僧俗修行多居庵。'"[41] 如此看來，我國內地僧俗階層對這類異邦居止建築及其人文功用並不陌生。至於這一古代美術史上構圖題材的演繹軌跡，其本身就反映出西域文明對東方藝術社會的持續影響。

圖54　龍門石窟蓮花洞南壁北魏佛龕內佛傳故事浮雕　　圖55　龍門石窟蓮花洞南壁北魏佛龕內佛傳故事浮雕

又如龍門石窟蓮花洞南壁列龕內，有一組內容爲"悉達多太子林下辭行"的佛傳故事浮雕。其東側畫面中，太子上身袒裸，棄衣枝上，半跏舒腿，委身寶座。右手屈回示鼻，如有所敍。太子座前，跪一頭戴冕旒的王者合什致敬。王者身後，有腰束裙帶、籠冠高峨而持華蓋、羽葆、劍、戟之儀仗侍衛環列一周。

同龕西側圖面中，太子形象有類前者，唯瘦骨嶙峋，引人哀憐。太子座前，一王者去冕旒，捧缽而跪，以飲食供養。王者身後，有著盔胄、補襠而持華蓋、羽葆、斧鉞之儀仗侍服左右（圖54、圖55）。

從以上兩圖太子身容形貌之生態演進，結合王者、侍衛服飾儀規之遞進趨於簡約，我們有理由推想，這兩幅圖畫故事之情節，含有漸次離別宮廷、轉向山野的順序。這與佛經關於悉達太子離家修行的故事層次有完全的同步性。

2. 千佛圖

千佛造型（Thousand Buddhas），是中古漢地佛教藝術中極爲常見的一種裝飾題材，敦煌、雲岡、龍門等石窟寺造型藝術中，多有這樣的美術遺跡出現於窟龕中。如龍門古陽洞北壁一座北魏正光（520—524）前後的佛龕龕楣中，有屏風式千佛刻畫一鋪（圖56）[42]。大約與此同期的雲岡第38窟，同類佛龕中亦有同一美術題材的再現（圖57）[43]，從中折射出當時世俗社會對這一藝術文本的熱衷——洛陽邙山出土貞觀二十二年（648）任道墓誌，載誌主生前向衆香寺佈施釋迦佛像並夾持菩薩、阿難、迦葉、金剛、神王等七軀，"又造千佛屏風一十二牒、太子幡一十二口"（圖58），從中可以窺見當時社會各界對於"千佛"圖畫題材的推崇。

圖56　龍門石窟古陽洞北壁北魏佛龕龕楣"千佛屏風"裝飾浮雕

圖57　雲岡石窟第38窟佛龕龕楣"千佛屏風"裝飾浮雕

圖58　洛陽出土唐任道墓誌

3. 飛天

中國佛教藝術中，以飛天（Flying）爲裝飾題材的美術造型，在南北朝時期的石窟寺窟龕和造像碑中不勝枚舉。如敦煌莫高窟北涼以來的各期窟龕中，分佈著不計其數的飛天美術個體，使這類建築空間呈現出天衣繽紛、活潑歡快的視覺氛圍。

如龍門石窟北魏時期的古陽洞，北魏宣武時期（500—515）的列龕中，多有飛天裝飾於龕楣中（圖59）。又如龍門蓮花洞南壁，北魏孝明時代（516—528）的數鋪佛龕亦有相向排列的飛天出現於龕楣間（圖60）。畫面中天人淩空翻飛之帔巾，迎風搖曳之塵尾，將天國世界熏風流動、萬籟祥和之夢幻境界，

圖59　龍門石窟古陽洞北壁北魏佛龕中的飛天造型

圖60　龍門石窟蓮花洞南壁北魏佛龕中的飛天造型

以動畫剪影方式傳達到人們的視野。這些動態極爲優美的飛天伎樂展現在人們的眼前，給人以欣動心脾的審美傳感。

又如1995年成都西安路出土南朝大同十一年（545）張元造釋迦多寶造像碑[44]、青州北魏晚期（500—534）及東魏時代（534—550）造像碑等衆多可以移動的美術遺跡（圖61、圖62）[45]，其碑首兩側多有飛天形象的佈置，其裙帶飄舉、憑虛馭風之意象，使畫面顯得動靜兼美，生機盎然，從而增強了造型版面的視覺感染力。

4.　伎樂天人

伎樂天，梵語世界稱之爲乾闥婆（Gandharva）和阿布薩羅（Apsara），在佛教藝術中指的是"香神"——尋香行樂之人。他與緊那羅一同奉侍帝釋天而司奏伎樂。中國石窟藝術及造像碑中，隨處可見這類美術題材出現於佛陀的周圍。與中國北魏石窟寺藝術大約同期的印度阿旃陀石窟壁畫中，即有飛天形象的圖畫[46]。只是中國的伎樂天人被賦予迎風飄揚的帔帛而呈現出凌空翺翔的姿態，這與佛陀故鄉的同類美術題材有著巨大的區別。

圖61　青州北朝造像碑飛天造型之一　　　圖62　青州北朝造像碑飛天造型之一

如前引龍門古陽洞北壁比丘慧成造像龕，其本尊背光造型中即有執掌腰鼓、豎笛、銅鈀、橫笛、排簫、笙管等器樂的伎樂童子形象（前圖15）。這類伎樂人物，高鼻深目，呈捲髮劉海，因而在形象觀感上傳達出濃郁的西域胡風的人文情調。

5.　蓮花

蓮花是佛教崇拜的吉祥物，幾乎所有的佛教藝術場合人們都會看到蓮花的存在。據説，生於天竺的蓮花有五種，一曰優鉢羅花（Utpala），二曰拘物頭花

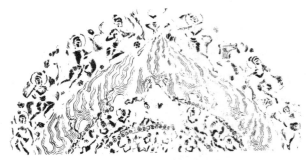

前圖15　龍門石窟始平公像龕本尊背光伎樂天人造型

（kumuda），三曰波頭摩花（Padma），四曰芬陀利花（Pundarika），五曰加泥盧鉢羅（Nilotpala）。世人通常崇拜的蓮花，蓋指芬陀利之白色蓮花。《法華玄贊》卷一曰："奔荼利迦者，白蓮花也。西域呼白蓮花爲奔荼利迦。"佛以蓮花比喻妙法，故有經典徑直稱爲《妙法蓮華經》者，從中可見佛陀故鄉對於蓮花的崇拜。

圖63　龍門石窟賓陽中洞窟頂藻井蓮花造型

在東方，這一宗教藝術傳統得到了承繼和發揚，蓮花造型在漢地佛教藝術中爭輝奪目、大放異彩。如龍門石窟賓陽三洞窟頂藻井裝飾雕刻中，即有尺幅巨大的蓮花浮雕居於畫面的中央。在衆多其他美術題材的陪襯下，這一象徵道法純潔的吉祥物顯得雍容華貴、氣度非凡（圖63）。

6.　瓔珞紋

北朝時期的石窟寺藝術中，一些佛龕（idol niche）的龕楣裝飾經常採用瓔珞華繩交叉連結的方式，這在龍門石窟北魏像龕中有著衆多的實例（圖64）。此外魏唐之間的衆多菩薩造型中，亦往往以瓔珞佩飾裝點於前身。

中國石窟藝術中，菩薩形象曾以瓔珞繞身顯示著個體身份的題材角色。這種明顯具有南亞、西域原始生態氣息的衣著風尚，作爲裝飾美術樣式自然給中原藝術受衆帶來域外情調的視覺感受。

圖64　龍門石窟北魏佛龕中的瓔珞造型

史載波斯國，"其王冠金花冠，坐獅子床，服錦袍，加以瓔珞"[47]。

"嚈噠國，大月氏之種類也。……其王都拔底延城，蓋王舍城也。其城方十里餘，多寺塔，皆飾以金。……其俗，兄弟共一妻。夫無兄弟者，妻戴一角帽。若有兄弟者，依其多少之數，更加帽角焉。衣服類加以瓔珞，頭皆剪髮"[48]。

由此可見西域生活形態對佛教藝術的表達形式有著直接的影響。

7. 火焰紋

十六國以降的佛教造像藝術中，幾乎所有的佛像背光、頭光（nimbus）均有火焰紋作爲主體裝飾題材。其文物實例充斥中古，不勝枚舉。其中龍門石窟北魏像龕中一些背光造型尚且採用多種題材相間組合的方式——如摻和以瑞象坐佛、供養天神、忍冬條飾、佛傳故事等等，使畫面顯得叢仍繁富、光怪陸離，具有極其強烈的視覺感染力（圖65、圖66）。

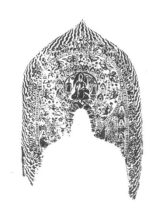 

圖65　龍門石窟北魏楊大眼像龕背光中的火焰紋裝飾浮雕　　圖66　龍門石窟火燒洞南壁北魏佛龕背光中的火焰紋裝飾浮雕

8. 雉尾龍（pheasant tail dragon）

內地一些石窟佛龕的楣拱裝飾題材中，見有一種口吐雲氣、肢體植物化的異獸。如龍門石窟古陽洞南壁列龕東端一座盝頂龕楣的佛龕，其龕楣兩端就有這樣的藝術形象（圖67）。實際上，這類造型藝術的題材底本，明顯取材於西域美術中神異形象——義大利龐貝遺址遺留至今的室內壁畫中，即有同類動物造型的出現（圖68）[49]，可見至遲西元

圖67　龍門石窟古陽洞南壁北魏龕楣中的神異動物造型　　圖68　龐貝遺址壁畫中所見的神異動物造型

1世紀以前的西方已有同類美術創作的存在——東西方藝術遺跡中的同一種美術題材的出現，從時代序列上反映著古代中外文化交流的漫長歷程。

值得人們從文物形制角度思考的是，龐貝古城這一藝術形象出現在一座屋形建築的斜向垂脊上，具有建築裝飾的明顯寓意。而龍門同類藝術題材亦出現於盝頂佛龕的邊脊建築部位——這一建築形象的形態淵源，採自漢地行之已久的盝頂斗帳——同樣具有建築裝飾的意味[50]。這使我們意識到這一藝術題材與古代中外建築文化交流有著內在的聯繫。

有關這一美術題材的定名，漢文史籍爲我們提示了門徑。如古代事類筆記曾有點滴的顯示：

"西明寺、慈恩寺多古畫。慈恩塔前壁有‘濕耳獅子跋心花’，爲時所重。聖善、敬愛兩寺，亦有古畫。聖善寺木塔院，多鄭光文畫並書。敬愛寺山亭院，有畫雉尾，若丹砂子。上有進士房增題名處。後有人題曰：‘姚家新婿是房郎，未解芳顏意欲狂；見說正調穿淚箭，莫教射破寺家牆。’西北角有病龍院，並吳生畫"[51]。

《唐闕史》："洛城建春門外有信安盧尚書莊，竹樹亭台，芰荷洲島，實爲勝景。"又本書原注"敬愛寺"一條後曰："《尚書故實》：‘敬愛寺東廊有雉尾病龍，繪塑奇巧入神。’"

（二）東方世俗藝術領域所見的西方美術題材

1. 卷草紋

2005年冬洛陽東郊邙山南麓出土武周載初元年（689）趙興墓誌，誌石四周遍刊卷草紋（Anthemion）浮雕（圖69）。

又近年邙山出土武周天授二年（691）屈突詮墓誌，誌石四周遍刊卷草紋浮雕（圖70）。

2006年12月鞏縣出土武周天冊萬歲二年（696）

圖69　洛陽出土唐趙興墓誌中的卷草紋浮雕　　圖70　洛陽出土唐屈突詮墓誌中的卷草紋浮雕

圖71 鞏縣出土武周李吉墓誌蓋卷草紋浮雕

圖72 偃師出土武周王夫人墓誌卷草紋浮雕

圖73 山西出土唐薛儆墓石椁中所見卷草紋浮雕

圖74 洛陽出土唐許景先墓誌中的裝飾浮雕

圖75 洛陽出土唐許景先墓誌蓋中的裝飾浮雕

李吉墓誌，誌蓋四刹遍刻卷草紋浮雕（圖71）。

2006年6月偃師北原出土武周長安三年（703）王夫人墓誌，誌石四周各刊卷草紋浮雕（圖72）。

前引1995年山西發掘的唐開元九年（721）薛儆墓葬，其墓門、石椁、墓誌等石刻文物中均有卷草紋樣的裝飾圖畫。這些裝飾雕刻的畫面設計，構思謹嚴，意境深邃，綫條流暢，動感強烈，給人們以濃厚的藝術感染力，因而具有極高的視覺審美價值（圖73）[52]。

2004年春偃師首陽山南麓出土唐開元十八年（730）許景先墓誌，誌蓋蓋芯篆額四周及四刹遍刻卷草紋。四刹上、下兩側面，卷草紋中分別見有雄獅、奔虎各一軀。誌石四周卷草紋中，上側面見有一雙大角羊，左側面見一銜草鴛鴦，右側面見一頸部綁紮綬帶的銜草鴻雁（圖74、圖75）。許景先墓誌裝飾圖案雖以卷草紋爲主導，但以少量動物紋樣散錯其間頗顯畫面之活躍。尤其畫面中所刊係紮綬帶的鳥類，透露出這一刻畫題材受到當年西域波斯裝飾美術影響的情由。

2. 連珠紋

前文業已提及的龍門石窟古陽洞比丘慧成造像龕，其本尊背光及龕下平座裝飾條帶中，有西域風格的連珠紋圖案的刻畫。尤其該龕龕下平座上下兩列裝飾條帶中，具有二方連續構圖特徵的連珠、卷草紋樣，頗已顯示出西域裝飾圖案的藝術情調。

該龕裝飾條帶的上列，由一組排列規整、分割均勻的連珠紋影雕所構成。每一連珠單元的外層，各以方向相同的變體蓮花花瓣相旋繞，從而使這類容易形成平板感覺的造型

圖76 龍門古陽洞北魏始平公像龕平座橫欄中的聯珠紋

板塊展現出一種富於動感的視覺意致。尤其值得留意的是，在這類連珠紋單體的內部，以一一間隔的規劃設計，刻畫出了對向蓮花化生和帶翼神獸相間排列的圖案內容，從而使這一浮雕圖案帶有明顯的薩珊波斯裝飾美術的因素（圖76）。

同窟南壁一座龕楣雕刻佛傳故事的裝飾刻畫中，模仿斗帳山花、蕉葉與三角流蘇的層次隔斷，亦見有連珠紋飾的出現（前圖19）。

前圖19 古陽洞南壁北魏佛龕龕楣所見聯珠紋雕刻

圖77　古陽洞南壁北魏佛龕
背光中的聯珠紋裝飾雕刻

圖78　波斯波利斯宮殿遺址所見聯珠紋

前圖21　洛陽出土北魏石棺床壺門立面所見聯珠紋浮雕

同窟同壁另一北魏佛龕本尊頭光雕飾紋樣中，亦有連珠紋作爲不同層次的劃分隔斷出現於造像中（圖77）。

若從佛教石窟藝術裝飾題材上考察，這種連珠紋裝飾紋樣大抵經由中亞絲路古道、河西走廊及鄂爾多斯草原絲路傳播於東方。這由克孜爾石窟、吐魯番古代文化遺址、敦煌石窟、雲岡石窟等雕刻繪畫、絲織圖案中所見大量同類美術題材可以想見其必然[53]。

但是事實上，連珠紋作爲一種裝飾題材，追蹤溯源應移植於古代波斯文化藝術的傳統。以美術實例來講，至今聳立在伊朗法爾斯省設拉子山麓下的波斯波利斯遺址，其西元前6世紀至前5世紀的宮殿基址史詩雕刻中，依然見有連珠紋裝飾圖案的反覆使用（圖78）[54]。在洛陽邙山近期出土的上述北魏石棺床壺門的橫欄，其裝飾雕刻的第二列、第四列紋樣圖案中，即有鏈狀的連珠紋刻畫（前圖21）。同樣的美術題材，

亦見於早年洛陽出土的石棺床殘片中[55]。

連珠紋在石刻藝術中的廣泛出現，影響所及唐代兩京宮殿建築的各式刻花地磚。例如洛陽唐代宮城遺址中，出土獸面紋磚、鳳鳥紋磚及蓮花紋磚中，均有連珠紋的搭配[56]。可見北魏以降中原地區的世俗美術系列中，亦不乏這類藝術題材的應用。

3. 忍冬紋

忍冬紋（Honeysuckle pattern）是中古時期漢地裝飾藝術中時常引用的一種西方美術題材，它們經常以二方連續的構圖方式被佈置在各種邊飾條帶中。它們簡繁不一，形式多樣，具有極其活潑、歡快的造型旋律感，給人們留下清新可人的審美愉悅。

如龍門石窟古陽洞北壁比丘慧成造像龕的平座間，其裝飾條帶的下列，以單綫勾勒、間以堆塑的雕刻手法，刻畫出了一列疏密有致、綫條流暢、結體充實、極盡旋律之美的卷草紋樣。圖中柔麗回環的忍冬、氣息鮮活的葡萄、攀緣在枝的靈鳥⋯⋯均以其措置得當的空間佈局和陰陽協調的分檔佈白，展現了西方「密體」圖案藝術的審美韻致（圖79）。

圖79　古陽洞北魏始平公像龕平座下欄中的忍冬紋浮雕

圖80　古陽洞北壁北魏龕楣中的忍冬紋浮雕

同窟同壁一北魏佛龕龕楣中，亦有忍冬紋樣裝飾於其間（圖80）。

近年洛陽邙山出土的北魏石棺床壺門，下段三個支腿的左右兩邊，各有豎直方向的忍冬紋一列（前圖21）。

洛陽邙山出土北魏正光五年（524）元謐石棺的前檔，其裝飾刻畫的造型設計中，亦有忍冬紋出現於門楣的拱形雕刻中（前圖22）。

洛陽邙山出土北魏孝昌二年（526）侯剛墓誌，其誌蓋四周裝飾紋樣

前圖22　洛陽出土北魏元謐石棺前檔所見忍冬紋浮雕

圖81　洛陽出土北魏侯剛墓誌蓋四周所見
忍冬紋浮雕

圖82　古陽洞北魏元詳造像龕背光中的
葡萄紋裝飾浮雕

圖83　洛陽市吉利區出土唐三彩火壇
所見葡萄紋裝飾

的浮雕刻畫中，亦有忍冬紋的出現（圖81）。

4. 葡萄紋

龍門石窟北魏造像龕中一些時常出現的葡萄紋（grape design）雕刻，更從創作題材角度傳達出西域的傳統美術母題對中原裝飾藝術的深遠影響。

如龍門石窟古陽洞北壁北魏太和二十二年（498）北海王元詳造像龕，其本尊頭光、背光之間即有葡萄紋樣的刻畫。同窟其他一些北魏時期的佛龕裝飾雕刻中，亦有此類美術題材的出現：如該窟窟頂一鋪北魏造像龕，龕楣忍冬紋樣雕刻中，即見有坐佛與葡萄相間排列的裝飾樣式（圖82）。

又1987年洛陽黃河北岸吉利區出土唐代三彩火壇一具，底座之上的覆盆裝飾雕塑中，亦有綠色、醬色的葡萄紋樣呈環狀圍繞其一周。這件器物的本身，具有明顯的祆教祭祀器物的特徵，因此這種葡萄紋飾的使用，無疑含有中亞粟特（Sugda, sūlīk）審美文化的寓意（圖83）[57]。

其次，中原一帶遺留至今的一些具有西域文化特徵的金銀器，其裝飾構圖多有葡萄紋樣的出現。如1984年洛陽宜陽張塢鄉出土的一件八棱高腳銀杯上，即有葡萄紋與其他紋樣密集地分佈在器物的外表[58]。這類帶有西域風格的生活用具在中原地區的出現，反映了當年中外文化交流的暢通。

事實上，遠在此前的北魏時代，這類帶有密體美術造型的西域金屬用具已經流行於中國。

例如，1970年以來，山西大同市南郊北魏墓葬遺址中，發掘出土了三件鎏金高足銅杯和一件銀碗。研究表明，這幾件文物的器形和紋飾，帶有明顯的希臘風格（圖84、圖85）[59]。其中張女墳第107號墓中出土的這件鎏金刻花銀碗，高46釐米，口徑102釐米，敞口、圓腹、圓底。口沿下鏨聯珠紋兩道，腹部外壁飾四束"阿堪突斯（Acanthus）"葉紋聯成，每束葉紋中間的圓環內，各鏨一高鼻深目、長髮披肩的男子頭像。圈底有八等分圓圈葉紋[60]。

又1981年9月，大同市西郊小站村發現了北魏屯騎校尉建威將軍洛州刺史封和突墓。墓中出土鎏金銀盤一件，據考即係波斯薩珊王朝東傳中國的物品。學者們研究認爲，這件銀盤中鏨雕的行獵者人物當爲薩珊朝第四代國王巴赫拉姆一世，

圖84　大同市南郊北魏墓出土的
胡風高足銅杯

圖85　大同市南郊北魏墓出土的胡風銀碗

而其藝術風格卻又受到希臘羅馬造型藝術的影響。從出土文物實例上來説，這件西域器物在中國內地的出現，真實地反映了北魏時代中原地區與西方國家文化往來的密切[61]。

1983年秋冬，寧夏回族自治區文物機構發掘了葬於北周天和四年（569）的柱國大將軍大都督李賢夫婦墓[62]。在該墓數量衆多的隨葬品中，一件鎏金銀壺、一件玻璃碗及一枚青金石戒指，引起了人們特別的注意。

這件銀壺的腹部，一周錘鍱出六身滿頭捲髮、高鼻深目的胡人男女形象，其圖畫內容表現的是希臘神話故事帕里斯的審判、掠奪海倫及其回歸的情節。這與馬其頓東征以來中亞地區流行"希臘化"文化傳統有所關聯[63]。加之這件銀壺的壺頸、壺座焊接有三圈聯珠紋圓珠，因此已使這一餐飲用具透露出濃郁的西域波斯文化的美術風尚（圖86）。據夏鼐、宿白先生等鑒定，這件銀壺確爲波斯薩珊王朝流入中國的製品。它與此前封和突墓出土的波斯銀盤一樣，真實地折射出北朝時代波斯與中國社會交往的持續。

圖86　固原北周李賢墓出土的
胡風銀瓶

北朝時期西域美術作品流入中國的史例，當時的文獻即有相應的記載。《洛陽伽藍記》卷四記北魏河間王元琛刺史秦州時，曾"遣使向西域求名馬，遠至波斯國，得千里馬，號曰'追風赤驥'。次有七百里者十餘匹，皆有名字。以銀爲槽，金爲鎖環，諸王服其豪富。……琛常會宗室，陳諸寶器，金瓶銀甕百餘口，甌檠盤盒稱是。自餘酒器，有水晶鉢、瑪瑙杯、琉璃碗、赤玉卮數十枚，作工奇妙，中土所無，皆從西域而來"[64]。

西方金屬用具流入東夏的史例，吐魯番阿斯塔那 150 號墓出土唐貞觀（627—649）前後《唐白夜默等雜物帳》文書亦有相應的透露，其中即有"□利康銀盞一枚，目張□胡□（瓶）一枚"[65]的記事。

此外，唐代內地盛行一時的"瑞獸葡萄鏡"，洛陽、長安的上層社會多有文物遺跡流傳至今天。如洛陽偃師杏園 M1366 號唐墓出土的"圓形瑞獸葡萄鏡"，鏡背繁縟密集的裝飾紋樣中，分佈著 25 串累累懸垂的葡萄。整個畫面顯示著濃郁的西域美術的格調（圖 87）[66]。

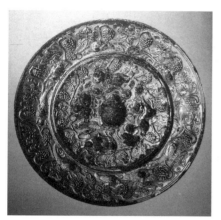

圖 87　洛陽杏園唐墓出土的瑞獸葡萄紋銅鏡　　圖 88　洛陽、長安出土的瑞獸葡萄紋唐鏡

實際上，洛陽、長安一帶的唐墓發掘中，這類富有"密體意致"的"瑞獸葡萄鏡"屬於習習常見的遺物[67]，如向達先生等早年收集的一些長安、洛陽出土的唐代"瑞獸葡萄鏡"（圖 88）[68]，鏡背即爲繁縟富麗的裝飾性塑造所佈滿，可見這類西方藝術題材爲中原社會所喜聞樂見。

值得人們思考的是，從美術題材的選取到技法運用的傳達，西方藝術史上這類帶有纏枝紋特徵的植物紋樣，時常出現在生活器物的裝飾刻畫中。

如羅馬故都拉溫那（Ravenna）大主教博物館（Museo Arcivescovile）收藏的一件當地製作於 6 世紀的被稱爲"馬克西米安王座"的牙雕，在其《聖經》人物故事畫面的隔斷條帶上，即見有綫條流暢、造型繁縟的纏枝狀葡萄紋樣。這類雕刻作品畫面構圖之形象密集、韻律疊蕩，體現出西方板塊造型藝術高度純熟的空間運用技巧和綫條處理功力。毫無疑問，具有同類美術風尚的文物遺跡，它們傳達的正是西方行之已久、臻於完美的一種"密體"刻畫的藝術傳統。如果人們善於從每一件美術作品的成形技術領域去分析，那麼我們明顯可以發現，西元 6 世紀的這件西方宮廷傑作，其爐火純青的造型手法，折射了當地雕刻藝術此前必然經過了一個長期的技術熟練的過程。

在這一牙雕隔斷條帶渦卷狀纏枝紋的二方連續構圖中，藝術家穿插安排的有獅子、麋鹿、牛羊、孔雀、鴻雁等栩栩如生的動物形象（圖 89）[69]，其畫面意境與中古東方裝飾浮雕中的相關產品具有顯然的藝術脈絡的同源性，它爲人們探索東西方文化交流提供了可資比較的絕佳史料，值得人們對此作出深刻的反思。

5. 水波紋

龍門石窟賓陽中洞北魏時期的地坪裝飾雕刻中，有展現"法華經變"情節的浮雕圖案。

畫面中有象徵水流波浪的紋飾。其水波紋飾的間隙，又有上身及手、足露出水面的人物和水鳥、魚類的片段刻畫（圖 90）。結合賓陽中洞三世佛主像的題材設置，學者們認爲該窟造像內容應是《法華經》主題文本的圖示[70]。

由此而延伸，我們認爲這一組石刻圖畫的確切寓意也應該到《法華經》中去尋找。

按羅譯《妙法蓮華經》卷七《普門品》，敘觀世音菩薩拯人火難、水難、風難法門有謂："若有持是觀世音菩薩名者，設入大火，火不能燒，由是菩薩威神力故。若爲大水所漂，稱其名號，即得淺處。若有百千萬億衆生，爲求金、銀、琉璃、硨磲、瑪瑙、珊瑚、琥珀、真珠等寶，入於大海，假

圖 89　義大利拉溫那（Ravenna）大主教博物館藏 6 世紀"馬克西米安王座"牙雕　　圖 90　龍門石窟賓陽中洞地坪"法華經變"中的水波紋雕刻

前圖 21　洛陽出土北魏石棺床立面所見水波紋裝飾雕刻

使黑風吹其船舫，漂墮羅刹鬼國，其中若有乃至一人，稱觀世音菩薩名者，是諸人等，皆解脫羅刹之難"[71]。

比勘佛經敘事、洞窟刻畫之內容，顯然賓陽中洞這一組石刻圖畫描繪的正是《法華經》上述經文有關"水難"的一幕。

賓陽中洞這一組石刻圖畫，以確切的美術信息表明洛陽石窟造像與鳩摩羅什譯經成果的內在聯繫，從而使人們對龍門石窟與西域文明的互動關係有了一個背景性認識。

洛陽邙山出土的幾例北魏石棺床，其壺門橫樑下沿的裝飾雕刻，亦大多採用曲折回環、渦旋勾連的水波紋圖案（前圖 21、圖 91、圖 92）[72]。

6. 繩索紋

洛陽邙山出土的上述幾例北魏石棺床，其壺門橫樑的裝飾雕刻中，多有股數不等的繩索紋（cord pattern）刻畫（前圖 21、前圖 90）[73]。

龍門石窟古陽洞南壁北魏列龕中，亦有佛龕採用繩索紋樣裝飾龕楣的實例（圖 93）[74]。

作爲美術實例，繩索紋早在西元前 1000 年左右的中亞遺跡中即有出現。日本學人江上波夫先生發掘收藏的、出土於伊朗洛雷斯坦地區的一件西元前 1000 年前後被稱爲"宮廷宴紋"青銅立杯及另一件被稱爲"阿納希塔女神畫像"的青銅立杯，口沿部分即爲雙股繩索紋裝飾紋樣（圖 94）[75]。

西方學者早年在美索不達米亞寧錄西北宮遺址上曾發現一塊亞述那西爾帕二世（Assurnarsipal Ⅱ，西元前 9 世紀）時代的彩色釉磚，磚面裝飾圖案中即有這類繩索紋出現，學者們據此認爲這類繩索紋富有美索不達米亞藝術的特色（圖 95）[76]。

此外，原藏柏林的一件被稱爲克拉索門奈的石棺上，亦曾見有這類繩索紋的裝飾（圖 96）[77]。西方石棺裝飾刻畫既有題材如此類同、技法如此一致的美術樣本，顯然折射出中原石棺床源自西域的文化信息。

7. 幾何紋

在敦煌石窟藝術中，衆多的窟龕壁畫採用了各式幾何紋（geometric pattern）圖案進行建築空間的裝飾，其題材之繁縟多樣，其色彩之絢麗多姿，給善男信女這些視覺受衆的審美感覺開拓了無限廣闊的天地。如莫高窟北魏時期

前圖 21　洛陽出土北魏石棺床立面所見繩索紋裝飾雕刻

前圖 91　洛陽出土北魏石棺床所見繩索紋裝飾雕刻

圖 96　柏林藏克拉索門奈出土石棺所見繩索紋裝飾

圖 91　洛陽出土北魏石棺床所見水波紋裝飾雕刻

圖 92　洛陽出土北魏石棺床殘件所見水波紋裝飾雕刻

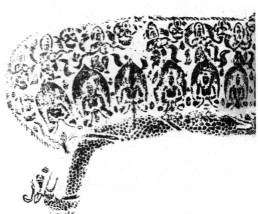

圖 93　龍門石窟古陽洞北魏龕楣中所見繩索紋裝飾雕刻

圖 94　伊朗出土西元前 1000 年前後青銅杯所見繩索紋

圖 95　美索不達米亞寧錄西北宮遺址出土亞述那斯普二世時代彩色釉磚繩索紋裝飾圖案

435號窟窟頂平棋裝飾圖案中，即見有圓形、三角形、矩形、菱形、網格形等各式幾何紋繪畫，使畫面顯得形態繁縟而井然有序（圖97）[78]。

洛陽出土北魏石棺中，見有左、右兩幫及前、後檔板刻畫菱形幾何紋的實例。值得人們留意的是，這類幾何紋圖案的內部，尚填充著焰肩畏獸、偶蹄翼獸、鷹爪翼獸這類西方美術題材以及漢地藝術傳統的玄武形象（圖98、圖99）[79]。從而顯示出中古時期漢地文化圈中東方藝術題材與西方美術技巧完美的結合。

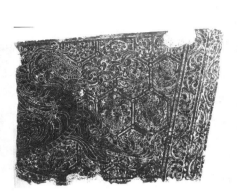

圖97　莫高窟435號窟頂　　　圖98　洛陽出土北魏石棺左梆所見　　　圖99　洛陽出土北魏石棺前檔
　　平棋中的幾何紋裝飾圖案　　　　　幾何紋裝飾雕刻　　　　　　　　所見幾何紋裝飾雕刻

8. 獅子紋

洛陽唐代墓葬石刻中，多有綫刻獅子形象的出現。如武周大足元年（701）李文楷墓誌（前圖27）、武周長安二年（702）李自勛墓誌（圖100）、唐神龍三年（707）輔簡墓誌（圖101）、唐開元二十年（732）張說墓誌（圖102、圖103）[80]等等，其誌面四周或誌蓋四刹的動物裝飾雕刻中，即反復見有獅子形象的刻畫。唐開元九年（721）薛儆墓內石刻亦有衆多情態各異、繪聲繪色的獅子形象（圖104）[81]。

這類動物綫刻繪畫作品，筆法洗練，刀功嫻熟，形象生動，意息傳神，表達了古代藝人對這一藝術題材熟稔地形象理解，進而透露出中古一代隨著中外交流的暢達，作爲美術題材的獅子，其藝術定型已爲中原人們所鍾愛的歷史情態[82]。

人所共知，獅子作爲生態動物中的猛獸，原本生活在中亞以西廣大的亞熱帶草原地區。那裏的人民對獅子的兇猛習性自然有著貼切的了解。

作爲世界文化史上的早期美術遺跡，獅子形象被刻畫於建築單元中如西元前14世紀希臘邁錫

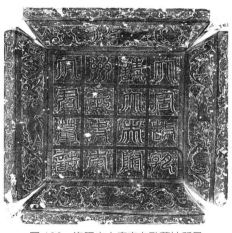

圖100　洛陽出土唐李自勛墓誌所見　　　圖101　洛陽出土唐輔簡墓誌所見
　　　獅子紋裝飾雕刻　　　　　　　　　　獅子紋裝飾雕刻

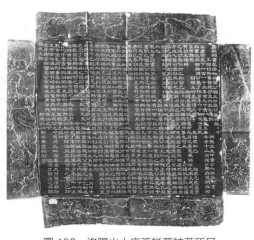

圖102　洛陽出土唐張說墓誌所見　　　圖103　洛陽出土唐張說墓誌蓋所見　　　圖104　山西出土唐薛儆墓墓門左門框所見獅子紋裝飾雕刻
　　　獅子紋裝飾雕刻　　　　　　　　　　獅子紋裝飾雕刻

尼（Mycenae）"獅子門"中的造像實例。另在小亞細亞弗里吉亞（Phrygia）的古墳中，也曾發掘過帶有獅子紋的工藝品。而在敘利亞西奈地區的古代遺址中，亦發現過拜占廷時代刻畫有獅子紋飾的歷史文物[83]。凡此種種之遺例，從中可以想見西域國家對獅子崇拜的熱衷。

或許由於地緣因素，印度古代人民對於獅子崇拜亦有接近的傳統。佛教經典因宣揚佛法法力無邊之需要，每於譬喻故事中引喻獅子以襯托弘法情節的壯美。

例如《涅槃經》對獅子即有以下的刻畫："方頰巨骨，身肉肥滿，頭大眼長，眉高而廣，口鼻晃方，齒齊而利，吐赤白舌，雙耳高上，修脊細腰，其腹不現，六牙長尾，鬃髮光潤，自知氣力，牙爪鋒芒，四足據地，安住岩穴，振尾出聲。若有能具如是相者，當知真獅子王。"[84]

還在孔雀王朝（Maurya Dynasty，約西元前 321—前 185 年）的阿育王（Ashoka，西元前 273或 268—前 232 年在位）時代，印度弘法聖柱中已有獅子形象的雕刻。薩爾那特鹿野苑伽藍前的獅頭聖柱，即是其中著名的一例。此後的佛教造像藝術中，獅子已作爲護法神獸之題材，頻頻地出現在石窟窟龕和造像碑裝飾雕刻中（圖 105）。

圖 105　印度薩爾那特鹿野苑出土
獅子柱頭

而在中國的內地，由於獅子爲物之稀缺，故而歷有納貢西域進獻的史例。史載東漢章帝章和元年（87），"西域長史班超擊莎車，大破之。月氏國遣使獻扶拔、師子"[85]。二年（88），"安息國遣使獻師子、扶拔"[86]。此爲西域貢獅中國最早的記載。

嗣後，北魏太平真君十一年（450）、永安元年（528），唐貞觀九年（635）、顯慶二年（657）、開元七年（719）、十年（722）、十五年（727）、十七年（729）西國並有獅子之遣送[87]，可見中古一代此物於內地之缺如，已招致西域諸國進獻奇異之風趨。自此而後的中原朝野，對於原産西域的獅子，遂有漸次熟悉的過程。

我國山東嘉祥縣武宅山武氏祠內的一對高約 124 釐米的石刻獅子，體態渾圓，意氣英發，是同類文物作品中不可多得的傳神之作。武氏祠石闕西闕上有銘文曰："建和元年（147）歲在丁亥三月庚戌朔四日癸丑，孝子武始公、弟綏宗、景興、開明，使石工孟孚、李弟卯造此闕。直（值）錢十五萬，孫宗作師（獅）子，直錢四萬"。是爲我國具有絕對紀年而且刊有工匠姓名、藝術題材的難得的文化遺跡，具有珍貴的歷史資源價值。

國內石獅雕刻的早期作品，四川蘆山境內的一些造型實例亦佔有重要的地位，其中尤以當地姜公祠前的楊君墓石獅藝術價值最爲突出。這一例石刻作品，剛柔兼工，風姿挺勁，傳達了一種形神兼備的美術意致，反映出我國同類藝術題材早期創作階段對域外造型風尚的借鑒意識。

前圖 21　洛陽出土北魏石棺床立面所見翼獅紋樣裝飾雕刻

前圖 26　洛陽出土唐泉男生墓誌蓋所見翼獅紋樣裝飾雕刻

9. 翼獅紋

近年洛陽邙山出土北魏石棺床床座，左、右兩側的支腿上，各有一軀翼獅（Winged lion）與一"焰肩神"連袂遊戲的構圖。考慮到這一畫面與其中間支腿上的"祆神"圖像的聯繫，我們傾向於認爲這是一組描摹祆教"賽神"場面的敘事性繪畫（前圖 21）[88]。由此看來，翼獅美術形態在內地的出現，多與域外意識形態浸染華夏有著一定的聯繫。

早年洛陽邙山出土唐調露元年（679）高麗移民泉男生墓誌，誌蓋四剎卷草紋樣中有十二身翼獸環佈一周（前圖 26）。其中若干動物的美術形體，從其頭部的寫實特徵上來審視，應爲翼獅之摹寫。這一例石刻文物的出現，至少反映了流入中原的這一高麗移民家族，在藝術欣賞情趣中業已融入了西方美學的審美觀念。

考兩河流域的巴比倫及伊朗高原的波斯古代美術中，已不乏各式裝飾翼獸的雕刻。此外考古發現，西元前 3000 年晚期的伊朗席莫斯基王朝（Shimashki Dynasty）時代，其所生産的鷲首英雄斧頭上，且有"翼龍"的雕造[89]，可見上古時代中亞及其以西地區對翼獸藝術的青睞。

而印度佛教的石刻藝術中，亦有帶翼獅子的前例。如建於早期安達羅（Andhra）時代（約西元前 35 年前後）的山奇大塔（Great Stupa at

Sanchi）塔門建築中，其北門、東門的砂岩雕飾內，即見有多處帶翼獅子的實例（圖106）[90]。這種具有佛典故事意義的裝飾雕刻，隨著佛教藝術的東傳，遂能落植於中原地區的文化遺跡中。

圖106　印度山奇大塔東門的翼獅雕刻　　　　　圖107　梵蒂岡博物館藏古羅馬翼獅

另在羅馬古代的建築遺跡中，多有翼獅造型藝術的出現，現存梵蒂岡博物館的一組古代石刻建築構件中，即有一例雕刻精美的作品（圖107）。

西方這種帶翼哺乳動物雕刻，遠在漢晉時代即已流行於中原一帶。今洛陽地區的一些漢晉墓葬遺存中，即時常見到帶翼哺乳動物的石刻或陶制作品（圖108、圖109）。可見這類藝術形象在洛陽地區享有源遠流長的歷史傳統。

圖108　洛陽出土東漢翼獅　　　　　圖109　洛陽出土北魏翼獅

此外，我國漢晉以來的黃河、長江流域一帶，亦時有帶翼哺乳動物石刻的出現。如南陽漢畫館門前陳列的一對石刻天祿、辟邪，原係南陽城北漢代汝南太守宗資墓前的神道石刻。它們動感強烈的造型，剛陽雄健的氣質，千百年來贏得了人們的好評——唐人李賢《後漢書》注、宋代學者歐陽修《集古錄》、沈括《夢溪筆談》等文獻，對其已有意淳情濃的贊譽。

地處四川雅安姚橋的東漢建安十年（205）益州太守高頤墓，墓前有石闕、石獸各一對。石獸頭上無角，膊上有雙翼，造型以獅子的自然形態爲基礎，卻糅了傳説中“瑞獸”的造型特徵，強調了獅子粗壯有力的四肢，做挺胸昂首邁步向前的雄姿。風格深厚質樸，迸發出矯健威武的藝術氣質[91]。

在我國傳統文化領域，人們一般習慣於將這類帶有翼膊的石刻藝術品稱之爲“天祿”或“辟邪”。

《漢書》記方外異事者有：“烏弋山離國，王去長安萬二千二百里。不屬都護。戶口勝兵，大國也。東北至都護治所六十日行，東與罽賓、北與撲挑、西與犁靬、條支接。……烏弋地暑熱莽平……而有桃拔、獅子、犀牛。”孟康注曰：“桃拔一名符拔，似鹿，長尾，一角者或爲天祿，兩角者或爲辟邪。”[92]

《後漢書》敍洛陽史事又曰：中平三年（186）二月“復修玉堂殿，鑄銅人四，黃鍾四，及天祿、蝦蟆”。李賢注曰：“天祿，獸也。……案今鄧州南陽縣北有宗資碑，旁有兩石獸，鐫其膊，一曰天祿，一曰辟邪。據此，即天祿、辟邪並獸名也。”[93]

透過史籍上述之敍事，則古人視此類帶有膊翼的西方翼獸爲域外神奇物象殆無疑問。

或曰，此種有翼動物形象，亦即祆教《阿維斯陀》經典中的 Sēnmurv 神話動物的摹刻——1971年山東青州傅家發現的北齊綫刻畫像石上，即有此類藝術形象的刻畫。“此圖可視爲中國畫像石中較早出現的一幅正式賦有祆教意味的 Sēnmurv 圖像”[94]。總而言之，這類具有異域情調的美術樣本在洛陽盛唐文物遺跡中的出現，足以從一個側面反映出當時中外文化交流的持續存在。

10. 畏獸紋

早年洛陽邙山出土北魏正光三年（522）馮邕妻元氏墓誌等畫像石刻，其裝飾綫刻圖案中頻頻見有肩部燃燒火焰的“畏獸”形象，從中透露出當年這類美術題材在洛陽地區的流行[95]。

如元氏墓誌蓋頂面之中央，爲一雙龍環繞的蓮花圖案。其周圍四隅各一神獸，且有榜題曰“拓遠”“蛤螭”“拓仰”“攫天”。四側上層爲蓮花盤托摩尼珠、神獸異禽，下層爲二方連續裝飾雲紋圖案。誌石四側亦刊刻神獸異禽。榜題前側爲“挾石”“發走”“獲天”“齧石”；後側爲“撓撮”“掣電”“懂憘”“壽福”；左側爲“回光”“捔遠”“長舌”；右側爲“烏獲""霹電""攬撮"（圖110）。這是中原北魏石刻遺跡中，一組附有詳細榜題標識的美術樣本[96]。

北魏石刻文物中與元氏墓誌美術題材雷同、形制仿佛的作品，另有北魏正光五年（524）元昭墓誌（圖111）、孝昌二年（526）侯剛墓誌（前圖81）、永安二年（529）筍景墓誌（圖112）及爾朱襲墓誌（圖113、圖114）、永熙二年（533）王悅墓誌等一批北朝大族的墓葬遺物。

其中元昭墓誌，誌蓋除四隅有四朵蓮花圖案外，蓮花之間有神獸和異禽形象，中央主題綫雕是一對鷹首翼獸環繞於摩尼珠兩側。其餘空間，有雲紋填充。整個誌蓋畫面產生出強烈的飛動氣質。

筍景墓誌，蓋石頂面有浮雕神獸異禽及蓮花和摩尼珠形象。

爾朱襲墓誌，蓋石頂面四隅各鐫一朵蓮花圖案，每兩朵蓮花之間有守四方、辟不祥的四神形象，蓋石四側爲形若如意的雲氣紋飾。誌石四側共有十二個人立的神獸形象。

王悅墓誌，誌蓋中央和四隅各鐫蓮花一朵，中央蓮朵兩側爲二龍交蟠，四隅蓮朵之間爲神獸賓士[97]。

這種肩頭生發火焰的神異美術形象，洛陽近畿的鞏縣石窟窟龕裝飾雕刻中亦有一再的顯現。如該窟第1窟北壁壁基"畏獸"雕刻（圖115）、第3窟北壁壁基"畏獸"雕刻（圖116）、第4窟南壁壁基"畏獸"雕刻（圖117）等等，是知中原石窟藝術亦曾受到祆教美術的影響。

中原藝術刻畫中如此豐富的"畏獸"遺跡，反映了現實生活中人們對這一藝術形象的熟稔與熱衷。

這由以下歷史典籍透露的社會文化生態現實可以窺見其一斑。

案"畏獸"一詞，見諸史書披載者如《魏書》於當時宮廷生活的紀實: 天興"六年（403）冬，詔太樂、總章、鼓吹增修雜伎，造五兵、角觝、麒麟、鳳凰、仙人、長蛇、白象、白虎及諸畏獸、魚龍、辟邪、鹿馬、仙車、高絙百尺、長趫、緣幢、跳丸、五案，以備百戲，大饗設之於殿庭，如漢、晉之舊也。"[98]

由北魏宮廷招攬"雜技"之記事，顯然"畏獸""辟邪"亦爲古代外來百戲角色之一種——近年洛陽邙山出土石棺床壺門雕刻所見畏獸與翼獅（辟邪）交互踴躍的場面（前圖21），實乃行之漢地的粟特胡人"賽祆"場合披掛道具博弈雜技之狀摩[99]！

11. 翼馬紋

中古漢地呈現綫刻浮雕樣式的"翼馬"，即古希臘神話中稱爲"珀伽索斯（Pegasus）"的美術題材。就石刻"密體"裝飾藝術而論，引人矚目的是盛唐期間的墓葬雕刻。

圖110　洛陽出土北魏馮邕妻元氏墓誌蓋所見畏獸雕刻

圖111　洛陽出土北魏元昭墓誌蓋所見畏獸雕刻

圖112　洛陽出土北魏筍景墓誌蓋所見畏獸雕刻

圖113　洛陽出土北魏爾朱襲墓誌蓋所見畏獸雕刻

圖114　洛陽出土北魏爾朱襲墓誌所見畏獸雕刻

圖115　鞏縣石窟第一窟北壁所見北魏畏獸雕刻

圖116　鞏縣石窟第三窟北壁所見北魏畏獸雕刻

圖117　鞏縣石窟第四窟南壁所見北魏畏獸雕刻

　　1960 年乾陵出土的唐神龍二年（706）永泰公主墓誌，誌石四周浮雕圖案中，即有獅子與翼馬的藝術形象。而西安出土同年十二月二十四日合葬的韋承慶墓誌，誌石左側立面上亦有翼馬的刻畫[⑩]。

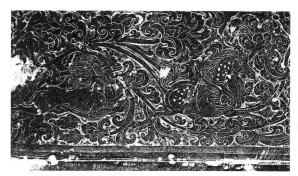

圖 118　山西唐薛儆墓石雕門額中所見翼馬裝飾紋樣

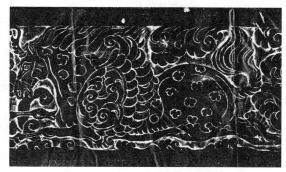

圖 119　洛陽出土唐張説墓誌蓋所見翼馬裝飾紋樣

　　此外，1995 年秋季山西發掘出土的唐開元九年（721）薛儆墓室石雕門額中，有翼馬與獅子四尊、鳳凰兩隻出現於卷草紋樣中（圖 118）[⑩]。其次，該墓石槨裝飾刻畫中，亦有一軀栩栩如生的翼馬[⑩]。

　　1998 年冬龍門東山南麓出土的唐開元二十年（732）張説墓誌，誌蓋四周浮雕中另有“翼馬”裝飾雕刻一鋪（圖 119）[⑩]。

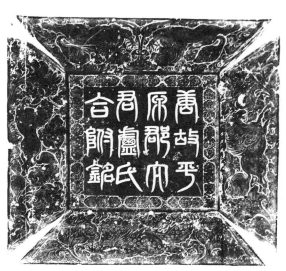

圖 120　偃師出土唐盧氏墓誌蓋所見翼馬裝飾紋樣

　　2006 年 8 月洛陽偃師出土的唐開元二十五年（737）平原郡君盧氏墓誌，誌蓋四剎左側亦鐫刊有“翼馬”裝飾紋樣（圖 120）。

　　大約以上石刻俱爲盛唐時期上層士族享有的原因，所以這些石刻美術作品一再傳達出質材精良、形體廓大、技藝精湛、氣象富麗的視覺效果。

　　12. 鷹首異獸紋

　　有唐一代域外文明影響中原社會時尚的情形，洛陽近年出土文物中亦有美術跡象可資參考。如邙山出土唐神龍三年（707）的輔簡墓誌，誌石四周綫刻圖畫中，有一軀頭部刻畫爲鷹喙、身軀爲哺乳動物的怪異神獸形象（前圖 100）。而龍門地區出土唐開元二十年（732）的張説墓誌，誌石四剎綫刻圖畫中，除了見有一軀動感強烈的“翼馬”形象外，另有一例鷹首翼獸（eagle griffin）（圖 121）的出現。

圖 121　洛陽出土唐張説墓誌蓋所見鷹首異獸裝飾紋樣

　　輔簡墓誌和張説墓誌裝飾紋樣中刻畫的這類鷹首翼獸（eagle griffin）或鳥首翼獸（bird griffin），在古代西域一帶的文化遺跡中屬於常見的藝術題材。西域藝術中的這類鷹首獅子，西方人多將其稱之爲 “winged chimera”[⑩]。

　　輔簡、張説墓誌石刻中所見的“鷹喙”怪異神獸，從內地出土祆教石刻文物中，亦可找到形態相近的實例。如西安北周安伽墓石棺床榻板正面及左右側面的異獸刻畫中，即有大約五幅同類的藝術題材的出現[⑩]，這在一定意義上説明洛陽唐代石刻繪畫的確受到東來祆教藝術的影響。這類藝術母體在中原文化遺跡中的出現，無疑是當年中外文化交流在美術遺跡中的一個直接的反映。

　　此外，以往的考古發現表明，在我國鄂爾多斯及其鄰近地區戰國以來的古代遺存中，多有金、銀、青銅等質地的裝飾牌飾的出現。這類牌飾中，多曾見有一類鷹喙怪獸形象的藝術題材（圖 122）。學者們認爲，這類帶有草原遊牧文化特徵的造型藝術，明顯受到斯基泰——阿勒泰裝飾藝術的影響[⑩]。而帶翼動物的藝術淵源，如前所述，則可上溯到兩河流域巴比倫文化的傳移。這類出土文物實例表明，三代以降的黃河流域，通過“草原絲綢之路”與西域保持著源遠流長的社會聯繫。

圖 122　陝西歷史博物館藏神木出土鷹首異獸牌飾

　　至於我國石刻文物中所見的帶翼哺乳類動物形象，漢晉以降內地田野遺跡中不乏現成的實例。如南京、丹陽一帶六朝陵墓建築中，即遺存有數量不少的具有西域風格的棱形石柱和翼獸石刻。學者們認爲，這些歷史遺跡，應“爲希臘式之石柱及美索不達米亞（Mesopotamia）地方亞述（Assyria）式之有翼石獸。……此種作風，當自小亞細亞美索不達米亞傳來”[⑩]。可見中原神異美術題材的文化淵源，可以上溯到遙遠的西域文明的源頭。

考查洛陽地區文物遺跡所見的這種鷹首翼獸或鳥首翼獸，實際上移植於西方美術造型中的"格里芬"（griffin）（圖123、圖124）藝術題材。這類帶有翼膊的哺乳類動物形象的藝術創作，遠在西元前3000年即出現在兩河流域美索不達米亞的文化遺跡中，後來逐漸爲世界其他地區的美術創作所採納，廣泛流行於西亞、北非、南亞、中亞、南俄草原等地的藝術遺跡中[⑩]。在古代的羅馬，這種"格里芬"造型藝術廣泛地被藝術家引入自己的美術創作。至今，珍藏在梵蒂岡博物館的古代羅馬石刻造像中，這類藝術題材亦有珍貴的作品（圖125）。

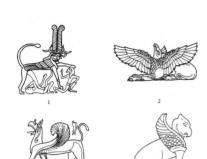

圖123　西方出土文物所見"格里芬"裝飾紋樣

圖124　西方出土文物所見"格里芬"裝飾紋樣

除此之外，西域美術中流行的獅首格里芬（lion griffin）形象，也通過絲路文化交流傳播至內地。而亞述、波斯地區另有人首翼獸"拉馬蘇"（lamassu）和獸首鳥身怪獸"森莫夫/森木魯"（senmurv）（圖126）[⑫]藝術題材的流行。至今，巴黎裝飾藝術博物館還藏有西方出土的西元6或7世紀的織有森木魯的"波斯錦"片段（圖127）[⑪]。

由此可見，西方如此流行的藝術題材，正通過中外文化交流爲漢地美術創作所借鑒。

13. 斑豹紋

2000年，考古機構在西安北郊發掘了北周粟特移民安伽的墓葬。墓中石榻左、右兩側的圍屏上，有刻畫狩獵內容的浮雕畫面[⑩]。

圖125　梵蒂岡博物館藏古羅馬"格里芬"石刻

圖126　西域出土金箔飾牌中所見"格里芬"造型

2004年洛陽邙山出土垂拱四年（688）的韋師墓誌，其誌石四周的裝飾影雕中，即見有手持器械的訓獸胡人與獅、虎、豹、猞猁等猛獸顧盼呼應而追逐麋鹿及狐狸的場面（圖128）。

又如2007年1月龍門西山北麓出土大足元年（701）李文楷墓誌，其誌石四周及誌蓋四剎裝飾圖案中，一併雕刻了三軀渾身見有滿布斑點的"文豹（學名 Acinoyx jubatus / cheetah）"（前圖27）[⑫]。

圖127　巴黎裝飾藝術博物館藏西域出土織有"森木魯"紋樣的波斯錦

圖128　洛陽出土唐韋師墓誌所見"斑豹"裝飾紋樣

這種源自田野的猛獸被納入藝術創作中的美術題材，無疑與當年中原一帶上層社會盛行"豹獵"——一種以猛獸爲輔助狩獵手段的貴族娛樂生活有所關聯[⑬]。近年清理的太原隋代虞弘墓石刻葬具中，其槨壁浮雕圖案內亦有多幅帶有助獵動物的射獵情節的藝術畫面[⑭]。

與此同時，學界前輩張廣達先生列舉了唐代長安墓葬中有關狩獵的一組壁畫遺跡：

金鄉縣主墓——出土一系列狩獵陶俑中，有一件彩繪騎馬"帶豹"狩獵男胡俑（《唐研究》第七卷—圖版二）；一件彩繪騎馬"帶猞猁"狩獵女俑（《唐研究》第七卷—圖版三）。"這些狩獵陶俑顯示，獵師所攜帶的'犬''鷹''豹''猞猁'等動物，都是經過訓練用來輔助狩獵的動物"[⑮]。

永泰公主墓——"1960年於陝西乾縣乾陵鄉發掘的遷窆於唐中宗神龍二年（706）的永泰公主李仙蕙（684—701）墓中的一件彩色騎馬胡俑，一頭獵豹正向胡俑坐騎的臀部上跳竄，回歸它的坐鞴（《唐研究》第七卷—圖版四）"[⑯]。

懿德太子墓——"1971年於乾縣乾陵鄉發掘的遷窆於中宗神龍二年的唐代懿德太子李重潤（682—701）墓壁畫中，訓豹師旁有獵豹並行的場面（《唐研究》第七卷—圖版五）"[117]。

章懷太子墓——"同是 1971 年於乾縣乾陵鄉發掘的遷窆於中宗神龍二年、因景雲二年（711）追贈爲章懷太子而重葬的李賢（654—684）墓壁畫中，一位騎士坐騎後蹲踞著猞猁（《唐研究》第七卷—圖版六）"[118]。

張廣達先生援引西人穆罕默德·伊本·芒格利（Muhammad ibn al-Mangl ī）在 1371—1372 年完成的一部著作——《論狩獵：本世界要人們之與曠漠動物的打交道》關於古代中東地區豹獵的精彩記述後，對這一域外習俗及其文獻記事作出了史家見解："芒格利的著作對我們説來的意義在於，它記述的事實有助於今天解讀唐代有關豹獵和猞猁獵的陶俑和壁畫，給這些陶俑和壁畫注入了我們不熟悉的內容，賦予它們以時代氣息。人們頭腦中如果浮動著芒格利描述的栩栩如生的場面，靜態的陶俑和壁畫便不再默默無言，而是展現出來文豹的迅疾矯健、猞猁的竄跳入雲、獵者的狂熱激動。"[119]

文獻記事披露，"貞觀中，揀材力驍捷善持射者，謂之飛騎。上出遊幸，則衣五色袍，乘六閑馬，猛獸皮韉以從"[120]。看來，這位不遜風騷的曠世英主，正以嫻熟的馬上功夫重溫著當年逐鹿天下的故事。

史紀如此之實錄，不但反映出李唐國家興盛階段宮廷貴族對狩獵活動的熱衷，同時亦可看出當年漢地社會生活中這類遊獵活動給人們留下深刻的記憶——內地美術史料中"文豹"題材的出現，正可謂當年社會人文現實一種形之事象的美術敘事。

圖129 洛陽出土唐韋師墓誌蓋所見"索猴"裝飾紋樣

圖130 義大利龐貝遺址所見"索狗"地坪裝飾

圖131 義大利龐貝遺址所見"索狗"地坪裝飾

14．寵物紋樣

前引垂拱四年（688）的韋師墓誌，除卻誌石四周刻有一鋪胡人參與的"狩獵"綫刻外，另在該誌誌蓋四周"十二生肖"綫畫中，尚且見有獼猴項間攀繫繩索的有趣畫面（圖129），從中折射出古人飼養寵物的生活情節[20]。

在意大利西元 79 年被維蘇威火山岩漿掩埋的龐貝故城遺址，在一個被稱爲波埃塔——特拉吉卡住宅（Casa del Poeta Tragica）的庭院大門內，其馬賽克地坪鑲嵌圖案中，有一幅黑色的脖頸上套有鎖鏈的家狗裝飾圖畫，圖畫下方鑲嵌有 "CAVE CANEM"（小心狗！）的拉丁文提醒（圖130）。同類的美術形象同一遺址尚有另外的一例（圖131）。

作爲古代社會遺留至今的文化遺跡，這兩幅鑲嵌圖畫的重要價值，在於它以微觀實例揭示了西元前後西方社會流行豢養家庭寵物的習俗。結合此前有關古代西方"豹獵"等馴養獸類的報導，我們不難看到，中古時期洛陽地區與此相類的文物遺跡，實質上亦從美術題材的角度折射了中外文化交流的信息。

15．其他禽獸紋樣

近年龍門地區出土長安三年（703）衛華墓誌，誌蓋及誌石四周鐫刻有獅、虎、野豬、大角鹿、盤羊、狗、兔、雁等等禽獸形象（圖132、圖133）[12]。

山西出土薛儆墓石槨裝飾紋樣中，另有鶴、大象、鳳、灰雁、鴛鴦、怪鳥等禽獸類形象[12]。

16．其他神異動物

近年洛陽邙山出土隋開皇六年（586）馬會之墓誌，四周裝飾浮雕中有帶翼神異動

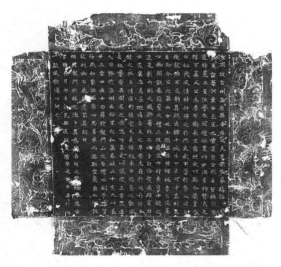

圖132 洛陽出土唐衛華墓誌所見禽獸裝飾紋樣

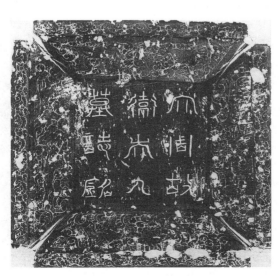

圖133 洛陽出土唐衛華墓誌所見禽獸裝飾紋樣

物的刻畫（圖134、圖135），其題材內容有待進一步研究。

圖134　洛陽出土隋馬會之墓誌所見神異動物裝飾紋樣　　　　圖135　洛陽出土隋馬會之墓誌所見神異動物裝飾紋樣

（三）中原世俗藝術領域所見的東方美術題材

1. 飛禽紋飾

洛陽出土、現藏波士頓美術館（Museum of Fine Arts, Boston）的北魏寧懋石室，其後牆外壁"庖廚圖"綫畫之頂層，見有口銜蓮花、瑞草，展翅凌雲騰空的飛禽。同壁另一相同題材的綫畫中，亦有別樣的飛禽兩隻翱翔於山林的上空（圖136、圖137）[124]。

圖136　洛陽出土北魏寧懋石室所見飛禽裝飾紋樣　　　　圖137　洛陽出土北魏寧懋石室所見飛禽裝飾紋樣

前述韋師墓誌，誌蓋四刹刊有"飛禽"雕刻一周（前圖129）[125]，從其藝術形態方面考察，則多爲漢地習習常見的鳥類。這些飛禽神態舒展，意象有致，與周圍密集的植物紋樣構成一幅氣息和諧的藝術畫面。

近年龍門地區出土唐開元二十七年（739）比丘尼悟因墓葬石刻一套，其門額刊有飛禽一對（圖138）。其題材淵源大抵取材漢地傳統的"鳳凰"一類的美術母體。然而，從其向上翹起的翅翮造型，可以明顯看出這類飛禽的美術技法來源於中亞地區祆教藝術的構圖範式。

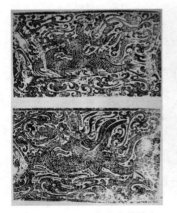

圖138　洛陽出土唐比丘尼悟因墓門門額所見飛禽裝飾紋樣

2. 四神紋

20世紀40年代以前，洛陽地區出土了爲數不少的北魏墓誌。其中一些雕飾華美的作品，無論誌石四周抑或誌蓋盝頂，每有青龍、白虎、朱雀、玄武這類漢地習見的"四神"（The four supernatural beings symbolizing the four quadrants of the sky and the earth）形象的刻畫。爲了渲染畫面構圖的"密體意致"，這類藝術作品的單元版面中尚且填充有人物形象和形式詭異的卷草、卷雲、天蓮花紋樣以及焰肩畏獸、飛禽、翼獸等西域美術題材（圖139、圖140）[126]，從而顯示出中外藝術交匯融合的情勢。

圖139　洛陽出土北魏墓誌中所見"四神"裝飾紋樣　　　　圖140　洛陽出土北魏墓誌中所見"四神"裝飾紋樣

龍門東山南麓出土長安三年（703）陽玄基墓誌，誌蓋四刹刊"四神"一鋪（圖141）。

2004年2月洛陽邙山出土唐先天二年（713）的裴懷古墓誌，誌蓋四刹鐫刊"四神"一鋪。與兩漢以來內地盛行"四神"形象不同的是，這一鋪"四神"造像中的"朱雀"，被刻畫爲左右兩出的雙頭鳥形象，從而透露出這一藝術形象與西域美術崇拜有著密切的關係（圖142）[127]。

圖141　洛陽出土唐陽玄基墓誌蓋所見"四神"裝飾紋樣　　　　圖142　洛陽出土唐裴懷古墓誌蓋所見"四神"裝飾紋樣

前引唐開元九年（721）薛儆墓誌蓋，額題四刹有"四神"綫雕出現於卷草紋樣中（圖143、圖144、圖145）⑿。值得人們留意的是，薛儆誌蓋中的"四神"題材，更與刻畫其上的"翼人"形象——實際爲人首鳥身的"頻迦陵鳥"穿插在一起，從中表達出中外美術題材相容並蓄、融匯一爐的情勢。

2005年冬西安出土唐天寶六年（747）的裴智墓誌，誌蓋四刹鐫刻"四神"一套（圖146）。構圖嚴謹，技法精良，實爲同類藝術雕刻中的上乘之作。

2004年洛陽邙山出土後唐長興四年（933）李仲誨墓誌，誌蓋四刹亦有"四神"綫刻一組（圖147）。

2005年洛陽邙山宋莊村出土後唐清泰元年（934）後唐故金紫光禄大夫檢校司徒李重吉墓誌，誌蓋蓋芯篆額四周刻畫團花及卷草紋，四刹卷草紋樣中鐫刊"四神"一組（圖148）。

墓誌石刻中的這種帶有密體意致的"四神"圖畫，延至北宋初年中原地區亦有個別實例的出現。如近年邙山出土北宋開寶五年（972）宋故翰林學士竇儀墓誌，誌蓋蓋芯無字，四刹即陰刻"四神"一鋪⑿。

3. 十二生肖紋

前引邙山出土武周垂拱四年（688）韋師墓誌，誌蓋四周有"十二生肖"雕刻與一組層次繁密的團花相間排列，其畫面層次分明，錯落有致，顯示出强烈的美術節奏韻律（前圖117），從中透露出中外民族文化形態的融合。

次者龍門東山出土武周長安三年（703）故左羽林將軍、定陽郡開國公陽玄基墓誌，誌石四圍綫刻十二生肖及誌蓋通體紋飾，繁縟富麗，技壓群芳，堪爲洛中裝飾雕刻的上乘作品（圖149）⒀。

另1951年陝西咸陽底張灣出土的唐開元十五年（727）楊執一墓誌，誌石四周鐫刊極富密體意致的"十二生肖"綫刻紋樣（圖150）⒀。

圖143　山西出土唐薛儆墓誌蓋　　　　　　　圖144　山西出土唐薛儆墓誌蓋
　　　所見"四神"裝飾紋樣　　　　　　　　　　　　"四神"紋樣中的朱雀

圖145　山西出土唐薛儆墓誌蓋　　　　　　　圖146　西安出土唐裴智墓誌蓋
　　　"四神"紋樣中的玄武　　　　　　　　　　　所見"四神"裝飾紋樣

圖147　洛陽出土後唐李仲誨墓誌蓋　　　　　圖148　洛陽出土後唐李重吉墓誌蓋
　　　所見"四神"裝飾紋樣　　　　　　　　　　　所見"四神"裝飾紋樣

圖149　龍門出土武周陽玄基墓誌所見　　　　圖150　咸陽出土唐楊執一墓誌所見
　　　"十二生肖"裝飾紋樣　　　　　　　　　　"十二生肖"裝飾紋樣

图 151　洛陽出土唐李釋子墓誌
所見"十二生肖"裝飾紋樣　　　　图 152　洛陽出土唐盧氏墓誌
所見"十二生肖"裝飾紋樣

图 153　西安出土唐裴智墓誌
所見"十二生肖"裝飾紋樣　　　　图 154　洛陽出土後唐李重吉墓誌
所見"十二生肖"裝飾紋樣

图 155　洛陽出土北魏寧懋石室
所見建築裝飾紋樣　　　　图 156　洛陽出土北魏寧懋石室
所見建築裝飾紋樣

又 2004 年春洛陽邙山出土唐開元十八年（730）李釋子墓誌，誌石四周鐫刊"十二生肖"一鋪。畫面中，每一肖像動物置於一個各呈單元的方形板塊中（圖 151）。

次前引洛陽出土唐開元二十五年（737）平原郡君盧氏墓誌，誌石四周亦雕出"十二生肖"一組。畫面中各式動物形象與雍容華貴的卷草紋回環排列，意態盎然，富麗堂皇，表現出藝術家立意高超、相容中外的審美能力（圖 152）。

次前引唐天寶六年（747）裴智墓誌，誌石四周"壺門"空擋間，亦刻"十二生肖"一鋪（圖 153）。

次前引李重吉墓誌，誌石四周卷草紋樣中兼刻人物形象的"十二生肖"一鋪（圖 154）。

內地連綿如此的美術事象無疑顯示出，即或對於中國傳統的文化題材，古代藝術家亦可採用西方傳統的美術技法，將其熟稔地納入自己的創作實踐中。

4. 建築及其用具場景

以洛陽出土著名的北魏寧懋石室（孝昌三年/527）和西安出土的安伽石棺床（北周大象元年/579）及太原出土的虞弘石棺床（隋開皇十二年/592）等墓葬遺跡爲例，中古一代的一些大型石刻文物中，每有各式建築場景的刻畫。其中舉凡屋形殿堂、帷幕斗帳、華蓋羽葆、氍帳几榻、舞筵屏風、乘騎車輦、庖廚宴享、山水樹木等等生活繪事，無不採自世間、形諸石上，從而爲人們反觀古代社會的斑斕生活及其人文環境，提供了珍貴的視象教材（圖 155、圖 156、圖 157、圖 158）[12]。

中古時代漢地裝飾美術中孔熾若此的具有密體造型風尚的藝術題材，其優美而富有旋律質感的造型技藝及其由此給受衆帶來的審美愉悅，事實上已經影響到兩宋前後工藝美術的創作實踐。

图 157　西安出土北周安伽墓石棺床所見建築裝飾紋樣　　　　图 158　太原出土隋虞弘墓石棺床所見建築裝飾紋樣

　　例如，擅美一時的西夏刻瓷釉陶以及宋代當陽峪窯剔劃梅瓶和磁州窯剔劃瓷器，其工藝繪畫的構圖格調，即顯示出上述"密體"美術的造型韻味（圖159、圖160、圖161、圖162）[18]。中古晚期這些漢地瓷器的美術構圖雖然在題材模式方面含有更多東方傳統的取材特徵，但其畫面佈局手法卻無疑受到此前"密體"美術風尚的明顯影響。由此人們不難看到，中古晚期以來內地造型藝術的若干領域，在一定程度上依然繼承著漢地裝飾美術"密體意致"的審美風尚。

　　但是，如果我們對中古時期漢地裝飾藝術做一整體的考察，我們可以發現以上種種藝術題材"密體"風格的流行與淡出，明顯地出現於盛、中唐時代的時段分野。如收入本書

圖159　西夏靈武窯刻瓷所見
密體裝飾紋樣

圖160　西夏靈武窯刻瓷所見
密體裝飾紋樣

圖161　北宋當陽峪窯剔劃瓷梅瓶
所見密體裝飾紋樣

圖162　北宋磁州窯剔劃瓷梅瓶
所見密體裝飾紋樣

的大曆二年（767）寧刹寺寺主惠空墓誌、開成二年（837）史喬如墓誌、大中三年（849）李國娘墓誌、大中十一年（857）李十七娘墓誌、大中十三年（859）李鵠墓誌等等，其誌石相關部位的裝飾題材，一改盛唐之前具有"密體意致"的繁縟風貌，採用了綫條單一、形體簡潔的構圖時尚。中晚唐以降內地裝飾雕刻中的這一風格變化，似乎折射出國力凋敝、民生懈怠對藝術創作的影響。

　　然而，從另一事理角度來審視，正像世界上任何事物都會有例外的情況一樣，東方造型美術風格模式中，亦有突破傳統範式形成個別特例的現象。

　　在"密體"藝術風行一時的年代，盛唐時期圖繪紋飾簡略敷衍者亦不乏其例，如陝西靖邊縣紅敦界鄉出土的開元二十一年（733）馬文靜墓誌，誌石四周的團花、卷草紋飾雕刻，即寥寥數筆，粗備模樣而已[19]。

　　2006年8月龍門西山北麓出土唐開元二十九年（741）歙州長史尹公夫人李氏墓誌，誌蓋四刹裝飾刻畫亦爲筆法簡練，技藝粗俗的陰刻卷草紋樣（圖163）。可見雖在盛唐時代內地士族的藝術遺跡中，亦有不逐時風而便宜從事者。

　　由此上溯，即便在中國史前彩陶中，亦有裝飾紋樣比較密集的個例——河南博物院收藏的一件仰韶時代的陶壺，繪畫造型即帶有明顯的密體美術的風範（圖164）。但即便如此，人們從這些美術實例的整體風尚中，仍然可以窺見到這種"另類"個案依然帶有"母系藝術"傳統色彩的烙印——這件陶壺的下段，一仍保留有可供人們獲得"透氣"的大片的構圖空白，從中透露出先民們在視象經營的疏密取捨之間回盼傳統的意念。

圖163　龍門出土唐尹公夫人李氏
墓誌蓋所見疏體裝飾紋樣

圖164　河南博物院藏新石器時代
彩陶所見密體裝飾紋樣

　　這種"風格異化（divergence of style）"的文化現象，另有兩種美術遺跡無疑容易引起人們的關注——此即還在"中華傳統"的時代，先秦青銅器和若干漢代畫像作品，何以具有"密體"風格的造型？

圖 165　洛陽出土西周叔牝青銅方彝

圖 166　洛陽出土西周青銅鬲

圖 167　洛陽出土西周青銅簋

圖 168　洛陽出土戰國蟠螭紋銅鼎

這一問題的提出，不僅有助於我們從細化的角度審視人們面對的文化遺產的人文背景，而且也提醒了我們對古代文明歷史深度的再思考。

事實上，當我們考察先秦銅器裝飾造型的時候，我們可以發現一個十分有趣的現象——那些周身密佈神秘紋樣的青銅產品，大抵屬於加熱受體的廚炊用具（圖 165、圖 166、圖 167、圖 168）[⑮]。毫無疑問，物理學規律和生產經驗昭示先民，這類生活用具祗有使它們的器物表面積儘量地加大，始能在生活實踐中最大限度地節約他們的供熱能源並提高利用過程的運行時效——如此密集的器表刻畫造型，反映的不僅是先民們審美意識的優遊超前，更是他們諳於技術需要理性智慧的物化折光——中國上古青銅文明的跡象，首先有著它"原生態文化"的邏輯脈絡。

儘管如此，對於那些裝飾紋樣趨於"密體"風格的先秦青銅器來說，其藝術內涵中亦有它人文淵源的別樣色彩。對這一類生活器物美術現象的剖析，將給人們的史學思考提供一片清新的方外境界。

以 1937 年出土於河南輝縣琉璃閣遺址西區 59 號墓的一件戰國銅壺爲例，在其自上而下密集分佈的七個層次的浮雕圖像中，間有羽人、鳥頭獵人、鹿角鳥身翼獸等美術題材（圖 169）[⑯]。這種淵源於西方文明的藝術素材，與其紋樣本身密集繁縟的技法風格一樣，無疑顯示出東周後期東西方文化交流的存在。

相似的實例還有 1946 年入藏故宮博物院的一件戰國時代的"水陸攻戰圖"銅壺，在其三個層段的刻畫構圖中，見有題材、風格類乎西方亞述辛納赫里布（Sennacherib，前 705—前 681）宮殿壁畫的戰事畫面（圖 170）[⑰]。

次如 1982 年洛陽西工區出土的一件戰國時代的狩獵紋銅壺，其周身紋樣中亦見有高鼻胡人、鷹獸翼獸、犀牛、大角鹿之類西方美術題材的出現（圖 171）[⑱]。

圖 169　河南輝縣琉璃閣出土戰國銅壺

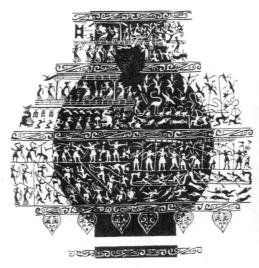

圖 170　北京故宮藏戰國"水陸攻戰圖"銅壺

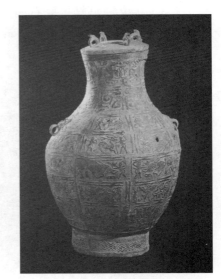

圖 171　洛陽出土戰國狩獵紋銅壺

誠如學者們所指出，這類春秋以降的青銅器紋樣，"風格細密而繁複，並有表現異域風情的東西"[⑲]。至此人們可以明了，先秦時代的東方青銅文化，的確浸入了西方美術創作的因素。只不過，對當時內地青銅紋樣作出的這種"風格細密而繁複，並有表現異域風情的東西"評價，從形式邏輯上看來尚未意識到美術樣品風格的"細密與繁複"，亦是"異域風情"東漸華夏的結果。

除此之外，在西方，一些學者曾提出過"horror vacui（追求密集）"的概念，認爲它是人類自原始社會以來在美術活動中的一種普遍使用的創作模式[⑩]。後來的一些學者，將這一美學概念引入中國美術的研究，像美國著名的專攻中國中古佛教藝術的 Alexander Soper 教授，認爲漢墓畫像石圖案中"horror vacui"的風格即十分濃厚[⑪]。甚至，西方還有一些學者認爲"horror vacui"在山東畫像石中比四川畫像中要明顯得多[⑫]。

西方學人對東方美術遺産的敏感，理應引起我們自身的介意。

因此，讓我們把目光聚焦於國内一些帶有"密體意致"的漢代畫像石上，看看那裏的"圖像世界"對逝去時代的究竟有著怎樣的折光。

在山東藤縣西戶口出土的一件東漢延光元年（122）的畫像石上，人們在構圖密集的浮雕繪畫的下方，見有一鋪被稱爲"蹴張圖"的剪影式畫面。圖畫中央方形地毯上置一獨柱高座，其上一位"跳丸"雜技表演者雙肩各置一瓶狀器物以彰顯其軀幹的穩定性。在其身體的周圍，六個跳丸以垂直旋轉的方式流動於演員的掌股間。畫面左右兩側，各一執座人物輪流改換著演員高低不等的座位（圖172）。

圖172　山東藤縣出土東漢
延光元年（122）畫像石所見
西域技藝場景刻畫

從畫像石整體構圖題材上考察，這一漢代藝術品的畫面內容與當地同期畫像石一樣，無疑表達的是當時生活現實中的一個場境。但是，上述雜技情節的刻畫，顯然受到域外文化藝術題材敘事的熏陶——在這裏，石刻作品的題材構成與美術技巧交葛在一個統一的文化背景之內——它們反映了當年西域文化對中原美術創作的影響。這種看似偶然的文化現象，實際上包含了一個意趣雋永的歷史的必然。

史載東漢安帝"永寧元年（120），撣國王雍由調復遣使者詣闕朝賀，獻樂及幻人，能變化吐火，自支解，易牛馬頭。又善跳丸，數乃至千（十）。自言我海西人，海西即大秦也，撣國西南通大秦。明年元會，安帝作樂於庭，封雍由調爲漢大都尉，賜印綬、金銀、綵繒各有差"[⑬]。至此，大秦屬地尼羅河流域亞歷山大里亞的魔術師，終於成爲第一批來到中國首都的羅馬藝人。

同書記此又謂："永寧元年（120），西南夷撣國王獻樂及幻人，能吐火，自支解，易牛馬頭。明年（121）元會，作之於庭，安帝與群臣共觀，大奇之。"[⑭]以此可見，蜚聲西域的大秦雜藝，以其撩亂人目、出神入化的表演技巧，遠在東漢中葉即已贏得中原廟堂朝野的折服。

至此人們可以釋然，刻於此事一年之後的藤縣畫像石，極有可能就是對此前那場宮廷幻術表演場景敘事的傳移摹寫——人文淵源既然上溯於異邦，其美術形式採用西方"密體意致"的構圖技巧也就不難理解了——已經拓展開來的中外社會往來和文化交流，是催生各自文化消費趨向向著對方傾斜的內在動因！至少，反映在部分帶有密體風尚的漢代畫像石中，這種邏輯推理就不致跌入牽強附會的窠臼。

中古時期內地裝飾美術中"密體意致"的享譽一時，看來正是此前中外文化交流引導東方文化消費時尚的風流餘緒。

在近代世界美術史上，崇拜希臘浮雕及圓雕中特有的浮雕效果的德國藝術家阿·希爾德布蘭德（Adolf Hildebrand，1847—1921），曾致力於將建立在三維透視基礎上的雕塑，通過視象輪廓綫的形象概括，在表現形式上凸顯其浮雕般的藝術效果[⑮]。

希氏的這一美術理念，被視爲反思西方傳統美術模式的"浮雕觀念説"。這是西方美術世界在藝術創作範式上意圖走出"透視牢籠"的前沿覺悟。

除此之外，大家知道，在東、西方造型美術基本表現形式的比較研究中，近代的中國美術界，亦曾提出過"國畫象浮雕"的理論。論説者認爲，以綫描爲主要造型手段的中國繪畫，在本質上是用形體結構來塑造物象的。相對於西方傳統以明暗素描爲透視模式的造型藝術來説，在美術構圖的空間意識上，中國美術形象是以平面構造給人以立體的聯想，而西方美術則給人以一種直覺的立體感受。這是二者的天然分野。論者進而發現，以"結構透視"爲造型技巧的中國畫，實質上體現的是一種浮雕模樣的平面效果。而這，無疑與此前西方美學界"浮雕觀念説"具有學理思維上的相通之處[⑯]。

中外藝術理論中來自不同側面的以上學術信息，使我們意識到中國美術與西方美術在構圖方法上，自來存在著部分相類的構圖技巧——浮雕藝術的美術範式，彌合了東、西方造型藝術的視象鴻溝。

這一美術理念實際揭示的是，中國美術畫面的構圖意境，含有取法西方浮雕美術造型的空間韻律！

然而，東、西方美術技巧上這種部分的相通之處來源何在，迄今學界的研究亦不甚了了。

回顧本文不辭繁細逐一羅列的種種帶有"密體意致"的裝飾美術案例，人們從其注重畫面造型的空間佈局這一藝術特徵上，看到中古時期東方裝飾藝術已經博採西方美術的構圖技巧，將畫面佈置得層次繁縟、韻味和諧。這樣看來，盛唐前後的中國繪畫藝術，正是汲取了域外美術遺產中的"浮雕觀念"，構建了自身的創作理路！因此我們可以說，中古漢地裝飾美術對於東方繪畫藝術整體風格的形成，曾經發揮著兼採中外、承前啓後的文化功能。

五、結論："資源分配律"，一個永恒的話題
——西方"密体"美术形式的東漸，是人類生活消費結構下資源流動的必然

（一）中外美術風格的傳播，是人類文化資源流動的必然

通過以上對中外美術史跡片片斷斷地回顧，我們不難看出漢地美術的傳統理路，顯示給人們的視覺感受是造型刻畫與背景空間的搭配，始終保持著一種極具東方色彩的"寬鬆律度"！她的每一幅作品的畫面空白，幾乎都與造型筆觸一樣，佔據著視覺分野的重要地位。這種以"寬鬆律度（loose pattern / Chinese tendency for looseness）"爲特徵的美術風尚，嗣後千百年來一直影響著東方造型美術的整體面貌。以墓葬遺物──墓內壁畫、畫像磚、畫像石等等爲載體的先秦、兩漢美術實踐，反映的正是這樣的一種文化軌跡和傳統時尚。

與此同時，誠如學者們所指出的那樣，自古風時代以來，印度古代美術即以裝飾構圖繁縟富麗而著稱於西域──"天竺好繁（Indian inclination to ornateness）"以其獨特的西方藝術情調成爲人類美術世界另一種帶有類型示範意義的美學風格。學者們認爲："對繁縟的裝飾的愛好出自印度本土的文化傳統，在這種審美意識的深層恐怕潛藏著原始生殖崇拜的繁殖觀念。"[⑮] 看來，根植於一定民族文化基因中的"傳統臍帶"，流淌的正是當地古老母系文明的血脈──瀕臨地中海東部地區的埃及文明、蘇美爾──巴比倫文明圈系內的諸種文化藝術，演繹的也是同樣的軌跡。

東、西方世界這種賦有地域色彩的文化現實，與人類早期生產力發展的"內回圈"狀態有著內在的聯繫。

然而，當我們把眼光投向東方兩漢以來，尤其是魏晉以降的美術領域時，我們明顯可以看到，那種洋溢著西方古老韻味的"密體"美術造型意識，已經融入到漢地社會的藝術實踐中。

莊子曰："可以言論者，物之粗也；可以意致者，物之精也。"[⑯] 顯然，在東方古代哲人的認識理念中，"意致"在思維層面上是對事物屬性的一種深層次的、最精微的抽象體驗的結果──"密體意致"作爲有形美術視象的風格體現，在長達數百年之久的中古一代流行於漢地，事實上包含著廣大藝術家一個漫長的思維欣賞、取向選擇的能動過程！

這樣看來，古人寓言意之辯的這些思維成果，將有助於我們理解西方美術"密體意致"深入漢地藝術創作的"時尚意義"。而發生在中古時代中外社會中的所有這一切，歸根結蒂與人類生產力發展帶動下的"絲綢之路"的文化溝通密切相關。

衆所周知，在上古以前的東方，慣常於文明曙光時代"寫意"美術傳統的漢地造型藝術，在經歷了千百年審美實踐及其意識積累的過程中，形成了感官習慣的惰性效應。當此末葉的藝術世界，渴望注入生生活力的審美刷新，已是東方視覺感受領域無可規避的一種事態趨勢。適值此際，隨著絲綢之路廣幅開通步入華夏的西來佛教，恰爲陰霾重重的東方審美境界撩開了一扇呼吸新風的窗頁。

如果我們深入於中國美術發展歷程的具體細節中考察，我們尚且可以發現中古時代漢地美術遺産中具有個性化意義的理性視域：

一方面，浸淫於上古"寫意"情調、以"寬鬆律度"倘佯蠕行的漢地美術體系急於從域外藝術中汲取一種別開生面的清新營養，從而形成此後中古一代東方美術之"寫實"風格的主流路徑──具有"密體意致"鮮明特色的西方造型美術作爲一種爲各界大衆喜聞樂見的藝術風尚，其落植於中華大地自有它生存際遇的合理性需求──兩漢以降佛教文化及其西方藝術風尚東漸於中國，是東方文化融匯西方文明滋養自身肌體的生存性選擇。

人類的文明歷史已經表明，精神產品與物質産品都是人類生活過程中的基本需求，因而形成人類賴以生存的稀有資源。如此帶有生存意義的社會資源，必然會以地域異同出現存量和分配的差別。出於生活消費的需要，人類資源必定受制於"分配律"的支配──溝通有無、調濟餘缺是資源流動的基因，那麼包括藝術産品在內的文化資源通過分配性流動溝通中外正是歷史的必然。西方"密體"藝術中古一代落植漢地的整個過程，其實體現、詮釋的就是這樣的一種資源分配法則。

以洛陽石刻文物實例爲綫索，筆者的初步研究説明，這類頗具域外情調的美術意境，貫穿於魏晉盛唐之際包括宗教和世

俗美術在内的一代主流造型藝術的創作實踐中，從而形成此間中原乃至中國美術格調的主體時尚。這一文化時態的形成，折射出在中古時期中外文化交流的歷史條件下，中原文化階層審美趣味"西化"傾向的濃烈，之其所以如此，蓋由文化消費場態——漢地審美需要而使然。

這種審美取向所代表的精神消費場態下的人間互動，實質上反映了歷史上跨地域資源結構動態流向的内在規律，它是古今社會資源分配的必然命題，因而具有人類生存法則的普遍意義。

人類歷史文化的發展、演變，是一個無可阻擋的動態過程。古往今來習慣於自封一尊的寡頭偉人們，縱有"九合諸侯，一匡天下"的勃勃雄心，亦不能孤意一行排斥異類於疆外——資源賦存和文化生態的固有律動，會以其適生適滅的自我運轉邏輯，鋪就一條人類資源合理流動的自然通道。

另一方面，在"密體"美術時尚風行漢地的整個過程中，沉醉於這一美學嗜好的工藝美術家，並非徹底拋開當地文化傳統在創作範式上一概地接收西方的一切——中國傳統美術中包括"四神""十二生肖"這樣的美術題材亦通過風格轉換出現於"密體"藝術製作的畫面——在這裏，西方美術手法與漢地美術題材的完美結合，折射出東、西方文明相與融匯、無間撮合的情節。

實際上，即或"四神""十二生肖"這樣的漢地傳統的美術題材，一旦納入中古藝人的創作管道，其美術視象在文化意境上依然能夠傳達出"洋爲中用""東西結合"的特質——北魏墓誌"四神"背部所見之天神及身後所見之焰肩畏獸，可謂中國石刻中傳統題材與西方題材融合的一例。至若北魏以來内地"十二生肖"刻畫多有人身軀幹之連綴，實亦接收西方，例如埃及——"人獸合體"藝術手法的感染。以"密體意致"美術視域來審視，中古東方藝術的有漢、胡雙方文化基因的融匯。

王鏞先生説過，"印度藝術風格的演變，不僅受形式的自律（autonomy）法則的支配，而且更受印度宗教、哲學嬗變的制約"[18]可見"自律"法則對於藝術風格的演變，起著内在意義上的重要作用。

盛唐之後密體美術風格在漢地藝術實踐中的逐漸淡出，透露了東方審美疲勞後再次回歸傳統自我的路徑——應該説，這也是中國中古美術發展趨勢融"自律"與"制約"於一元的生態現實。

如果我們善於透過藝術形象的"象外"寓意來思考這類美術遺跡的人文景深，則貫穿於當年文化交流過程中的"西韻東漸"，無疑就構成那些年代審美取向的真實情景——東方藝術世界之取法西域美術形式，反映的正是漢地人民發自心靈層面的美感需要。

所有這些，都是當年人類社會資源互動規律的體現。

1856年，德國學者麥克斯·繆勒（Max Müller，1823—1900）《比較神話學》一書出版，這體現出西方學界開始以文化比較的眼光，審視此前在人們頭腦中業已形成的對世界知識的認知體系。

1987年，人類學之父英國人愛德華·泰勒（Edward B.Tylor，1832—1917）《原始文化》發行，標誌著文化人類學這一學科由此而誕生。

這些以探索古代"印歐語系"文化圈層生成過程和結構形態的學術實踐，給歐洲學界觀察人類文明進程的傳統思維提供了廣闊的視域空間。

在此後的20世紀後半葉，隨著文化界後現代主義和後殖民主義思維潮流的興起，國際文化界又出現過"東方學"思維的優勢。

在這種"東西方思潮"交替雲湧的時代，研究古代東西方文化史的人們，應當立足於古代文明史的實際存在，克服我族中心主義和學科本位主義的羈絆，以科學、客觀的態度，遵循科研物件的原真面貌，對古代歷史上的文化生態做出實事求是的評判——已逝歲月東西方人類的文化需求，無論"東來"與"西去"，自有各自存在的合理邏輯。

（二）追求事物外在形式的更新與改觀，是人類生活演進過程中一個永恒的課題

如果我們將理性視域拓展得稍爲開闊一點，我們可以發現古代美術風尚的遷革、演繹，事實上包含著一個層次更爲深邃的文化生態義理——人類出於生活進取的需要，從來未曾停止過生存形態不斷改觀的追求。

世界文化史研究已經表明，人類自身的發展，還在洪荒蒙昧時代即以索取火種改善著飲食的方式——從茹毛飲血到引火熟食看來只是一種飲食形式的改變，但它卻奠定了人類肌體品質極大改善的可能。

除此之外，諸如骨針、舟車、懸索、弓箭、烽燧、電訊等等的發明與採用，無一不是人類生活方式的延伸和跨越。正是這些生活方式的遞進，推動著人類生活品質的提升。其中行走之與乘騎、航渡、汽車、飛船等運行方式的推進，傳達的正是人類在空間轉移過程中，對運動形式轉變的切換。它是人類探索事物形式進化在物質領域裏的一項具有説服力的例證。而物

質領域諸如此類的帶有形式意義的變革，實際上只是人類生活淺層域度的拓展。

讓我們繼之考察觀念形態領域內人類追求形式改觀的個案。

以東方近代京劇的發展爲實例，當乾嘉以降由徽劇、崑曲、秦腔等地方種類的劇碼、曲調融合成晚清京都堂會劇種的時候，它便一步步登上當年國內舞臺藝術的頂峰。在這一漫長的過程中，其間包含著歷代觀衆群體和演藝精英對這一曲藝品種不斷追求形式完美的要求和實踐，以滿足戲劇受衆日益提升的審美需求。

在世界範圍內，以跨世紀時段雄踞天下藝林頂端的電影藝術爲一例，其自身發展亦經由著從散裝膠片的幻燈時代，到黑白、彩色、立體、動漫、電腦數碼技術集成編輯等各種形式跨越的歷程──影視技術的日新月異，其實也衹是人類追求銀幕欣賞形式的改善而已。

由此而推演，我們可以理解，追求事物外在形式的更新與改觀，正是人類生活演進過程中一個永恒的課題──中古一代發生於上述美術視象裏的形式律動，實際上不過是人類追求精神世界形式變換的一種現實的需要。事實上，人類在意識形態領域內變革形式的需求，自始至終都要較物質領域內的同類需要強烈得多！

（三）重視物质史料的开发，期待建立一種“遺產敘事”的史學模式

人們知道，自 19 世紀末葉以來，隨著人類探索生存環境意識的加深，以歷史語言學、人文地理學、環境生態學、社會學、人類學、信息學等人文學科爲學理視點的多學科方法，相繼介入史學研究的各個領域，以至“處在形成體系過程之中的闡釋學（hermeneutics）的方法論原則也開始被用於詮釋歷史文本”[19]。自此而後的中國史學，亦提倡採用多學科方法深化自身的研究──王國維先生強調“二重證據法”在國人治史實踐中的致力與運用，就反映了東方史學注重開闢嶄新視域的動態。正因爲如此，史學闡釋方法的拓展與應用，已成爲我們面對一份文化遺產考量其深層內涵時不可或忘的一個出發點。

在近年學林宣導“圖像證史”的潮流中，中外學人已有諸多成果公諸於學界。其中以文物史料比較研究爲手法，已頗多揭示出古代人文生活的精彩章節。

不僅如此，近期更有學者指出，“近十五年以來，西方學界出現了一個轉折，曾經在整個 20 世紀主導所有人文與社會科學的宏大敘事（grand narratives）和泛結構化詮釋（comprehensive structural explanations），開始被人們疏遠。漸漸地，對認同和意義的追問被固化進具體的時空之中。西方社會科學的這一變化在很多地方被稱作‘文化轉向’（cultural turn）”[15]。

其實，就中國史研究而言，自王國維先生提倡“二重證據法”以來，學界已開始重視文獻以外史料的挖掘──從新史料拓展入手開發史學研究的新領域，正是近代史學有別於傳統史學的方法論質點。及至今日，無論“圖像證史”的提法，抑或“文化轉向”的趨勢，實質上體現了史界以物質文明跡象爲質料，由反觀以往歷史外貌的傳統“史法”向著開發“軟科學”全息化史學研究的轉換。

不僅如此，時至世紀之交的前後，學界先哲們曾以身體力行的學術實踐，率先倡導採用歷史知識學（historical epistemology）方法應對人類古史的研究。如此篳路藍縷、意蘊別開的學術業績，啓發我們採用相應的學理視野來盤點、發掘原本伏藏在我們周圍的一些帶有軟信息價值的文化遺存。

與學界前賢上述史態相表裏，本文在回溯中古文化這一歷史段落的過程中，力圖通過中外美術遺跡的比較研究，從文化流程角度考察古代史上那段曾經歲月的人文事態。作爲古代人文生活的一個觀察斷面，漢地美術造型中“密體意致”的出現與衰落，反映的正是當年東西方文化交流斑斕事象中的一個偏重於形態學（morphology）意義的文化情節。其背後更值得人們思考的理性空間，在於對潛藏在藝術家及其身後的審美受衆靈魂深處的價值取向的開掘。

有繫於此，本文著重於利用文物遺跡中的美術類材料，探討它們在當時語境條件下其得以產生的內在性機理──魏晉盛唐之間西方具有“密體意致”的美術時尚風行於漢地，是東方藝術世界對域外美學風格及其題材內容樂於欣賞、勇於借鑒的結果。而中唐以降這一美術風尚逐漸淡出人們的視野，則折射出漢地美術社會久浸胡風薰染下審美疲勞促成的思維間歇──事物取捨之間體現出來的如此律動格局，無疑透露著中古前後中外文化銜接與衝突的固有脈搏。

視覺美術遺產具有“軟信息史料”的典型特質，它的突出價值在於它傳達了一般文獻史料無法表述的那些在人類精神創造階段潛在的歷史真實──我們通過對這一嶄新領域蘊涵豐富的遺產信息的發掘，以圖彌補“文獻紀史”因材料剛性容量有限而造成的理論敘述的短缺。因此，在本稿成文過程中，我們側重於選擇一種以“遺產敘事”爲主導的史學方法，以期有助於推動既往史學研究“視域空白”的刷新。

從這一學理視域來看待，透過本文的闡述與分析，我們已經能夠感受到文物遺產在揭示往昔歷史真實的過程中，可以發揮出蘊涵其中的寶貴的“軟信息”價值──“遺產敘事”之廣泛納入揭示人類文明的史學研究，固因其史料特質的價值功能

而確立。應該説，這一治史模式的出現，正是史學自身擴展治學態勢、提煉理性成果的需要。

其實，當我們意識到應該從更高一個層次上回溯傳統、轉換思維的時候，我們無疑能夠從上述"資源流動"法則中體會到人類文化的互動給予我們的理性啓迪——只有思維形態更趨於科學，楔入其中的歷史現實才會有更多的"文本的真實"。

2005年，尹吉男先生説道："中國藝術史從某種意義上説並不僅僅是中國人的藝術史，或者是中國學者的藝術史。在全球化的背景下，如果我們有全球藝術史的觀念，作爲具有長綫文明史在中國地區所生成的藝術歷程，自然是人類文化遺產的一部分。……在中國，現代意義的歷史學、考古學、人類學、民族學、社會學、美學、宗教學、文學史等學科的建構也爲中國藝術史的進展提供了互動性的平臺和動力。……視覺文化與圖像文化的重要性在中國歷史上已經多次顯示出來。這一現象也顯著地反映在西方文化史的發展過程中。"⑮

我們相信，隨著人們對遺產信息價值域度認識層次不斷地加深，一個全新的人類古代文化史將會以更快的腳步向我們走來。

參考文獻：

① 圖版引自青海省文物管理處考古隊：《青海大通縣上孫家寨出土的舞蹈紋彩陶盆》，《文物》1978年第3期，第48—49頁。

② 圖版引自青海省文物管理處、海南州民族博物館：《青海同德縣宗日遺址發掘簡報》，《考古》1998年第5期，彩色圖版1—1。

③ 有關中國史前陶器藝術創作文化源泉的探討，參見熊寥：《中國陶瓷與中國文化》，杭州：浙江美術學院出版社1990年。

④ 報導見張乃翥：《從龍門石窟造像遺跡看北魏民族關係中的幾個問題》，《民族研究》1989年第2期，第32—40頁。

⑤ 王鏞：《印度美術史話》，北京：人民美術出版社2004年，第31—36頁。

⑥ 有關這一佛傳故事浮雕的畫面敘事與經文解析，參見張乃翥：《龍門石窟與西域文明》，鄭州：中州古籍出版社2006年，第76—78頁。

⑦ 參見（法）R. 格魯塞著，常書鴻译：《從希臘到中國》，杭州：浙江人民美術出版社1985年，第74頁。

⑧ 有關這一組石刻浮雕的圖解，參見楊泓：《南朝的佛本行故事雕刻》，《現代佛學》1964年第4期，第31—33頁。轉引氏著：《漢唐美術考古和佛教藝術》，北京：科學出版社2000年，第307頁。

⑨ 參見吉村憐：《南朝的法華經普門品變相——劉宋元嘉二年銘石刻畫像的內容》，（日）吉村憐著，卞立強譯：《天人誕生圖研究——東亞佛教美術史論文集》，北京：中國文聯出版社2002年，第245—255頁。

⑩ 參見張乃翥：《洛陽新見北魏石棺床雕刻拓片述略》，中山大學藝術史研究中心編：《藝術史研究》第10輯，廣州：中山大學出版社，第131—137頁。

⑪ 誌文圖版見趙萬里：《漢魏南北朝墓誌集釋》，北京：科學出版社1956年，圖版171。

⑫ 圖版引自張乃翥輯：《龍門區系石刻文萃》，北京：國家圖書館出版社2011年，圖版90—1、2。

⑬ 圖版引自山西省考古研究所編著：《唐代薛儆墓發掘報告》，北京：科學出版社2000年，圖版36、93。

⑭ 圖版引自張乃翥輯：《龍門區系石刻文萃》，北京：國家圖書館出版社2011年，圖版134。

⑮ 圖版引自李建群：《古代埃及和美索不達米亞美術》，北京：中國人民大學出版社2004年，第48頁。

⑯ 同上，第49頁。

⑰ 圖版引自朱伯雄主編：《世界美術史》（第三卷），濟南：山東美術出版社1989年，第124頁。（美）勞倫斯·高文（Sir Lawrence Gowing）等編：《大英視覺藝術百科全書》（THE ENCYCLOPEDIA OF VISUAL ART）（第一卷），臺北·南寧：臺灣大英百科股份有限公司·廣西出版總社、廣西美術出版社1994年，第132頁。

⑱ 圖版引自朱伯雄主編：《世界美術史》（第三卷），濟南：山東美術出版社1989年，第132頁。

⑲ 圖版35張成渝拍攝；圖版36引自（美）勞倫斯·高文（Sir Lawrence Gowing）等編：《大英視覺藝術百科全書》（THE ENCYCLOPEDIA OF VISUAL ART）（第一卷），臺北·南寧：臺灣大英百科股份有限公司·廣西出版總社、廣西美術出版社1994年，第87頁。

⑳ 朱偰：《建康、蘭陵六朝陵墓圖考》，北京：中華書局2006年。

㉑ 圖見羅世平、齊東方：《波斯和伊斯蘭美術》，北京：中國人民大學出版社2004年，第37、40、46頁。

㉒ 王鏞：《印度美術》，北京：中國人民大學出版社2004年，第68頁。

㉓ 圖版引自王鏞：《印度美術》，北京：中國人民大學出版社2004年，第71頁；文論引自第68頁。

㉔ 同上，第65頁。

㉕ 同上，第87頁。

㉖ 同上，第107頁。

㉗ 同上，第174頁。

㉘ 圖文引自王鏞：《印度美術》，北京：中國人民大學出版社2004年，第165—166頁。

㉙ 同上，第138—139頁。

㉚ 王仲殊：《關於日本的三角緣佛獸鏡——答西田守夫先生》，《考古》1982年第6期，第630—639頁。轉引自（韓）李正曉：《中國早期佛教造像研究》，北京：文物出版社2005年，第67頁。

㉛ 王仲殊：《關於日本的三角緣佛獸鏡——答西田守夫先生》，《考古》1982 年第 6 期，第 630—639 頁。圖版參見賀雲翱等編《佛教初傳南方之路文物圖錄》，北京：文物出版社 1993 年，圖 21。

㉜ 武義文物管理委員會：《從浙江省武義縣墓葬出土物談婺州窯早期青瓷》，《文物》1981 年第 2 期，第 51—56 頁。

㉝ 圖版參見賀雲翱等編：《佛教初傳南方之路文物圖錄》，北京：文物出版社 1993 年，圖 23。

㉞ 劉廉銀：《湖南省長沙左家塘西晉墓》，《考古》1963 年第 2 期，第 107 頁。

㉟ 王仲殊：《關於日本的三角緣佛獸鏡——答西田守夫先生》，《考古》1982 年第 6 期，第 630—639 頁。

㊱ 圖版採自敦煌文物研究所編：《中國石窟·敦煌莫高窟》（一），東京·北京：平凡社·文物出版社 1982 年，圖版 11、19。

㊲ 馬玉華：《北涼北魏時期敦煌壁畫的技法及色彩構成》，《敦煌研究》2009 年第 3 期，第 24 頁。

㊳ 圖版參見甘肅省文物考古研究所編：《河西石窟》，北京：文物出版社 1987 年，圖版 114—117。

㊴ 宿白：《中國石窟寺研究》，北京：文物出版社 1996 年，第 79 頁。

㊵ 參見（英）約翰·馬歇爾著，王冀青譯：《犍陀羅佛教藝術》，蘭州：甘肅教育出版社 1989 年，第 195 頁，圖版 66。李崇峰：《中印佛教石窟寺比較研究》，北京：北京大學出版社 2003 年，第 189—192 頁。

㊶ （宋）釋道誠集：《釋氏要覽》卷上，《大正藏》，第五十四冊，臺北：新文豐出版公司 1983 年，第 263 頁。

㊷ 圖版引自張乃翥、張成渝：《洛陽與絲綢之路》，北京：國家圖書館出版社，2009 年，第 391 頁／圖 375。

㊸ 圖版採自雲岡石窟文物保管所編：《中國石窟·雲岡石窟》（二），東京·北京：平凡社·文物出版社 1994 年，圖版 213。

㊹ 成都市文物考古工作隊、成都市文物考古研究所：《成都市西安路南朝石刻造像清理簡報》，《文物》1998 年第 11 期，第 4—20 頁。

㊺ 王建琪主編：《青州北朝佛教造像》，北京：北京出版社 2002 年，第 53、165 頁。

㊻ 圖版參見王鏞：《印度美術》，北京：中國人民大學出版社 2004 年，第 203—205 頁。

㊼ （後晉）劉昫等：《舊唐書》卷一九八《西戎傳》，北京：中華書局 1975 年，第 5311 頁。

㊽ （唐）李延壽：《北史》卷九七《西域傳》，北京：中華書局 1974 年，第 3230—3231 頁。

㊾ 圖版系筆者 2005 年 11 月攝自龐貝遺址。

㊿ 張乃翥：《龍門造像藝術所反映的北魏世俗生活面貌》，《中州學刊》1993 年第 1 期，第 119 頁。

51 （宋）王讜：《唐語林》卷八《補遺》，上海：上海古籍出版社 1978 年，第 280 頁。

52 圖版引自山西省考古研究所編著：《唐代薛儆墓發掘報告》，北京：科學出版社 2000 年，圖版 34。

53 如 1915 年斯坦因在吐魯番阿斯塔那墓地曾發現一批以波斯"薩珊式"（Sasanian）織錦所做的覆面，其中即見有數量衆多的以動物造型爲單元的連珠紋圖案。參見：A. 斯坦因：《亞洲腹地》（第二卷），倫敦：1928 年，第 676、680—706 頁。

54 圖版採自羅世平、齊東方：《波斯和伊斯蘭美術》，北京：中國人民大學出版社 2004 年，第 49 頁。

55 圖版參見黃明蘭編著：《洛陽北魏世俗石刻綫畫集》，北京：人民美術出版社 1987 年，第 71 頁。

56 圖版參見中國社會科學院考古研究所編：《考古博物館洛陽分館》，北京：文化藝術出版社 1998 年，第 84 頁。

57 圖版參見洛陽市文物工作隊編：《洛陽出土文物集粹》，北京：朝華出版社 1990 年，第 98 頁。

58 圖版實例參見《洛陽文物與考古》編輯委員會編：《洛陽文物精粹》，鄭州：河南美術出版社 2001 年，第 68 頁。

59 胡平：《山西大同南郊出土北魏鎏金銅器》，《考古》1983 年第 11 期，第 997—999 頁。

60 山西省考古研究所、大同市博物館：《大同南郊北魏墓群發掘簡報》，《文物》1992 年第 8 期，第 1—11 頁。王銀田、王雁卿：《大同南郊北魏墓群 M107 發掘報告》，《北朝研究》第一輯，北京：燕山出版社 1999 年，第 143—162 頁。

61 有關封和突墓出土波斯銀盤與北魏時代中外文化交流的情況，參見馬雍：《北魏封和突墓及其出土的波斯銀盤》，氏著《西域史地文物叢考》，北京：文物出版社 1990 年，第 138—146 頁。

62 寧夏回族自治區博物館、寧夏固原博物館：《寧夏固原北周李賢夫婦墓發掘簡報》，《文物》1985 年第 11 期，第 1—20 頁。

63 有關李賢墓所出銀瓶圖案內容的解說，參見 B．L．バルツヤク、穴澤和光：《北周李賢夫とその妻銀制水瓶について》，《古代文化》第 41 卷第 4 號，1989 年。

64 （北魏）楊衒之：《洛陽伽藍記》卷四《城西》條，上海：上海古籍出版社 1978 年，第 207 頁。

65 國家文物局古文獻研究室、新疆維吾爾自治區博物館、武漢大學歷史系編：《吐魯番出土文書》（第六冊），北京：文物出版社 1985 年，第 50 頁。

66 圖版參見中國社會科學院考古研究所編：《考古博物館洛陽分館》，北京：文化藝術出版社 1998 年，第 106 頁。中國社會科學院考古研究所河南二隊：《河南偃師縣杏園村的四座北魏墓》，《考古》1991 年第 9 期，第 818—821 頁。

67 圖版實例參見《洛陽文物與考古》編輯委員會編：《洛陽文物精粹》，鄭州：河南美術出版社 2001 年，第 52 頁。

68 向達：《唐代長安與西域文明》，石家莊：河北教育出版社 2001 年，第 115 頁第 5 圖。

69 圖版採自（美）勞倫斯·高文（Sir Lawrence Gowing）等編：《大英視覺藝術百科全書》（*THE ENCYCLOPEDIA OF VISUAL ART*）（第二卷），臺北·南寧：臺灣大英百科股份有限公司·廣西出版總社、廣西美術出版社 1994 年，第 181 頁。

70 參見劉慧達：《北魏石窟中的"三佛"》，《考古學報》1958 年第 4 期，第 91—101 頁。

71 ［日］高楠順次郎等：《大正藏》（第九冊），臺北：新文豐出版公司 1983 年，第 56 頁。

72 另外的樣本參見黃明蘭編著：《洛陽北魏世俗石刻綫畫集》，北京：人民美術出版社 1987 年，第 68—71 頁。

73 同上，第 68—70 頁。

74 圖版引自李文生編著：《龍門石窟裝飾雕刻》，上海：上海人民美術出版社 1991 年，第 8 頁。

75 圖版引自《江上波夫所藏絲綢之路文物展》，北京：民族文化宮展覽圖錄本 1993 年，第 18 頁。

[76] 圖版引自（奧）阿洛瓦·里格爾編著，李景聯、李薇蔓譯：《風格問題——裝飾藝術史的基礎》，長沙：湖南科學技術出版社 2000 年，第 48 頁。

[77] 圖版見 Antike Denkmäler, Deutsches Archäologisches Institut, 1 (Berlin, 1886), p.45. 轉引自（奧）阿洛瓦·里格爾著，李景聯、李薇蔓譯：《風格問題——裝飾藝術史的基礎》，長沙：湖南科學技術出版社 2000 年，第 98 頁。

[78] 圖版採自《中國美術全集》編輯委員會編：《中國美術全集·繪畫篇·敦煌壁畫》，上海：上海人民美術出版社 1988 年，第 52 頁／圖版 51。

[79] 圖版參見黃明蘭編著：《洛陽北魏世俗石刻綫畫集》，北京：人民美術出版社 1987 年，第 42、44 頁。

[80] 參見張乃翥、張成渝：《洛陽與絲綢之路》，北京：國家圖書館出版社 2009 年，第 264 頁，圖 217—220。

[81] 圖版引自山西省考古研究所編著：《唐代薛儆墓發掘報告》，北京：科學出版社 2000 年，圖版 20。

[82] 參見蔡鴻生：《唐代九姓胡與突厥文化》，北京：中華書局 1998 年，第 203 頁。

[83] （日）關衛著，熊得山譯：《西方美術東漸史》，上海：商務印書館 1936 年，第 131 頁。

[84] 《涅槃經》卷二五《獅子吼菩薩品》，［日］高楠順次郎等：《大正藏》，第十二册，臺北：新文豐出版公司 1983 年，第 766 頁。

[85] （南朝宋）范曄：《後漢書》卷三《章帝紀》，北京：中華書局 1965 年，第 158 頁。

[86] （南朝宋）范曄：《後漢書》卷四《殤帝紀》，北京：中華書局 1965 年，第 168 頁。

[87] （宋）王欽若等編：《册府元龜》卷九六九—九七一《外臣部》，"朝貢" 二—四，北京：中華書局 1960 年，第 11388—11408 頁。

[88] 張乃翥：《洛陽新見北魏石棺床雕刻拓片述略》，中山大學藝術史研究中心編：《藝術史研究》第 10 輯，廣州：中山大學出版社 2008 年，第 131—137 頁。

[89] 圖見施安昌：《聖火祆神圖像考》，《故宮博物院院刊》2001 年第 1 期，第 68 頁。

[90] 王鏞：《印度美術》，北京：人民大學出版社 2004 年，第 71 頁。

[91] 參見劉興珍：《東漢時期的雕塑藝術》，《中國美術全集》編輯委員會編：《中國美術全集·雕塑編（二）·秦漢雕塑》，北京：人民美術出版社 1985 年，第 18—28 頁。

[92] （漢）班固：《漢書》卷九六上《西域傳》，北京：中華書局 1962 年，第 3888—3889 頁。

[93] （南朝宋）范曄：《後漢書》卷八《靈帝紀》，北京：中華書局 1965 年，第 353 頁。

[94] 參見姜伯勤：《青州傅家北齊畫像石祆教圖像的象徵意義》，氏著《中國祆教藝術史研究》，北京：生活·讀書·新知三聯書店 2004 年，第 64 頁。

[95] 參見張乃翥、張成渝：《洛陽與絲綢之路》，北京：國家圖書館出版社 2009 年，第 72—76 頁。

[96] （日）長廣敏雄：《六朝時代美術の研究》，東京：美術出版社 1969 年。

[97] 宮大中：《洛都美術史跡》，武漢：湖北美術出版社 1991 年，第 338 頁。

[98] （北齊）魏收：《魏書》卷一〇九《樂志》，北京：中華書局 1974 年，第 2828 頁。

[99] 有關這一石刻文物圖像寓意的闡述，參見張乃翥：《洛陽新見北魏石棺床雕刻拓片述略》，中山大學藝術史研究中心編：《藝術史研究》第 10 輯，廣州：中山大學出版社 2008 年，第 136 頁。

[100] 圖見余華青、張廷皓主編：《陝西碑誌精華》，西安：三秦出版社 2006 年，第 86、90 頁。

[101] 圖版引自山西省考古研究所編著：《唐代薛儆墓發掘報告》，北京：科學出版社 2000 年，第 19 頁／圖 9，圖版 15、16。

[102] 同上，第 40 頁／圖 49。

[103] 參見張乃翥、張成渝：《洛陽與絲綢之路》，北京：國家圖書館出版社 2009 年，第 150 頁，圖 75。

[104] 李零：《入山與出塞》，北京：文物出版社 2004 年，第 146 頁。

[105] 圖版參見姜伯勤：《西安北周薩寶安伽墓圖像研究》，氏著《中國祆教藝術史研究》，北京：生活·讀書·新知三聯書店 2004 年，第 107 頁。

[106] 圖版引自烏恩岳斯圖：《北方草原考古學文化研究》，北京：科學出版社 2007 年，彩色圖版第 7 頁。

[107] 朱偰：《建康、蘭陵六朝陵墓圖考》，北京：中華書局 2006 年，第 4 頁。

[108] L. Legrain, Ur Excavations, Seal Cylinders X, Publication of the Joint Expedition of the British Museum and the University Museum, University of Pennsyivania to Mesopotamia, London /Philadelphia 1951, pl.42, nos.805—806. 轉引自李零著：《入山與出塞》，北京：文物出版社 2004 年，第 118、122 頁。

[109] 圖版引自施安昌：《火壇與祭司鳥神》，北京：紫禁城出版社 2004 年。

[110] 圖版引自（美）勞倫斯·高文（Sir Lawrence Gowing）等編：《大英視覺藝術百科全書》（*THE ENCYCLOPEDIA OF VISUAL ART*）（第二卷），臺北·南寧：臺灣大英百科股份有限公司·廣西出版總社、廣西美術出版社 1994 年，第 51 頁。

[111] 陝西省考古研究所：《西安北郊北周安伽墓發掘簡報》，《文博》2000 年第 6 期，第 28—35 頁。陝西省考古研究所：《西安發現的北周安伽墓》，《文物》2001 年第 1 期，第 13 頁／圖 16，第 14 頁／圖 17，第 22 頁／圖 30。

[112] 圖版引自張乃翥、張成渝：《洛陽與絲綢之路》，北京：國家圖書館出版社 2009 年，第 228 頁，圖 168、169。

[113] 參見張廣達：《唐代的豹獵——文化傳播的一個實例》，榮新江主編：《唐研究》第七卷，北京：北京大學出版社 2001 年，第 177—204 頁。

[114] 山西省考古研究所等：《太原隋代虞弘墓清理簡報》，《文物》2001 年第 1 期，第 36 頁／圖 18，第 40 頁／圖 24。

[115] 參見張廣達：《唐代的豹獵——文化傳播的一個實例》，榮新江主編：《唐研究》第七卷，北京：北京大學出版社 2001 年，第 178 頁。

[116] 同上。

[117] 同上，第 178—179 頁。

[118] 同上，第 179 頁。

[119] 同上，第 192 頁。

[120] （唐）劉餗：《隋唐嘉話》卷中，北京：中華書局 1979 年，第 19 頁。

[120] 張乃翥輯：《龍門區系石刻文萃》，北京：國家圖書館出版社 2011 年，圖版 72—2。

⑫ 同上，圖版 93—1、93—2。

⑫ 圖版引自山西省考古研究所編著：《唐代薛儆墓發掘報告》，北京：科學出版社 2000 年，第 30 頁／圖 27，第 31 頁／圖 30，第 33 頁／圖 35，圖版 47—1、3。

⑭ 圖版引自黃明蘭編著：《洛陽北魏世俗石刻綫畫集》，北京：人民美術出版社 1987 年，第 100、101 頁。

⑮ 張乃翥輯：《龍門區系石刻文萃》，北京：國家圖書館出版社 2011 年，圖版 72—1。

⑬ 圖版引自黃明蘭編著：《洛陽北魏世俗石刻綫畫集》，北京：人民美術出版社 1987 年，第 93、94 頁。

⑰ 近年吐魯番中古遺址中出土有“雙頭鳥”紋飾的織錦，彩圖影本 2006 年 6 月承吐魯番文物局李肖先生相示。謹此致謝。

⑱ 圖版參見山西省考古研究所編著：《唐代薛儆墓發掘報告》，北京：科學出版社 2000 年，圖版 90、91。

⑲ 圖版引自張乃翥輯：《龍門區系石刻文萃》，北京：國家圖書館出版社 2011 年，圖版 157。

⑬ 墓誌圖版刊洛陽市第二文物工作隊編：《洛陽新獲墓誌續編》，北京：科學出版社 2008 年，第 75 頁／圖版 75。

⑬ 圖見余華青、張廷皓主編：《陝西碑誌精華》，西安：三秦出版社 2006 年，第 109 頁。

⑫ 圖版參見黃明蘭編著：《洛陽北魏世俗石刻綫畫集》，北京：人民美術出版社 1987 年，第 97、98 頁。陝西省考古研究所編著：《西安北周安伽墓》，北京：文物出版社 2003 年，圖版 1。西安市文物保護考古所：《西安北周涼州薩保史君墓發掘簡報》，《文物》2005 年第 3 期，第 31 頁。山西省考古研究所、太原市文物考古研究所、太原市晉源區文物旅遊局：《太原隋虞弘墓》，北京：文物出版社 2005 年，圖版 2。

⑬ 參見中國社會科學院考古研究所編著：《寧夏靈武窯發掘報告》，北京：中國大百科全書出版社 1995 年。李雨蒼、李兵編繪：《宋代陶瓷紋飾精粹繪錄》，上海：上海古籍出版社 2004 年。又劉濤：《當陽峪窯剔劃花瓷器》，《中原文物》2000 年第 1 期，第 35—41 頁。

⑬ 圖見余華青、張廷皓主編：《陝西碑誌精華》，西安：三秦出版社 2006 年，第 113 頁。

⑬ 圖版引自洛陽市文物工作隊編：《洛陽出土文物集粹》，北京：朝華出版社 1990 年，第 27、36、42、53 頁。

⑬ 圖版引自李零：《琉璃閣銅壺上的神物圖像》，氏著《入山與出塞》，北京：文物出版社 2004 年，第 214 頁。

⑬ 圖版引自李零：《中國的水陸攻戰圖和亞述的水陸攻戰圖》，氏著《入山與出塞》，北京：文物出版社 2004 年，第 368、374、375 頁。

⑬ 圖版引自洛陽市文物工作隊編：《洛陽出土文物集粹》，北京：朝華出版社 1990 年，第 50 頁。

⑬ 圖版引自李零：《中國的水陸攻戰圖和亞述的水陸攻戰圖》，氏著《入山與出塞》，北京：文物出版社 2004 年，第 364 頁。

⑭ Eduard Erkes, *The Beginnings of Art in China*. III, in Artibus Asiae, Vol. 2, No. 1 (1927), pp. 59—60.

⑪ Alexander Soper, *Early Chinese Landscape Painting*, in The Art Bulletin, 23 (1941), p. 161.

⑫ Richard Rudolph, *Han Tomb Reliefs from Szechwan*, in Archives of the Chinese Art Society of America, 4 (1950), p. 32.

⑬ （南朝宋）范曄：《後漢書》卷八六《西南夷傳》，北京：中華書局 1965 年，第 2851 頁。

⑭ （南朝宋）范曄：《後漢書》卷五一《陳禪傳》，北京：中華書局 1965 年，第 1685 頁。

⑮ 參見（德）阿道夫·希爾德勃蘭特著，潘耀昌譯：《造型藝術中的形式問題》（Das Problem der Form in der Bildenden Kunst），北京：中國人民大學出版社 2004 年。

⑯ 方增先：《中國人物畫的造型問題》，《美術叢刊》編輯部編：《美術叢刊》七，上海：上海人民美術出版社 1979 年，第 14—31 頁。

⑰ 王鏞：《印度美術》，北京：中國人民大學出版社 2004 年，第 51 頁。

⑱ （西晉）郭象注：《莊子注》卷六《秋水篇》，（清）永瑢、紀昀等編纂：《四庫全書》第 1056 册，上海：上海古籍出版社 1987 年，第 1056—1084 頁。

⑲ 王鏞：《印度美術》，北京：中國人民大學出版社 2004 年，第 9 頁。

⑬ 張廣達：《沙畹——“第一位全才的漢學家”》，氏著《史家、史學與現代學術》，桂林：廣西師範大學出版社 2008 年，第 150 頁。

⑬ 羅傑偉：《威權的象徵》（摘要），榮新江主編：《唐研究》第十五卷，北京：北京大學出版社 2009 年，第 624 頁。

⑬ 尹吉男：《開放的藝術史叢書總敘》，（美）巫鴻著：《禮儀中的美術》，北京：生活·讀書·新知三聯書店 2005 年，第 1—2 頁。

洛陽"格里芬"美術遺跡與西域文明之東漸

The Artistic Remains from Luoyang Symbolizing the Griffin Mythical Creature and the Diffusion of Western Culture in China

張乃翥

Zhang Naizhu

（龍門石窟研究院 471023）

Research Institution of the Longmen Grottoes 471023

內容摘要:

　　近代以來，洛陽地區先後出土了一些帶有西方文明特色的古代文物，從而透露出當年中外文化交流的歷史信息。在上述文化遺跡中，有一種帶有"翼膊"的哺乳類動物的美術形象，與西方源遠流長的"格里芬"藝術母題存在著密切的文化聯繫。本文通過近代以來當地此類美術圖像出土信息若干案例的搜集與報導，指出這類文化遺物的出現，反映了漢魏以降中原與西域因文化交流而導致藝術審美觀念相與浸潤的人文動態。

關鍵詞:

洛陽　西域　蘇美爾文化　絲綢之路　格里芬

Abstract:

　　Since modern times, several ancient cultural relics bearing clear Western cultural features have been unearthed in the Luoyang area, thus revealing relevant information regarding the sino-foreign cultural exchanges of those times. Some of these cultural relics show a mythical creature depicted in the artistic form of a mammal with winged arms, a figure which is tightly connected with the traditional Western motif of the griffin. By collecting and presenting some local iconographic samples of this kind of artifact, the present paper points out that the appearance of these cultural relics reflects the aesthetic sense shaped by the cultural exchanges between the Chinese central plain and the Western world since the third century AD.

Key words:

Luoyang　Western world　Sumerian culture　Silk-road　Griffin

一、洛陽地區近年出土的帶翼神獸

在洛陽地區近代出土的文物系列中，有一種帶有膊翼的、具有異域藝術情調的神奇動物圖像引起了我們的注意。本文列舉其中一些年代較早的實例，以見內中序列傳延之淵源。

1976 年夏，洛陽北郊邙山南麓出土西漢中期卜千秋墓一座。墓室壁面彩色祥雲中，首次發現具有中亞、印度風格的忍冬紋裝飾繪畫和有翼神獸①。這是洛陽地區發現有翼類動物美術題材的早期實例。

在此之前的 1955 年春夏之交，洛陽西郊孫旗屯一帶修築秦嶺防洪渠時，於冲積土壤中發現石刻神獸一對，其一陳列於洛陽古代石刻藝術館西側展廳內。這件石刻，身高 109 釐米，體長 166 釐米。其外觀形態虎頭豹腰，動態剛健，頗類一隻咆哮叱吒的獅子。這件石雕作品的造型細節，是其頭頂衍生兩角，膊間見有雙翼，在題材風格上洋溢著西域神話翼獸的特徵（圖1）。這一石刻作品的頸部背側，有陰刻隸書"緱氏蒿聚成奴作"字樣，可知這件作品應爲洛陽當地——偃師縣伊水南山緱氏故城一帶的工匠所創作。

另在該館同一陳列中，還有 1963 年於洛陽伊川彭婆鎮東高屯村出土的一件帶翼神獸。這件石刻身高 114 釐米，體長 172 釐米，其外觀與前件成奴石刻多有相似之處（圖2）。考察它們的製作年代，大抵應在東漢的中晚期前後。

圖1　1955 年洛陽西郊孫旗屯村出土的帶翼神獸

圖2　1963 年洛陽伊川彭婆鎮東高屯村出土的帶翼神獸

圖3　20 世紀 80 年代洛陽偃師縣西晉墓出土的帶翼神獸

圖4　1992 年洛陽孟津老城油坊街村出土北魏石刻翼獸

其次，在洛陽地區以往的一些晉代墓葬遺存中，亦時常見到一種帶翼哺乳動物的石刻或陶製作品（圖3）。

1992 年 12 月，洛陽孟津老城油坊街村出土北魏石刻翼獸一尊。翼獸身高 192 釐米，體長 295 釐米。這件石刻的造型特徵，是其口中長舌下垂，貼於胸際，而頭部兩翼則又鬃毛翻飛，意氣襲人！從其軀體造型的彈性韻律及琢磨圓潤的表面修飾技法上考察，這件美術品的製作年代應是北魏建都洛陽時期（圖4）。

早年洛陽邙山出土北魏神龜三年（520）的元暉墓誌，其四周裝飾綫刻中亦多有帶翼神獸的刻畫（圖5）。

邙山出土北魏正光三年（522）馮邕妻元氏墓誌，誌石左、右兩側的立面上，於畏獸形象的兩端刻有駝首鳥足的翼獸（圖6）。

其次，在龍門石窟北魏時代的造像系統中，多有護法動物的刻畫。如竣工於北魏正光四年（523）的賓陽中洞，其西壁本尊的座前，即有一對高達 146、155 釐米的護法翼獸，這在龍門石窟的

圖5　洛陽邙山出土北魏神龜三年（520）元暉墓誌所刊有翼神獸

圖6　洛陽邙山出土正光三年（522）馮邕妻元氏墓誌所刊有翼神獸

圖 7　龍門石窟正光四年（523）
賓陽中洞本尊座前的護法翼獸

此類藝術題材中，屬於僅見的一例（圖 7）。

　　洛陽出土北魏正光五年（524）元謐石棺的左、右兩梆，其綫刻故事圖畫中亦有精美的
裝飾圖案。內容除鐫刊"孝孫棄父深山"等多幅漢地孝子故事外，於畫面上層煙雲繚繞處，
更有衝環鋪首、翼虎、駝首翼獸、焰肩畏獸、乘鶴仙人、飛仙、天蓮花、化生童子、頻迦
陵鳥等多種神話形象（圖 8、圖 9）②。

　　邙山出土北魏正光五年（524）元昭墓誌，誌蓋除四隅有四朵蓮花圖案外，蓮花之間有
神獸和異禽形象。誌蓋中央的主題綫雕，是一對鷹首翼獸環繞於摩尼珠兩側。整個誌蓋的
畫面構圖展現出強烈的運動氣勢（圖 10）。

　　邙山出土北魏永安二年（529）筍景墓誌，誌蓋頂面題額四周，除有浮雕蓮花、摩尼珠、
畏獸形象之外，其上下兩面另有人首鳥身、駝首鳥身、鹿首鳥身的神異動物形象（圖 11）。

圖 8　洛陽邙山出土正光五年（524）元謐石棺左梆所刊有翼神獸

圖 9　洛陽邙山出土正光五年（524）元謐石棺右梆所刊有翼神獸

圖 12　2003 年洛陽出土北魏石棺床床座所刊有翼神獸

圖 10　洛陽邙山出土正光五年（524）
元昭墓誌所刊有翼神獸

圖 11　邙山出土永安二年（529）
筍景墓誌所刊有翼神獸

　　同地出土的北魏王悦墓誌，誌蓋中央
和四隅各鐫蓮花一朵，中央蓮朵兩側爲二
龍交蟠，四隅蓮朵之間爲神獸賓士③。

　　2003 年 8 月前後，洛陽出土了一件
北魏時期的石棺床床座。這一石刻葬具底
座的正立面，通高 48 釐米，寬 202 釐米，
係一三隻支腿銜接起來的壺門。整個壺門
之正面，以"減底剔地"及陰綫刻兩種方
式，刻畫出一幅內容充塞、構圖繁麗的浮
雕畫面，其中可以見到五軀帶有膊翼的神
獸（圖 12）④。

　　此外，在洛陽博物館近代收藏的一些
北魏墓葬石刻中，亦有不少的翼獸形象
的刻畫（圖 13、圖 14、圖 15、圖 16、圖
17、圖 18）⑤。

　　洛陽地區以上見有膊翼神獸的文物遺
存，大體反映了西元 1 至 6 世紀伊洛平原

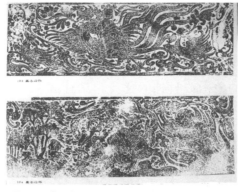

圖 13　洛陽邙山出土北魏墓誌邊飾中所刊翼獸

圖 14　洛陽邙山出土北魏石棺殘石所刊翼獸

圖 15　洛陽邙山出土北魏
石棺後檔所刊翼獸

圖 16　洛陽邙山出土北魏石棺殘石所刊翼獸

圖 17　洛陽邙山出土北魏墓誌蓋所刊翼獸

圖 18　洛陽邙山出土北魏墓誌邊飾中所刊翼獸

上這類文化遺産迤邐延續的歷史軌跡。

　　但事實上，中原地區這類文物的出現，還可追溯到紀元前 6 世紀的春秋中葉。河南博物院收藏的一件當時新鄭李家樓鄭國大墓出土的立鶴方壺，壺身爬獸的背部即見有翼尖翹起的膊翼[6]。從而折射出這類藝術作品樣本模式在內地傳衍生息的源遠流長。

　　此外，傳爲 1930 年河南新鄉地區出土、現藏日本泉屋博古館的一組春秋晚期的青銅器鑄件，其中壺蓋頂部的獸鈕亦有翼獸的造型[7]。這類早期的美術實例看來已經影響到戰國以後同類藝術題材在內地的傳播。

　　中原地區古代文化遺産中這些帶有膊翼的哺乳類動物的文物形象，與彩陶文化以降漢地藝術傳統中的美術題材有著明顯的區別——其構圖創意之童話浪漫，體態原型之狀摹寫實，以形神“二元思維”的創作套路等等，都與內地美術風尚形成鮮明的對比！

二、西域有翼神獸擿例

　　據已有的考古學信息顯示，世界文化史上有翼類神獸美術題材的發祥地，原在西元前 3000 年後半葉兩河流域蘇美爾文明的故鄉。嗣後，隨著西亞一帶各民族文化交流的增進，這類美術題材遂又傳播至埃及、波斯、中亞七河流域（Semirechye）和漠北通古斯系統——斯基泰部落和阿勒泰部落的草原遊牧民族。

　　在世界藝術史上，這種帶翼的神獸——尤其是被刻畫爲鷹首、獸足的有翼神獸——嘗被西方人稱之爲“格里芬（griffin）”者。這種藝術題材的早期文化含意及其在西方各地、各時期的文化聯繫，迄今學界尚不十分的清晰。據說，自阿契美尼德王朝以來流行於中亞及其周圍地區的“格里芬”，嘗被視爲太陽的象徵或日神的化身，具有古波斯祆教美術題材的強烈寓意[8]。

　　但是，無論如何，這種帶翼的、以各種動物原型組合在一身的美術題材，屬於西域古國的文化遺産，則是毫無疑義的，這由西方早期美術遺跡的考察可以得到令人信服的印證。

　　從文化史資料方面考察，自兩河流域的巴比倫延至埃及乃至伊朗高原的波斯古代美術中，已不乏各式裝飾翼獸的雕刻。

　　如現藏於牛津阿什姆林博物館的一件埃及西元前 3000 年的片岩雕板，其正、反兩面均以浮雕手法鐫刊著包括獅子、牛、羊、羚羊、盤羊、鹿、長頸鹿、狗及鷹首翼獸、長吻怪獸等動物形象（圖 19）[9]。在這一高僅 43 釐米的造型板塊上，上古藝術家以嫻熟的刻畫技巧將如此衆多的美術素材，通過精密的空間穿插手段，安排得錯綜複雜、井然有序。其畫面題材佈局之密集、構圖意境之繁複，給人留下強烈的視覺感染。

　　又如考古發現，西元前 3000 年晚期的伊朗席莫斯基王朝（Shimashki Dynasty）時代，其所生產的鷙首英雄斧頭上，便有“翼龍”的雕造（圖 20）[10]，可見上古

圖 19　牛津阿什姆林博物館所藏埃及西元前 3000 年片岩雕板所刊有翼神獸

圖 20　伊朗席莫斯基王朝（Shimashki Dynasty）西元前三千年晚期鷙首英雄斧頭上的翼龍

圖21　盧浮宮藏西亞克沙巴城薩爾貢宮殿遺址
出土亞述（Assyria）時代的有翼神獸

圖22　盧浮宮藏西亞克沙巴城薩爾貢宮殿遺址
出土亞述（Assyria）時代的有翼神獸

圖23　波斯波利斯（Persepolis）都城
遺址"萬國門"牆柱正面的人面翼獸像

圖24　波斯波利斯（Persepolis）都城遺址
"謁見殿"台基浮雕中所刊有翼神獸

圖25　波斯波利斯（Persepolis）都城
遺址"謁見殿"台基東側浮雕中
翼獅撲食牡牛畫面

時代中亞及其以西地區人們對翼獸藝術的鍾愛。

在古代美索不達米亞（Mesopotamia）的亞述（Assyria）時代，一種有翼神獸的美術技法也引起了我們的注意。如巴黎盧浮宮藏西亞克沙巴城薩爾貢宮殿遺址出土的前721—前705年高約396釐米的亞述翼獸數尊，翼獸牛身、人面，頭頂著冠，肩胛生翼，雕飾詭異，氣勢宏偉，顯示出亞述文化藝術特有的氣質（圖21、圖22）[11]。

而繼亞述帝國衰落之後崛起於中亞的波斯阿契美尼德王朝（Achaemenid Empire，西元前550—西元前330），其遺存至今的宮殿遺址中，也有帶翼神獸的刻畫。

如在波斯大流士大帝（Darius，西元前521—前485）首都波斯波利斯（Persepolis）都城遺址中，在一處被稱爲"萬國門"的牆柱的正面，即雕刻有氣勢宏偉的人面翼獸像（圖23）。同一遺址上大流士一世創建的"謁見殿"臺基浮雕中，也可以看到西元前6至前5世紀的同類藝術題材（圖24）。此外，在這一"謁見殿"遺址臺基東側的浮雕中，另有一幅翼獅撲食牡牛的畫面（圖25）[12]。

如將該遺址其他幾幅同類藝術題材聯繫起來加以考察的話，人們可以看出這類翼獸題材在波斯早期美術中的廣泛流行，實際上已形成當年中亞藝術的一種爲世人熱衷的文化時尚。

在南亞地區，印度早期的佛教石刻藝術中，亦有同類美術題材的出現。如建於前期安達羅（Andhra）時代（約西元前35年前後）的桑奇大塔（Great Stupa at Sanchi）塔門建築中，其北門、東門的砂岩裝飾雕飾中，即有多處帶翼獅子的實例（圖26）[13]。這種具有佛典故事寓意的裝飾美術，隨著佛教藝術的東傳，業已落植於中原地區的文化遺跡中。

由於古代藝術家在創作這類"有翼神獸"時，思維本身就是處於一種開放、暢想的狀態，所以同類的藝術產品自然就極易出現形態面貌的局部差異。而這類美術作品又因形態各異被人們賦予"司芬克斯（sphinx，人面獅身）""格里芬（griffin，鷹首獅身）""飛馬（pegasus，人首馬身）""齊美拉（chimera，獅身，背起羊頭，蛇尾）""拉馬蘇（lamassu，人首牛身或人首獅身）""森莫夫／森木魯（senmurv，獸首鳥身）"等等不一的名稱。

圖26　印度桑奇大塔（Great Stupa at
Sanchi）塔門建築東門中的翼獅雕刻

世界文化史上如此富於神奇色彩的這類美術圖像，早已引起近代學界的關注。迄今爲止，一些留心文化動態傳播的學者，對此已經做了帶有開拓意義的研究[14]。

在這些研究成果中，學者們的著眼重點並未拘泥於這類形式詭異的歷史文物名實分類的考索，而是站在世界文化交流史視域對這類文化遺跡的地理傳播及其背景意義進行了探索。

然而，美中不足的是，以上這些既有的學術成果，似乎忽略了洛陽地區爲數眾多的同類文物的實例，從而對這一地區在古代中外文化交流史上的重要意義缺乏應有的認識。

三、漢地有翼神獸反映的古代中外文化交流

學者們已有的研究揭示，源於西方的這類"格里芬"藝術母體自先秦時期已在遼闊的中國各地得到了移植。本文採擷其中一些較爲典型的實例，以見古代此類文化遺跡流佈內地之脈絡。

河南新鄭縣春秋中期鄭國墓的一對立鶴方壺，一藏河南博物院，一藏故宮博物院。其中故宮收藏的一件，壺腹四隅各一爬獸的背部，見有翼尖朝後的雙翼[15]。這不僅是東周時期中原地區所見最早的"格里芬"藝術題材，也是國內早期同類藝術範本的典型案例。

現藏日本泉屋博古館、傳爲1930年河南新鄉附近一座春秋晚期墓葬出土的一組青銅壺裝飾構件，內含翼獸四件及獸型器、鳥型器各兩件。其中安置於壺蓋頂端的帶翼神獸，頭部又有小鳥的棲息[16]。

甘肅博物館藏涇川戰國早期遺址出土青銅提梁盉，獸首充器流，獸身充盉身，獸足充器足。獸身兩側有凸起的陽刻翼脊和密集的陰刻羽毛。器底獸足作鳥爪狀，並有距朝向後方[17]。年代與之接近、形制與之相似的器物，尚有故宮博物院、上海博物館、廣東省博物館收藏的幾件青銅盉[18]。

湖北隨縣戰國早期曾侯乙墓出土編磬支承磬簨的兩件有翼神獸，口中有飄逸的鬍鬚，肩部有雙翼，四足作鳥爪狀，後腿後部有距[19]。

河北平山戰國中山王墓出土的三種有翼神獸。其一，錯銀翼獸四件，有張口露齒的獸首，兩肩生翼，獸足呈鳥爪狀，腿後有距。其二，中山王方壺，壺身肩部四隅爬獸各一，背部生翼。其三，錯金銀龍鳳青銅方案，龍身背部生翼，四足呈鳥爪狀，後部有距[20]。值得指出的是，中山王墓與此一同出土的名爲"虎食鹿"器座，與該國出土的虎形牌飾，明顯具有北方草原青銅飾件的風格。

山西渾源李峪戰國遺址出土、故宮博物館收藏的青銅壺，壺身見有帶翼的鹿紋裝飾[21]。

河南輝縣琉璃閣戰國魏墓 M57 出土銅鑒上的動物裝飾紋樣，上層一列見有鳥首翼獸[22]。

先秦時期以上文物之史例，其首要意義在於它們從文化遺産角度提示我們，這些帶有相同題材意義的藝術遺跡，折射出古代東西方文化的交流。而且這些歷史遺物的年代學信息已經顯示，中外社會往來和文化交流的淵源，至少可以追溯到上古時期的西元前 8 世紀前後，這對人們理解嗣後時代的中外交通史跡將有啓迪的價值。

更具史學魅力的是，在溝通中外社會往來和文化交流的絲路重鎮尼雅一帶，人們尚且發現這類美術題材的傳播，與漢胡資源流動有著密切的關聯。

1995 年，中、日尼雅聯合考察隊在新疆民豐尼雅遺址進行考古勘察與發掘。在清理的八座墓葬中，於編號 M3 和 M8 中發掘到織有"王侯合昏千秋萬歲宜子孫""世毋極錦宜二親傳子孫"及"安樂如意長壽無極""安樂繡文大宜子孫""大明光受右承福""延年益壽長葆子孫""五星出東方利中國"等字樣的絲錦遺物[23]。

這件"五星出東方利中國"織錦的繡花紋樣中，見有帕提亞風格的"格里芬（griffin）"帶翼神獸圖案。這不僅從中可以看到漢地文明通過絲綢生産、轉輸對西域一帶的社會生活發生著深刻的影響，更能夠讓人們體會到當時中原地區對西域文化有著相容並蓄的心態意識。由此可見，中原——西域之間異質文化的互動與交流，尼雅墓地的出土文物可謂一個典型的例證[24]。

另在草原絲綢之路的沿綫，遺址考古曾發現了一定數量的具有西方翼獸母題的金屬飾品。

如鄂爾多斯博物館收藏的西溝畔 2 號墓出土的一件西漢早期的匈奴墓隨葬金質牌飾，形象即爲鷹首獸身的大角神獸。內蒙古博物館收藏討合氣墓地出土的一件東漢晚期的包金鐵帶飾，其對稱的一組構件即有斑豹紋翼獸的鑿刻[25]。

四、格里芬文物遺跡在洛陽地區的延續

使人們可以進一步思考的是，以上文化遺跡的地域分佈顯示，在中國各地早期接納域外文明的過程中，以洛陽爲核心的中原地區，曾經居於信息領先的地位。

既然上古時代歷史的存在呈現出如此絢麗的色彩，則人們自有必要對洛陽地區古代文化史蹟的獨特景致做一縱深的發掘，從而透過一段地域文化生態的揭示，爲人們提煉出一種具有經典認識價值的歷史教益。

當絲綢之路進入更加輝煌的隋唐時代，洛陽地區業已出土的墓葬石刻中，更有帶翼神獸綫刻形象的持續出現。

如往年邙山出土隋開皇六年（586）馬會之墓誌，誌石四周裝飾綫刻中，見有極富動態韻味的有翼神獸（圖27、圖28）。

圖27　邙山出土隋開皇六年（586）馬會之墓誌四周裝飾綫刻中的有翼神獸　　　圖28　邙山出土隋開皇六年（586）馬會之墓誌四周裝飾綫刻中的有翼神獸

又邙山早年出土唐調露元年（679）泉男生墓誌，誌蓋四刹密佈卷草紋樣的梯形邊坡內，各自穿插著四軀奔騰跳躍的獅子和翼獸。尤其引人矚目的是，其中若干獅子高舉前掌奮力騰躍的姿勢，頗具人格化造型的韻味，體現了當年藝術家創作技巧出神入化的藝術表達能力（圖29）。

圖29　邙山出土唐調露元年（679）泉男生墓誌誌蓋四刹所刊獅子和翼獸　　　圖30　2007年龍門西山出土武周大足元年（701）李文楷墓誌四周鐫刻的有翼神獸

2007年龍門西山出土武周大足元年（701）的李文楷墓誌，誌石四周鐫刻有帶有域外裝飾風格的動植物紋樣。自誌文頂端一面開始，逆時針順序分別於卷草紋樣的內部分佈著斑豹、獅子和翼獸凡七軀美術形象。儘管石刻品相未臻完美，但其動物造型之栩栩如生、動態傳神，足以折射出中古藝術家超凡脫俗的技藝（圖30）。

2001年邙山出土唐神龍三年（707）輔簡墓誌，誌石四周的裝飾綫刻中，見有一幅鷹首獅身的神異動物（圖31）。這幅神異圖畫，與本誌相同部位鐫刻的獅子形象一樣，傳達著一種域外的美術風尚。

1998年龍門出土唐開元二十年（732）張說墓誌，其誌石四周或志蓋四刹的動物裝飾雕刻中，除了見有一例鷹首異獸外，並有一軀動感強烈的"翼馬"形象（圖32、圖33）。

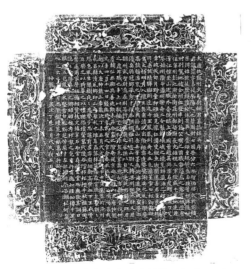

圖31　2001年邙山出土唐神龍三年（707）輔簡墓誌所刊鷹首獅身的神異動物

這類動物紋樣的裝飾美術作品，無不筆法洗練，刀工嫻熟，形象生動，意息傳神，反映了古代藝術家對這一文化題材駕輕就熟、揮灑自如的創作

圖32　1998年龍門出土唐開元二十年（732）張說墓誌所刊鷹首異獸

圖33　1998年龍門出土唐開元二十年（732）張說墓誌所刊翼馬

技能。

不僅如此，如果人們對上述石刻美術的題材運用做一細心的考察，我們不難發現這類有翼神獸在石刻遺物中的出現，往往伴隨著大量的獅子圖像和卷草紋樣的存在。

人所共知，獅子作爲生態動物中的猛獸，原本生活在中亞以西廣大的亞熱帶草原地區。作爲地緣生態環境的視像受衆，那裏的人民對獅子的兇猛習性自然有著源自生活的了解。

作爲世界文化史上的早期美術之遺跡，獅子形象往往被刻畫於建築裝飾單元中。如西元前14世紀希臘米喀奈（Mycenae）"獅子門"中的造像即其先例。另在小亞細亞弗裏宛（Phrygia）的古墳中，也曾發掘過帶有獅子紋的工藝品。而在敘利亞西奈地區的古代遺址中，亦發現過拜占廷時代刻畫有獅子紋飾的歷史文物[26]。凡此種種之遺例，從中可以想見西域國家對獅子的熱衷崇拜。

或許由於地緣因素，古代印度人民對於獅子崇拜亦有接近的傳統。

圖34　印度阿育王（Ashoka）時代薩爾那特鹿野
苑伽藍前的獅頭聖柱

如還在孔雀王朝（Maurya Dynasty，約西元前321—前185年）的阿育王（Ashoka，西元前273年或268—前232年在位）時代，印度弘法聖柱中已有獅子形象的雕刻。薩爾那特鹿野苑伽藍前的獅頭聖柱，即是其中著名的一例（圖34）。此後的佛教造像藝術中，獅子已作爲護法神獸之題材，頻頻地出現在石窟窟龕和造像碑裝飾雕刻中。

而在中國的內地，由於獅子爲物之稀缺，故而歷有納貢西域進獻的史例。史載東漢章帝章和元年（87），"西域長史班超擊莎車，大破之。月氏國遣使獻扶拔、師子"[27]。二年（88），"安息國遣使獻師子、扶拔"[28]。此爲西域貢獅中國最早的記載。

嗣後，北魏太平真君十一年（450）、永安元年（528），唐貞觀九年（635）、顯慶二年（657）、開元七年（719）、十年（722）、十五年（727）、十七年（729）西國並有獅子之遺送[29]，可見中古一代此物於內地之缺如，已招致西域諸國進獻奇異之風趨——東漢以降中國內地文物遺跡中獅子形象的傳延，大抵與此資源刺激有著密切的關係。

大約出於對這一域外動物威猛氣質的崇拜，中國內地遂有這類藝術形象的摹刻。

我國山東嘉祥縣武宅山武氏祠內的一對高約124釐米的石刻獅子，體態渾圓，意氣英發，是同類文物作品中不可多得的傳神之作。武氏祠石闕西闕上有銘文曰："建和元年（147）歲在丁亥三月庚戌朔四日癸丑，孝子武始公、弟綏宗、景興、開明，使石工孟孚、李弟卯造此闕。直（值）錢十五萬，孫宗作師（獅）子，直錢四萬。"是爲我國具有絕對紀年而且刊有工匠姓名、藝術題材的難得的文化遺跡，具有十分珍貴的歷史資源價值。

地處四川雅安姚橋的東漢建安十年（205）益州太守高頤墓，墓前有石闕、石獸各一對。石獸頭上無角，膊上有雙翼，造型以獅子的自然形態爲基礎，卻糅揉了傳說中"瑞獸"的造型特徵，強調了獅子粗壯有力的四肢，做挺胸昂首邁步向前的雄姿。風格深厚質樸，具有矯健威武的藝術氣息[30]。

國內石獅雕刻的早期作品，四川蘆山境內的一些造型實例亦佔有重要的地位，其中尤以當地姜公祠前的楊君墓石獅藝術價值最爲突出。這一例石刻作品，剛柔兼工，風姿挺勁，傳達了一種形神兼備的傳情意致，反映出我國同類藝術題材早期創作階段對域外造型風尚的借鑒意識。

在洛陽地區，除了龍門石窟北魏造像中爲數衆多的具有護法寓意的獅子造型外，唐代墓誌石刻中更有大量的綫刻獅子形象的出現。如前引武周大足元年（701）李文楷墓誌、神龍三年（707）輔簡墓誌、唐開元二十年（732）張說墓誌等等，其誌面四周或誌蓋四剎的動物裝飾雕刻中，即反復見有影雕獅子的刻畫。從中透露出中古一代隨著中外交流的暢達，獅子題材的美術定型已爲中原人民所廣泛接收的歷史情態[31]。

除此之外，魏唐時期洛陽地區的石刻文物中，廣泛流行著一種二方連續式的卷草紋樣的裝飾圖案。其中一些形制瑰麗、製作精工的美術作品，從視覺審美角度給人們留下域外裝飾藝術繁縟富麗、層次疊蕩的强烈印象。

如 2006 年 12 月鞏縣出土天冊萬歲二年（696）正月李吉墓誌，誌蓋四刹以減底剔地、分檔佈白手法雕刻一周構圖繁密的卷草紋，使誌石畫面顯得雍容華貴、光彩四溢（圖 35）。

又 2004 年 12 月洛陽邙山出土的武周長安二年（702）李自勸墓誌，不惟誌石四周雕刻有一圈造型工致的卷草紋樣，其誌蓋四刹亦有卷草、獅子揉合於一體的綫刻畫面（圖 36、圖 37）。這種題材新穎、構圖嚴謹的美術樣品，從審美內涵上代表了當時我國裝飾美術技巧展示的最高水準。

圖 35　2006 年鞏縣出土天冊萬歲二年（696）李吉墓誌蓋四刹所刊卷草紋

當我們關注中原地區這些具有紋樣裝飾美感的文化遺產的時候，我們把眼光轉向西方文化遺跡的視域，看看那裏的文物遺跡能給我們提供何種富有價值的信息。

圖 36　2004 年洛陽邙山出土武周長安二年（702）李自勸墓誌所刊卷草紋樣

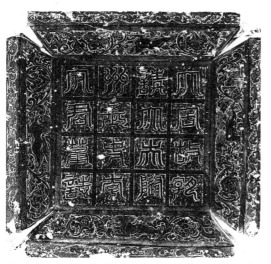

圖 37　2004 年洛陽邙山出土武周長安二年（702）李自勸墓誌誌蓋四刹所刊獅子綫刻

其實，從美術題材的選取到技法運用的傳達，西方藝術史上這類帶有動、植物紋樣的美術作品曾經充斥了一個源遠流長的歷史時代。以柔麗而富有彈性的植物纏枝爲特徵的雕刻作品，亙久以來即出現在西方建築和生活器物的裝飾刻畫中。

如西羅馬故都拉溫那（Ravenna）大主教博物館（Museo Arcivescovile）收藏的一件當地製作於 6 世紀的被稱爲「馬克西米安王座」的牙雕，其《聖經》人物故事畫面的隔斷條帶上，即見有綫條流暢、造型繁縟的纏枝狀葡萄紋樣。這類雕刻作品畫面構圖之形象密集、韻律迭蕩，體現出西方板塊造型藝術高度純熟的空間運用技巧和綫條處理功力。毫無疑問，具有同類美術風尚的文物遺跡，它們傳達的正是西方行之已久、臻於爐火純青的一種「密體」藝術傳統。

在上述纏枝紋渦卷狀二方連續構圖中，藝術家安排有獅子、麋鹿、牛羊、孔雀、鴻雁等等動物形象（圖 38）[32]。其畫面意境與中古東方裝飾浮雕中的同類產品具有顯然的藝術脈絡的同源性，它爲人們探索東西方文化交流提供了可資比較的文物資料。

圖 38　義大利拉溫那（Ravenna）大主教博物館（Museo Arcivescovile）收藏的「馬克西米安王座」牙雕所刊動植物裝飾圖案（西元 6 世紀）

如果我們善於從美術製作的理路審視這類藝術作品的形態流變，則我們由其爐火純青的製作技巧中，顯然可以看出這些發生於西元 6 世紀的美術產品，實際上是繼承了此前漫長歲月羅馬裝飾藝術的創作傳統和技術積澱的結果——一件典型的美術作品，折射的首先是一種文化傳統和技藝風格的廣義信息！

西方這件中古時期的雕刻作品，以其館藏文物特有的真切面貌，讓我們從藝術細節上醒悟到東方做法相同的美術遺跡，絕無異議地採源於西域同類樣本的示範——任何熟悉美術製作章法規律的學人，都能夠從這種含有內在意義的藝術邏輯中觸摸到事物之間的原真聯繫。

由此而拓展，我們從現存梵蒂岡博物館及龐貝故城等地的一組古代建築構件中所見有翼神獸的美術造型（圖 39、圖 40、圖 41、圖 42）[33]，可以管窺東方「格里芬」造型的藝術淵源來自於西域文化遺產的影響——今藏巴黎裝飾藝術博物館的一件西域出土的西元 6 或 7 世紀的織有「森木魯（senmurv）」的波斯錦（圖 43）[34]，同樣也能印證內地同類美術遺跡的原型來源於西域。

圖39　梵蒂岡博物館藏古羅馬建築裝飾雕刻中
的有翼神獸

圖40　梵蒂岡博物館藏古羅馬建築裝飾雕刻中
的有翼神獸

圖41　義大利龐貝故城遺址所見西元1世紀
有翼神獸

圖42　義大利羅馬古建築構件所見有翼神獸

圖43　巴黎裝飾藝術博物館藏西域出土的一件西元
六或七世紀的織有"森木魯（senmurv）"的波斯錦

五、史乘、遺跡敘事背景下的洛陽涉外空間

古代史上如此繽紛多致的美術遺跡，提示我們應該思考的一個問題是，出現於中外美術遺跡中的這些題材相關、技藝類同的文化遺産，其源流互動究竟依託著一個怎樣的人文背景？這勢必提醒人們對有關歷史文獻及其文物遺存作一全景式回顧。

兩漢以降，隨著中外社會交通的開拓，京都洛陽一帶與西域各國的交流往還即頻頻落籍於官方文獻。

史載"自建武至於延光（25—125），西域三絶三通。順帝永建二年（127），（班）勇複擊降焉耆，於是龜兹、疏勒、于闐、莎車等十七國皆來服從，而烏孫、蔥嶺已西遂絶"[35]。

傳載安息國於"章帝章和元年（87）遣使獻獅子、符拔。符拔形似麟而無角。和帝永元九年（97），都護班超遣甘英使大秦，抵條支……十三年（101），安息王滿屈複獻獅子及條支大鳥，時謂之安息雀"[36]。

"大秦國一名犁鞬，以在海西，亦云海西國。……以石爲城郭，列置郵亭，皆堊墍之。有松柏諸木百草。人俗力田作，多種樹、蠶桑。……所居城邑，周圍百餘里。城中有五宮，相去各十里，宮室皆以水精爲柱，食器亦然。……其人民皆長大平正，有類中國，故謂之大秦。土多金銀奇寶，有夜光璧、明月珠、駭雞犀、珊瑚、琥珀、琉璃、琅玕、朱丹、青碧。刺金縷繡，織成金縷罽、雜色綾。作黃金塗、火浣布。……其王常欲通使於漢，而安息欲以漢繒綵與之交市，故遮閡不得自達。至桓帝延熹九年（166），大秦王安敦遣使自日南徼外獻象牙、犀角、瑇瑁，始乃一通焉"[37]。

大秦王安敦交通中原的史事，出土文物尚有信息的揭露。

清季末葉，西方學人在山西靈石縣境內掘得十六枚古羅馬銅幣。據考證，這批銅幣係羅馬皇帝梯拜流斯（Tiberius）至安敦（Marcus Aurelius Antoninus）時代所鑄者也。報導詳見布歇爾：《山西之羅馬古錢》（Bushell,Ancient Roman Coins from Shansi,Peking Oriental Society）[38]。

20 世紀 30 年代，洛陽漢魏故城出土了一件佉盧文井闌題記石刻。經對此石斷裂殘塊之綴合，可以見到以下的文字內容："唯⋯年⋯月十五日，此地寺院⋯⋯祈願人們向四方僧團敬奉一切。"有學者認爲，這件石刻題記的出現，與靈帝年間自犍陀羅地區內徙洛陽的貴霜僧團有著密切的關聯（圖 44）[39]。這一文物遺存直接顯示，西元 2 世紀中葉的西域，確曾有衆多文化人士結伍來抵於洛京。

正是中外社會間這些頻繁的人際交往，才使得諸胡風習侵染到東漢社會的各個角落。史載"靈帝好胡服、胡帳、胡床、胡座、胡飯、胡箜篌、胡笛、胡舞，京都貴戚皆競爲之。此服妖也。其後董卓多用胡兵，填塞街衢，擄掠宮掖，發掘園陵"[40]。

1987 年，洛陽東郊一座東漢遺址出土了一件形制奇特的玻璃瓶。這件玻璃瓶，口徑 3.7 釐米，腹徑 7.2 釐米，通高 13.6 釐米。總體呈半透明黃綠色，器壁自口沿至瓶底夾有旋轉狀的白色攪胎拉絲。其造型別致，意象華美，屬於典型的羅馬西元 1 世紀前後的玻璃製品，確切年代約當西元 2 世紀左右，是爲陸路發現的年代最早的羅馬遺物，對研究中國早期西域交通具有十分重要的文物價值（圖 45）[41]。

同年，洛陽東郊東漢墓中出土了一件鎏金青銅羽人造像（圖 46）[42]。羽人高鼻深目，具有明顯的西方胡人的風貌，形象絕類長安宮殿遺址出土的一件西漢時期的作品（圖 47）[43]。作爲一件富於西方藝術情調的美術作品。這件墓葬冥器至少反映了東漢時期洛陽文化社會對西域藝術風采的欣賞與熟稔。

圖 44　20 世紀 30 年代洛陽漢魏故城出土的幾件佉盧文井闌題記石刻之一

圖 45　1987 年洛陽東郊出土的西元 2 世紀左右的羅馬玻璃瓶

圖 46　1987 年洛陽東郊東漢墓中出土的一件鎏金青銅羽人造像

作爲一種美術題材，西方這類有翼天人向東方世界的傳播，實際上經過了一個漫長的過程。

1907 年歲初，英國探險家斯坦因（M.A.Stein）在新疆米蘭 M. V 漢代佛寺遺址環形塔基回廊護壁圖畫中，除了發現成排的半身有翼天使形象外，在其上層又發現了一幅裸體男士與翼獅搏鬥的畫面。"這些寺廟中的壁畫具有特別的說服力，它們表明了近東希臘化藝術的影響，甚至在中亞這個偏遠的角落裏，也是很強和直接的"[44]。

這一田野考古發現，可爲人們思考內地有翼天人形象經由西域城郭綠洲迤邐傳來提供遺址的信息。

西晉時期，文獻記載"泰始元年（265）冬十二月丙寅，設壇於南郊，百僚在位及匈奴南單于四夷會者數萬人"[45]。可見洛陽外來諸胡繁多。

時"大秦國，一名犁鞬，在西海之西，其地東西南北各數千里。有城邑，其城周回百餘里。屋宇皆以珊瑚爲梲栭，琉璃爲牆壁，水精爲柱礎。⋯⋯其人長大，貌類中國人而胡服。其土多出金玉寶物、明珠、大貝，有夜光璧、駭雞犀及火浣布，又能刺金縷繡及織錦縷罽。以金銀爲錢，銀錢十當金錢之一。⋯⋯武帝太康（280—289）中，其王遣使貢獻"[46]。從中透露出這一西域古國通好華夏的持續。

1907 年 1 月 31 日，斯坦因在新疆米蘭一處被標示爲 M. Ⅲ 的寺院遺址中，發現其牆裙壁畫中繪有數量不少的有翼天使形象。由遺址文化層中出土的書寫有佉盧文的絲綢遺物來判斷，這座寺院及其壁畫遺跡的年代當在西元 3 世紀至 4 世紀初葉（圖 48）[47]。這一文物遺跡的發現，說明具有西方希臘、羅馬古典繪畫風格的美術作品，直至西晉時代依然經由瀚海東傳影響著我國的佛教藝術系統。

圖 47　1966 年公佈的長安宮殿遺址出土的一件西漢時期的青銅羽人造像

斯坦因當時在塔里木盆地尼雅遺址 N5 佛寺遺址中，盜掘出大量的佉盧文文書、羊皮文書和漢文木簡等 400 余件漢晉文物。其中有 "泰始五年（269）" 紀年文書一件，這顯示了西晉時代操佉盧語的胡人部落在西域一帶與中原王朝接與行政的時態，這與東漢晚年同操佉盧語的胡人教團活躍於洛陽，有著相似的時代背景。

塔里木盆地絲路綠洲的各族人民，延及有唐時代一仍存在著有翼神像的崇拜。位於阿克蘇地區新和縣西南渭幹河西畔的通古斯巴西唐城遺址中，曾經出土過刻有翼馬形象的陶燈殘片（圖49），從中可知這類具有西域風尚的美術作品，當年實際經由絲路移民傳播於東方。

圖48　1907 年探險家斯坦因在新疆米蘭 M. Ⅲ 寺院
遺址中發現的有翼天使壁畫

圖49　新疆新和縣唐通古斯巴西故城出土的翼馬陶片

北魏定鼎洛陽前後，拓跋王庭交接西域史不絕書。中原一帶諸胡薈萃之情貌，即或民間文獻亦有繪聲繪色的描寫。

《洛陽伽藍記》中披露：京南 "宣陽門外四里至洛水上作浮橋，所謂永橋也。……永橋以南，圜丘以北，伊、洛之間，夾御道有四夷館。道東有四館：一名金陵，二名燕然，三名扶桑，四名崦嵫。道西有四里：一曰歸正，二曰歸德，三曰慕化，四曰慕義。吳人投國者處金陵館，三年已後賜宅歸正里。……北夷來附者處燕然館，三年已後賜宅歸德里。……東夷來附者處扶桑館，賜宅慕化里。西夷來附者處崦嵫館，賜宅慕義里。自蔥嶺已西，至於大秦，百國千城，莫不歡附，商胡販客，日奔塞下，所謂盡天地之區已。樂中國土風因而宅者，不可勝數。是以附化之民，萬有餘家。門巷修整，閶闔填列，青槐蔭柏，綠樹垂庭，天下難得之貨，咸悉在焉"[48]。

神龜元年（518），胡靈太后遣敦煌人宋雲與崇立寺比丘惠生西行取經。宋雲一行不避寒暑，遠抵中亞，後於北魏正光三年（522）二月返回洛陽，期間凡得佛經 "一百七十部，皆是大乘妙典"。惠生此行有《行記》一篇，詳細記載了經歷諸國的道里物產、風土人情，對中原社會了解西域風俗有著積極的意義[49]。

結合同書其他章節對於中外社會交流的敘事，我們足以感受到洛陽中古一代域外移民的繁顆及其人文行事的斑斕。

時屆隋唐，絲綢之路因中原帝國的銳意關注而拓展，因之促進了東西方社會交往規模空前的提升。

史載隋煬帝時，"遣侍御史韋節、司隸從事杜行滿使於西蕃諸國。至闐賓，得瑪瑙杯；王舍城，得佛經；史國，得十儛女、獅子皮、火鼠毛而還。帝複令聞喜公裴矩於武威、張掖間往來以引致之。其有君長者四十四國，矩因其使者入朝，啗以厚利，令其轉相諷諭。大業年中，相率而來朝者三十餘國，帝因置西域校尉以應接之"[50]。

煬帝既蓄意招徠異域，則四夷各國必風追影從絡繹於征途。

大業十一年（615）正月朔日，煬帝大宴百僚。"突厥、新羅、靺鞨、畢大辭、訶咄、傳越、烏那曷、波臘、吐火羅、俱慮建、忽論、沛汗、龜茲、疏勒、于闐、安國、曹國、何國、穆國、畢、衣密、失範延、伽折、契丹等國並遣使朝貢"[51]。

尤其值得人們注意的是，當此之際的波斯國，更與中原王朝保持著互通信使的交往。對此，史傳乃有："波斯國，……其王字形檔薩和，……突厥不能至其國，亦羈縻之，波斯每遣使貢獻。……東去瓜州萬一千七百里。煬帝遣雲騎尉李昱使通波斯，尋遣使隨昱貢方物。"[52]

這一史傳資料的突出價值，在於它透露出有隋時代的波斯，與突厥、中原王朝同時保持貢使關係的情勢。這在一定層面上反映著當時中亞諸胡與中原國家政治斡旋的投入。

洎李唐創業，貞觀三年（629）"戶部奏言：中國人自塞外來歸及突厥前後內附、開四夷爲州縣者，男女一百二十余萬口"[53]。中國人戶史上如此引人注目、耐人尋味的載籍，的確讓人們感受到西元 7 世紀初葉華戎交往時態的繁榮。而洛陽古代史料業已顯示，這些來自西域的內徙胡人，或信奉著舊邦的祆教，或宗崇於天竺的佛法。或者以軍功顯赫於朝堂，或者因商貿聚斂於 "關洛"。或遠溯家聲於西極，或稱貫認籍於中州，其不惟族內婚媾於部落，更有結姻於漢族名望者。其間博大恢弘氣息之散發，在在彰顯著一代民族自強不息、相與開拓的精神境界。

僅以近代洛陽業已發現的墓誌人物爲例，隋唐時期落籍中州的西域胡民即達 50 餘人[54]。洛陽唐墓中出土的數以萬計的胡人陶俑，則是這等域外移民往昔身影惟妙惟肖的藝術寫真。

這些包括突厥、波斯、鐵勒、粟特、吐火羅等籍的外來移民，寄居中原以來曾經信奉著西域舊邦的佛教、祆教、景教及摩尼教，從而在意識形態領域彰顯出中原信仰社會的五彩斑駁、光怪陸離。

唐人張鷟《朝野僉載》記東都祆教遺事有謂："河南府立德坊及南市西坊皆有胡祆神廟。每歲商胡祈福，烹豬羊，琵琶鼓笛，酣歌醉舞。酹神之後，募一胡爲祆主，看者施錢並與之。其祆主取一橫刀，利同霜雪，吹毛不過，以刀刺腹，刃出於背，仍亂攪腸肚流血。食頃，噴水咒之，平復如故。此蓋西域之幻法也。"[55]其西域祆衆與東都國際市場之商貿結緣，唐人筆記留心民俗之道白，爲洛中故城舊事之紀實[56]。

有唐中期，洛陽地區因諸回鶻東來曾有摩尼教徒的駐足。史載元和二年（807）"正月庚子，回鶻使者請於河南府、太原府置摩尼寺三所，許之"[57]。可見東都洛陽必有摩尼教信衆的存在。

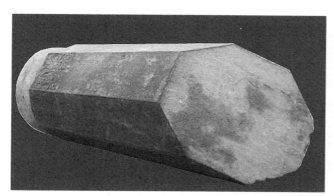

圖50　2006年5月洛陽隋唐故城東郊出土的一件
唐代景教經幢

圖51　2006年5月洛陽隋唐故城東郊出土的一件
唐代景教經幢（拓本）

2006年5月，河南洛陽隋唐故城東郊出土了一件珍貴的唐代景教石刻（圖50、圖51），這是繼明天啟五年（1625）陝西出土《大秦景教流行中國碑》及近代敦煌石窟、吐魯番古城遺址等處出土景教經典寫卷以來，國內又一宗教文物的重大發現[58]。

這件景教遺物的出土，以文物遺跡固有的史料真實，顯示出唐代洛陽與長安一樣居住有衆多的景教信士。

爲了滿足洛陽城內大量的波斯、粟特等中亞信教僑民的宗教需要，所以洛陽地區多有西域胡人設立的宗教祠廟。據韋述《兩京新記》和《元河南志》卷一記載，唐代洛陽城內的修善坊，即有景教教堂"波斯胡寺"的存在。

凡此種種之事象，已從各個側面透露出絲路暢通時代洛陽與西域文明密邇結緣的世態。洛陽一帶文物遺跡中頻頻所見之"格里芬"造像，端的源自於這種人文條件的曳引與接納。

不僅如此，通過上述歷史背景的回顧，人們對古代相關文物遺跡的人文內涵還可以獲得更深一層的領會。

在我國傳統文化學領域，人們一般習慣於將這類帶有翼膊的石刻藝術品稱之爲"天禄"或"辟邪"。

如《漢書》記方外異事者有："烏弋山離國，王去長安萬二千二百里。不屬都護。戶口勝兵，大國也。東北至都護治所六十日行，東與罽賓、北與撲挑、西與犁軒、條支接。……烏弋地暑熱莽平，其草木、畜產、五穀、果菜、食飲、宮室、市列、錢貨、兵器、金珠之屬皆與罽賓同，而有桃拔、獅子、犀牛。"孟康注曰："桃拔，一名符拔，似鹿，長尾，一角者或爲天禄，兩角者或爲辟邪。"[59]

史籍敘洛陽舊事又謂：中平三年（186）二月"復修玉堂殿，鑄銅人四，黃鐘四，及天禄、蝦蟆"。李賢注曰："天禄，獸也。……案今鄧州南陽縣北有宗資碑，旁有二石獸，鐫其膊，一曰天禄，一曰辟邪。據此，即天禄、辟邪並獸名也。"[60]

孟氏、李氏如此之注釋，無疑反映曹魏、李唐時期的漢地知識階層，已經敏銳地注意到文物世界裏的這種頭部生角的西方翼獸，至少與"王去長安萬二千二百里"的烏弋山離國的文化傳播有著密切的聯繫。

及北魏定都平城，天興"六年（403）冬，詔太樂、總章、鼓吹增修雜技，造五兵、角觝、麒麟、鳳皇、仙人、長蛇、白象、白虎及諸畏獸、魚龍、辟邪、鹿馬仙車、高絙百尺、長趫、緣橦、跳丸、五案以備百戲。大饗設之於殿庭，如漢晉之舊也"[61]。可見這種淵源於西方胡風民俗中的文藝題材，隨著絲綢之路沿綫社會各界文化交流的暢開，已爲北魏上層社會所擊賞並納入宮廷禮樂的範疇。

其實，已有的文物史例表明，漢唐之際中原地區流行的被稱爲"天禄""辟邪"的帶角翼獸（圖52、圖53），其文化淵源可以上溯到紀元前世的古羅馬帝國或南亞巽伽王朝的影響（圖54）[62]。由此可見，漢唐時代內地絡繹不絕的這類神異動物，其文化母型原本脫胎於西域行之已久的"格里芬"美術模型。

圖52　南京劉宋神道石刻中的帶角翼獸　　　圖53　洛陽博物館藏唐代的帶角翼獸　　　圖54　印度桑奇第二窣堵波巽伽時代的帶角神異動物

六、結語

眾所周知，美術創作屬於意識形態的範疇，它是人們的精神需要在物化領域内的一種賦有社會觀念的生產實踐。因此，所有的創作產品包括孕育著它們的整個創作過程，都具有強烈的思維能動的意義——一種藝術創作模式及其風格的形成，必然是廣大社會受衆長期檢驗、篩選的結果——心靈深處因社會影響而積澱的審美需求，決定著這種精神產品的興廢消長、行止起落。因此，追蹤潛藏於美術事象背後的理性場態，勢所必然應該成爲解讀一切美術產品帶有深層意義的學術命題。

事實上，對形諸人們視覺領域裏的美術圖像，中外哲人曾經爲我們作出了有益的解讀示範。例如德裔美籍學者歐文·帕諾夫斯基（Erwin Panovsky，1892—1968）在 1939 年出版的《圖像學研究：文藝復興時期藝術的人文主題》（Studies in Iconology：Humanistic themes in the art of the Renaissance，戚印平、范景中 譯，上海三聯書店，2011 年 5 月版。）一書中，從視覺闡釋學角度出發，曾將所有美術圖像内在涵義的認知分爲"前圖像志描述（Pre-iconographical Description）""圖像志分析（iconographical level）"和"圖像學解釋（iconology）"三個層次。

帕諾夫斯基以上就美學解讀歸納出來的三個認識層次，主導意義在於通過認知層次的劃分，闡明美術圖像本身固有的"層度意義"，從而啓導人們對圖視讀品作出由表及裏的認識。

筆者認爲，圖像文本的學理梯度認知，的確可以劃分爲帕諾夫斯基建構的三個層次。但帕諾夫斯基以西方人傳統思維方式對美術讀本"層度意義"的概括，在意念習慣上並不適合東方語境下的思維格式。在我看來，更加適合中國人概念歸納法的圖像學層第解析，如下的描述則無疑更爲接近事物的本真並易於爲當下學界所接受：1. 視覺文本的直感認知；2. 敘事文本的語境認知；3. 哲理文本的思維認知。

基於以上的思維模式，我們認爲中古前後出現於内地社會的"格里芬"造像遺跡，其本質意義的重點所在，端系人們通過其哲理文本的潛在認知，揭示其作爲美術事象曾經折射了當年東西方文化流程帶有何種生態取向的必然。

正因爲如此，當我們將歷史上洛陽地區美術世界裏的"格里芬"文化遺跡放在已逝歲月那種特定人文背景下加以考察的時候，我們才能夠發現綿延千年的這類"中華遺象"，其賦存背景正是春秋以降止於盛唐那一文明時段中，中外人文交匯、審美意識浸染造就的一種文化傳播的機遇——原本屬於西域傳統文化基因中的一種審美定型，"格里芬"美術範式竟會乘諸絲路人脈的持續流動，轉換爲東方世界精神消費的藝術時尚。

東西方社會生態運行中這一帶有文化標本意義的美術視像，使我們感受到一個開放社會在人類資源有機分配、合理流動過程中發揮著舉足輕重的作用。洛陽"格里芬"美術遺跡文化意義的要點，首先在於它印證了那一歷史階段中，東西方文明交流的暢通及其由此推動的人們審美需要的延伸。

參考文献：

① 洛陽博物館：《洛陽西漢卜千秋壁畫墓發掘簡報》，《文物》1977 年第 6 期，第 1—12 頁。

② 誌文圖版見趙萬里：《漢魏南北朝墓誌集釋》，北京：科學出版社 1956 年，圖版 171。

③ 宮大中：《洛都美術史跡》，武漢：湖北美術出版社 1991 年，第 338 頁。

④ 張乃翥：《洛陽新見北魏石棺床雕刻拓片述略》，中山大學藝術史研究中心編：《藝術史研究》第 10 輯，廣州：中山大學出版社 2008 年，第 131—137 頁。

⑤ 圖版採自黃明蘭編著：《洛陽北魏世俗石刻綫畫集》，北京：人民美術出版社 1987 年，第 9、42、44、71、92、93 頁。

⑥ 《中國青銅器全集》編輯委員會編：《中國青銅器全集》（第 7 卷），北京：文物出版社 1998 年，第 22 頁。

⑦ 梅原末治有器物復原圖，見梅原末治編：《泉屋清賞新編》，京都：便利堂 1962 年，第 11—13 頁，圖版 12—15。轉引自李零：《入山與出塞》，北京：文物出版社 2004 年，第 88 頁。

⑧ S. J. Rudenko, The Mythological Eagle, the Gryphon, the Winged Lion, and the Wolf in the Art of Northen Nomads, Artibus Asiae, 1958, vol.21, pp.101—122; Guitty Azarpay, Some classical and Near Eastern motifs in the art of Pazyryk, Artibus Asiae, 1959, vol.22, pp.313—339; 轉引自李零：《論中國的有翼神獸》，氏著《入山與出塞》，北京：文物出版社 2004 年，第 119 頁。

⑨ 圖版引自李建群：《古代埃及和美索不達米亞美術》，北京：中國人民大學出版社 2004 年，第 48 頁。

⑩ 圖版引自施安昌：《聖火祆神圖像考》，《故宮博物院院刊》2001 年第 1 期，第 68 頁。

⑪ 圖 21 張成渝拍攝；圖 22 引自（美）勞倫斯·高文（Sir Lawrence Gowing）等編：《大英視覺藝術百科全書》（THE ENCYCLOPEDIA OF VISUAL ART）（第一卷），臺北·南寧：臺灣大英百科股份有限公司·廣西出版總社、廣西美術出版社 1994 年，第 87 頁。

⑫ 圖見羅世平、齊東方：《波斯和伊斯蘭美術》，北京：中國人民大學出版社 2004 年，第 37、40、46 頁。

⑬ 王鏞：《印度美術》，北京：中國人民大學出版社 2004 年，第 71 頁。

⑭ 參見 S. J. Rudenko, The Mythological Eagle, the Gryphon, the Winged Lion, and the Wolf in the Art of Northen Nomads, Artibus Asiae, 1958, vol.21, pp.101—122; Guitty Azarpay, Some classical and Near Eastern motifs in the art of Pazyryk, Artibus Asiae, 1959, vol.22, pp.313—339; 王魯豫：《河北內丘石雕神獸考察小記》，《美術研究》1987 年第 4 期，第 86—87 頁；李學勤：《比較考古學隨筆》，香港：中華書局 1991 年，第 117—125 頁；林俊雄：《スキタイ時代におけるリフイン圖像の傳播》，《創價大學人文論集》10（1998），第 219—249 頁；氏著：《グリフインンの役割と圖像の發展（前五世紀）まで》，《西嶋定生博士頌壽紀念 東アヅア史の展開と日本》山川出版社 1999 年（頁碼不詳）；氏著：《東アヅアのグリフイン》，《シルクロード研究》創刊號（1998 年 3 月）：第 13—25 頁；李零：《論中國的有翼神獸》，氏著《入山與出塞》，北京：文物出版社 2004 年，第 87—135 頁；李零：《再論中國的有翼神獸》，氏著《入山與出塞》，第 136—144 頁；烏恩約斯圖著：《北方草原考古學文化研究》，北京：科學出版社 2007 年。

⑮ 圖版參見《中國青銅器全集》編輯委員會編：《中國青銅器全集》（第 7 卷），北京：文物出版社 1998 年，第 22 頁。

⑯ 圖版參見李零：《論中國的有翼神獸》，氏著《入山與出塞》，北京：文物出版社 2004 年，第 89 頁，圖 1。

⑰ 圖版參見《中國青銅器全集》編輯委員會編：《中國青銅器全集》（第 7 卷），北京：文物出版社 1998 年，第 52 頁。

⑱ 圖版參見李學勤、艾蘭編：《歐洲所藏中國青銅器遺珠》，北京：文物出版社 1995 年，圖版 135—A—B；故宮博物院編：《故宮青銅器》，北京：紫禁城出版社 1999 年，第 288 頁；廣東省博物館編：《廣東省博物館藏品選》，北京：文物出版社 1999 年，第 188 頁。

⑲ 湖北省博物館編：《曾侯乙墓》（上冊），北京：文物出版社 1989 年，第 134—137 頁。

⑳ 以上三種有翼神獸，一見河北省文物研究所編：《嚳墓——戰國中山國國王之墓》（上冊），第 139—141、143 頁，圖 51；下冊，圖版 94、95；二見同書上冊，第 118—120 頁，圖 39(A)(B)；三見同書上冊，第 137—139 頁，圖 49(A)(B)(C)，北京：文物出版社 1995 年。

㉑ 孫機：《幾種漢代的圖案紋飾》，《文物》1982 年第 3 期，第 63—69 頁。

㉒ 郭寶鈞：《山彪鎮與琉璃閣》，北京：科學出版社 1959 年，圖版 100。

㉓ 王炳華：《尼雅 95 一號墓地三號墓發掘報告》，《新疆文物》1999 年第 2 期，第 1—26 頁。呂恩國：《尼雅 95 一號墓地四號墓發掘報告》，《新疆文物》1999 年第 2 期，第 27—32 頁。

㉔ 李零：《“五星出東方利中國”織錦上的文字和動物圖案》，《文物天地》1996 年第 6 期，第 26—30 頁。

㉕ 以上兩件翼獸文物，圖版參見張景明：《中國北方草原古代金銀器》，北京：文物出版社 2005 年，圖 27、圖 45。

㉖ （日）關衛著、熊得山譯：《西方美術東漸史》，上海：商務印書館 1936 年，第 131 頁。

㉗ （南朝宋）范曄：《後漢書》卷三《章帝紀》，北京：中華書局 1965 年，第 158 頁。

㉘ （南朝宋）范曄：《後漢書》卷四《殤帝紀》，北京：中華書局 1965 年，第 168 頁。

㉙ （宋）王欽若等：《册府元龜》卷九六九—九七一，《外臣部》，“朝貢”二—四，北京：中華書局 1960 年，第 11388—11408 頁。

㉚ 參見劉興珍：《東漢時期的雕塑藝術》，《中國美術全集》編輯委員會編：《中國美術全集·雕塑編（二）·秦漢雕塑》，北京：人民美術出版社 1985 年，第 18—28 頁。

㉛ 參見蔡鴻生：《唐代九姓胡與突厥文化》，北京：中華書局 1998 年，第 203 頁。

㉜ 圖版引自（美）勞倫斯·高文（Sir Lawrence Gowing）等編：《大英視覺藝術百科全書》（THE ENCYCLOPEDIA OF VISUAL ART）（第二卷），臺北·南寧：臺灣大英百科股份有限公司·廣西出版總社、廣西美術出版社 1994 年，第 181 頁。

㉝ 筆者 2005 年拍攝於羅馬、龐貝故城。

㉞ 圖版引自（美）勞倫斯·高文（Sir Lawrence Gowing）等編：《大英視覺藝術百科全書》（THE ENCYCLOPEDIA OF VISUAL ART）（第二卷），臺北·南寧：臺灣大英百科股份有限公司·廣西出版總社、廣西美術出版社 1994 年，第 51 頁。

㉟ （南朝宋）范曄：《後漢書》卷八八《西域傳》，北京：中華書局 1965 年，第 2912 頁。

㊱ 同上，第 2918 頁。

㊲ 同上，第 2919—2920 頁。

㊳ 引見張星烺編著：《中西交通史料彙編》（第一冊），北京：中華書局 1977 年，第 27—28 頁。

㊴ 有關這一井闌的細節考釋，詳見林梅村：《洛陽所出佉盧文井闌題記》，氏著《西域文明——考古、民族、語言和宗教新論》，北京：東方出版社 1995 年，第 383—404 頁。

㊵ （西晉）司馬彪：《續漢書》志一三《五行志》，（南朝宋）范曄：《後漢書》，北京：中華書局 1965 年，第 3272 頁。

㊶ 有關羅馬攪胎玻璃器的出土實例，參見林梅村：《絲綢之路考古十五講》，北京：北京大學出版社 2006 年，第 129—131 頁圖樣及圖示。

㊷ 圖引洛陽文物工作隊編：《洛陽出土文物集粹》，北京：朝華出版社 1990 年，第 71 頁，圖 49。

㊸ 西安市文物管理委員會：《西安市發現一批漢代銅器和銅羽人》，《文物》1966 年第 4 期，第 7—8 頁。

㊹ （英）奧雷爾·斯坦因著，中國社科院考古研究所翻譯：《西域考古圖記·路經樓蘭》，桂林：廣西師範大學出版社 2000 年，第 258 頁，圖 101。

㊺ （唐）房玄齡等：《晉書》卷三《武帝紀》，北京：中華書局 1974 年，第 50 頁。

㊻ （唐）房玄齡等：《晉書》卷九七《四夷傳》，北京：中華書局 1974 年，第 2544 頁。

㊼ （英）奧雷爾·斯坦因著，中國社科院考古研究所翻譯：《西域考古圖記·路經樓蘭》，桂林：廣西師範大學出版社 2000 年，第 213—261 頁。

㊽ （北魏）楊衒之：《洛陽伽藍記》卷三《城南》條，上海：上海古籍出版社 1978 年，第 159—161 頁。

㊾ （北魏）楊衒之：《洛陽伽藍記》卷五《城北》條，上海：上海古籍出版社 1978 年，第 251—342 頁。

㊿ （唐）魏徵等：《隋書》卷八三《西域傳》，北京：中華書局 1973 年，第 1841 頁。

51 （唐）魏徵等：《隋書》卷四《煬帝紀下》，北京：中華書局 1973 年，第 88 頁。

52 （唐）魏徵等：《隋書》卷八三《西域傳》，北京：中華書局 1973 年，第 1856—1857 頁。

53 （後晉）劉昫等：《舊唐書》卷二《太宗紀》，北京：中華書局 1975 年，第 37 頁。

54 參見張乃翥、張成渝：《洛陽與絲綢之路》，北京：國家圖書館出版社 2009 年，第 165—225 頁。

55 （唐）張鷟：《朝野僉載》卷三，北京：中華書局 1979 年，第 64—65 頁。

56 有關長安、洛陽兩地祆祠宗教活動的細節，參見林悟殊：《波斯拜火教與古代中國》相關章節，臺北：新文豐出版公司 1995 年。

57 （宋）王欽若等：《冊府元龜》卷九九九《外臣部·請求》，北京：中華書局 1960 年，第 11724 頁。

58 有關這件景教文物的發現及其研究報導，參見張乃翥：《跋洛陽新出土的一件唐代景教石刻》，《西域研究》2007 年第 1 期，第 65—73 頁；英譯本刊葛承雍主編：《景教遺珍——洛陽新出唐代景教經幢研究》，北京：文物出版社 2009 年，第 17—33 頁。張乃翥：《洛陽出土的景教經幢與唐代東都"感德鄉"的胡人聚落》（英文本），2009 年 6 月 4—9 日奧地利薩爾茨堡國際學術會議（3rd International Conference "Research on the Church of the East in China and Central Asia", 4‐9 June 2009, Salzburg/Austria）報告論文；漢文本刊《中原文物》2009 年第 2 期，第 98—106 頁。

59 （漢）班固：《漢書》卷九六上《西域傳》，北京：中華書局 1962 年，第 3888—3889 頁。

60 （南朝宋）范曄：《後漢書》卷八《靈帝紀》，北京：中華書局 1965 年，第 353 頁。

61 （北齊）魏收：《魏書》卷一百九《樂志》，北京：中華書局 1974 年，第 2828 頁。

62 文物實例參見本文前引圖 39、圖 40、圖 42。

洛陽歷史文物中含綬鳥美術遺跡的文化學考察

A CULTURAL INQUIRY ON ART SPECIMENS WITH THE SO-CALLED RIBBON-BEARING BIRD MOTIF IN THE HISTORY OF LUOYANG CULTURAL RELICS

張乃翥

Zhang Naizhu

（龍門石窟研究院 471023）

Research Institution of the Longmen Grottoes 471023

內容摘要：

　　洛陽魏唐時期的歷史文物中，時常有一種被稱爲“含綬鳥”的美術題材出現於墓葬石刻綫畫中。這種帶有西域祆教信仰意識的美術崇拜，實際上反映了中古時代中原社會與波斯、粟特文化交流的客觀存在。尤其是，這種具有鮮明域外文明色彩的美術習尚之落植於一些漢地原住居民的墓葬遺跡中，無疑從文化遺産視域折射出當時內地土著社會接納域外意識形態的懇切。由此人們可以看出，經由絲綢之路綿延數百年之久的這種文化交往，曾經激發了古代東方社會對西方人文意識的由衷接納。

關鍵詞：

　　洛陽　北魏　唐代　含綬鳥　波斯　粟特

Abstract:

　　In many cultural relics of the Wei and Tang periods from the Luoyang area we often find in tomb stone reliefs an iconographic element usually referred to as "ribbon-bearing bird". The aesthetic adherence to this Zoroastrian religious symbol actually reflects the real existence of cultural relations between the Chinese Central Plain and Persia and Sogdiana. Especially, the presence of such a Central Asian artistic motif in the tombs of indigenous Han people shows the fact that they were keen to accept cultural ideas from abroad. Therefore, we notice how the cultural relations that occurred in the several centuries long history of the Silk Road had once favored the assimilation of Western humanism in the Chinese soil.

Key words:

　　Luoyang　Northern Wei　Tang Dynasty　Ribbon-bearing bird　Persia　Sogdiana

一、近年中原地區含綬鳥美術遺跡的發現

2004年8月，洛陽邙山出土唐垂拱四年（688）博州刺史韋師墓誌一合。誌石長72.5釐米、寬72.5釐米、厚17釐米；誌蓋長72.5釐米，寬72.5釐米，厚14釐米，蓋芯篆書"大唐故博／州刺史京／兆韋府君／墓誌之銘"。誌蓋盝頂四剎的下側和右側，分別刊有綬帶自身下飄於尾後的含綬鳥各一軀（圖1）[①]。

1981年，葬於景龍三年（709）的唐陸胡州大首領安菩薩墓葬文物於洛陽龍門東山北麓出土。其中石刻墓門一套，通高173釐米、寬129.4釐米、門洞高92釐米、寬82釐米，是近代洛陽首先經考古發掘出土的一組珍貴的粟特人文物。在其拱形門楣的正面，有含綬鳥綫刻畫一鋪，從而由美術史料角度透露出唐代入附中原的胡人部落中，富有濃郁的西域文明的內涵（圖2）[②]。

2004年春，河南孟縣北嶺出土唐先天二年（713）故幽州都督左威衛大將軍裴懷古墓誌一合。誌石長87.5釐米、寬87.5釐米、厚13釐米；誌蓋長92.5釐米、寬91.5釐米、厚13.5釐米，蓋芯篆書"大唐故／裴府君／墓誌銘"。在其誌蓋四剎所刊"四神"圖像中，有頸部系紮綬帶的雙頭"朱雀"形象的刻畫（圖3）[③]。裴懷古，兩《唐書》有傳。這是唐史傳記人物歷史遺物中涉及這一美術題材的典型實例。

2004年10月洛陽龍門東山北麓出土的唐開元六年（718）饒州刺史來景暉墓誌一合。誌石長75釐米、寬75.5釐米、厚14釐米；誌蓋拓本長51釐米、寬50.5釐米，其四剎裝飾圖案紋樣中，亦有含綬鳥綫刻之一例（圖4）[④]。

2004年春，洛陽偃師縣首陽山南麓出土唐開元十八年（730）許景先墓誌一合，誌石長88釐米，寬88釐米，厚15釐米，其四周裝飾紋樣中見有含綬鳥綫刻兩例（圖5）[⑤]。許景先，《新唐書》《舊唐書》有傳。此亦唐史傳記人物歷史遺物涉及這一美術題材的實例。

又近年龍門東山南麓出土唐開元十九年（731）盧正容墓葬石刻一套，墓門通高180釐米、寬116釐米，石刻後爲河南博物院收藏。其墓門門楣亦有含綬鳥綫刻一鋪（圖6）[⑥]。

1998年冬，龍門東山南麓出土唐開元二十年（732）張說墓誌一合，石長79釐米、闊79釐米、厚16釐米。誌石四周立面的左側，

圖1　2004年洛陽邙山出土垂拱四年（688）唐故博州刺史韋師墓誌

圖2　1981年龍門東山北麓出土景龍三年（709）安菩薩墓門石刻

圖3　2004年河南孟縣北嶺出土先天二年（713）故幽州都督左威衛大將軍裴懷古墓誌蓋

圖4　2004年10月龍門東山北麓出土開元六年（718）饒州刺史來景暉墓誌蓋

圖5　2004年春洛陽偃師縣首陽山南麓出土開元十八年（730）許景先墓誌

圖6　近年龍門東山南麓出土開元十九年（731）盧正容墓門石刻所見含綬鳥綫刻一鋪

圖7 1998年冬龍門東山出土開元二十年（732）張説墓誌所見含綬鳥綫刻一鋪

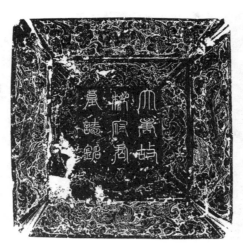

圖8 2002年1月龍門西山張溝出土開元二十四年（736）鄭州刺史柳澤墓誌蓋

鎸刊含綬鳥綫刻一鋪（圖7）⑦。誌主張説，開元名相，《新唐書》《舊唐書》有傳。該墓誌石刻中另有翼馬等富有西域文化氣息的美術遺存，這與裴懷古、許景先墓誌石刻的美術風尚有著共同的時代特徵。

2002年1月龍門西山張溝出土唐開元二十四年（736）柳澤墓誌一合。墓誌拓本長73釐米、寬72.5釐米；誌蓋拓本長50.5釐米、寬51釐米，其四刹所刊"四神"綫刻圖案中，有系綬"朱雀"形象的刻畫（圖8）⑧。

2005年春，龍門西山出土唐開元二十七年（739）比丘尼悟因墓門石刻一套，墓門立面通高172釐米、寬118釐米。門楣底寬97釐米、楣拱高37釐米，其裝飾刻畫中亦見含綬鳥綫刻一鋪（圖9）⑨。

1992年5—9月龍門西山北麓發掘出土唐開元二十八年（740）唐睿宗故貴妃豆盧氏墓誌一合。誌石長77釐米、寬77釐米，厚20釐米；誌蓋長75.5釐米、寬75.5釐米，厚18.5釐米，蓋芯篆書"唐故貴／妃豆盧／氏誌銘"。誌蓋四刹"四神"裝飾圖案中，有系綬"朱雀"及系綬翼龍、系綬翼虎、系綬玄武的圖像（圖10）⑩。同墓出土石刻墓門一套，其圓拱形門楣底寬122釐米，拱高57釐米、厚11釐米，

圖9 2005年春龍門西山出土開元二十七年（739）比丘尼悟因墓門門楣石刻綫畫

圖10 1992年5—9月龍門西山北麓發掘出土開元二十八年（740）唐睿宗故貴妃豆盧氏墓誌蓋

內有含綬鳥綫刻一鋪（圖11）⑪。

2005年3月，龍門西山張溝村東南出土唐開元廿九年（741）唐故鳳州別駕張景尚墓誌一合。誌石拓本長51.5釐米、寬51釐米；誌蓋拓本長57釐米、寬57.5釐米，蓋芯楷書"大唐故／張府君／墓誌銘"。在其誌蓋四刹所刊"四神"圖像中，亦有頸部系紮綬帶的"朱雀"形象的出現（圖12）⑫。

2005年冬，西安出土天寶六載（747）裴智墓誌一合，誌石長57釐米，寬57釐米，厚11釐米；誌蓋拓本長58.5釐米，寬58.5釐米，其四刹裝飾浮雕中亦含綬鳥綫刻一鋪（圖13）⑬。

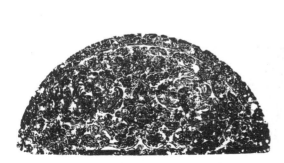

圖11 1992年5—9月龍門西山北麓發掘出土開元二十八年（740）唐睿宗故貴妃豆盧氏墓門圓拱形門楣

圖12 2005年龍門西山張溝村東南出土開元廿九年（741）唐故鳳州別駕張景尚墓誌蓋

圖13 2005年冬西安出土天寶六載（747）裴智墓誌蓋

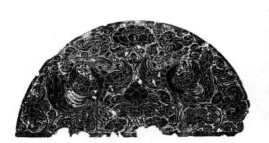

圖14 2008年秋龍門西山出土盛唐墓門 門楣石刻綫畫所見含綬鳥綫刻一鋪

圖15 1999年偃師出土長慶四年（824） 何撫墓誌蓋

2008年秋，龍門西山出土盛唐石刻墓門門楣一件，門楣底寬94釐米，楣拱高47釐米，內有含綬鳥綫刻一鋪（圖14）[14]。

1999年秋，偃師縣首陽山南麓出土唐長慶四年（824）何撫墓誌一合。誌石長60釐米、寬60釐米、厚11釐米；墓誌蓋拓本長62釐米、寬62釐米。蓋芯楷書"唐故沔州/刺史廬江/何公墓誌"，誌蓋四刹所刊"四神"中，見有頸部系紮綬帶的"朱雀"和"青龍""白虎"各一軀（圖15）[15]。從中可以看出系綬動物爲東方美術領域所熱衷。

從文化形態學（cultural morphology）角度考察，上述石刻中所見的這類所謂的"含綬鳥（Ribbon-bearing bird）"美術造型，其典型的形象特徵是其頸部系有亦或口中含有向後飄拂的綬帶，由此形成中古美術史上一種具有標識性形像特徵的視覺樣本。

與此同時，這一禽鳥動物尾部的末端，每每被刻畫成具有卷草紋樣而被稱之爲"嫁接式"圖像的美術樣本。學者們透過考察指出，這種禽鳥尾飾的美術刻畫，肇源於印度笈多時代（Gupta Dynasty，320—550）的佛教藝術中[16]。

石刻中上述具有象徵寓意的禽鳥形象，以其獨特的工藝造型，顯示出濃郁的帶有異域審美色彩的藝術情調。

洛陽地區含綬鳥美術遺跡的出現，伴隨著近年地下文物的急劇面世，實際上遠遠不止於筆者以上掛一漏萬的屢列。涉於筆者閱歷的局限，同類美術題材的闡釋，衹能就此而告一段落了。

需要指出的是，在這些美術作品的綫刻造型中，附加於含綬鳥頸部或口中的綬帶，或以圖像載體石刻質地的差異，其個體造型的細部效果存在形態鮮明與模糊的區別，這或許給人們判斷其形象的規定性帶來可能的異議。雖然如此，但衹要我們善於運用考古形態學的分析方法，我們仍然不難從這些美術形象頸部的系結造型或其臆前的綬帶條貫刻畫中，判定其文化屬性的確切意義。

二、域外含綬鳥美術遺跡鉤沉

美術史考察表明，漢地流行的這種富於題材寓意特徵的"含綬"動物形象，訴諸淵源蓋承襲於西元前紀古代波斯地區流淌千祀的文化崇拜。

人所悉知，自西元前6世紀阿契美尼德王朝（Achaemenide Empire，西元前553—前330）奄有伊朗高原以來，波斯帝國即稱雄於幅源遼闊的西亞地區。後及安息王朝（Arsaga/Parthia，西元前247—226）、薩珊帝國（Sassanian，西元226—651年）的繼踵再造，波斯文化遂以澎湃之勢彰顯於絲綢之路連結起來的東西方世界。

漢籍史載，張騫"所遣使通大夏之屬者，皆頗與其人俱來，於是西北國始通於漢矣。……初置酒泉郡，以通西北國。因以發使，抵安息、奄蔡、黎軒、條枝、身毒國。……是時漢既滅越，而蜀西南夷皆震，請吏入朝"[17]。

"初，漢使至安息，安息王令將二萬騎迎於東界。東界去王都數千里。行比至，過數十城，人民相屬甚多。漢使還，而後發使隨漢使來觀漢廣大，以大鳥卵及黎軒善眩人獻於漢。及宛西小國驩潛、大益，宛東姑師、扜罙、蘇薤之屬，皆隨漢使獻見天子"[18]。

曾經震古鑠今的漢地文物遺跡，亦從實物視域印證了當年波斯文明行化東方的歷史存在。

20世紀50年代以來年，洛陽西郊淺井頭西漢壁畫墓出土了模印有雪杉紋、雙菱紋的畫像磚實物（圖16）[19]。同類的模印紋樣，亦出現於1984年洛陽伊川縣和1988年山東濟寧出土的西漢空心磚墓的裝飾題材中（圖17、圖18）[20]。

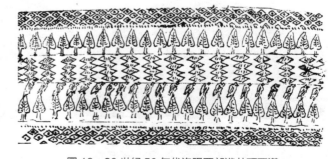

圖16 20世紀50年代洛陽西郊淺井頭西漢 壁畫墓出土模印雪杉紋、雙菱紋的畫像磚

中原地區西漢文物遺跡中的雪杉紋樣及其雕刻技法，使人們聯想到伊朗阿契美尼德王朝故都波斯波利斯（City Site of Persepolis）王宮石刻浮雕中的同類藝術樣本。回顧當年漢使訪問安息曾有"過數十城，人民相屬甚多。漢使還，而後發使隨漢使來觀漢廣大，以大鳥卵及黎軒善眩人獻於漢"的往事，審度二者文物形態之雷同，人們不難想像西元前紀東西方文化交流的暢通。

西亞與中原故地人際往來的信息，更有薩珊時代兩地文物的互動源委折射其存在。

回溯薩珊時代，西亞不少文物造型中每有波斯諸王皇冠系綬的形象。如俄羅斯艾爾米塔什博物館藏伊朗北部馬贊德蘭省（烏拉爾）出土的一件西元4世紀的"帝王狩獵"銀盤中，即有皇冠系綬形象的刻畫（圖19）[21]。

形制同類的金屬器皿，中國國內與薩珊同期的北魏平城時代亦有文物的發現。1981年山西省大同市北魏封和突墓出土5世紀薩珊鎏金銀盤一件，內中見有人、獸系綬的例證（圖20）[22]。

出土於中亞奇爾克（Chilek）的一件西元5世紀後期的貴霜／嚈噠舞蹈紋銀碗，底部構圖之中亦有冠後系綬的人物形象（圖21）[23]。

美國紐約大都會博物館藏一件西元5世紀末期的"帝王狩獵"薩珊鍍金銀盤，內有皇冠系紮綬帶的人物造型（圖22）[24]。

伊朗北部出土的一件西元5—6世紀的"帝王狩獵"銀盤，同樣刻畫有人、獸系綬的美術圖像（圖23）[25]。

圖17　1984年洛陽市伊川縣西漢空心磚墓出土磚刻所見雪杉紋裝飾題材

圖18　1988年山東濟寧西漢空心磚墓出土的雪杉紋裝飾題材

圖19　俄羅斯艾爾米塔什博物館藏伊朗北部馬贊德蘭省（烏拉爾）出土4世紀"帝王狩獵"銀盤所見系綬人物形象

圖20　1981年大同市北魏封和突墓出土5世紀薩珊鎏金銀盤所見人、獸系綬之例

圖21　烏茲別克斯坦國家歷史博物館藏5世紀後期的貴霜／嚈噠舞蹈紋銀碗所見系綬人物形象

圖22　美國紐約大都會博物館收藏的西元5世紀末的波斯鍍金銀盤

圖23　伊朗北部出土5—6世紀"帝王狩獵"銀盤所見人、獸系綬之例

圖24　洛陽邙山唐墓出土5世紀薩珊王朝波斯銀幣

此外，20世紀以來，僅在中國境內就出土了1200餘枚薩珊王朝各個歷史時期的波斯銀幣[26]。這些銀幣的正面，模制有花冠間系紮綬帶的歷代波斯國王的側面頭像（圖24）[27]。這從一個側面再次印證系綬習俗流行於薩珊王庭的事實。

據傳另一件出土於波斯故地的銀盤，其國王狩獵圖中的人物造型，不僅頭部系有向後飄逸的綬帶，而且頭頂戴有刻畫雙翼的王冠（圖25）。這一人物造型揭示了薩珊王庭與祆教含綬鳥圖騰崇拜保持有深刻的聯繫。

這種戴有鳥翼冠帽的人物形象，美國弗利爾美術館（Freer Gallery of Art）並有中國安陽

圖25　傳一件出土於波斯故地的銀盤

石棺床人物造型和另一件文物遺跡可資比較[28]。從中反復折射出西域故地崇拜系綬鳥紋的文化傳統。

如果我們撇開以上薩珊文物語義概念的歷史背景，偏重於從文化產品的社會學層面來思考，毫無疑問這類美術形象的本身業已帶有突出的國家政治的屬性——因爲這類美術題材渲染皇權的主題寓意，自來賦有鮮明的國家主流意識形態的特徵。

由此我們可以明了，“系綬（with tied ribbons）”美術題材之所以顯示於薩珊王朝，首要原則結緣於國家政治意圖的宣導。至於這種國家意圖的深層淵源，自然有其特定的歷史環境的培植。這一點，在薩珊故地的其他歷史文物中，更有諸多的美術實例透露出當地信仰意識對文化生態的影響。

如前引烏茲別克斯坦國家歷史博物館藏有的那件西元 5 世紀後期屬於嚈噠（白匈奴）王朝的舞蹈紋銀碗，其外緣即有六身頭部系紮綬帶，雙臂挽曳帔帛的女神形象。這種既有世間現實人物妝扮遺風又有神化故事人格賦予的美術產品，透露出西亞一帶人、神二元化人文生活的獨特面貌。

另有史料表明，中古時代蔥西地區的綠洲邦國，其上層豪族亦有浸染波斯裝束遺風的實際生活。《大唐西域記》卷一敘及“窣利”（粟特）服飾風俗有曰：“服氈褐，衣皮氎，裳服褊急，齊髮露頂，或總剪剃，繒彩絡額”[29]。這或許與粟特諸部承替波斯祆教意識形態有著直接的關係。

中亞社會上層如此行化“系綬”裝扮的風俗，勢必招致相應的審美觀念向著這一帶有強烈信仰意識的美術創作發生態勢的傾斜——當地美術題材中各式“系綬”動物的出現，大抵反映了古代西域根植於信仰沃土的文化生態。

文物研究已經揭示，從波斯地區美術遺存中流行頭部系紮綬帶的國王形象以降，西亞及中亞一帶亦曾出現眾多其他帶有系綬形象的美術題材。

例如，與烏茲別克斯坦國家歷史博物館收藏上件銀碗造型風格接近的產品，德黑蘭國立考古美術館收藏有一件口徑 23.4 釐米出土於馬贊德蘭省屬於西元 6—7 世紀的舞蹈紋銀碗（圖 26）[30]。

圖 26　德黑蘭國立考古美術館收藏
出土於馬贊德蘭省屬於西元
6—7 世紀的舞蹈紋銀碗

圖 27　聖彼德堡艾爾米塔什博物館藏
薩珊銀盤

這件銀碗環壁一周排列的四尊女性人物，不唯下身裝束著具有希臘化風格的薄質長裙，且其身旁一律裝飾著樹冠回環的葡萄樹植物紋樣，從而使這一組畫面充斥著地中海文明盛行已久的“葡萄酒神”的美術意境。引人注目的是，這件銀碗底部中心圓中的造型題材，已改變爲一隻頸部結紮有綬帶的含綬鳥美術形象，進而透露出這件薩珊銀器兼有祆教信仰崇拜的創作意圖。

畫面構圖有相似之處的器物，聖彼德堡艾爾米塔什博物館另有一件薩珊銀盤亦值得人們給予足夠的重視（圖 27）[31]。

波士頓弗利爾美術館藏伊朗地區出土的一件 7 世紀的薩珊銀壺，腹部亦有系紮綬帶的含綬鳥形象（圖 28）[32]。

圖 28　波士頓弗利爾美術館藏伊朗地區
出土 7 世紀薩珊銀壺所見含綬鳥形象

依照薩珊時代流行中亞的祆教經典及其世俗社會的解經傳說，這類頸部系紮綬帶的動物形象嘗被賦有祆教神祇的寓意。

域外學人阿紮佩在《粟特繪畫中的若干伊朗圖像程式》一文中認爲，這種頸部結紮綬帶的鳥類美術形象，實乃描繪伊朗故地傳統流行的“赫瓦雷納（Hvarenah）”的美術概念。它“表達運氣、好運的概念。……伊朗的 Hvarenah 的概念，在表達好運的場合，據波斯作家的資料，總是與獸身鳥、光綫、頭光、光焰等表現形式聯繫在一起”[33]。

“Hvarenah”亦被解釋爲“生命中的吉祥”，轉義爲幸運，使好運得以實現的幸運事業，與光明的性質相聯繫的好運，最後是關於王家無上光榮的思想等等[34]。

“在波斯的語境中，與動物形式相聯繫的 hvarenah，意味著一種盛大的好運隨之而來”[35]。人們稱它們爲“波斯式吉祥鳥圖像”[36]。

對於這一盛行西域的美術題材而言，有西方學者在其著作中使用“ring-bearing bird”一詞，意謂“垂著綬帶的鳥”（戴環鳥）[37]，顯然是依據它們的視覺形象給出的直解。其實，就目前業已收集到的圖像資料來看，這種頸部系紮有織物綬帶的美術題材在西方應該稱之爲“ribbon-bearing bird”更爲合適。

這種鳥在粟特佛典資料中曾被稱作 farn(prn)。因而我們相信畫像石中頻頻出現的這些有頭光的瑞鳥，就是這種稱爲 Hvarenah 的吉祥鳥。有的吉祥鳥頸部有中國傳統稱爲 "戴勝" 的飾物。我們聯想起 "在安息藝術中，戴環鳥（ring-bearing bird）是表達一種 Hvarenah 式的繁盛或好運的概念……伊朗 Hvarenah 的概念，在波斯史料中與好運相關聯的場合，有好幾種現象，包括有翼獸、有翼羊和有翼的 '光'"。如我們論述有翼 "異獸" 圖像時已經指出的那樣，Hvarenah 的另一種化身見於 Senmurv 的母題[38]。薩珊波斯藝術中亦有類似鳳凰的神鳥，波斯人所謂之 "森穆夫"（Sermuv），是波斯火袄教十大保護神之一。薩珊金銀器和建築構件上常見森穆夫圖案，主要爲有翼神犬、有翼駱駝形象，只是尾部採用孔雀尾。

耶魯大學收藏一件西亞出土的 6—8 世紀薩珊系綬羊紋織錦，從美術遺跡中顯示出系綬動物的別樣題材（圖 29）[39]。

粟特美術遺跡中題材類同的典型實例，可以從俄羅斯艾爾米塔什博物館藏藏品中列舉其一二。

俄羅斯聖彼德堡艾爾米塔什博物館藏 8 世紀粟特山羊紋銀杯一件，內中見有系綬動物的形象（圖 30）[40]。

圖 29　耶魯大學藏伊朗或伊拉克
出土 6—8 世紀薩珊系綬羊紋織錦

圖 30　俄羅斯艾爾米塔什博物館藏
8 世紀粟特山羊紋銀杯所見
系綬動物形象

圖 31　俄羅斯艾爾米塔什
博物館藏 7 世紀後半葉
粟特翼駝紋銀壺

同館收藏 7 世紀後半葉粟特產銀壺一件，壺腹鏨刻翼駝紋一尊（圖 31）[41]。

另在中亞的佛教藝術遺跡中，同樣發現有薩珊式聯珠紋樣中摹畫含綬鳥的美術實例。如巴米揚石窟約當 7 世紀之後的第 51 窟、第 167 窟裝飾壁畫中，即有此類美術題材的出現。此類美術題材新疆克孜爾石窟亦有一再地顯現（圖 32）[42]。

回顧以上流行於波斯故國以及粟特地區的 "系綬" 美術題材及其衍變的 "森穆夫" 文化遺跡，人們自然可以意識到這類美術產品與流行當地的袄教信仰有著密切的聯繫——袄教諸神的宗教寓意及其對所在民眾的信仰激發，爲這類美術題材的形象創作提供了可供人們進行思維暢想的廣闊空間。因此，"系綬" 美術文物之流被西域，體現出這一宗教文明爲西方信眾喜聞樂見的人文生態。

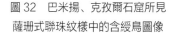

圖 32　巴米揚、克孜爾石窟所見
薩珊式聯珠紋樣中的含綬鳥圖像

不僅如此，上述巴米揚石窟、克孜爾石窟系綬文物遺跡的出現，更從 "符号学（Semiotics）" 實例顯示出在中亞一帶的美術崇拜進程中，與之發生地緣聯繫的佛教信仰及其藝術創作，曾經在文化題材的選取及視覺形象的設定中，從袄教文化元素中汲取了營養。這種受地緣條件節制的 "跨文化（cross-cultural）" 現象，在魏唐時代的華夏腹地得到了延伸——隨著絲綢之路的拓展和東西方文化交流的日益增進，這一文化律動曾在中原地區演繹得五彩斑斕、熠熠生輝。

三、往年中國發現含綬鳥美術遺跡的回顧

出土文物實例表明，自薩珊波斯和粟特地區流行含綬鳥美術題材以來，中原地區瀕臨絲綢之路的若干城市的人文生活中，即有同類美術遺跡相當普遍地顯示。中外文化遺產領域這一引人注目的歷史現象，端的折射了東西方文化交流的客觀存在。

中國早期的含綬鳥美術遺跡，迄今所知者似以東漢晚期中原密縣打虎亭張伯雅墓室影雕石刻爲最早。在這一墓室的石雕門扇上，曾有 "孔雀、鴿子、戴勝、綬帶鳥、天鵝、象、虎、鹿、獐、熊、野豬等" 動物形象的刻畫[43]。

以北魏南遷以來的洛陽爲例，眾多的石刻文物中都留下了以含綬鳥爲美術形象的文化遺跡。

1931 年洛陽邙山出土北魏孝昌三年（527）寧懋石室一座，石室整體系仿木結構，高 1.38 米、寬 2 米。内中所見的含綬鳥綫刻畫一鋪，是爲洛陽文化遺物中見有絕對紀年的最早的一例（圖 33）[44]。

1977 年洛陽邙山出土北魏升仙石棺前檔所見含綬鳥綫刻畫一鋪（圖 34）[45]。形象與之接近的美術樣本，同一石棺的左、右兩梆亦有以對稱形式分別展示的綫刻圖畫（圖 35、圖 36）[46]。

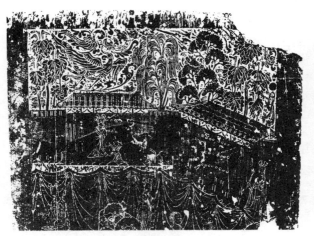

圖 33　1931 年洛陽邙山出土北魏寧懋石室
所見的含綬鳥綫刻畫

圖 34　1977 年洛陽邙山出土北魏
升仙石棺前檔所見含綬鳥綫刻畫

圖 35　1977 年洛陽邙山出土北魏升仙石棺
右梆所見含綬鳥綫刻畫

圖 36　1977 年洛陽邙山出土北魏
升仙石棺左梆所見含綬鳥綫刻畫

圖 37　洛陽邙山早年出土北魏墓誌四周綫刻畫所見系綬朱雀

圖 38　早年洛陽邙山出土北魏石棺前檔
所見含綬鳥綫刻畫

又洛陽邙山早年出土的一方北魏墓誌，其四周綫刻畫中見有系綬朱雀一鋪（圖 37）[47]。但就其畫面的構成要素來考察，這一美術作品的題材設置則帶有鮮明的含綬鳥意味。

其次，早年洛陽邙山出土的另一件北魏石棺前檔，内中亦有含綬鳥綫刻畫的鐫刊（圖 38）[48]。

值得回顧的是，在吐魯番阿斯塔那墓地，早年曾經出土一件屬於北朝時期的對羊對鳥樹紋織錦（圖 39）[49]。其中對羊的頸部即有系紮綬帶的設計，這與波斯及中亞祅教教區流行同類美術題材保持著審美的一致性。這些織物的出土，使人們感受到北朝時代西域系綬動物的美術樣本，正沿著絲綢之路播植於東方。

繼北魏之後的高齊時代，治下諸城更有相同的美術題材出現於石刻文物中。如 20 世紀初葉安陽附近出土石棺床一具，其中流入巴黎吉美博物館（Musée Guimet, Paris）的一件石屏風構件，内中多有“波斯式吉祥鳥”——實亦“含綬鳥”圖像的刻畫（摹本）（圖 40）[50]。

青州北齊傅家畫像石中，帶有情節意味的人物場景的上方，另見五例

圖 39　吐魯番阿斯塔那墓地出土一件屬於
北朝時期的對羊對鳥樹紋織錦

圖 40　安陽出土北齊石棺床所見伊朗式
吉祥鳥圖案（摹本）

薩珊式含綬鳥形象。這些帶有漢地綫條造型韻致的含綬鳥美術遺跡（圖41、圖42）[51]，爲人們考察北朝晚期域外美術題材的濡染東華提供了珍貴的樣本。

隋唐以還，絲路沿綫相關地區含綬鳥圖像更有不斷地發現。

如敦煌石窟隋代壁畫遺跡中，即有此類美術形象的摹畫（圖43）。

圖41　青州傅家北齊石刻畫所見含綬鳥美術遺跡（鄭岩先生摹本）　　圖42　青州傅家北齊石刻畫所見含綬鳥美術遺跡（鄭岩先生摹本）　　圖43　敦煌石窟隋代壁畫中所見含綬鳥造型

圖44　1999年7月太原市晉源區王郭村出土隋開皇十二年（592）虞弘墓石槨浮雕（第1幅）所見含綬鳥圖像（摹本）　　圖45　1999年7月太原市晉源區王郭村出土隋開皇十二年（592）虞弘墓石槨浮雕（第5幅）所見含綬鳥圖像（摹本）　　圖46　1999年7月太原市晉源區王郭村出土隋開皇十二年（592）虞弘墓石槨浮雕（第7幅）所見含綬鳥圖像（摹本）

又1999年我國山西太原晉源區王郭村出土隋開皇十二年（592）虞弘墓彩繪石槨浮雕中，曾有多例這樣的美術形象的顯示[52]。其中第1、第5、第7幅畫面之構圖（圖44、圖45、圖46），反映出這一內徙胡人部族對域外這一美術題材典型的範式理解[53]。

關中地區的唐代陵墓中，如唐神龍二年（706）陪葬乾陵的懿德太子墓、永泰公主墓，其石槨綫刻圖畫中並有這類美術題材的再現（圖47、圖48）。

西安碑林所藏唐開元二十四年（736）大智禪師碑，其牡丹邊飾紋樣的綫刻中，更有含綬鳥形象反復的刻畫（圖49）。

1982年以來，古代絲織品文

圖47　乾陵神龍二年（706）懿德太子墓石槨綫刻畫中所見含綬鳥圖像　　圖48　乾陵神龍二年（706）永泰公主墓石槨綫刻畫中所見含綬鳥圖像

物的另一座寶藏在青海省都蘭縣唐墓群中被逐漸發掘出來。這是一處規模巨大的墓葬群，分佈在都蘭熱水、夏日哈等鄉。其中最大的墓區極爲雄偉，推測爲吐谷渾舊部在吐蕃時期的墓葬。墓中出土的 300 餘件絲織品，含有百餘種不同的圖案或結構，其中大部分爲錦、綾，織造功良，花紋精美。從產品年代上考察，這些織物屬於北朝至中唐時代前後跨越 300 餘年的歷史遺存。

據報導，都蘭吐蕃墓地至少發現了 18 種外來絲織品，其中既有薩珊波斯王室使用的婆羅缽文織錦和大食出產的織錦，亦有中亞撒馬爾幹的粟特錦和來自拜占廷帝國的大秦錦，生動地反映了唐朝與拜占庭之間絲綢古道文化交流的盛況。

都蘭唐墓織錦圖案中，有形象鮮明的含綬鳥紋樣（圖50、圖51）[54]。

大約居住在吐谷渾故地的吐蕃上層對這種來自西域的美術紋樣抱有傾心熱衷的情態，以致流行當地的其他生活器物中也亦出現同類美術題材的再現。此類見於考古報導的實例，有 1982 年這一墓區殉馬坑出土的透雕鎏金銀飾殘片，內中即有造型精美的含綬鳥紋樣（圖52）[55]。

圖 49　西安碑林藏開元二十四年（736）
大智禪師碑牡丹邊飾紋樣中所見
含綬鳥形象

圖 50　青海省都蘭縣唐代吐蕃墓群出土
含綬鳥圖案織錦

圖 51　青海都蘭吐蕃大墓
出土星月含綬鳥紋織錦

圖 52　青海都蘭唐代吐蕃墓殉馬坑出土
鍍金青銅透雕盒飾殘片所見含綬鳥造型

　　學者們認爲，"這類含綬鳥圖案從 5 世紀到 8 世紀初期流行，其中，與都蘭含綬鳥圖像最爲接近的見於撒馬爾幹地區 7 世紀中到 8 世紀初期的壁畫。" "都蘭含綬鳥錦緯綾顯花，絲綫強撚、斜紋組織等特點，均與中亞、西亞織錦的特點相符，應屬於西方織錦系統" "都蘭第一類含綬鳥錦同中亞粟特人織造的織錦織造技法、紋樣風格非常近似……據此，我們將都蘭第一類含綬鳥錦歸屬於贊丹尼奇組，屬於粟特織錦系統。" "都蘭第二類含綬鳥錦與第一類粟特含綬鳥錦的主要區別在於：粟特錦鳥足下均踏有棕櫚葉狀座，而波斯錦鳥足下均踏平板狀連珠紋座"[56]。

　　姜伯勤先生亦指出，"所謂'贊丹尼奇錦'與中亞信奉祆教的粟特人有關。青海都蘭墓中發現的粟特錦，就順理成章地成爲若干祆教圖像傳入中國西北地方的載體"[57]。

　　我國美術教育家王子雲先生 20 世紀中葉收集的陝西等地的石刻文物史料中，亦有相當數量的含綬鳥美術題材公佈於書刊，其中唐墓門拱石刻及唐代華表石刻綫畫所見含綬鳥圖像者各一鋪（圖53、圖54）[58]。可見關輔一帶此種美術題材之流行。

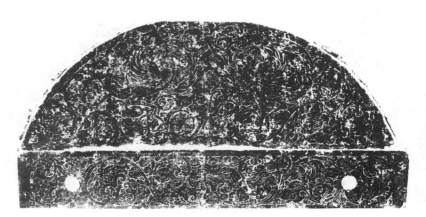

圖 53　王子雲先生早年收集的唐門門拱石刻所見
含綬鳥美術遺跡

圖 54　王子雲先生早年收集的唐代碑座石刻所見
系綬動物美術遺跡

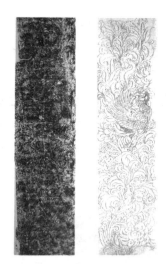

圖 55　王子雲先生臨摹唐開元二十四年（736）
大智禪師碑碑側石刻綫畫所見頭部
綮有綬帶的頻迦陵鳥圖像

圖 56　王子雲先生早年收集的唐代華表石刻所見
含綬鳥美術遺跡

圖 57　陝西咸陽出土萬歲登封元年（696）沙州
刺史李無虧墓墓門石刻中的含綬鳥美术形象

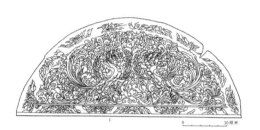

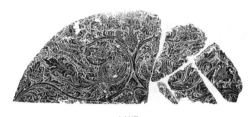

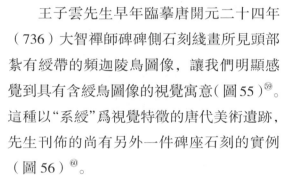

圖 58　陝西蒲城開元十二年（724）李撝墓門
石刻中的含綬鳥美術形象

圖 59　1995 年秋山西省萬榮縣出土開元九年
（721）薛儆墓墓門門楣石刻中的含綬鳥美術形象

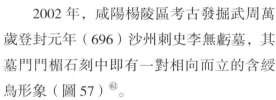

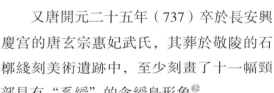

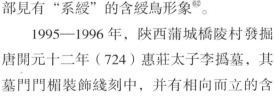

王子雲先生早年臨摹唐開元二十四年
（736）大智禪師碑碑側石刻綫畫所見頭部
綮有綬帶的頻迦陵鳥圖像，讓我們明顯感
覺到具有含綬鳥圖像的視覺寓意（圖 55）[59]。
這種以"系綬"爲視覺特徵的唐代美術遺跡，
先生刊佈的尚有另外一件碑座石刻的實例
（圖 56）[60]。

2002 年，咸陽楊陵區考古發掘武周萬
歲登封元年（696）沙州刺史李無虧墓，其
墓門門楣石刻中即有一對相向而立的含綬
鳥形象（圖 57）[61]。

又唐開元二十五年（737）卒於長安興
慶宫的唐玄宗惠妃武氏，其葬於敬陵的石
槨綫刻美術遺跡中，至少刻畫了十一幅頸
部見有"系綬"的含綬鳥形象[62]。

1995—1996 年，陝西蒲城橋陵村發掘
唐開元十二年（724）惠莊太子李撝墓，其
墓門門楣裝飾綫刻中，并有相向而立的含
綬鳥形象的出現（圖 58）[63]。

圖 60　1995 年秋山西省萬榮縣出土開元九年
（721）薛儆墓石槨外壁綫刻畫所見含綬鳥造型

圖 61　1995 年秋山西省萬榮縣出土開元九年
（721）薛儆墓石槨内壁綫刻畫所見含綬鳥造型

此外，山西唐代墓葬遺跡中，亦有含綬鳥美術題材的刻畫。例如 1995 年秋山西省萬榮縣出土唐開元九年（721）薛儆墓
石刻中，即有眾多同類美術形象的再現。此類圖像分別位於該墓石槨門楣（圖 59）[64]、石槨外壁（圖 60）[65]、石槨内壁（圖
61）[66]、石槨門檻（圖 62）[67]等等建築部位。該墓石槨綫刻畫中另有翼馬和胡人騎獅的形象（圖 63、圖 64）[68]，從中可以看

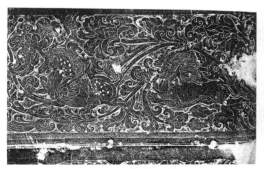

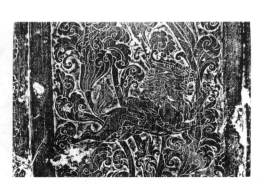

圖 62　1995 年秋山西省萬榮縣出土開元九年
（721）薛儆墓石槨門檻綫刻畫所見含綬鳥造型

圖 63　1995 年秋山西省萬榮縣出土開元九年
（721）薛儆墓石槨内綫刻畫所見翼馬造型

圖 64　1995 年秋山西省萬榮縣出土開元九年
（721）薛儆墓石槨内綫刻畫所見胡人騎獅形象

出盛唐時代晉南民俗社會對域外胡風美術文化濡化（enculturation）的情節。

1984年，偃師縣杏園村唐開元二十六年（738）猗氏縣令李景由墓出土石刻墓誌一合。其誌蓋四殺綫刻"四神"浮雕紋樣中，"朱雀"被刻畫爲一尾形態生動的含綬鳥形象[69]。

此外，初盛唐以降的中原，眾多的士人墓葬陪葬銅鏡中，更有數量繁富的含綬鳥造型的鑴刻。如1955年，洛陽澗西區唐墓出土"月宮海龍雙鳥紋"銅鏡一件，鏡紐週邊紋樣中，見有兩隻對稱飛舞的含綬鳥形象（圖65）[70]。

又1970年，洛陽關林唐墓出土一件"金銀平脫花鳥"紋銅鏡，鏡紐週邊錯金錘脫的裝飾圖案中，共有四隻處於中心對稱的含綬鳥形象（圖66、圖67）[71]。

圖65　1955年，洛陽澗西區唐墓出土
"月宮海龍雙鳥紋"銅鏡一件

圖66　1970年洛陽關林唐墓出土一件
"金銀平脫花鳥"紋銅鏡

圖67　1970年洛陽關林唐墓出土一件
"金銀平脫花鳥"紋銅鏡紋樣（摹本）

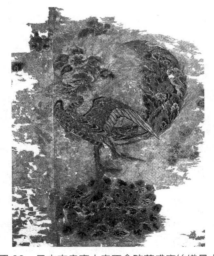

圖68　日本奈良東大寺正倉院藏盛唐絲織品中
所見的含綬鳥美術形象

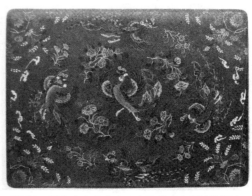

圖69　日本奈良東大寺正倉院藏盛唐彩繪箱櫃中
所見的含綬鳥美術形象

与此类同的具有含绶鸟形象刻画的唐代铜镜，洛阳地区尚有更多的文物实例的发现[72]，可見富於開放意識的唐人，對這一藝術題材持有愛不釋手、殷殷相惜的情感。

不僅如此，盛唐時代經由中國流入日本諸多文物的美術紋樣中，更有構圖精美的含綬鳥藝術題材的存在。如藏於奈良東大寺正倉院的盛唐絲織品和彩繪箱櫃中，已有光色艷麗、爍目至今的含綬鳥美術形象（圖68、圖69）[73]，從

而折射出這一美術題材生機勃發的文化浸潤力──一代東方古國接納西域文明之風化鄉土、淵源有緒，正有待人們通過物象背後的信息撥冗，揭示其當年撲朔流變的人文倫理。

四、中國含綬鳥美術遺跡的相關思考

（一）古籍文獻透露的中外社會交流的背景

由洛陽及內地含綬鳥美術遺跡折射的文化現象，促使我們對相關時期的歷史背景作出必要的回溯，以便我們從中找出這一文化現象得以孕育的合理史態。

我們首先檢閱魏唐史籍與之相關的波斯、粟特的傳記史料。

太平真君五年（444）三月，北魏"遣使者四輩使西域"。正平元年（451）正月，"破洛那、罽賓、迷密諸國各遣使朝獻"[74]。

皇興二年（468），魏遣"使者韓羊皮使波斯，波斯王遣使獻訓象及珍物。經于闐，于闐中于王秋仁輒留之，假言慮有寇不達。羊皮言狀，顯祖怒，又遣羊皮奉詔責讓之"⑦。

永平二年（509）正月"丁亥，胡密、步就磨、忸密、榮是、悉萬斤、辛豆（身毒）、那越、拔忸諸國並遣使朝獻。壬辰，嚈噠、薄知國遣使來朝，貢白象一。乙未，高昌國遣使朝貢。……三月癸未，磨豆羅、阿曜社蘇突闌、地伏羅諸國並遣使朝獻"⑦。

永平四年（511）"三月癸卯，婆比幡彌、烏萇、比地、乾達諸國並遣使朝獻。……六月乙亥，乾達、阿婆羅、達舍、越伽使密、不流沙諸國並遣使朝獻。……九月甲寅，……嚈噠、朱居槃、波羅、莫伽陀、移婆僕羅、俱薩羅、舍彌、羅槃陀等諸國並遣使朝獻"⑦。

延昌元年（512）"戊申，疏勒國遣使朝獻。……三月辛卯朔，渴槃陀國遣使朝獻。……（十月）嚈噠、于闐、高昌及庫莫奚諸國並遣使朝獻"⑦。

二年（513）八月"庚戌，嚈噠、于闐、槃陀及契丹、庫莫奚諸國並遣使朝獻"⑦。

神龜元年（518）閏七月"丁未，波斯、疏勒、烏萇、龜兹諸國並遣使朝獻"⑧。

正光二年（521）五月"乙酉，烏萇國遣使朝貢。閏月丁巳，居密、波斯國並遣使朝貢。六月己巳，高昌國遣使朝貢"⑧。

北魏遷都洛陽以來西域諸國奉使東夏如此之頻繁，足以反映當時中外交流、社會往來的暢通。對於西方世界絡繹款塞、頻示友好的行徑，北魏王庭亦有不失時機之回應。

《魏書·西域傳》載："嚈噠國，……在于闐之西，都烏許水南二百餘里，……自太安（455—459）以後，每遣使朝貢。正光（520—524）末，遣使貢獅子一，至高平，遇萬俟醜奴反，因留之。醜奴平，送京師……熙平（516—517）中，肅宗遣王伏子統宋雲、沙門法力等使西域訪求佛經，時有沙門慧生者亦與俱行，正光中還。"⑧

同傳："康國者，康居之後也。……舊居祁連山北昭武城，因被匈奴所破，西逾蔥嶺，遂有其國。……名爲强國，西域諸國多歸之……人皆深目、高鼻、多髯。善商賈，諸夷交易多湊其國。……奉佛，爲胡書。……太延（435—439）中，始遣使貢方物。"⑧

當北魏遷都洛陽以來，史傳載波斯國謂："神龜（518—520）中，其國遣使上書貢物，云：'大國天子，天之所生，願日出處常爲漢中天子。波斯國王居和多千萬敬拜。'朝廷嘉納之。自此，每使朝獻。恭帝二年（555），其王又遣使獻方物。隋煬帝時，遣雲騎尉李昱使通波斯，尋使隨昱貢方物。"⑧

《洛陽伽藍記》："永寧寺，熙平元年（516）靈太后胡氏所立也。……外國所獻經像，皆在此寺。……時有西域沙門菩提達摩者，波斯國胡人也。起自荒裔，來遊中土，見金盤炫日，光照雲表，寶鐸含風，響出天外。歌詠贊歎，實是神功。自云：'年一百五十歲，歷涉諸國，靡不周遍。而此寺精麗，閻浮所無也。極佛境界，亦未有此。'口唱南無，合掌連日。"⑧

同書同卷記河間王元琛，前"在秦州，多無政績，遣使向西域求名馬，遠至波斯國，得千里馬，號曰'追風赤驥'。次有七百里者十餘匹，皆有名字。……琛常會宗室，陳諸寶器，金瓶銀甕百餘口，甌檠盤盒稱是。自餘酒器，有水晶鉢、瑪瑙盃、琉璃碗、赤玉巵數十枚，作工奇妙，中土所無，皆從西域而來"⑧。

隋史記載："波斯國，都達曷水之西蘇藺城，即條支之故地也。其王字形槠薩和。……王著金花冠，坐金獅子座，傅金屑於須上以爲飾。衣錦袍，加瓔珞於其上。……煬帝遣雲騎尉李昱使通波斯，尋遣使隨昱貢方物。"⑧

唐史又載：貞觀十三年（639），"高麗、新羅、西突厥、吐火羅、康國、安國、波斯、疏勒、于闐、焉耆、高昌、林邑、昆明及荒服蠻酋，相次遣使朝獻"⑧。

"波斯國，在京師西一萬五千三百里，東與吐火羅、康國接，北鄰突厥之可薩部，西北拒拂菻，正西及南俱臨大海。……其王冠金花冠，坐獅子床，服錦袍，加以瓔珞。俗事天地日月水火諸神，西域諸胡事火祆者，皆詣波斯受法焉。……男女皆徒跣，丈夫翦髮，戴白皮帽，衣不開襟，並有巾帔，多用蘇方青白色爲之，兩邊緣以織成錦。夫人亦巾帔裙衫，辮髮垂後，飾以金銀。……氣候暑熱，土地寬平，知耕種，多畜牧。有鳥，形如駱駝，飛不能高，食草及肉，亦能噉犬攫羊，土人極以爲患。又多白馬、駿犬，或赤日行七百里者，駿犬，今所謂波斯犬也。……（其王）卑路斯龍朔元年（661）奏言頻被大食侵擾，請兵救援。詔遣隴州南由縣令王名遠充使西域，分置州縣，因列其地疾陵城爲波斯都督府，授卑路斯爲都督。是後數遣使貢獻。咸亨中，卑路斯自來入朝，高宗甚加恩賜，拜右武衛將軍。儀鳳三年（678）令吏部侍郎裴行儉將兵册送卑路斯爲波斯王，行儉以其路遠，至安西碎葉而還，卑路斯獨返，不得入其國，漸爲大食所侵，客於吐火羅國二十餘年，有部落數千人，後漸離散。至景龍二年（708），又來入朝，拜爲左威衛將軍，無何病卒，其國遂滅，而部衆猶存。自開元十年（722）至天寶六載（747），凡十遣使來朝並獻方物。四月，遣使獻瑪瑙床。九年（750）四月，獻火毛繡舞筵、長毛繡舞筵、無孔珍珠”[89]。

“拂菻國一名大秦，……貞觀十七年（643）拂菻王波多力遣使獻赤玻璃、綠金、水精等物，太宗降璽書答慰，賜以綾綺焉。……大足元年（701），復遣使來朝。開元七年（719）正月，其主遣吐火羅大首領獻獅子、羚羊各二。不數月，又遣大德僧來朝貢”[90]。

上元元年（674）高宗在東都，十二月“戊子，于闐王伏闍雄來朝。辛卯，波斯王卑路斯來朝”[91]。

開元十年（722）十月庚申，玄宗“至自興泰宮。波斯國遣使獻獅子”[92]。

正是有唐一代諸蕃部落來華的頻繁，所以史籍致有開元（713—741）以來，“太常樂尚胡曲，貴人御饌盡供胡食，士女皆竟衣胡服。故有范陽羯胡之亂，兆于好尚遠矣”[93]的感歎。

由以上漢文史籍之輯錄，已可窺見北魏、隋唐時代內地與波斯、嚈噠、康國等西域國家經濟、文化交流的頻繁。

（二）東方文物遺跡所反映的中外文化濡化（enculturation）的社會生態

與上述歷史文獻記載中西文化交流盛況相表裏，出土文物亦從形象史料角度印證著古代中外社會交往的真實。

1988年8月，山西省大同市南郊張女墳第107號北魏墓中，出土了一件具有薩珊風格的玻璃碗和一件鎏金刻花銀碗。這件玻璃缽呈淡綠色透明狀，高73釐米，腹徑113釐米，口徑104釐米，直口、鼓腹、圓底，腹部有三十五個磨花橢圓形凸起裝飾，分四行交錯排列，圜底有六個磨花凹圓裝飾。銀碗高46釐米，口徑102釐米，敞口、圓腹、圓底。口沿下整聯珠紋兩道，腹部外壁飾四束“阿堪突斯（Acanthus）”葉紋聯成，每束葉紋中間的圓環內，各整一高鼻深目、長髮披肩的男子頭像。圜底有八等分圓圈葉紋[94]。

又1988年8—11月，大同市北魏平城遺址出土了一件具有西亞古埃蘭藝術遺風的花瓣紋玻璃缽。學者們認爲這件器物應爲薩珊波斯仿製當地古器而流入中國者[95]。

此外，20世紀80年代以來，大同市南郊北魏墓葬遺址中，曾出土了三件鎏金高足銅杯和一件銀碗。研究表明，其器形和紋飾帶有明顯的希臘化風格[96]。

1956年秋，黃河水庫考古隊在河南陝縣會興鎮劉家渠隋開皇三年閏十二月（584）劉偉夫婦墓遺物中，發掘出兩枚波斯薩珊朝庫思老一世（Chosroes Ⅰ 或 Khosrau Ⅰ Anushirvan，531—579年）的銀幣。其中1號重4.0克，2號重3.9克，直徑均爲3.0釐米[97]。

1986年，西安東郊隋清禪寺塔基出土了一件薩珊玻璃瓶。瓶高4.6釐米，綠色透明。球形瓶體上貼有四枚三角形和四枚圓形裝飾。據考，這種貼花玻璃多流行於地中海沿岸。清禪寺爲隋文帝敕建，塔基埋藏於開皇九年（589），同時埋入的還有用掐絲技術製作的金飾[98]。

僅就洛陽地區來考察，古代中國與波斯、粟特社會往還有關的歷史人物、出土文物，真可謂賡續絡繹、不絕如縷。

往者洛陽出土隋代文物中，有突厥裔緒名“徹”者墓誌一品流散於世間。早年向達先生述及波斯諸國胡人流寓中原之實例，曾有節錄之援引：“君諱徹，字姞旺，塞北突厥人也。……俠姪之苗冑，波斯之別族。……”[99]

2004年秋，筆者於北京古籍書店目遇此誌之拓本。流覽之間，則知向氏引文偶有佚脫，想必先生目及拓本品相未佳所致也[100]。今以所購拓本之原狀，逐錄墓誌之要文：

“君諱徹，字姞注，塞北突厥人也。/ 俠姪之苗冑，波斯之別族。祖各志，任阿 / 臨河上開府。父若多志，摩何儀通。身早 / 逢迷曉，皈募大隋。勤奮赤誠，恒常供奉，/ 任右屯衛通議大夫。其人乃威神雄猛，/ 性愛武文。接事長幼，恒不失節。至於弓 / 馬興用，玄空走步，追生勿過三五。乃於 / 丙子之年，丁亥之朔，丁亥之日，忽然喪 / 没，埋在東都城北老子之鄉大翟村東 / 三百餘步。……大業十二年（616）三月十日。”（圖70）[101]

有唐一代波斯人入仕中原者，洛陽亦有墓誌之載籍。

《資治通鑑》卷二〇五延載元年（694）八月條記：“武三思帥四夷酋長請鑄銅鐵爲天樞，立於端門之外，銘記功德，黜唐頌周。以姚璹爲督作使，諸胡聚錢百萬億，買銅鐵不能足，賦民間農器以足之。”[102]

《舊唐書》卷八九《姚璹傳》：“時武三思率蕃夷酋長，請造天樞於端門外，

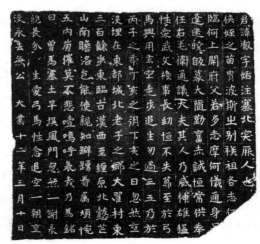

圖70　洛陽邙山出土大業十二年（616）
突厥徹墓誌

刻字紀功，以頌周德，璹爲督作使。"[103]

這座"四夷酋長"倡建於皇城"端門之外"的巍峨建築，其實正與一位波斯僑民有著一段富有傳奇色彩的因緣。

晚清時洛陽出土《大唐故波斯國大酋長右屯衛將軍上柱國金城郡開國公波斯君（阿羅憾/Abraham）丘之銘》，序其行狀有謂：

"大唐故波斯國大酋長、右屯衛將軍、上柱國、金城郡開國公波斯君丘之銘。

君諱阿羅憾，族望波斯國人也。顯慶（656—660）中，高宗天皇大帝以功績可稱，名聞西域，出使召來至此，即授將軍北門□領使，侍衛驅馳。又差充拂菻國諸蕃招慰大使，並於拂菻西界立碑，峨峨尚在。宣傳聖教，實稱蕃心。……又爲則天

圖71　洛陽隋唐故城東郊出土的景雲元年（710）
波斯僑民阿羅憾墓誌

大聖皇后召諸蕃王，建造天樞，及諸軍功，非其一也。此則永題麟閣，其於識終。方畫雲臺，沒而須錄。以景雲元年（710）四月一日，暴憎過隙。春秋九十有五，終於東都之私第也。……卜君宅兆，葬於建春門外，造丘安之，禮也。"（圖71）[104]

我們知道，薩珊波斯末代君主伊嗣俟（Yezdigird Ⅲ）於西元651年（唐永徽二年）失國於阿拉伯人的逐殺。其子卑路斯二世（Peroz Ⅱ）挾舊部出奔於吐火羅建立過短期的流亡政府。阿羅憾墓誌既稱自己"族望波斯國人也"，則其必爲波斯薩珊王朝的臣民。

丘銘載其"又差充拂菻國諸蕃招慰大使，並於拂菻西界立碑，峨峨尚在。宣傳聖教，實稱蕃心。諸國肅清，於今無事。豈不由將軍善導者爲功之大矣"。指的是龍朔元年（661）至乾封二年（667）之間唐庭遣使在西域羈縻州府設立界碑的行爲。

《舊唐書》卷一九八《西戎傳》："卑路斯龍朔元年奏言頻被大食侵擾，請兵救援。詔遣隴州南由縣令王名遠充使西域，分置州縣。因列其地疾陵城爲波斯都督府，授卑路斯爲都督。是後數遣使貢獻。"[105]《通典》記此則謂："龍朔元年（661），吐火羅置州縣使王名遠進《西域圖記》，並請於闐已西、波斯已東十六國分置都督府及州八十、縣一百、軍府一百三十六，仍於吐火羅國立碑，以記聖德。詔從之。"[106]阿羅憾既然以波斯舊部充任於使團，是故必然因熟悉泰西風情專任"拂菻國諸蕃招慰大使，並於拂菻西界立碑"宣傳唐化。

又按古代習稱的"拂菻"，史界一般指爲羅馬帝國（西元前27—474）。至於阿羅憾宣化西域時的"拂菻"，實則爲東羅馬帝國君士坦茲二世（Constans Ⅱ，641—668）執政地中海東北時期的"大秦"。當時大食頻頻侵擾羅馬東境，故唐朝政府有意安排阿羅憾等充使拂菻與之接援。史載乾封二年（667）拂菻"遣使獻底也伽"，識者或謂正是對阿羅憾出使大秦的回訪[107]。

今天，當人們回顧歷史上洛陽與絲綢之路一代繽紛往事的時候，應該記住還有一位波斯僑民曾爲中原、西域之間的文化交流作出了自己的貢獻。

唐代兩京地區入附蕃客的繁多，文物遺跡已有重複地反映。依據我國學者榮新江先生的研究，長安延壽里、普寧坊、金城坊、醴泉坊、懷遠里、居德里、興寧里、崇化里、道政坊、親仁坊、金光里、修德坊、勝業坊、通化里、光德里、開化里、群賢里、永樂里、崇仁里、義寧里、靖恭里、崇賢坊；洛陽惠和坊、章善里、弘敬里、嘉善里、敦厚里、思順里、利仁坊、陶化里、河南里、履信坊、溫柔里、福善坊等等，均有粟特移民的居住[108]。

晚清以降，洛陽城郊田野出土了數量可觀的西域胡人的石刻資料。僅據不完全統計，這些域外胡人的石刻史料累計超過50餘例[109]。其中誌文與經幢題記涉及西域胡人於漢地信仰祆教及景教的史料，則見於隋大業十一年（615）翟突娑墓誌、唐貞觀二十一年（647）康婆墓誌、咸亨四年（673）康元敬墓誌及元和九年（814）至大和三年（829）建樹於唐感德鄉的景教經幢[110]。

中古洛陽胡人之叢聚，從當地出土的數以萬計文物實例中亦可窺見其端倪。

洛陽博物館藏有隋末唐初黃釉胡人俑一件，形象塑造高鼻深目，八字髭須，絡腮。頭戴卷簷虛帽，身著窄袖束腰長袍及褲褶，足履扁頭皮靴。手執長頸雞首酒壺，一副中亞胡人沽酒自持的模樣[111]。同類的陶俑近年出土而流失於古舊市場在在多有。

該館另藏負載行走胡俑一件，高鼻深目，絡腮髭鬚。頭戴尖頂卷簷虛帽，上著窄袖交領長袍，下束褲褶，足履尖頭靿靴。肩負背囊，手執長頸雞首壺。彎腰弓背，行色匆匆，生動地傳達著絲路古道上一幅胡商販客絡繹往來、馳命不息的逆旅圖畫[112]。有唐一代同類的胡商負載備，中原出土品中尚有流散國外者，如法國吉美國立東方美術館即藏有一件形制與此

相類的作品，可見中古時期這類世俗人物爲社會各界所熟視[13]。

1981 年龍門東山發掘的景龍三年（709）安菩薩墓葬，壙內出土一批造型精美的三彩胡人牽馬、牽駝俑。其中一件高鼻深目，虯髯絡腮。頭戴尖頂卷簷虛帽。上身著窄袖束腰長袍，垂落過膝，外罩交口翻領半臂。下身褲褶內束於深筒皮靴中。

圖 72　龍門唐安菩薩墓　　圖 73　龍門唐安菩薩墓
　　　　出土胡俑　　　　　　　　　出土胡俑

圖 74　洛陽唐墓出土牽駝胡俑

持此種裝束的胡俑，該墓另有多尊出土，或束髮，或襆頭，然其高鼻深目之形貌造型，則傳達出一致的中亞地區粟特人種的血統特徵（圖 72、圖 73）[14]。

希臘上古歷史學家希羅多德（Herodotus，西元前 484—425）《歷史》（The Histories）一書曾經記載，當時往來西域的 "塞人，是斯基泰部落，他們頭戴高聳的尖頂厚氈帽，穿著褲子……"[15]。

另有研究者認爲，這類來自西方的胡人形象中，其 "尖帽胡俑、剪髮束帶胡俑、騎馬豹獵俑多爲粟特人形象"[16]。

總之，這種頭戴尖頂虛帽的胡俑，無論其民族身份來自於粟特還是依屬於塞種，但他們一概從屬於西域地區這一印歐人種血緣群體則是毫無異議的。

在洛陽出土的唐代胡俑中，另有一類題材樣本同樣顯示著特定的人文風貌。

在洛陽唐墓出土的三彩冥器中，最能傳達當時中外絲路交通的文物實例，當屬這類遺存中最爲常見的牽駝胡俑。這類駝騎題材的美術作品，駝背褡褳上往往見有扁壺、長頸鷹首壺、成卷的絲束及 "盛於皮袋" 內的祆神形象。從而傳達出中亞祆教信徒遠徙中原且祀奉故鄉宗教神祇的人文背景（圖 74）。

中原唐三彩駱駝造型中這種特定畫面的典型美術程式，集中反映了中古時代粟特部落東漸華夏過程中，緣於征途生計的必須而裝配首要設備的最低限度——因始終處於 "隨隅平衡" 狀態而便於攜帶液體飲料的長頸扁壺，對於往來千里荒漠而倍感乾渴的行人來說，其功能價值已遠遠超出日常使用範疇而賦有隨時 "救生" 的特殊意義。"盛於皮袋" 內的祆神形象，則體現出漫漫征程中宗教信仰對羇旅生活不可或缺的精神支撐作用。至於成束成卷的絲綢，毫無疑問，那正是東西方往來行旅捨生忘死追逐經濟利益的首選目標。由此看來，一種隨葬於唐人冥間世界而有傳模意致的藝術品，其文化含蘊中竟浸透著古人源自現實生活的文化生態結構——文化遺產承載往日歷史信息之意趣雋永、令人刮目，洛陽唐三彩駱駝的美術造型可謂昭然燎亮之一例。

有唐中期，洛陽地區因諸回鶻東來更有摩尼教徒的駐足。史載元和二年（807）"正月庚子，回鶻使者請於河南府、太原府置摩尼寺三所，許之"[17]。

西域胡人入附內地之稟承故鄉信仰，更有長安、洛陽兩京出土景教文物獲得印證[18]。

西域移民風行洛陽的情勢，唐人筆下更有膾炙人口的描述，這在唐人詩詞歌詠中恰有生動的流露。

元稹（779—831）《法曲》詩："自從胡騎起煙塵，毛毳腥羶滿咸洛；女爲胡婦學胡妝，伎進胡音務胡樂；火鳳聲沉多咽絕，春鶯囀罷長蕭索；胡音胡騎與胡妝，五十年來競紛泊。"[19]

王建（約 767—約 830）《涼州行》："涼州四邊沙浩浩，漢家無人開舊道；邊頭州縣盡胡兵，將軍別築防秋城；萬里人家皆已沒，年年旌節發西京；多來中國收婦女，一半生男爲漢語；蕃人舊日不耕犁，相學如今種禾黍；驅羊亦著錦繡衣，爲惜氈裘防鬥時；養蠶操繭成匹帛，那堪繞帳作旌旗；城頭山雞鳴角角，洛陽家家學胡樂。"[20]

馮著（約 735—740）《洛陽道》詩云："洛陽宮中花柳春，洛陽道上無行人；皮裘氈帳不相識，萬戶千門閉春色；春色深，春色深，君王一去何時尋？春雨灑，春雨灑，周南一望堪淚下；蓬萊殿中寢胡人，鵁鶄樓前放胡馬；聞君欲行西入秦，君行不用過天津；天津橋上多胡塵，洛陽道上愁殺人。"[21]

由以上詩歌之傳唱，我們不難想見中古時代兩京地區胡風煙塵的潮生雲起、景致斑斕。

史載貞觀三年（629）"戶部奏言：中國人自塞外來歸及突厥前後內附、開四夷爲州縣者，男女一百二十餘萬口"[22]。

中國人口史上如此引人注目、耐人尋味的載籍，的確讓人們感受到西元 7 世紀初葉華戎交往時態的繁榮。而洛陽以上石刻史料和文物遺跡顯示，這些來自西域的內徙胡人，或信奉著舊邦的祆教，或宗崇於天竺的佛法。或者以軍功顯赫於朝堂，或者因商貿興販於"關洛"。或遠溯家聲於西極，或稱貫認籍於中州，其不惟族內婚媾於部落，更有結姻於漢族名望者。其間博大恢弘氣息之散發，在在彰顯著一代民族自強不息、勇於開拓的精神境界。

兩京一帶東來胡人如此之密集，其於漢地宗奉故國夷教且又如此之執著，這無疑折射出這類移民部落對故國人文生活的懷戀與熱衷——漢地文物遺跡中頻頻出現的"含綬鳥"之類美術圖像，實際上已從一個學理角度反映出西域文明漸染華夏腹地的情態。

與文獻史料及文物外在形態互形表裏的是，絲綢之路暢通年代的文物遺跡，更以美學形態的多元融匯，散發出文化"涵化現象"（acculturation）這一人類歷史上極具動態寓意的事物流程。

如前所引，原本以佛教崇拜為宗旨的巴米揚石窟、克孜爾石窟，其美術素材的選取竟然採用祆教圖像樣本中的含綬鳥題材。而巴米揚東大佛窟頂中脊所繪之太陽神駕車圖壁畫，更以一組鮮明的祆教美術題材，嵌入佛教信仰崇拜的文化場合[⑫]。

在中原，龍門石窟古陽洞北魏盝頂佛龕中所見"雉尾龍（pheasant tail dragon）"之裝飾樣本，實又採源於古羅馬早年的美術裝飾題材[⑬]。

由此看來，不同宗教文化之間的相互親和與共融，在東西方文化持續交流的環境下，完全有可能實現接納異方的良性互動——從文化接觸（culture contact）到文化融合（cultural fussion）的歷史腳步，古今中外從來都沒有停止過這樣的勢態。這一點，從下一例與"含綬鳥"題材相關的美術遺跡中，亦可得到確切的驗證。

人所悉知，在中國美術史上，青龍（Green dragon）、白虎（White tiger）、朱雀（Vermilion bird）、玄武（Black tortoise）之"四神"（The four supernatural beings symbolizing the four quadrants of the sky and the earth）形象，實乃源於春秋戰國以來五行學說盛行之後的一種圖像崇拜，其中不啻含有中國傳統文化方位信仰的特質。然而，僅據本文羅列的美術史例，可知至遲還在北魏時代中國傳統意義上的的"朱雀"，已經在圖像構成上實現了向西域"含綬鳥"形象的轉身。

如本文篇首披露唐先天二年（713）的裴懷古墓誌蓋，其"四神"裝飾紋樣中的"朱雀"，即被刻畫成為一幅"雙頭鳥（double-headed bird）"的藝術形象，從而使其散發出一種濃郁的西方美術圖像的意蘊。

不僅如此，通過文化形態的考察我們發現，裴氏墓誌蓋與朱雀、玄武同時出現的青龍與白虎，亦因創作思維（compositional scheme）兼有域外信仰的傾向，其頸部亦被系紮以綬帶——中華傳統固有之美術題材，在盛唐時代中外社會廣泛存在文化接觸的時態下，顯然通過與祆教信仰的文化濡染（cultural fusion），實現了自身的形態轉換！

圖75　2005年秋龍門西山畢溝村東原出土
蕭元祚墓誌蓋

圖像意境與裴懷古墓誌蓋四神造型之雷同，僅以本文前述的報導，即見有唐開元二十四年（736）柳澤墓誌蓋、開元二十六年（738）李景由墓誌蓋、開元二十九年（741）張景尚墓誌蓋、天寶六年（747）裴智墓誌蓋、長慶四年（824）何撫墓誌蓋五例文物遺跡。2005年龍門西山出土開元二十三（735）蕭元祚墓誌蓋，亦有形態類同的美術造型（圖75）。可見中國傳統文化之結緣域外文明，已至習習相因、影隨風從的程度。

事實上，從世界美術史視域來考察，這種"雙頭鳥"藝術形象的出現，可以上溯到更為遙遠的斯基泰時代（西元前8—前3世紀）甚至此前的南俄草原上的赫梯人時代。由於草原部落時代人們對翱翔於大自然中的雄鷹的崇拜，所以斯基泰人的祖先便容易在自己的美術生活中，將這一藝術母體納入到日常用具中來——阿爾泰地區美術遺跡中不斷出現的連體對鳥工藝造型（圖76）[⑮]，實際上正是上述塞人審美傳統在當地的一種流露。此外，隨著塞人的東進與南遷，這種藝術崇拜遂亦流行於以伊朗高原為中心的中東、西亞一帶。波斯阿契美尼德王朝以降盛行中亞的"含綬鳥"等禽獸美術遺跡，其實已經含有南俄草原移民審美崇拜的基因。

由此可見，漢地"四神"中的雙頭含綬"朱雀"的美術創作，無疑從文化源流角度，透露出內地承襲域外審美意識的現實。

從美術形態層面透露出來的這種文化轉換的現象，中原文物遺跡中另有其他史料可為我們提供更為豐富的認識素材——風行西域的一種被稱為"神怪鳥獸紋（mythical bird and animal design）"美術裝飾題材，曾連綿不斷地出現在漢唐時期

圖76　阿勒泰塞人美術遺跡中的雙頭鳥造型

圖 77　洛陽出土的東漢翼獅

圖 78　洛陽出土北魏墓誌蓋中的森木魯美術圖像

圖 79　洛陽出土唐張説墓誌所見翼馬造型

圖 80　洛陽出土唐張説墓誌所見"格裏芬"造型

的内地文物中。這些美術樣本包括翼獅、翼馬、翼鹿、翼駝等一類"格里芬"有翼神獸的圖像（圖77、圖78、圖79、圖80），它至少反映著兩漢以降内地汲取域外藝術題材的時代風尚。尤其是，當我們釐清中原漢人自覺採納這類域外美術題材於自我生活需求的時候，我們不能不爲其中蘊含的中外文化相互採擷、認同的生態現實感到由衷的震撼。

當我們回顧以上西域美術母體浸染東夏藝術消費場域的整個過程時，我們發現當年内地的美術創作不僅在藝術題材方面汲引於西方，而且貫穿其間的美術方式亦展現出濃郁的"西方化（occidentalize）"色彩——充斥於東方那一時代的美術畫面，幾乎清一色採用西方美術行之已久的"密體意致（Poetic Charm of the Ornate Pattern）"構圖技藝⑩，從而形成了東方美術造型手段一種極具時代韻致的文化時尚。

而且，從青海都蘭吐蕃古墓出土包括含綬鳥、波斯文、連珠紋等大量提花的中外絲織品來看待，我們的史學意識無疑應該認識到，中外文明的交流及其文化成果的産生，自來就包含著東西方各個民族成員的積極推動與造就。中外一切優秀文化成果的産生，是人類大家庭所有兄弟成員世世代代不懈創造與傳播的結果——以洛陽爲視點的"含綬鳥"美術遺跡的流佈，端的驗證了這一歷史倫理的真實。

五、餘論

本文以上的事理屢列，容易引起人們意識聯想的一個問題是：在西元9世紀初葉的中國文壇，曾有學人以詩詞紀事載及江南叢林中一種名爲"吐綬鳥"的珍禽的奇聞逸事。事物概念如此之貼近，二者可有内在的關聯？

如劉禹錫（772—842）有《吐綬鳥詞並序》七古詩曰："滑州牧尚書李公以《吐綬鳥詞》見示，兼命繼聲。蓋尚書前爲御史時所作，有翰林二學士同賦之，今所謂追和也。鳥之所異，具於本篇。越山有鳥翔寥廓，嗉中天綬光若若。越人偶見而奇之，因名吐綬江南知。四明天姥神仙地，朱鳥星精鐘異氣。赤玉雕成彪炳毛，紅綃翦出玲瓏翅。湖煙始開山日高，迎風吐綬盤花條。……花紅草綠人間事，未若靈禽自然貴。……願隨青鳥向層城。太液池中有黄鵠，憐君長向高枝宿。如何一借羊角風，來聽簫韶九成曲。"⑩

大抵有唐以來士人以吐綬鳥生理形態迥異於目及之常熟，劉氏詞序遂有李尚書以下翰林學士相繼"追和"同題詩詞的披露——古人詩文獵奇之群隨相繼，此殆率爾之一例。

出現於中國南方地區的這種珍貴的禽鳥，事實上自南朝以降業已引起人們的注意。

梁任昉（460—508）《述異記》卷上載："吐綬鳥，其身大如鸛，五色，出巴東山中。毛色可愛，若天晴淑景，即吐綬，長一尺，須臾還吞之。陰滯即不吐。"⑩

唐段成式（約803—863《酉陽雜俎》："吐綬鳥，魚複縣南山有鳥大如鴝鵒，羽色多黑，雜以黄白，頭頰似雉，有時吐物長數寸，丹采彪炳，形色類綬，因名爲吐綬鳥。又食必蓄嗉，臆前大如斗，慮觸其嗉，行每遠草木，故一名避株鳥。"⑩

按形諸中國文人筆下如此繪聲繪色的"吐綬鳥"者，本乃一種名爲"黄腹角雉"的稀有鳥類。按之動物學分類，黄腹角雉，屬雉科，學名爲Tragopancaboti。今屬中國國家一級保護動物，係世界最瀕危鳥類之一，是中國特種珍禽，2001年被列入國

圖81 中國境內的"吐綬鳥"——黃腹角雉

圖82 洛陽邙山出土北魏元謐石棺左槨之
"森穆魯"綫刻

家15類瀕危物種拯救和繁育工程（圖81）。

由此值得人們思考的還有，以"吐綬"譬喻本土一種具有"臆前""蓄嗉（肉裙）"的鳥類，無疑從"文化意念"的傳移視域折射出古人留意中外人文掌故的心態——適當西域"含綬鳥"美術圖像風行東土的中古，內地文士殆以希見珍禽之生理特徵，附會以視覺形象的感受，從"蓄嗉"到"含綬"的意念聯想，實乃來自於文化啓迪的思維嫁接。

實際上，西域"含綬鳥"之名實確定，端在美術個體形象的頸部繫紮有"綬帶"的視覺定型。它的固有寓意，則帶有強烈的人文元素的本質。而中國南方得以見到的"吐綬鳥"，則以"臆前""蓄嗉"的生理形態，擬化以"系綬"的視覺觀感。從二者名物概念的演繹路徑上審查，顯然後者取源於前者。毫無疑問，從"吐綬鳥"上溯到"含綬鳥"之間的意念承接，是對現實事物作出的一種富有"西方化"價值取向的概念模擬。

富於義理韻致的更是，發生於自然生物與人文美術這種"二元結構（binary structure）"之下的名實演繹，事實上透露著人類生活現實中由"文化接觸（culture contact）"走向"文化融合（cultural fusion）"的內在機理，原本屬於東西方人文、自然兩個系統的有形視覺品類，可以在感覺元素上給予想像的調和——這種帶有靈感貫通（inspirational connectivity）意味的文化嫁接的現象，不僅可以透過象徵意象（symbolic imagery）反映著當年漢地文人世界的民俗智慧（folk wisdom），更從意識形態層面折射出中古時期東西方文化交流過程中的一種借鑑他者、嵌入自我的人文勢態。

這一點，洛陽出土北魏元謐墓石綫刻中相融東方世俗故事的孝子畫像與西方神化題材的"森穆魯（senmurv）"美術遺跡的單元構圖（圖82）及其當地爲數至多的類似文物遺產，無疑從史料場域給予了反復的印證——洛陽古代文化遺產博大精深之含蘊，以本文之信手採例可以管窺一二焉。

參考文獻：

① 圖版引自張乃翥輯：《龍門區系石刻文萃》，北京：國家圖書館出版社2011年，圖版77/第77頁。

② 圖版引自洛陽市文物工作隊：《洛陽龍門唐安菩夫婦墓》，《中原文物》1982年第3期，第21—26頁，圖版8。

③ 圖版引自張乃翥輯：《龍門區系石刻文萃》，北京：國家圖書館出版社2011年，附錄圖版74/第479頁。

④ 石刻拓本張乃翥購藏於洛陽古舊市場。

⑤ 圖版引自張乃翥輯：《龍門區系石刻文萃》，北京：國家圖書館出版社2011年，附錄圖版87/第492頁。

⑥ 同上，圖版158/第155頁。

⑦ 同上，圖版159/第156頁。

⑧ 石刻拓本爲張乃翥購藏於洛陽古舊市場。

⑨ 圖版引自張乃翥輯：《龍門區系石刻文萃》，北京：國家圖書館出版社2011年，圖版189/第186頁。

⑩ 同上，圖版193/第191頁。

⑪ 圖版引自洛陽市文物工作隊：《唐睿宗貴妃豆盧氏墓發掘簡報》，《文物》1995年第8期，第45—46頁。

⑫ 圖版引自張乃翥輯：《龍門區系石刻文萃》，北京：國家圖書館出版社2011年，圖版197/第195頁。

⑬ 同上，附錄圖版98/第479頁。

⑭ 石刻拓本爲張乃翥購藏於洛陽古舊市場。

⑮ 同上。

⑯ 參見李靜傑：《印度花鳥嫁接式圖像及其在中國的新發展》，《敦煌研究》2014年第3期，第92—115頁。

⑰ （漢）司馬遷：《史記》卷一二三《大宛列傳》，北京：中華書局1959年，第3169—3170頁。

⑱ 同上，第3172—3173頁。

⑲ 河南省文化局文物工作隊第一、二隊編：《河南出土空心磚拓片集》，北京：人民美術出版社1963年，圖45、圖73。

⑳ 李獻奇、楊海欽：《洛陽又發現一批西漢空心畫像磚》，《文物》1993年第5期，第17—23頁。濟寧市博物館：《山東濟寧師專西漢墓清理簡報》，

《文物》1992 年第 9 期，第 22—36 頁。

㉑ 圖版引自羅世平、齊東方：《波斯和伊斯蘭美術》，北京：中國人民大學出版社 2004 年，第 83 頁。

㉒ 同上，第 84 頁。

㉓ 同上，第 126 頁。介紹引自沈愛鳳：《從青金石之路到絲綢之路》，濟南：山東美术出版社 2009 年，第 447 頁。

㉔ 圖版引自沈愛鳳：《從青金石之路到絲綢之路》，濟南：山東美術出版社 2009 年，第 371 頁。

㉕ 圖版引自羅世平、齊東方：《波斯和伊斯蘭美術》，北京：中國人民大學出版社 2004 年，第 84 頁。

㉖ 宿白：《中國境內發現的中亞與西亞遺物》，中國大百科全書編輯委員會編：《中國大百科全書·考古學卷》，北京·上海：中國大百科全書出版社 1986 年，第 679 頁。

㉗ 圖版引自洛陽文物工作隊編：《洛陽出土文物集粹》，北京：朝華出版社 1990 年，第 111 頁。

㉘ 姜伯勤：《安陽北齊石棺床畫像石的圖像考察與入華粟特人的祆教美術》，中山大學藝術史研究中心編：《藝術史研究》第 1 輯，廣州：中山大學出版社 1999 年，第 151—186 頁。又參見 Angela F. Howard, Highlights of Chinese Buddhist Sculpture in the Freer Collection, Orientations, May 1993, p. 99.

㉙ （唐）玄奘、辯機著，季羨林等校注：《大唐西域記校注》卷一，北京：中華書局 1985 年，第 72 頁。

㉚ 圖版引自羅世平、齊東方：《波斯和伊斯蘭美術》，北京：中國人民大學出版社 2004 年，第 89 頁。

㉛ 圖版引自沈愛鳳：《從青金石之路到絲綢之路》，濟南：山東美術出版社 2009 年，第 374 頁。

㉜ 圖版引自羅世平、齊東方：《波斯和伊斯蘭美術》，北京：中國人民大學出版社 2004 年，第 91 頁。

㉝ Guitty Azarpay, Some lranian lconographic Formulae in Sogdian Painting, Iranica Antiqua XI . 轉引自姜伯勤：《中國祆教藝術史研究》，北京：生活·讀書·新知三聯書店 2004 年，第 67—69 頁。

㉞ 參見 Guitty Azarpay, Some lranian lconographic Formulae in Sogdian Painting, Iranica Antiqua XI . 論文注 23。據貝利(H. W. Bailey)：《九世紀典籍中的瑣羅亞斯德教問題》。轉引自姜伯勤：《中國祆教藝術史研究》，北京：生活·讀書·新知三聯書店 2004 年，第 69 頁。

㉟ Guitty Azarpay, Some lranian lconographic Formulae in Sogdian Painting, Iranica Antiqua. XI . 轉引自姜伯勤著：《中國祆教藝術史研究》，北京：生活·讀書·新知三聯書店 2004 年，第 48 頁。

㊱ 姜伯勤：《中國祆教藝術史研究》，北京：生活·讀書·新知三聯書店 2004 年，第 47 頁。

㊲ Guitty Azarpay, Some lranian lconographic Formulae in Sogdian Painting, Iranica Antiqua XI . pp. 168—177.

㊳ 姜伯勤：《中國祆教藝術史研究》，北京：生活·讀書·新知三聯書店 2004 年，第 48 頁。

㊴ 圖版引自羅世平、齊東方：《波斯和伊斯蘭美術》，北京：中國人民大學出版社 2004 年，第 100 頁。

㊵ 同上，第 138 頁。

㊶ 同上，第 137 頁。

㊷ 國家文物局教育處編：《佛教石窟考古概要》，北京：文物出版社 1993 年，第 284 頁。

㊸ 參見常任俠：《河南省新出土漢畫像石刻藝術初探》，氏著《東方藝術叢談》，上海：上海文藝出版社 1984 年，第 235 頁。

㊹ 石刻原件藏美國波士頓美術館(Museum of Fine Arts, Boston)，圖版引自黃明蘭編著：《洛陽北魏世俗石刻綫畫集》，北京：人民美術出版社 1987 年，第 101 頁。

㊺ 圖版引自黃明蘭編著：《洛陽北魏世俗石刻綫畫集》，北京：人民美術出版社 1987 年，第 11 頁。

㊻ 同上，第 14、20 頁。

㊼ 同上，第 94 頁。

㊽ 同上，第 48 頁。

㊾ 中國大百科全書出版社編輯部編：《中國大百科全書·考古學》，北京：中國大百科全書出版社 1986 年，彩圖版第 58 頁。

㊿ 參見 Custina Scaglia, Gentral Asians on Northem Ch'i Gate Shrine, Artibus Asiae, Institute of Fine Arts, Vol. XXI 1, New York University, 1958. pp. 9—28. 圖版引自姜伯勤：《中國祆教藝術史研究》，北京：生活·讀書·新知三聯書店 2004 年，第 47 頁。

51 參見夏名采：《益都北齊石室墓綫刻畫像》，《文物》1985 年第 10 期，第 49—54 頁。夏名采：《青州傅家北齊綫刻畫像補遺》，《文物》2001 年第 5 期，第 92—93 頁。圖系鄭岩先生摹本，圖版轉引自姜伯勤：《中國祆教藝術史研究》，北京：生活·讀書·新知三聯書店 2004 年，第 65、68 頁。

52 參見山西省考古研究所、太原市晉源文物旅遊局：《太原隋代虞弘墓清理簡報》，《文物》2001 年第 1 期，第 27—52 頁。

53 山西省考古研究所等編：《太原隋虞弘墓》，北京：文物出版社 2005 年。

54 圖版引自姜伯勤：《中國祆教藝術史研究》，北京：生活·讀書·新知三聯書店 2004 年，第 178 頁。

55 圖版為筆者 2011 年 12 月 9 日於國家博物館拍攝藏品原件。

56 許新國：《都蘭吐蕃墓出土含綬鳥織錦研究》，《中國藏學》1996 年第 1 期，第 3—26 頁，圖版見封 2、封 3。

57 姜伯勤：《中國祆教藝術史研究》，北京：生活·新知·讀書三聯書店 2004 年，第 178 頁。

58 圖版引自王子雲編：《中國古代石刻畫選集》，北京：中國古典藝術出版社 1957 年，圖版 21、圖版 27。

59 同上，圖版 31。

60 同上，圖版 29。

61 王團戰：《大周沙州刺史李無虧墓及徵集到的三方唐代墓誌》，《考古與文物》2004 年第 1 期，第 20—26 頁。

62 綫圖參見程旭、師小群：《唐貞順皇后敬陵石槨》，《文物》2012 年第 5 期，第 74—96 頁。

63 陝西省考古研究所編著：《唐惠莊太子李撝墓發掘報告》，北京：科學出版社 2004 年。

64 圖版引自山西省考古研究所編著：《唐代薛儆墓發掘報告》，北京：科學出版社 2000 年，圖版 14—1。

65 同上，圖版 36。

66 同上，圖版 48。

67 同上，圖版 24—1。

68 同上，圖版 16、49—1、46—2。

69 圖版轉見於謝虎軍、張劍編著：《洛陽紀年墓研究》，鄭州：大象出版社 2013 年，第 337 頁。

70 圖版引自謝虎軍主編：《河洛文明》，鄭州：中州古籍出版社 2012 年，第 432 頁。

71 同上，第 438 頁。

72 詳見洛陽博物館編：《洛陽出土銅鏡》，北京：文物出版社 1988 年，圖 119、圖 120、圖 123。謝虎軍、張劍編著：《洛陽紀年墓研究》，鄭州：大象出版社 2013 年，第 312、319、357、368、394、409、422、504 頁。

73 正倉院事務所、正倉院寶物：南倉，增補改訂，東京：朝日新聞社 1989 年，圖版 167。正倉院事務所、正倉院寶物：中倉，增補改訂，東京：朝日新聞社 1988 年，圖版 73。

74 （北齊）魏收：《魏書》卷四下《世祖紀》，北京：中華書局 1974 年，第 105 頁。

75 （北齊）魏收：《魏書》卷一〇二《西域傳》，北京：中華書局 1974 年，第 2263 頁。

76 （北齊）魏收：《魏書》卷八《世宗紀》，北京：中華書局 1974 年，第 207—209 頁。

77 同上，第 210—211 頁。

78 同上，第 211—212 頁。

79 同上，第 213 頁。

80 （北齊）魏收：《魏書》卷九《肅宗紀》，北京：中華書局 1974 年，第 228 頁。

81 同上，第 232 頁。

82 （北齊）魏收：《魏書》卷一〇二《西域傳》，北京：中華書局 1974 年，第 2278—2279 頁。

83 同上，第 2281 頁。

84 （唐）李延壽：《北史》卷九七《西域傳》，北京：中華書局 1974 年，第 3223 頁。

85 （北魏）楊衒之：《洛陽伽藍記》卷一《城內》條。上海：上海古籍出版社 1978 年，第 1115 頁。

86 （北魏）楊衒之：《洛陽伽藍記》卷四《城西》條。上海：上海古籍出版社 1978 年，第 207 頁。

87 （唐）魏徵等：《隋書》卷八三《西域傳》，北京：中華書局 1973 年，第 1856—1857 頁。

88 （後晉）劉昫等：《舊唐書》卷三《太宗紀下》，北京：中華書局 1975 年，第 51 頁。

89 （後晉）劉昫等：《舊唐書》卷一九八《西戎傳》，北京：中華書局 1975 年，第 5311—5313 頁。

90 同上，第 5314—5315 頁。

91 （後晉）劉昫等：《舊唐書》卷五《高宗紀下》，北京：中華書局 1975 年，第 99 頁。

92 （後晉）劉昫等：《舊唐書》卷八《玄宗紀》，北京：中華書局 1975 年，第 184 頁。

93 （後晉）劉昫等：《舊唐書》卷四五《輿服志》，北京：中華書局 1975 年，第 1958 頁。

94 山西省考古研究所、大同市博物館：《大同南郊北魏墓群發掘簡報》，《文物》1992 年第 8 期，第 1—11 頁。

95 張增光：《大同市城南發現北魏墓群》，《北朝研究》1989 年第 1 期，第 114 頁，圖見本期第 66 頁。

96 大同市博物館、胡平：《山西大同南郊出土北魏鎏金銅器》，《考古》1983 年第 11 期，第 997—999 頁。山西省考古研究所、大同市博物館：《大同南郊北魏墓群發掘簡報》，《文物》1992 年第 8 期，第 1—11 頁。

97 黃河水庫考古工作隊：《劉家渠漢唐墓葬發掘簡報》，《考古通訊》1957 年第 4 期，第 14—16 頁。

98 鄭洪春：《西安東郊隋舍利墓清理簡報》，《考古與文物》1988 年第 1 期，第 61 頁。

99 向達：《唐代長安與西域文明》，北京：生活·讀書·新知三聯書店 1957 年，第 25 頁。又石家莊：河北教育出版社，2001 年，第 33 頁。

100 吳樹平、吳寧歐編：《隋唐五代墓誌彙編·洛陽卷》（第一冊），天津古籍出版社 1992 年，第 158 頁。該志拓片影印本，即復模糊虛幻，不易辨識。嗣後北京圖書館金石組編：《北京圖書館藏中國歷代石刻拓本彙編》（第 10 冊），鄭州：中州古籍出版社 1989 年，第 114 頁，則圖像頗佳。

101 圖版引自張乃翥、張成渝：《洛陽與絲綢之路》，北京：國家圖書館出版社 2009 年，第 97 頁。

102 （宋）司馬光：《資治通鑒》卷二〇五，《唐紀》二一，北京：中華書局 1956 年，第 6496 頁。

103 （後晉）劉昫等：《舊唐書》卷八九《姚璹傳》，北京：中華書局 1975 年，第 2902—2903 頁。

104 阿羅憾墓誌的拓本與錄文，始見（清）端方：《匋齋藏石記》卷二一，第 9 頁。又刊《北京圖書館藏中國歷代石刻拓本彙編·唐·020 冊》，鄭州：中州古籍出版社 1989 年，第 110 頁。本文圖版引自張乃翥、張成渝：《洛陽與絲綢之路》，北京：國家圖書館出版社 2009 年，第 165 頁。

105 （後晉）劉昫等：《舊唐書》卷一九八《西戎傳》，北京：中華書局 1975 年，第 5312—5313 頁。

106 （唐）杜佑：《通典》卷一九三《邊防》九，杭州：浙江古籍出版社 1988 年，第 5277 頁。

107 說見林梅村：《洛陽出土唐代猶太僑民阿羅憾墓誌》，氏著《西域文明——考古、民族、語言和宗教新論》，北京：東方出版社 1995 年，第 103 頁。

108 唐代兩京粟特移民的居住情況，詳見榮新江：《北朝隋唐粟特人之遷徙及其聚落》所列兩表，氏著《中古中國與外來文明》，北京：生活·讀書·新知三聯書店 2001 年，第 83—84、86—87 頁。

109 參見張乃翥、張成渝：《洛陽與絲綢之路》，北京：國家圖書館出版社 2009 年，第 97、165—200、220—225 頁。

110 參見張乃翥：《中原出土文物與中古祆教之東浸》，《世界宗教研究》1992 年第 3 期，第 29—39 頁。張乃翥：《跋洛陽新出土的一件唐代景教石刻》，

⑩ 《西域研究》2007 年第 1 期，第 65—73 頁。英譯本刊《景教遺珍——洛陽新出唐代景教經幢研究》，北京：文物出版社 2009 年，第 17—33 頁。

⑪ 洛陽博物館、遼寧省博物館編：《大三彩》，東京：泛亞細亞文化交流センター・第一企畫株式會社 1989 年，第 24 頁 / 圖 2。

⑫ 同上，第 24 頁 / 圖 5。

⑬ 圖版參見林樹中主編：《海外藏中國歷代雕塑》（中卷），南昌：江西美術出版社 2006 年，第 472 頁。

⑭ 圖版採自洛陽文物工作隊編：《洛陽出土文物集粹》，北京：朝華出版社 1990 年，第 88—89 頁 / 圖版 75。

⑮ （古希臘）希羅多德著，徐松岩譯：《歷史》，上海：上海三聯書店 2008 年，第 370 頁。

⑯ 任江：《初論西安唐墓出土的粟特人胡俑》，《考古與文物》2004 年第 5 期，第 65—73 頁。

⑰ （宋）王欽若等：《冊府元龜》卷九九九《外臣部・請求》，北京：中華書局 1960 年，第 11724 頁。

⑱ 長安出土《大秦景教流行中國碑》，拓本刊於北京圖書館金石組編：《北京圖書館藏中國歷代石刻拓本彙編・唐・028 冊》，鄭州：中州古籍出版社 1989 年，第 11 頁。洛陽地區唐代景教信仰與胡人文化群落的考察，詳見張乃翥：《跋洛陽新出土的一件唐代景教石刻》，《西域研究》2007 年第 1 期，第 65—73 頁。英譯本刊葛承雍編：《景教遺珍——洛陽新出唐代景教經幢研究》，北京：文物出版社 2009 年，第 17—33 頁。張乃翥：《洛陽出土的景教經幢與唐代東都"感德鄉"的胡人聚落》，《中原文物》2009 年第 2 期，第 98—106 頁。英譯本刊 2009 年 6 月 奧地利薩爾茨堡"第三次國際討論會對中國和中亞的東方教堂的研究"（3rd International Conference on "The Church of the East in China and Central Asia"）論文集。

⑲ （唐）元稹：《元氏長慶集》卷二四，上海：上海古籍出版社 1994 年，第 129 頁。

⑳ （清）彭定求等編：《全唐詩》卷二九八，北京：中華書局 1960 年，第 3374 頁。

㉑ （清）彭定求等編：《全唐詩》卷二一五，北京：中華書局 1960 年，第 2249 頁。

㉒ （後晉）劉昫等：《舊唐書》卷二《太宗紀》，北京：中華書局 1975 年，第 37 頁。

㉓ 國家文物局教育處：《佛教石窟考古概要》，北京：文物出版社 1993 年，第 272—273 頁。

㉔ 說見本書張乃翥：《中古時期漢地裝飾美術中的"密體意致"》。

㉕ 圖版引自吳艷春：《雙頭鷹形金翅鳥圖像源流探》，新疆維吾爾自治區博物館編：《西域歷史文化寶藏探研》第三輯，烏魯木齊：新疆美術攝影出版社 2012 年，第 205 頁。

㉖ 有關中古時代漢地美術創作採用西方"密體"造型的文化遺跡，參見張乃翥：《中古時期漢地裝飾美術中的"密體意致"》。

㉗ （唐）劉禹錫：《吐綬鳥詞並序》，《全唐詩》（第一一冊）卷三五六，北京：中華書局 1979 年，第 4005—4006 頁。

㉘ （清）紀昀等編：《四庫全書》（第 1047 冊），上海：上海古籍出版社 1987 年，第 618 頁。

㉙ （唐）段成式：《酉陽雜俎》前集卷一六《羽篇》，北京：中華書局 1981 年，第 155 頁。

洛陽石刻美術遺跡與中古士人的生態意識

——以洛陽出土韋師、李嗣本等墓誌石刻藝術爲緣起

Artistic Stone Engravings from Luoyang and the Ecological Consciousness of Chinese Literati during the Middle Ancient Period: A Study Based on the Art Motifs of the Epitaphs of Wei Shi and of Li Siben

張乃壽

Zhang Naizhu

（龍門石窟研究院 471023）

Research Institution of the Longmen Grottoes 471023

內容摘要：

　　近代洛陽地區出土的一些石刻文物中，包含有諸多顯示古代社會生態意趣的美術史料——大自然內包括獅、虎、豹、鹿、黃羊、野豬、猞猁、狐狸、蒼鷹、游隼、鴻雁、鴛鴦等等動物以及人與動物、建築、植被共融相處的個案性場景，反復地出現在中古時期的石刻美術作品中。這些帶有濃鬱生物氣息的視覺圖像，不僅從思維記憶的角度折射出文物產生年代中國士人階層懷有樸素層面的“自然生態觀”和“人文生態觀”，更從文化學視域透露出東方社會隨著中外文化交流的拓展，在藝術領域逐步接納西域關注生存資源、謳歌生活環境的審美習慣。

關鍵詞：

　　洛陽　西域　石刻藝術　生物氣息　審美習慣

Abstract:

　　Several stone relics recently unearthed in the Luoyang area provide us with artistic material showing the ecological consciousness of the ancient Chinese society. Specific scenes with a wide range of animals such as lions, tigers, leopards, deers, gazelles, wild boars, lynxes, foxes, goshawks, falcons, swan geese, mandarin ducks etc., as well as with humans and animals, buildings and plants, frequently appear in the stone artistic specimens of the Middle Ancient Period. Not only do these visual images, so full of wildlife flavour, reflect the fact that, from the point of view of conceptualization, the Chinese literati of the time possessed an attitude towards the natural and the human environments, but also, from a culturological perspective, reveal that Chinese society, following the opening of cultural relations with Central Asia, had gradually accepted and assimilated those aesthetical conventions, typical of the Western

Regions, that focus on life resources and eulogize the living environment.

Key words:

Luoyang　Western Regions　artistic stone engravings　wildlife flavour　aesthetical conventions

---

一、近年洛陽出土石刻文物中的生態化美術遺跡

在洛陽地區近年出土的石刻文物中，一些具有裝飾美術造型的唐代墓誌引起了我們的注意，這些具有鮮明世俗習尚的美術作品，刻畫有爲數衆多的顯示人與自然環境相互關聯的視覺題材，由此引發了我們對相關年代人類生態意識的回溯。以下按出土文物的年代次序，對這些美術讀品作一系統的報導。

1. 2004 年 8 月，洛陽北郊邙山出土垂拱四年（688）唐故博州刺史韋師墓誌一合。誌石長 72.5 釐米、寬 72.5 釐米、厚 17 釐米；誌蓋長 72.5 釐米、寬 72.5 釐米、厚 14 釐米，蓋芯篆書"大唐故博／州刺史京／兆韋府君／墓誌之銘"。其墓誌四周裝飾美術綫刻造型中，見有胡人鬥虎、胡人鬥獅及獅子追捕幼鹿、猞猁追捕狐貍的畫面。而墓誌蓋左側的裝飾綫刻中，則見有作爲寵物的系索獼猴的出現（圖 1、圖 2）①。

圖 1　2004 年洛陽邙山出土武周垂拱四年（688）唐故博州刺史韋帥墓誌

圖 2　2004 年洛陽邙山出土武周垂拱四年（688）唐故博州刺史韋帥墓誌

2. 2007 年 1 月龍門西山北麓出土武周大足元年（701）李文楷墓誌一合。誌石長 46 釐米、寬 46 釐米、厚 11 釐米；誌蓋長 48 釐米、寬 48 釐米、厚 12 釐米。誌石四周的裝飾綫刻中，鐫有域外美術風格的動、植物紋樣。其中見有翼獸和斑豹、獅子凡七軀動態逼真的美術形象。誌蓋梯形四刹裝飾綫刻中，則有斑豹、野豬及鳥類多種動物形象。儘管石刻品相未臻完美，但其動物造型之栩栩如生、情態傳神，已足以折射出中古藝術家超俗不凡的造型技藝（圖 3、圖 4）②。

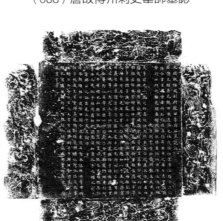

圖 3　2007 年 1 月龍門西山北麓出土大足元年（701）李文楷墓誌

圖 4　2007 年 1 月龍門西山北麓出土大足元年（701）李文楷墓誌蓋

3. 2004 年 12 月洛陽邙山出土武周長安二年（702）李自勛墓誌一合。誌石長 70 釐米、寬 70 釐米、厚 15 釐米；誌蓋拓本長 83 釐米、寬 83 釐米，蓋芯篆書"大周故朝／請大夫隋／州長史李／府君墓誌"。其誌蓋四刹的裝飾綫刻紋樣中，鐫刊獅子各一軀（圖 5）③。

4. 2005 年 2 月龍門西山出土武周長安三年（703）衛華墓誌，誌石長 41 釐米、寬 41 釐米、厚 10 釐米；誌蓋長 41.5 釐米、寬 41.5 釐米、厚 7 釐米。其誌石及誌蓋四周綫刻裝飾紋樣中，鐫刻有獅、虎、野豬、大角鹿、盤羊、狗、兔、鴻雁等等各具情態的禽獸形象（圖 6、圖 7）④。

5. 1984 年夏至 1985 年秋，中國社會科學院考古研究所河南第二工作隊在洛陽市偃師縣杏園村發掘六座紀年唐墓。其中唐景龍三年（709）李嗣本墓出土石刻墓

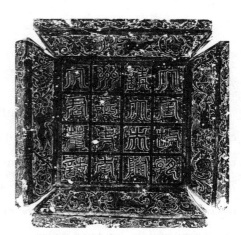

圖 5　2004 年 12 月洛陽邙山出土長安二年（702）李自勛墓誌蓋

洛陽石刻美術遺跡與中古士人的生態意識——以洛陽出土韋師、李嗣本等墓誌石刻藝術為緣起

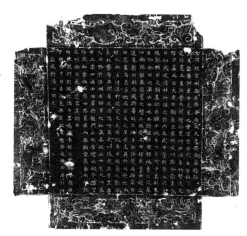

圖 6　2005 年 2 月龍門西山出土長安三年
（703）衛華墓誌

圖 7　2005 年 2 月龍門西山出土長安三年
（703）衛華墓誌蓋

圖 8　1984 年夏至 1985 年秋偃師杏園出土
李嗣本墓誌蓋

圖 9　2004 年春，河南孟縣出土先天二年
（713）唐故幽州都督裴懷古墓誌蓋

圖 10　2005 年秋，龍門西山北麓出土
開元九年（721）薛釗墓誌蓋

圖 11　1995 年秋，山西省萬榮縣出土
開元九年（721）薛儆墓石槨綫刻畫

圖 12　2004 年偃師縣首陽山南麓出土開元
十八年（730）許景先墓誌

圖 13　2004 年春，洛陽偃師縣首陽山南麓
出土開元十八年（730）唐故吏部侍郎許景
先墓誌蓋

誌一合。誌石長 80 釐米、寬 80 釐米、厚 12 釐米；誌蓋長 80 釐米、寬 80 釐米、厚 10.5 釐米。該墓誌誌蓋盝頂四剎右側的綫刻造型中，見有一組胡人手執器械搏鬥獅子的畫面（圖 8）⑤。

6. 2004 年春，河南孟縣北嶺出土唐先天二年（713）唐故幽州都督左威衛大將軍裴懷古墓誌一合。誌石長 87.5 釐米、寬 87.5 釐米、厚 13 釐米；誌蓋長 92.5 釐米、寬 91.5 釐米、厚 13.5 釐米，蓋芯篆書“大唐故 / 裴府君 / 墓誌銘”。其誌蓋盝頂四剎的綫刻裝飾紋樣中，見有玄武、含綬朱雀、含綬青龍、含綬白虎各一軀（圖 9）⑥。裴懷古，《舊唐書》卷一八五下《良吏傳》有傳。此爲史傳名人美術遺跡珍貴之案例。

7. 2005 年秋，龍門西山北麓出土唐開元九年（721）薛釗墓誌一合。誌長 62.5 釐米、寬 62.5 釐米；誌蓋拓本長 69 釐米、寬 69 釐米，蓋芯篆書“大唐故 / 薛府君 / 墓誌銘”。其誌蓋四剎裝飾綫刻中，有黃羊一、獅子二、帶角異獸一（圖 10）⑦。

8. 1995 年秋，山西省萬榮縣開元九年（721）薛儆墓出土石槨一套。石槨內壁綫刻裝飾繪畫中，見有一鋪胡人騎獅的畫面（圖 11）⑧。

9. 2004 年春，洛陽偃師縣首陽山南麓出土唐開元十八年（730）唐故吏部侍郎許景先墓誌一合。誌石長 88 釐米、寬 88 釐米、厚 15 釐米；誌蓋拓本長 90 釐米、寬 90 釐米，蓋芯篆書“大唐故 / 許府君 / 墓誌銘”。其誌石左右立面各刊含綬鳥一尾，上立面刊奔羊一雙，下立面刊卷草紋一鋪。誌蓋四剎三面飾以卷草紋，一面刊獅子一軀（圖 12、圖 13）⑨。誌主許景先，《舊唐書》卷一九○《文苑傳》《新唐書》卷一二八有傳。

10. 近年洛陽龍門東山南麓出土唐開元十九年（731）盧正容墓葬石刻一套。墓門高 180 釐米、寬 116 釐米。其墓門券拱門楣的內部，鐫刻一對團花簇擁的“含綬鳥”圖像。另在墓門欄額的卷草紋樣綫刻中，刊有雄獅逐鹿的圖畫。而其左右兩側的門框中，則於卷草紋樣中綫刻翔雁各一隻。墓門左側門扇於唐草紋中刊執笏門

圖 14　近年龍門東山南麓出土開元十九年（731）盧正容墓門石刻一鋪

圖 15　2005 年秋龍門西山出土開元二十三（735）蕭元祚墓誌

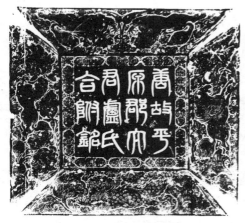

圖 16　2006 年洛陽偃師出土開元廿五年（737）盧太君墓誌蓋

圖 17　2006 年夏，洛陽邙山出土開元廿八年（740）張涗墓誌

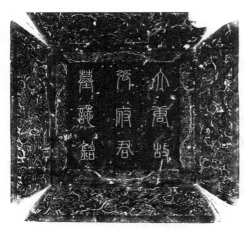

圖 18　2006 年夏，洛陽邙山出土開元廿八年（740）張涗墓誌蓋

圖 19　2005 年 3 月，龍門西山出土開元廿九年（741）張景尚墓誌蓋

吏一身，右側門扇則刊捧印門吏一軀。整個墓門石刻的裝飾效果，顯得層次繁縟，富麗堂皇（圖 14）[10]。

11．2005 年秋龍門西山畢溝村東原出土唐開元二十三（735）的蕭元祚墓誌一合。誌石高 68.5 釐米、寬 68.5 釐米、厚 12.5 釐米；誌蓋拓本長 70 釐米、寬 70 釐米。誌石四周裝飾紋樣中，見有蒼鷹和麋鹿（圖 15）[11]。

12．2006 年 8 月，洛陽偃師出土唐開元廿五年（737）盧太君墓誌一合。誌石長 74 釐米、寬 74 釐米、厚 17 釐米；誌蓋拓本長 81 釐米、寬 81 釐米，蓋芯篆書"唐故平 / 原郡太 / 君盧氏 / 合祔銘"。誌蓋盝頂四剎裝飾綫刻紋樣中，見有雙獅、含綬翼豹、角獅、翼馬的形象（圖 16）[12]。

13．約 2006 年夏，洛陽邙山出土唐開元廿八年（740）唐故同州刺史張涗墓誌一合。誌石長 76 釐米、寬 75.5 釐米、厚 16 釐米；誌蓋拓本長 86 釐米、寬 86 釐米，蓋芯篆書"大唐故 / 張府君 / 墓誌銘"。誌石四周裝飾綫刻圖案中，見有梅花鹿、斑豹的刻畫。其誌蓋盝頂四剎之左右，見有飛鳥各一尾（圖 17、圖 18）[13]。

14．2005 年 3 月，龍門西山張溝村東南出土唐開元廿九年（741）張景尚墓誌一合。誌石長 51.5 釐米，寬 51 釐米，厚 11.5 釐米；誌蓋拓本長 57 釐米，寬 57.5 釐米，蓋芯楷書"大唐故 / 張府君 / 墓誌銘"。其誌蓋四剎所刊"四神"裝飾綫刻圖案中，見有玄武、含綬朱雀、含綬青龍、含綬白虎的形象（圖 19）[14]。

除此之外，就洛陽地區而言，這種表現世間生態情趣的石刻作品，此前已知的文物遺跡中亦有不少的案例。目前可以搜集到的這類具有物象生態寓意的美術史料尚有：

15．龍門石窟古陽洞南壁西端，有北魏神龜三年（520）比丘惠感與趙阿歡等人造像龕一鋪。在該龕高 16 釐米、寬 93 釐米的龕楣裝飾圖案中，有"維摩詰經變"故事畫及"佛傳故事"各一種。其情節連貫的佛傳故事雕刻中，以"樹下誕生""九龍灌頂""阿私陀占相"三個畫面最爲富有感人的美術效果。"占相"一節中所刻之草廬，與次大陸早期佛教藝術中的美術形象如出於一轍，因而具有濃郁的次大陸生態文明的氣息（圖 20）。

圖 20　龍門石窟古陽洞南壁神龜三年（520）比丘惠感與趙阿歡等人造像龕龕楣

圖21　龍門石窟古陽洞南壁神龜三年（520）
比丘惠感與趙阿歡等人造像龕龕下
平座護法力士與獅子造型

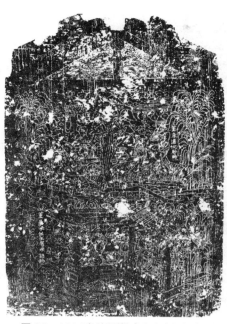

圖22　1931 年洛陽邙山出土孝昌三年
（527）寧懋石室山牆外壁造像之一

圖23　1931 年洛陽邙山出土孝昌三年
（527）寧懋石室山牆外壁造像之二

圖24　1931 年洛陽邙山出土孝昌三年
（527）寧懋石室後牆外壁造像之一

圖25　1931 年洛陽邙山出土孝昌三年
（527）寧懋石室後牆外壁造像之二

圖26　洛陽博物館藏洛陽地區早年出土
北魏佛教造像碑所見護法獅子之美術造型

值得人們留意的是，該龕底層左右兩側有護法力士與獅子各一鋪，西側的一鋪將力士與獅子的畫面構圖，刻畫成情態聯動而具有雜藝表演的神態（圖21）。

16. 1931 年洛陽邙山出土、現藏美國波士頓美術館（Museum of Fine Arts）雕鑿於北魏孝昌三年（527）的寧懋石室（Ning Mao's Stone Chamber），係一仿木結構的石雕懸山式屋形建築。

石室左右兩面山牆外壁綫刻丁蘭、虞舜、董永及董晏四組孝行、歷史故事，畫面均以獨幅形式表現主要的情節內容。石室內部正壁，綫刻三位貴族人物及其陪伴的侍女像。室內左右山牆則分別刻有乘騎和牛車的出行行列圖像。山牆外壁，則刻繪有屏風曲回的“庭院庖廚圖”。在這類極富世俗情調的美術畫面中，藝術家以精湛的構圖技法表現了當時社會生活的場景，真實地再現了北魏時期馬具、車服、陳設、器用等形像。而在丁蘭、虞舜、董晏及庖廚圖中所見之庭院、房舍及帷帳，均已真實地表現出當時民居以及幾種不同類型的單體建築的結構特點。寧懋石室各件畫面中，山石、樹木紛然雜陳，風情濃郁，在構圖技巧上顯示出“刷脈鏤葉，多棲梧菀柳”的特定的時代裝飾風格（圖22、圖23、圖24、圖25）[15]。

17. 審美意趣有異曲之妙的作品，洛陽地區早年出土的北魏佛教造像碑別有一例。該造像碑青石質，方形基座高 38.5 釐米、寬 65 釐米、厚 38.5 釐米；碑身高 136 釐米、寬 60 釐米、厚 17.5 釐米，現藏於洛陽博物館。在其正面佛龕之底部，通常習見的護法獅子，竟被刻畫爲一軀正在哺育幼崽的母體（圖26）。如此佛光莊嚴之場合，亦不乏萬物生態之傳摹——教義宣揚與審美培育之和諧貫通、融爲一體，中古佛教石刻在此爲人們提供了一個鮮活的考察斷面[16]。（按：碑刻題記刊於碑身之左側。）

18. 龍門石窟路洞南北兩壁鐫刻於北魏晚期的一組背屏式像龕，一律採用淺浮雕的歇山頂屋形殿堂作爲畫面情節的主題背景。這類屋形建築飛簷寶鐸，臺基高暢。內有佛陀、菩薩娓娓互動之身影，外有除陛勾欄，池荷迎風之美景。法界淨土之天籟，躍然臻乎於壁間（圖

圖27　龍門石窟路洞南壁北魏晚期的背屏式像龕

圖28　龍門石窟路洞北壁北魏晚期的背屏式像龕

圖29　往年洛陽邙山出土隋開皇六年（586）馬會之墓誌四周裝飾浮雕所見有翼神異動物之一

圖30　往年洛陽邙山出土隋開皇六年（586）馬會之墓誌四周裝飾浮雕所見有翼神異動物之二

27、圖28）。如此曼妙之境界，使人們回憶起北魏京城佛門伽藍“青林垂影，綠水爲文；形勝之地，爽塏獨美；……交疏對溜，青台紫閣，浮道相通。雖外有四時，而內無寒暑。房檐之外，皆是山池；竹松蘭芷，垂列階墀；含風團露，流香吐馥”[17]的勝狀。

與上述宗教石刻相媲美，洛陽北魏時期的一些世俗美術作品亦頻頻見有反映世間人文生態的場景。

另在洛陽地區早年出土的其他世俗文物中，亦有各式動物形象的出現。

19．如往年洛陽邙山出土隋開皇六年（586）的馬會之墓誌，其誌石四周綫刻裝飾浮雕中，亦有帶翼神異動物的刻畫（圖29、圖30）。

20．次如舊時邙山出土葬於唐調露元年（679）的泉男生墓誌，其誌蓋四刹密佈卷草紋樣的梯形邊坡內，各自穿插著四軀奔騰跳躍的獅子和翼獸。尤其引人矚目的是，其中若干獅子高舉前掌奮力騰躍的姿勢，頗具人格化造型的韻味，這無疑展示了當年藝術家創作技巧出神入化、富於浪漫的意識流境界（圖31）。

誠然，以上文物史料的縷列，相對於中原地區浩如煙海的古代文化遺產來説，不啻管窺全豹掛一而漏萬。但業已檢索在案的這些有限的美術史料，則足以引起我們對相關時代這類文物遺跡賴以產生的人文背景作出帶有義理意義的回溯與梳理。惟其以此，殆能使以上文物的潛輝幽光發揮出應有的史學價值。

作爲具有審美內涵的歷史文物，中原地區以上石刻遺存中人物與動物、動物與動物之間互動畫面的刊佈，實際上從視覺讀品角度顯示出古代人類生存環境的一些要素內容及其與人類自身的關聯。美術遺跡中如此珍貴的視像透露，毫無疑問彌補了傳統的文獻紀事對上述人類生態環境歷史斷面披露的不足。

生活實際告訴人們，一定歷史階段形成的地下資源腑藏不會是取之不盡、用之不竭的。事實上，近年來瘋狂的文物盜掘，已經造成洛陽地下漢唐文物的瀕臨枯竭。這從一個側面提醒我們，面對坊肆間以上隨時可能流失的文物遺存，人們應該以珍惜歷史資源的學理思維，高度重視其文物價值的揭示。

圖31　洛陽邙山早年出土唐調露元年（679）泉男生墓志蓋所見卷草紋樣及獅子、翼獸

由此看來，梳理古代文化遺產中與之相關的美術史料，從考古學視域發掘古人賴以依託的生存空間，從而有助於人們對於古代社會人類生態倫理的深入思考。因此，董釐這些不期面世的視覺讀品，將會給我們帶來超乎審美之外的學術旨趣和收益。

二、學界“以物鑒史（proving history through cultural relics）”學術實踐的簡要回顧

衆所周知，自考古人類學（archaeological anthropology）興起前後，就古代文化遺存之事象，復原往昔社會人文生態的學術實踐，近代以來學界先哲們已經作出了許多篳路藍縷、新意疊出的成果。僅以近代佛教考古實踐爲例，英人約翰·馬歇爾

（S.J.Marshall，1876—1958）1902—1931 年任職印度考古勘察總監期間主持塔克西拉（呾叉始羅，Taxila）佛寺遺址及桑奇佛塔（Sanchi Stupa）遺址考古發掘及其之後完成的《桑奇遺跡》（The Monuments of Sanchi，1939 年）、《呾叉始羅：1913 至 1934 年間奉印度政府之命在呾叉始羅從事考古發掘的附圖報告》（Taxila:An Illustrated Account of Archaeological Excavations Carried out at Taxila under the Orders of theGovernment of India between the Years 1913 and 1934，劍橋：劍橋大學出版社，1951 年）、《犍陀羅佛教藝術》（Sir John Marshall,The Buddhist Art of Gandhāra,劍橋：劍橋大學出版社 1960 年）等學術著作[18]，實已開創了古代佛教文化形態規模化揭示的先河。正是次大陸田野考古的這一揭示，讓世人對孔雀王朝至貴霜時代的佛教寺院生活有了情節性認知——僧人們禪居制度的格局、佛塔崇拜及其像法供養的細節等等，這些帶有生活情態意義的往昔場景，端賴展現在人們眼前的文化遺跡始能得到確切的闡釋。馬歇爾通過考古遺跡對古代中亞佛教生活的解讀，其實正是學術界在“文獻治史”之外開闢史學嶄新領域而邁出的帶有拓荒意義的一步——世界近三個世紀以來的文物發掘史，基本演繹的正是這種“以物證史（proving history through cultural relics）”的學術模式。

在中國，引用西方歷史考古學（historical archeaology）方法揭示古代文明的學術實踐，曾越來越受到學界廣泛的重視[19]。這些年來，中國文物學界《文物》《考古》《考古學報》以及大量的考古學專著，臺灣大學《美術史研究集刊》、中山大學《藝術史研究》等等後起的學術刊物，也多以出土文物史料爲依據，對古代史學進行了偏重於個案的研究——中國古代史內涵的揭示，無容置疑地步入了一個區別於文獻時代的全新的階段。

在這一學術潮流中，以文物史料剖析古代歷史潛影幽輝而極臻史學魅力的研究成果，平允而論，當首推張廣達先生《唐代的豹獵——文化傳播的一個實例》這一美輪美奐的宏文奕章。

先生的文章，論域宏博，選材陶煉，以充分的史料依據和嫻熟的義理闡發，將古代史上一段東、西方文化傳播的鮮活案例，以析理精闢且極富史學旨趣的科研成果推介給關注人類文化史的中外讀者。此文史料蒐求無遺海外之天方，義理融匯窮乎中西之武庫。字字珠璣，啓發人心，真謂一項帶有靈感提升意義的科研成就[20]。

繼之而踵武者，若臺灣中研院邢義田先生《赫拉克利斯在東方》一文，亦不啻這一學術領域循遠汲深皎皎之一例[21]。

前賢們這種“以圖鑒史”的學術示範，激勵著我們學會觀察自身周圍的文化遺跡，從而捕捉到這些人類活動遺物中帶有軟信息價值的“像外意蘊”。

三、洛陽文物遺跡中相關美術題材內容的分析

法國史學家和藝術評論家丹納（Hippolyte Adolphe Taine, 1828—1893）曾經說過：“（藝術）作品的產生，取決於時代精神和周圍的風俗。”[22] 這實際上在一定層面上與後來馬克思提出的“藝術生產”理論一樣，道出了人類藝術實踐根植於現實生活並受制於環境支配的原理。

以如此貼近生活本源的學術理念來看待中原地區上述帶有濃郁生態情調的文物史料，則以上美術讀品的視覺內涵無疑可以折射出石刻生產時代中外人文生活中那些無法割離的風俗畫卷——文物遺跡之淵源於特定的人文背景，殆因此等文化遺存的義理剖析而彰顯。

執是之故，我們打算對以上收集的石刻圖像做一偏重於美術史方面的剖析，期以通過這種帶有實證寓意的圖像申說，對相關時代的人文生態背景作出有限的復原。

洛陽地區出土的這些石刻文物中，首先引起我們關注的是其具有題材性價值的美術形象。

由圖像分類可知，以上見於報導的石刻美術題材，大體含有人物、建築、植物、動物及神異動物圖像五個方面的內容。

以下就這些美術形象的題材單元，分別予以文化內涵的分析。

1. 表現人物與自然環境的美術構圖

寧懋石室立壁所刊九幅緻刻畫像中，有執戈、持劍的甲冑武士一對，榜刊“孝子寧萬壽”“孝子弟寧雙壽造”題記一副。在左、右山牆的外壁，刊刻中國傳統故事中的《丁蘭事母》《帝舜》《孝子董永》及《館陶公主與董偃近幸》等畫面。石室左山牆之外壁，內容爲《庖廚圖》及墓主生前的起居生活：在樹木掩映的居室外，帷帳高懸，衆多侍者在廚下燒洗烹飪，張設宴席。第七、八幅畫《鎧馬圖》《牛車圖》等表現男女墓主出行的情景。第九幅爲墓主寧懋青年、中年、老年三個時期的肖像，每幅肖像人物都有一位女姬脅侍在側。

　　寧懋石室綫刻圖畫中以居室、林木、人物、禽鳥爲造像題材而錯落有致、有條不紊的美術構圖，實乃北魏時期洛陽人文生態中帶有民俗風情寫真寓意的紀念性畫卷[23]。

　　龍門石窟古陽洞北魏神龜三年（520）比丘惠感、趙阿歡等人造像龕龕楣佛傳故事裝飾雕刻中，"樹下誕生""阿私陀占相""王位相讓"等敘事性圖畫，展示出藝術家善於提煉題材背景的造型技巧。

　　在"樹下誕生"的畫面構圖中，林下摩耶夫人在一侍女扶持下右臂側伸，傾身而立。夫人前方一女侍屈膝而跪、雙手合掬作腋下接生狀。其人物形象身姿柔曼、偎依有情，不僅傳達出女性個體生理動態的特有韻致，更從圖畫縮影勾畫出人與林木的生態意境。

　　位於該龕龕楣東端的"王位相讓"的圖畫，雖邊緣部位稍有殘損未能詳悉其全貌，但尚且保存的部分仍能看到高坐低沉情態的太子與其對面羽葆、華蓋訶衛下屈膝下跪的淨飯王形象。這一組情節畫面，大抵即爲經中"太子於是時，心懷甚憔悴。又更詣父王，盡意勤求出……唯願見聽放，至仙人山澤，於彼修淨行……願必見聽放。於時白淨王，以蓮花色手，牽太子手已，悲聲而告之、垂泣而熟視，良久乃長歎，然後發聲言，辛酸苦痛辭：'唯子可放捨，莫複懷此心，今未應是汝，山澤自守時……如今正是吾，山澤自守時；應以王榮位，次欲委授卿；香湯灌沐汝，以寶冠駕授；我懷喜不憂，入山澤無慮；願見汝沐浴，初踐於王位……'"[24]。

　　該龕龕楣頂端"維摩變"造像中維摩居士及其所居斗帳之造型，則明顯帶有魏晉以降士大夫階層清談居處之樣貌[25]。

　　該龕底層左右兩側有護法力士與獅子各一鋪，西側的一鋪將力士與獅子的畫面構圖設計成姿勢呼應、情態聯動而富有雜藝表演意味的場景氛圍，這促使人們回憶起北魏時代洛陽寺院的節日生活中，曾經充斥著西域文藝狂歡時那種"梵樂法音，聒動天地，百戲騰驤，所在駢比"的動人情節[26]。

　　比丘惠感像龕這一組高不盈寸的裝飾圖畫，以富於立體感覺的圓浮雕石刻繪畫，將佛本行故事中一系列人物形象的生活情趣狀摹得有血有肉、惟妙惟肖、生動逼真。這種極備傳神意趣的石刻小品，給佛龕主像的禮拜觀想提供了讓人馳騁想像的思維空間，極大地增進了人們對佛陀人生歷程和宗教動機的思想感染。龍門北魏裝飾圖畫在宗教哲理的宣傳過程中發揮著突出的賦彩效果，比丘惠感像龕的這一組佛傳故事雕刻可謂一個典型的例證。

　　圖載人與動物發生互動關聯的美術史料，內地石刻文物中能夠見到的實例，多屬胡人參與馴獸、鬥獸的畫面。

　　如本文以上所述，2004年洛陽邙山出土武周垂拱四年（688）的韋師墓誌，其四周裝飾綫刻圖案中，即有胡人持械馴獅、馴虎的畫面。

　　另如洛陽偃師縣杏園村發掘出土唐景龍三年（709）的李嗣本墓誌，誌蓋盝頂四刹右側的綫刻造型中，亦有一組胡人手執器械搏鬥獅子的畫面。

　　次如1995年山西萬榮縣出土唐開元九年（721）薛儆墓石槨一套。其內壁綫刻裝飾繪畫中，則有胡人騎獅畫面的出現。

　　學界熟知，在盛產獅子的波斯及其西亞其它地區，無論壁畫、石刻、織錦、金屬器皿等各式美術載體中，表現人與獅子個體互動的美術遺跡屢見不鮮，所在而多有。美術遺跡中的這類圖像畫卷，實際上折射了西亞一帶人與動物之間天然形成的生態系鏈——美術圖像之有限空間，實際是當地無限生活舞臺特定人、物關聯的聚焦與截影。隨著東西方社會往來、文化交流的拓展，這種源自於西亞的美術崇拜，亦在漢地美術創作中得到了移植——迄今爲止這類流行漢地的美術樣本，其人物形象均爲西域胡人模樣即可窺見其源委[27]。

　　不但如此，從更進一層的意義上來分析，流行漢地的這種表現人與猛獸互動關係的美術圖像，實際已從石刻繪畫的視域，再次折射出唐代上層社會效法西域各國盛行馴獸抑或狩獵的世俗風習。

　　這從大曆詩才盧綸（約737—約799）《臘日觀咸寧王部曲姿勒擒豹歌》對唐人熱衷畋獵的繪聲繪色的描寫中可以窺見其端倪：

　　"山頭曈曈日將出，山下獵圍照初日；前林有獸未識名，將軍促騎無人聲；潛形踠伏草不動，雙雕旋轉群鴉鳴；陰方質子纔三十，譯語受詞蕃語揖；捨鞍解甲疾如風，人忽虎蹲獸人立；欻然扼顙批其頤，爪牙委地涎淋漓；既蘇複吼拗仍怒，果協英謀生致之；拖自深叢目如電，萬夫失容千馬戰；傳呼賀拜聲相連，殺氣騰凌陰滿川；始知縛虎如縛鼠，敗虜降羌生眼前；祝爾嘉詞爾無苦，獻爾將隨犀象舞；苑中流水禁中山，期爾攫搏開天顏；非熊之兆慶無極，願紀雄名傳百蠻。"[28]

　　詩歌以極富現場紀實色彩的敘事畫面向人們透露，這位年"纔三十"、名叫"姿勒"的"陰方質子"，以其非凡的膽識與技能，參與了唐代貴族一次冬日的山林圍獵。從當時"捨鞍解甲疾如風，人忽虎蹲獸人立；欻然扼顙批其頤，爪牙委地涎淋漓；既蘇複吼拗仍怒，果協英謀生致之"這種令人驚心動魄的場景來看，胡人"擒豹"的角力格鬥無疑贏得了唐朝上層社會的青睞和贊賞，域外人文風情之播揚漢地，與前述之"豹獵"敘事一再折射了當年中原生活的真實意蘊。

人類與猛獸連結生計的這種現象，不僅為張廣達先生的論著所發掘，更為當代的現實例證所再現——雅虎網站 2012 年 11 月 16 日報導，英國攝影師大衛·懷特近期曾走遍美國，拍攝了一組美國人普通家庭的另類兇猛寵物。其中有老虎、豹、狼、大象等等，都曾成為這些熱愛寵物的家庭的一員（圖 32 ）。

圖 32　雅虎網站 2012 年 11 月 16 日報導，英國攝影師大衛·懷特近期走遍美國，拍攝了一組美國人與兇猛寵物和諧相處的影像

圖 33　雅虎網站 2012 年 11 月 30 日報導印度尼西亞 31 歲的男子 Abdullah Sholeh 和一隻 4 歲的老虎"木蘭"建立了友誼。Abdullah Sholeh 因此被稱為"老虎保姆"

另據雅虎網站 2012 年 11 月 30 日報導，在印尼瑪琅，31 歲的印尼男子 Abdullah Sholeh 和一隻 4 歲的老虎"木蘭"建立了堅不可摧的友誼。木蘭三個月大的時候，Abdullah Sholeh 開始飼養它，他們每天在一起嬉戲玩耍，甚至擁抱親吻，Abdullah Sholeh 因此更被稱為"老虎保姆"（圖 33 ）。

近期網絡圖片報導中，西方一位名叫凱文·理查森的主人公，專門從事動物行為研究，他能近距離接觸非洲大陸最為兇猛的獅子，並享有"獅語者"的美名。他與獅子之間的友誼堪比親情，獅子也很樂意與他友好相處、如影隨形。如此狂野獸性的動物也有這麼溫情的一面，不禁讓人感動之餘驚歎自然界萬類和諧生存的本真（圖 34 ）。

圖 34　近期網路圖片報導，西方一名叫凱文·理查森的人，能近距離接觸非洲大陸最為兇猛的獅子，並享有"獅語者"的美名

此外，韋師墓誌蓋"十二生肖"的裝飾圖案中，見有一隻繫索獼猴綫刻的出現。雖然這一石刻畫面並無與之相關的人物形象的顯示，但畫面特有的道具性題材設置，毫無疑義地透露出這一動物形象與人類保持著寵物豢養的關係——唐代文化遺物之映射，再次折射出人與自然難以訴盡的生態關聯。

反映唐人以獼猴為寵物的美術史例，三彩遺跡中另有文物實例可資參考。

北京故宮博物院舊藏一件高 74 釐米的唐代胡人載猴騎駝三彩俑，胡人高鼻深目，絡腮鬍鬚，冠戴尖頂虛帽，身著開襟窄袖長袍，足蹬深筒勒靴，腦後肩頭披載一隻似有驚恐之狀的獼猴（圖 35 ）。據說日本館藏唐俑中，亦有同類美術題材的再現[29]。

圖 35　北京故宮博物院舊藏一件高 74 釐米的唐代胡人載猴騎駝三彩俑

在這類描寫人與自然界相互關係的美術作品中，表現人與人文景觀的圖像，亦曾佔有一定的成分。

龍門石窟古陽洞上述比丘惠感造像龕，在設定"阿私陀占相"的故事畫面時，雕刻家將主人公阿私陀置於一個典型的故事背景中——這位大仙原本蝸居於一座西域特有的窩棚式草廬內。畫面中持胡跪姿勢的阿私陀懷抱繈褓之中的太子為其占相。在阿私陀對側，刻胡跪二人、立姿二人，此即經中淨飯王與王妃、乳母問占的摹寫。居廬內外二組人物相向呼應的場景，從構圖意致上具有濃郁的人際交流的生活氛圍。實際上，這一人物場景的生活原型，本即源自於南亞熱代環境下土著居民樓居窩棚的習俗。追溯佛教石刻藝術之作品，我們知道還在犍陀羅藝術的發育階段中，已有刻畫土著人物寄居窩棚的實例[30]。

古代龜茲壁畫、敦煌壁畫以及雲岡石窟北魏時期的石刻構圖中，亦不乏此類風情畫卷的再現，可見經變故事中的這種典型的域外生活場景，在東方佛教藝術的畫面選取中享有形象設定的意義。這一古代美術史上構圖題材的演繹軌跡，與中亞早期佛教藝術中的美術形象如出於一轍，因而具有濃鬱的次大陸生態文明的氣息。而其本身就反映出西域文明對東方藝術社會的持續影響。

寧懋石室的綫刻繪畫中，諸多人物以各種生活形象出現於林蔭覆蓋的建築場景之中。其間或有雜役侍婢勞作於屋形廳堂的前後，或有堂下庖廚各色人物張羅於環形屏障的內圍。這類屋形廳堂的簷下見有成排的人字栱，對開的門扇則有成行排列的乳釘，露天的屏障以多節的帷幕連續構成。尤其富於詩意的是，在這種園林建築的上方，藝術家以平遠構圖的技巧，特意刻畫出了遠山襟帶，化生飄逸，靈鳥翔翔，流雲徐徐的生態環境。這些富於生活意致而具有抒情美感的畫面，實乃北魏時期士大夫之家居舍場態的寫真縮影。

龍門石窟路洞南北兩壁的屋形佛龕，藝術家沒有忘記在這類象徵佛殿建築的周圍，佈置以勾欄回還、曲荷迎風的生活意境。《洛陽伽藍記》有關北魏寺院生態環境極盡文學手法的描寫，可從這一石窟內部的建築雕刻中，給人們留下視覺形象的記憶。

2. 表現自我環境下個體動物的美術構圖

石刻裝飾綫畫由於受到依託載體空間大小的限制，因而並非所有的美術作品均能在有限的畫面中展開複雜的場態環境的描繪。就中原地區業已發現的魏唐墓誌石刻來考察，大多數墓誌裝飾綫刻的內容設置，往往表現爲單一題材內容重複羅列的展示形式。墓誌石刻中見及的一類用各式卷草紋作爲襯托的個體動物的刻畫，即成爲這一美術構圖的代表形式之一。

在這類美術題材的造型中，具有代表性的除了前文業已報導洛陽出土的泉男生、李文楷、李自勖、衛華、張説、張景尚等等墓誌石刻外，筆者收集的 2005 年西安出土唐天寶六載（747）的唐故忠武將軍裴智墓誌，亦有"四神""十二生肖"動物的個體刻畫（圖36、圖37）[31]。

圖36　2005年西安出土天寶六載（747）唐故忠武將　　　　圖37　2005年西安出土天寶六載（747）唐故忠武
軍裴智墓誌所見"十二生肖"動物的個體刻畫　　　　　　　　將軍裴智墓誌蓋所見"四神"動物的個體刻畫

由統計分類得知，這些唐代石刻綫畫中的動物題材，可以辨識的略如下表：

石刻名稱	造像題材	造像題材	造像題材	造像題材	造像題材	造像題材	造像題材
泉男生誌蓋調露元年（679）	獅子四對			翼獅四對			動物背景爲卷草紋
韋師墓誌垂拱四年（688）				獅子追捕幼鹿	猞猁追捕狐狸		動物背景爲卷草紋
韋師墓誌蓋垂拱四年（688）	鴻雁	灰鷹			未名 飛禽		動物背景爲卷草紋
李文楷墓誌大足元年（701）	獅子	斑豹	角獅	翼獅			動物背景爲卷草紋
李文楷墓誌蓋大足元年（701）		斑豹			野豬	鳥類	動物背景爲卷草紋
李自勖墓誌蓋長安二年（702）	四獅						動物背景爲卷草紋
衛華墓誌長安三年（703）	獅逐兔	獅逐鹿		虎逐野豬	獵狗追逐羚羊		動物背景爲卷草紋
衛華墓誌蓋長安三年（703）	獅逐野豬		雁	虎	獵狗追逐動物	獵狗逐兔	動物背景爲卷草紋
李嗣本墓誌景龍三年（709）	對馬	角馬一對	鹿	大角羊	角馬一對		動物背景爲卷草紋

李嗣本墓誌蓋景龍三年（709）	胡人馴獅		角獅逐鹿	角獅與獅	角獅追逐角馬		（十二生肖）動物背景爲卷草紋
裴懷古墓誌蓋先天二年（713）	玄武	含綏朱雀	含綏青龍	含綏白虎			動物背景爲卷草紋
薛釗墓誌蓋開元九年（721）	獅子二	黃羊一			帶角異獸		動物背景爲卷草紋
薛儆墓石槨開元九年（721）	獅子	象	豹	翼馬	灰雁、鶴	鴛鴦	動物背景爲卷草紋
許景先墓誌蓋開元十八年（730）	獅子						動物背景爲卷草紋
許景先墓誌開元十八年（730）	誌面左右立面各一含綏鳥				誌面上立面奔羊一雙		動物背景爲卷草紋
盧正容墓門開元十九年（731）		獅逐鹿		雁二			動物背景爲卷草紋
蕭元祚墓誌蓋開元二十三（735）	蒼鷹	麋鹿					動物背景爲卷草紋
盧太君墓誌開元二十五年（737）							（十二生肖）動物背景爲卷草紋
盧太君墓誌蓋開元二十五年（737）	上：雙獅	下：含綏翼豹	左：角獅	右：翼馬			動物背景爲卷草紋
張洸墓誌開元二十八年（740）				上下各一梅花鹿	左卷草紋右爲斑豹		動物背景爲卷草紋
張洸墓誌蓋開元二十八年（740）					左右各一鳥		動物背景爲卷草紋
張景尚墓誌蓋開元廿九年（741）	玄武	含綏朱雀		含綏白虎	含綏青龍		（四神）動物背景爲卷草紋
裴智墓誌蓋天寶六年（747）	玄武	含綏朱雀		含綏翼虎	含綏翼龍		（四神）動物背景爲卷草紋
裴智墓誌天寶六年（747）				含綏翼龍			（十二生肖）動物背景爲卷草紋

　　由上表未盡完善的統計，人們可以看出，初盛唐之際士人墓葬石刻的美術題材，動物刻畫曾與卷草紋裝飾題材一起，充斥於當時漢地上層社會的美術創作中。這類文物遺跡無疑表明，當此之際內地石刻藝術中的審美主流，已突出地向著西域審美傳統發生著傾斜。尤其是，當這些美術題材中普遍摻雜有爲數不菲的西域神怪鳥獸紋樣（mythical bird and animal design）——"翼鹿紋"（winged deer design）"格里芬"（griffin）"森穆夫"（Sermuv）"戴環鳥"（ring-bearing bird）"含綏鳥"（Hvarenah）的時候，我們的上述結論就不是無的放矢了。

　　而且，當我們從另外一種審美角度去考察這類美術遺跡趨向性特徵時，我們亦不得不得出相同的結論——所有這些石刻作品的雕刻技法，無一例外在造型風格上都稟承著西域裝飾美術迥別東方的"密體意致（Poetic Charm of the Ornate Pattern）"[32]。

　　所以我們認爲，唐代石刻藝術中這些帶有生態寓意的美術題材，説到底，從根本上折射了東方審美意識的"西化"。

四、洛陽文物遺跡中相關美術題材語境意義（contextual meaning）的解讀

　　如果我們從文化淵源上追溯，其實中國固有文化中，動物崇拜原本有著源遠流長的傳統。就以最爲著名的"四神"與"十二生肖"美術形象來考察，實際上中國文化中早有衆多的例子可以説明這一事實的存在。

　　然而，既有的文物史態研究表明，中國傳統文化系統中的動物崇拜，從根本上來説，體現的是一種"符號"視域裏的"信仰寄託（faith entrustment）"，而絶少含有"自然關懷（nature concern）"的意義。這與北魏、隋、唐之際內地石刻遺跡中

各種自然動物創作理念中包含的"生態意識（ecological consciousness）"有著本質的區別。

其實，文獻史本身已經顯示，隨著漢武時代張騫西域之"鑿空"，中原王朝開始以"國家意識"關注著西方異域的自然生態。《史記》《漢書》以降的典籍，曾經以主流意識的"信史"筆法，對方外荒服的風土人情、物産資源進行了纂述[33]。這種賦有檔案儲備職能的文獻紀事，實質上反映了東方社會隨著中外人文交流的拓展，日漸構建"生態資源觀（attitude towards ecological resources）"的國家意識。

人們知道，文化人類學十分強調民生社會裏的文化整體觀念（holistic view or holistic approach）。這一觀念認爲，人的具體行爲與他賴以承載的歷史、地域、人際場所、風俗習慣等諸多因素密切相關。而促成人們行爲體系的符號系統（semiotic systems），亦即造成一定行爲結果的綜合環境生態，則在人類生活中發揮著整體支配的效用。

回顧中古時期洛陽地區的人文生活，異域風習則充斥於朝野上下、市廛巷陌。

王建《涼州行》詩曰："涼州四邊沙浩浩，漢家無人開舊道；邊頭州縣盡胡兵，將軍別築防秋城；萬里人家皆已没，年年旌節發西京；多來中國收婦女，一半生男爲漢語；蕃人舊日不耕犁，相學如今種禾黍；驅羊亦著錦繡衣，爲惜氈裘防鬥時；養蠶繰繭成匹帛，那堪繞帳作旌旗；城頭山雞鳴角角，洛陽家家學胡樂。"[34]

元稹《法曲》則又諷喻道："自從胡騎起煙塵，毛毳腥羶滿咸洛；女爲胡婦學胡妝，伎進胡音務胡樂；火鳳聲沉多咽絶，春鶯囀罷長蕭索；胡音胡騎與胡妝，五十年來競紛泊。"[35]

洛陽市井如此餘音嬝繞的胡部音聲，從文化視域折射出當地西風煙塵的凝重。

因此，當我們回顧魏唐時代以洛陽爲代表的中原地區一些文化現象的時候，我們不難發現，具有紀念碑意義的魏唐士人墓葬石刻中，之所以出現爲數衆多的富有自然生態意義和人文生態意義的人與動植物的美術圖樣，實際上與當時社會生活中行之久遠的中外文化交流及其由此帶來的人文意識的"西化"傾向，有著不可分解的關聯。

對於文化藝術的社會功能，19世紀偉大的現實主義作家列夫·托爾斯泰（Лев Николаевич Толстой，1828—1910年）曾經説過："藝術，任何一種藝術，本身就具有將人們聯合起來的特性。"[36]

如果人們能夠細心地審視洛陽出土石刻中那些具有盎然意趣的美術題材，尤其是那些被認爲是漢地傳統的"四神"、"十二生肖"這類美術樣本的構圖創作時，我們不能不承認，那些業已悄然變身的含綬"青龍"、含綬"白虎"、含綬"朱雀"、含綬"翼虎"等等美術樣本的定型，著實已經體現出了那種"將人們聯合起來"的人文新風，唐代中原士人從審美領域流露出來的生態意識，端的印證了古代中外文化交流對東方上層建築的濡化與整合（enculturation and integration）。

參考文獻：

① 圖版引自張乃翥輯：《龍門區系石刻文萃》，北京：國家圖書館出版社2011年，第77頁/圖版77。

② 同上，第98頁/圖版99—1、2。

③ 同上，第466頁/附圖61。

④ 同上，第101頁/圖版102。

⑤ 中國社會科學院考古研究所河南第二工作隊：《河南偃師杏園村的六座紀年唐墓》，《考古》1986年第5期，第442頁/圖21。中國社會科學院考古研究所編：《偃師杏園唐墓》，北京：科學出版社2001年，第265頁。

⑥ 圖版引自張乃翥輯：《龍門區系石刻文萃》，北京：國家圖書館出版社2011年，第479頁/附圖74。

⑦ 同上，第141頁/圖版143。

⑧ 圖版引自山西省考古研究所編著：《唐代薛儆墓發掘報告》，北京：科學出版社2000年，圖版46—2。

⑨ 圖版引自張乃翥輯：《龍門區系石刻文萃》，北京：國家圖書館出版社2011年，第492頁/附圖87。

⑩ 同上，第155頁/圖版158。

⑪ 同上，第164頁/圖版168。

⑫ 同上，第498頁/附圖93。

⑬ 同上，第499頁/附圖94。

⑭ 同上，第195頁/圖版197。

⑮ 圖版採自黄明蘭編著：《洛陽北魏世俗石刻綫畫集》，北京：人民美術出版社1987年，第97、98、100、101頁。

⑯ 有關美術圖像中的獅子"家族化"意象，參見蔡鴻生：《西域物種與文化交流·獅在華夏·獅子形象的華夏化》，氏著《唐代九姓胡與突厥文化》，北京：中華書局1998年，第204頁。

⑰ （北魏）楊衒之：《洛陽伽藍記》卷三《景明寺》條，上海：上海古籍出版社 1978 年，第 132 頁。

⑱ 參見（英）約翰・馬歇爾著，王冀青譯：《犍陀羅佛教藝術》，蘭州：甘肅教育出版社 1989 年，第 3—11 頁。

⑲ 中國率先倡導使用"二重證據法"治學的王國維，即高度注重地下出土史料的利用。與此相關學術成果的目錄載籍，擇而參見李玉㻎主編：《中國佛教美術論文索引（1930—1993）》，新竹：財團法人覺風佛教藝術文化基金會 1997 年。王靜芬：《中國石碑——一種象徵形式在佛教傳入之前與之後的運用（CHINESE STELES：Pre-Buddhist and Buddhist use of a symbolic form）》"參考文獻"一節，北京：商務印書館 2011 年，第 322—356 頁。

⑳ 張廣達：《唐代的豹獵——文化傳播的一個實例》，榮新江主編：《唐研究》第七卷，北京：北京大學出版社 2001 年，第 177—204 頁。又見氏著《文本、圖像與文化流傳》，桂林：廣西師範大學出版社 2008 年，第 23—50 頁。

㉑ 邢義田：《赫拉克利斯（Heracles）在東方——其形象在古代中亞、印度與中國造型藝術中的流播與變形》，榮新江、李孝聰主編：《中外關係史：新史料與新問題》，北京：科學出版社 2004 年，第 15—48 頁。

㉒ （法）丹納著，傅雷譯：《藝術哲學》第一編《藝術品的本質及其產生》，天津：天津社會科學院出版社 2004 年，第 62 頁。

㉓ 圖版採自黃明蘭編著：《洛陽北魏世俗石刻綫畫集》，北京：人民美術出版社 1987 年，第 95—101 頁。

㉔ 《佛本行經・卷二・出家品第十一》，《頻伽精舍校刊大藏經》，藏帙，第七冊，第 10—11 頁。

㉕ 參見張乃翥：《龍門石窟維摩變造像及其意義》，《中原文物》1982 年第 3 期，第 40—45 頁。

㉖ （北魏）楊衒之：《洛陽伽藍記》卷三《景明寺》條，上海：上海古籍出版社 1978 年，第 133 頁。

㉗ （日）桑山正進：《法隆寺四騎獅子狩紋錦的製作年代（一）》，《江上波夫教授古稀紀念論集・考古美術篇》，山川出版社 1976 年，第 143—150 頁。關於薩珊風格的獅子狩紋及其對唐代金銀器的影響，參看瑞典學者葛蘭域：《唐代金銀器》，《斯德哥爾摩遠東博物院院刊》（B. Gyllensvard: Tang Gold and Silver, The Museum of Far Eastern Antiquities Stockholm, Bulletin No.29）卷 29，1957 年，第 117—119 頁，圖版 65。以上轉引自蔡鴻生：《唐代九姓胡與突厥文化》，北京：中華書局 1998 年，第 210—211 頁。

㉘ （清）彭定求等編：《全唐詩》（第九冊），卷二七七，北京：中華書局 1960 年，第 3150 頁。

㉙ 轉引自故宮博物院編：《雕飾如生——故宮藏隋唐陶俑》，北京：紫禁城出版社 2006 年，第 159 頁／圖版 106。

㉚ 參見（英）約翰・馬歇爾著，王冀青譯：《犍陀羅佛教藝術》，蘭州：甘肅教育出版社 1989 年，第 195 頁／圖版 66。

㉛ 圖版引自張乃翥輯：《龍門區系石刻文萃》，北京：國家圖書館出版社 2011 年，第 503 頁／附圖 98。

㉜ 參見張乃翥：《中古時期漢地裝飾美術中的"密體意致"——美術史視域下的中古漢地石刻裝飾藝術》，見本書。

㉝ 有關漢地史籍西域紀實的綜合研究，參見余太山著：《兩漢魏晉南北朝正史西域傳研究》，北京：中華書局 2003 年。

㉞ （清）彭定求等編：《全唐詩》（第九冊）卷二九八，北京：中華書局 1960 年，第 3374 頁。

㉟ （唐）元稹：《元氏長慶集》卷二四，上海：上海古籍出版社 1994 年，第 129 頁。

㊱ （俄）列夫・托爾斯泰著，張昕暢、劉岩、趙雪予譯：《藝術論》第十六章，北京：中國人民大學出版社 2010 年，第 141 頁。

中外文化源流遞變的一個美學例證
——龍門石窟賓陽中洞帝后禮佛圖雕刻的美術史考察

AN ARTISTIC EXAMPLE OF CULTURAL ADAPTATION FROM THE WEST TO CHINA:
Examining the engraved images of the emperor and the empress processions in the Binyang Central Grotto of Longmen from an art history perspective

張乃翥

Zhang Naizhu

（龍門石窟研究院 471023）

Research Institution of the Longmen Grottoes 471023

內容摘要：

　　龍門石窟以賓陽中洞帝后禮佛圖爲模式的供養人造像，開啓了中國石窟寺大型人物裝飾藝術的先河。如果由此而拓展我們的文化視閾，我們可以發現，這種以單元題材重複排列、人物層次岑岑疊加爲特徵美術構圖，以其强烈的具有共同意象主題的敘事性畫面，著力地渲染了中國政教高端擁有"權力意識（authoritative conscience）"的文化優越感。而這一美術造型模式在6世紀初葉中原地區的出現，實際上與此前中外文化交流對東西方美術創作的溝通有著內在的聯繫——賓陽中洞帝后禮佛圖作爲美術創新的一種嘗試，其構圖傳寫的基本手法實乃採源於西域早期藝術遺跡板塊造型中"群陣烘托（matrix-arranged contrast）"的創作範式。在此之後的東方美術史上，這種賦有"宏大敘事（wide narrative perspective）"意義而爲上層社會喜聞樂見的美術場景，曾對長達數百年之久的東方宗教藝術，尤其是其中的大型人物造型的創作實踐，作出了帶有主流意義的引領與示範。

關鍵詞：

　　龍門石窟　帝后禮佛圖雕刻　波斯波利斯宮殿石刻　印度早期佛教藝術　敘事性圖畫

Abstract:

The offerers' engraved portrait adopting the theme of the emperor and the empress processions found in the Binyang central grotto in Longmen is the forerunner of large-scale projects of portrait decorative art in Chinese cave temples.

If we try to expand our cultural views from this example, we can easily notice that such artistic framework characterized by the repeated arrangement of single figures and the multi-layered diplay of lofty characters, due to the strong narrative power of the pictorial space composed of similar thematic images, had the function to augment at a great extent the "authoritative conscience" superiority complex of Chinese rulers in government and education.

The fact that this artistic framework arose at the beginning of the sixth century in the Chinese Central Plain is actually related to the exchanges in artistic creation between China and the West that occurred before this period. The artistic renewal attempted in the theme of the emperor and the empress processions found in the Binyang central grotto in Longmen bears a framework whose fundamental technique originated in the artistic model of "matrix-arranged contrast" found in single figurative units of ancient Western art. Thereafter, in the history of Chinese art this artistic dimension endowed with "wide narrative perspective" and deeply appreciated by the higher strata of society exerted a leading and exemplifying role in the development of mainstream religious art, especially in grand-scale pictorial creation.

Key words:

Longmen Grottoes　Engraved images of the emperor and the empress processions　Stone-engravings from the palace of Persepolis　Early Indian Buddhist Art　narrative power of the pictorial space

一、賓陽三窟及其帝后禮佛圖概況

在龍門石窟魏唐時代長達 300 餘年的規模化營造史上，見於官修"正史"文獻記錄的石窟工程，唯一的一例即爲今日座落於伊闕北段的"賓陽三窟"。

《魏書》載曰："景明（500—503）初，世宗詔大長秋卿白整，准代京靈岩寺石窟，於洛南伊闕山爲高祖、文昭皇太后營石窟二所。初建之始，窟頂去地三百一十尺。至正始二年（505）中，始出斬山二十三丈。至大長秋卿王質，謂斬山太高，費功難就，奏求下移就平，去地一百尺，南北一百四十尺。永平（508—511）中，中尹劉騰奏爲世宗復造石窟一，凡爲三所。從景明元年（500）至正光四年（523）六月以前，用工八十萬二千三百六十六。"[①]

史籍如此之記事，給人們了解這一皇家工程的人文背景提供了彌足珍貴的信息。這在中國石窟寺系統中與雲岡石窟的同類記事屬於僅有的兩例："和平初，（道人統）師賢卒，曇曜代之，更名沙門統。初，曇曜以復佛法之明年，自中山被命赴京。值帝出，見於路，御馬前銜曜衣，時以爲馬識善人。帝、后奉以師禮。曇曜白帝，於京城西武州塞，鑿山石壁，開窟五所，鐫建佛像各一。高者七十尺，次六十尺，雕飾奇偉，冠於一世。"[②]由此可見，官方史書當時即以主流文獻的紀事方式，突出地顯示了這兩座石窟在中國像教史上特有的國家意義。

賓陽三窟座落於伊闕峽谷北段瀕臨伊水西岸距離傳統古道高逾 8.5 米的崖壁間。現場勘察顯示，其窟前遺跡南北橫寬 33.2 米，東西縱深 12.8 米，窟門外崖垂直高度 27.8 米（圖1）。

遺存調查表明，賓陽三窟中的南、北兩個洞窟的主體工程，終北魏一代並未與賓陽中洞一同完成。兩窟遺留至今的主像雕刻及窟內一些小型佛龕，均爲初唐時代的後續施工。因此，《魏書》有關賓陽三窟北魏正光四年（523）以前的用工記載，實質上應爲截止賓陽中洞竣工之前的用工累計[③]。

由雲岡石窟此前大型洞窟曾經採用"兩窟一碑"做法，結合賓陽三窟南、北二窟窟前豐碑遺跡大體就緒的現狀，我們判斷賓陽中洞和南洞即爲當年宣武帝爲父母所施之功德。由此推理，則已經完全竣工的賓陽中洞，必爲魏孝

圖1　賓陽三窟窟前立面圖

文帝的功德窟。

賓陽中洞窟內地坪略呈馬蹄形，南北橫寬 11.1 米，東西進深 9.9 米。穹廬形窟頂距地坪 8.4 米。環繞窟內西、北、南三壁，鐫刻主像 11 尊，內容爲依據北魏時代廣爲流行的《妙法蓮華經》所刊刻的"三世佛"題材④。

賓陽中洞東壁，於門拱兩側自上而下分爲四層排列著"維摩變"故事、"薩埵那太子本生"故事、"須達那太子本生"故事、帝后禮佛圖及"十神王"浮雕造像（圖 2）。

魏孝文帝禮佛圖位於該窟門拱北側及北壁之東端，通高 2.1 米，全長 4.20 米。文昭皇太后禮佛圖位於該窟門拱南側及南壁之東端，通高 2.1 米，全長 3.9 米。與同壁上述三類造像題材的空間尺度相比較，這一幅表現世俗內容的浮雕作品，在視覺感受上顯然享有極其突出的藝術氛圍（圖 3、圖 4）。

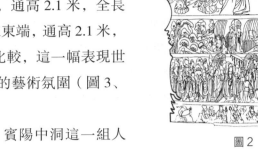
圖 2　賓陽中窟前壁綫描圖

賓陽中洞這一組人物雕刻，其畫面構圖的技術手法在中國古代美術史上具有里程碑意義的價值。

其中魏孝文帝禮佛圖，古代藝術家透過熟稔的空間調度手法，將主人公這一核心人物鎖定於這一造型板塊具有視覺主導意義的畫面重心內。在這一中心人物的周圍，藝術家疏密得當、錯落有致地安排了一組脅侍人物作爲這一場景題材的必備配置，從而使這一造像單元在畫面整體上傳達出內容豐富、層遞有序的藝術效果。尤其值得人們重視的是，在這一幅人物衆多、意象複雜的群像雕刻中，畫面中的每一位單元個體人物，按其身份區別及其職能歸屬，無不被藝術家富有個性化造型功力的傳寫手法，刻畫得形神兼備、妙肖傳情，圖中各色人物爐火純青的空間配置及其情態狀摹，以紀念碑式的畫面取景，生動地再現了北魏宮廷社會禮敬佛法時節主從有序、群情形影的生活場態。

圖 3　賓陽中窟前壁北段禮佛圖舊影

圖 4　賓陽中窟前壁南段禮佛圖舊影

與魏孝文帝禮佛圖處於對稱視角的文昭皇后禮佛圖，出於與前者同一藝術主題的設定，依然以構圖宏麗、結體嚴謹的畫面情調，展現了宮廷女眷禮制性行爲的莊重氛圍。圖中皇后的矜持自尊、虔敬肅穆，諸尊脅侍人物的神情照應，依依顧盼，再次凸顯出藝術家處理大型人物群像時對畫面層次意境的追求。圖中人物情態之照應，空間分寸之把握，其一墨一綫之取捨，在在折射出藝術家構圖匠意之深邃、造型功力之純熟，的爲此前東方視覺美術板塊造型所僅見。

相對於皇帝禮佛圖而言，這一幅紀念性浮雕更爲突出的藝術成就，在於它以更加圓熟自如、回環跌盪的綫條造型，將人物形象的衣飾風情和氣質神韻，以傳移摹寫的造型技巧發揮到品相寫真的極致──圖中舉凡步搖冠、雲頭履、半臂披肩、百褶裙襦等等宮廷法服的刻畫，含情脈脈、形色逼真，使畫面充斥著極具動感旋律的藝術情調。從而繪聲繪色、活靈活現地再現了當年貴族社會高層女性的文化生活，使整個畫面迸發出一派感人心魄的審美氣息。

值得人們留意的是，從美術製作的形態模式上考察，這一組具有濃郁寫實性寓意的世俗畫卷，在壁面空間上與自上而下層遞排列的"維摩變"造像、"本生故事"浮雕及"十神王"造像交相輝映，以密集無間的空間鋪排手法，與該窟充斥壁面、不留餘白的美術處理模式保持了風格的一致性。從而讓人們感受到這種帶有"密體意致（Poetic Charm of the Ornate Pattern）"的藝術範式與域外美術遺跡的造型風尚存在著類型機理的一致性。這爲人們從文化源流角度審視龍門石窟石刻遺產的美術範式提供了思路⑤。

正是由於賓陽中洞這一裝飾雕刻在題材藍本及其空間設計的藝術效果上給人們留下了極具視覺衝擊力的審美感受，在北魏定都洛陽期間的石窟崇拜中發揮出了突出的文化效應，所以導致在此之後洛陽地區的石窟工程，尤其是北魏上層社會的石窟工程，遂有模仿這一美術創作的後續實踐。龍門西山孝昌三年（527）竣工的胡靈太后舅氏皇甫公石窟，其南北兩壁的底層，即有體量可觀、風格類同的同一美術題材的出現（圖5、圖6）。而大體與皇甫公石窟同期的鞏縣石窟，亦有三個洞窟的前

圖5　龍門石窟北魏皇甫公窟北壁禮佛圖浮雕

圖6　龍門石窟北魏皇甫公窟南壁禮佛圖浮雕

圖7　北魏鞏縣石窟第1窟南壁的禮佛圖浮雕

圖8　北魏鞏縣石窟第3窟南壁的禮佛圖浮雕

壁再現了這一群體人物的美術造型（圖7、圖8）。

大抵由於賓陽中洞在龍門石窟營造史上佔有重要的地位，帝后禮佛圖又在該窟裝飾雕刻中顯示出突出的藝術價值。所以近代以來中外美術學界曾對這一造型板塊給予了相應的關注⑥。

誠如學界敏達所指出的那樣，龍門石窟賓陽中洞這一組人物群雕具有里程碑意義的美學價值，在於它以美術畫面的層次調度，展示了“主從格局”這一造型法則在眾多人物場景中的發揮與運用，這種富有敘事色彩的群像構圖，從此在東方美術創作中被視爲一種帶有典範意義的藝術模型⑦。

不僅如此，如上所述，若從中外美術史角度來考察，這一肇始於龍門石窟的美術樣本，其文化脈絡中尚且包含了一個遠爲深邃的“內在理路（intrinsic logic）”的必然，追蹤這一文化模型賴以傳延的前世與今生，正是我們從深層視閾陶煉一切文化現象的出發點。

二、中國石窟寺供養人造像的階段性回顧

考察迄今爲止中國石窟寺系統中具有“供養人”美術造型的文化遺跡，人們知道建於西秦建弘元年（420）的炳靈寺石窟第169窟中的同類文化遺跡是爲最早的一例（圖9）⑧。

炳靈寺這一幅供養人壁畫，位於第169號石窟北壁後部一鋪“無量壽”佛像的右側。圖中靠近大勢至菩薩的一方，繪一右袒、足穿深筒胡靴的阿闍梨居前引導，阿闍梨身後二女士上著交領衫襦，下束長裙，足履胡靴。二女士身後爲一著夾領小袖胡袍、足蹬深筒胡靴的男性侍者隨從左右。

炳靈寺這一鋪供養人繪畫，以典型的美術圖像再現了鮮卑乞伏熾磐享國時代河隴地區北方胡人宗崇佛法的風貌儀式，爲人們了解中國早期佛教民俗提供了珍貴的視覺材料。

與炳靈寺上述十六國時期的供養人壁畫相銜接，敦煌莫高窟第275窟北壁北涼時代身著匈奴胡裝的伎樂供養人行列，亦爲這一時期同類造像題材的再現

圖9　炳靈寺石窟第169窟西秦建弘元年（420）的供養人壁畫

圖10　敦煌莫高窟第275窟北壁北涼時代
的音樂供養人行列圖

（圖10）⑨。

　　嗣後，麥積山石窟第78窟北魏早期的壁畫中，亦曾出現頭戴風帽、上著夾領小袖長袍、下穿褲褶、足履勒靴的胡裝供養人形象（圖11）⑩。麥積山這一美術題材的樣板性示範，已經影響到平城時代雲岡石窟的供養人塑造。

　　繼此之後的雲岡石窟，如第11窟東壁太和七年（483）前後的佛龕下，即有數量眾多的供養人行列的出現（圖12、圖13）。又如第17窟明窗東壁太和十三年（489）佛龕的下方及第13窟東壁佛龕下方，亦有此類供養人形象的再現（圖14、圖15）⑪。

　　雲岡石窟北魏造像龕下的這類供養人行列，其衣飾形貌均爲頭戴風帽，身穿夾領小袖長袍，下著縶絝，足蹬高筒勒靴的男性與風貌、長袍、下著曳地長裙的女性。論説者認爲，禮佛人圖中這種具有鮮卑胡風的服飾樣本，是北魏太和十八年（494）服飾改制之前北魏士族生活模樣在石窟寺遺跡中的反映⑫。引起我們注意的是，這類男女分列、各自成行的供養人群像，一律被刻畫成體量相等、位次均匀的重複式排列，畫面有著缺乏人物層次表現的突出特徵。

　　繼雲岡之後開鑿的龍門石窟，其中北魏太和十九年（495）以前的若干早期佛龕的下方，見有風帽胡服供養人形象的雕刻（圖16、圖17）。而與之稍晚的一座佛龕的下

圖11　麥積山石窟第78窟北魏早期的供養人壁畫

圖12　雲岡石窟第11窟東壁禮佛人行列

圖13　雲岡石窟第11窟東壁禮佛人行列

圖14　雲岡石窟第17窟明窗東壁太和十三年
（489）佛龕下方的禮佛人雕刻

圖15　雲岡石窟第13窟東壁佛龕下方的
禮佛人雕刻

圖16　龍門石窟古陽洞北壁北魏太和十二年（488）
始平公像龕平座内的供養人雕刻

圖17　龍門石窟古陽洞北壁北魏太和十九年
（495）尉遲氏造像龕供養人雕刻

方，更有著風帽窄袖胡服與褒衣博帶漢服兩類供養人同處一鋪的刻畫（圖18）。

龍門石窟呈一色褒衣博帶漢風服飾的禮佛圖群像，考古調查發現最早的一例爲古陽洞北壁北魏太和二十二年（498）九月廿三日竣工的北海王元詳造像龕（圖19）。嗣後同窟南壁景明四年（503）比丘法生爲魏孝文帝及北海王母子造像龕、正

圖18　龍門石窟古陽洞南壁太和末年佛龕平座內
供養人的胡裝、漢服造型

圖19　龍門石窟古陽洞北壁北魏太和二十二（498）年北海王元詳造像龕下方的禮佛圖雕刻

圖20　龍門石窟古陽洞南壁北魏景明四年（503）比丘法生造像龕平座內的禮佛圖雕刻

圖21　龍門石窟古陽洞南壁北魏正始四年（507）安定王元變造像龕平座內的禮佛圖雕刻

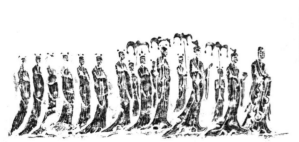

圖22　龍門石窟古陽洞北壁北魏永平四年（511）安定王元變造像龕平座內的禮佛圖雕刻

始四年（507）安定王元變造像龕、同窟北壁永平四年（511）安定王元變造像龕亦有同類禮佛人行列的刻畫（圖20、圖21、圖22）。這類出於北魏皇室貴族的佛教功德遺跡，其禮佛圖中的寫真形象勢必由於國都南遷、輿服改制而呈現出王國儀仗、漢式服飾的圖景——由此人們不難明了，賓陽中洞正光四年（523）畢工的帝后禮佛圖，其藝術模型無疑來源於朝廷禮儀改革的催生。而此前北海王元詳造像龕等禮佛圖樣式的示範，恰是賓陽中洞帝后禮佛圖美術藍本的直接來源。

隨著歲月的推移，中原地區胡、漢民族的人文融合得到了日逾的加深。自此以降龍門石窟終北魏一代的供養人造像，則一律呈現出褒衣博帶的漢式模樣。如火燒洞西壁北魏正光三年（522）比丘慧榮造像龕、同壁同年（523）四月比丘安仰造像龕及同壁北魏晚期元善見等人造像龕（圖23、圖24、圖25），

圖23　龍門石窟火燒洞南壁北魏正光三年（522）
七月比丘慧榮造像龕下的禮佛圖造像

圖24　龍門石窟火燒洞西壁北魏正光四年（523）
四月比丘安仰造像龕下的禮佛圖造像刻

中外文化源流遞變的一個美學例證——龍門石窟賓陽中洞帝后禮佛圖雕刻的美術史考察

圖25　龍門石窟火燒洞西壁北魏晚期元善見等人　　　　　　圖26　龍門石窟蓮花洞北壁北魏普泰二年（532）
　　　　造像龕下的禮佛圖造像　　　　　　　　　　　　　　　　　　比丘靜度造像龕下的禮佛圖造像

圖27　龍門石窟蓮花洞南崖北魏造像龕內的禮佛人行列

圖28　龍門石窟路洞南壁壁基的北魏禮佛人行列

圖29　雲岡石窟第50窟北壁、西壁的
　　　漢風禮佛圖造像

蓮花洞北壁普泰二年（532）比丘靜度造像龕、同窟窟外南崖北魏晚期造像龕、路洞南壁北魏晚期供養人造像行列（圖26、圖27、圖28）等等，便無一例外地呈現著這樣的構圖特色。從而形成元魏時期一種以"中原風格"爲特徵的佛教供養人造型藝術——雲岡石窟遷都之後第50窟北、西兩壁的漢式禮佛圖造像，亦屬這一藝術風格的繼承（圖29）。

三、中西文化交流視閾下的西方早期美術遺跡及其宏觀史料的透視

圖30　加爾各答印度博物館收藏出土于巴
爾胡特（Bharhut）的一件西元前2世紀名
爲《從三十三天降凡》（Descent from the
Trayatrimsa）的紅砂岩佛傳故事浮雕

佛教及其造型藝術誕生於南亞的印度，所以印度早期佛教藝術影響東方同類文化遺跡自在情理之中。因此，採用跨文化比較（cross-cultural comparison）的方法研究中外佛教藝術的脈絡流變，自然離不開對佛教故國歷史遺跡的考察。

已有的研究揭示，中國石窟寺藝術中作爲佛陀脅持形象的供養人造像，從題材構成追蹤淵源可以上溯到佛陀故鄉公元之前的文化遺存。例如，加爾各答印度博物館（Indiaan Museum）收藏的一件出土於巴爾胡特（Bharhut）的公元前2世紀名爲《從三十三天降凡》（Descent from the Trayatrimsa）的紅砂岩佛傳故事浮雕，在核心畫面天階與菩提寶壇的兩側和下方，即刻畫出層疊密集、數量衆多的天神和信徒的行列，從而形成烘托佛祖莊嚴的主題效果（圖30）[13]。這種以世俗人物點綴宗教場景的石刻創作，傳達出早期佛教藝術深深根植於現實生活的文化傳統。

另在印度中央邦早期安達羅王朝（Early Andhra Dynasty，約公元前1世紀—公元124年）時代所建桑奇大塔（Great Stupa of Sanchi）北門的第三道橫樑上，雕刻有一幅《須

圖31　印度桑奇大塔（Great Stupa of Sanchi）
北門第三道橫樑名爲《須大拿太子本生》
（Vessantara Jataka）的故事浮雕

大拿太子本生》（Vessantara Jataka）的浮雕。圖中圍繞須大拿太子賜捨種種資財的故事主題，藝術家在全幅畫面的各個局部場景中安排了情節連貫、格局密集、高低錯落、情態各異的人物形象。其構圖技巧之"有條不紊，引人入勝"，傳達出古代藝術家高超的應對"密體造型"的技藝（圖31）[14]。

風格與此雷同的美術實例，另有桑奇大塔東門第二道橫樑上描繪《逾城出家》（Great Departure from Kapilavastu）的一幅石刻浮雕（圖32）[15]。

這種具有敘事意義的美術作品，爲了滿足畫面情節的需要，藝術家依據小乘佛教的故事藍本塑造了數量密集、形色各異的群體人物，由此形成紀元前後南亞佛教石刻藝術一種極具地域特色的美術風尚。

這種以密集構圖呈現群體人物情節過程見長的石刻創作，其富有人物動態旋律的畫面散發著強烈的審美感染力，因而爲廣大僧俗信衆所喜聞樂見。隨著佛教信仰的東傳，毫無疑義它們已經通過粉本摹寫被移植到東方石窟寺藝術板塊造型的表現技巧之中，龍門石窟賓陽中洞具有"群陣烘托（matrix-arranged contrast）"造型特徵的禮佛圖石刻繪畫，必與這一文化傳播途徑有著內在的聯繫。

圖32　桑奇大塔東門第二道橫樑上描繪《逾城出家》（Great Departure from Kapilavastu）的故事浮雕

引人注意的還有，桑奇塔門的石刻作品，某些藝術題材則來源於較之更早的西亞及波斯文化。論者早已指出，如桑奇1號大塔北門、東門所刊之翼獅，顯然來自於西亞、波斯同類藝術母體的感染[16]。

"在桑奇大塔的塔門雕刻中，波斯阿契美尼德王朝雕刻的有翼的獅子、有翼的公牛和獅身鷲頭的怪獸，與印度特有的背負法輪的大象、馱著藥叉的駿馬和抱著果樹的藥叉女混合並列；波斯或希臘化雕刻的鐘形柱式、忍冬花紋和鋸齒狀飾帶，與印度流行的蓮花蔓草紋樣、野鵝和孔雀裝飾圖案紛然雜陳"[17]。

由此可見，由於歷史及地緣政治的原因，印度與波斯及希臘化文明有著明顯的往來與溝通。這無疑提醒人們注重從東方佛教文物中的種種跡象，探尋古代東西方文化交流的足跡。

事實上，在業已揭示的世界文化遺跡中，以群陣排列方式表現故事性人物畫面的石刻，曾經出現在古代伊朗阿契美尼德王朝（Achaemenid Dynasty，公元前550—前330年）波斯大流士（Darius）大帝（公元前521—前485）首都波斯波利斯（Persepolis）宮殿遺址中。

其中大流士一世建築的一處被稱作"謁見殿"的臺基裝飾雕刻中，即可以看到公元前6至前5世紀以浮雕形式鐫刊在壁面上的"客使圖"群像（圖33、圖34）。

世界美術史上這種表現群體人物形象排列的畫面，更早的則見於公元前15世紀以來的埃及陵墓遺跡中。如位於底比斯西部的哈特謝普蘇特女王祭殿的牆壁上，在一幅公元前1460年竣工的石灰巖著色浮雕

圖33　波斯波利斯（Persepolis）宮殿遺址
"謁見殿"台基中的"客使圖"群像

圖34　波斯波利斯（Persepolis）宮殿遺址
"謁見殿"台基中的"客使圖"群像

中，即有一列手持矛盾、闊步前行的士兵。士兵們步伐矯健，神采飛揚，具有濃厚的生活氣息（圖35）[18]。

哈特謝普蘇特女王祭殿壁畫中另一摹寫士兵行列的壁畫，其人物形象更加富於運動的氣勢。這種帶有紀念碑意義的藝術畫面，展現了古代埃及上層社會政治生活的盛大與莊嚴（圖36）[19]。

圖35　埃及底比斯西部哈特謝普蘇特女王祭殿遺址牆壁上西元
前1460年竣工的士兵行列石灰岩著色浮雕

圖36　埃及哈特謝普蘇特女王祭殿壁畫中的另一士兵行列圖

這類富有現實生活情趣的繪畫，亦見於當地第十八王朝時期一座被稱爲"貴族尼塔姆陵墓"內一件表現宴會場景的石膏繪畫中——圖中上列一排貴族男女，盛裝艷麗、相間而坐，神情專注地凝視著宴會樂池裏的歌舞表演。下列樂伎們或靚裝儼然，吹笛擊節；或裸體跣足，起舞蹁躚。如此形色妙曼、韻律回蕩的圖畫，折射出上古埃及貴族生活的奢侈（圖37）[20]。

埃及新王國時代同類藝術氛圍的美術創作，第十九王朝塞提一世王陵墓室壁畫中亦有更多的畫面[21]。

環東地中海沿岸，歷史上曾經有過埃及圖特摩斯三世征服西亞、稱雄北非的史實。逮及公元前525年，波斯人征服埃及。至公元前332年，馬其頓雄王亞歷山大統屬波斯和埃及。

以如此嬗變不息的歷史視域，回溯波斯波利斯宮殿遺址移植尼羅河流域紀念碑式美術構圖的事實，或許離歷史的真實相距不遠——世界範圍之內的文化流通，殆以種種可行的生態方式達到各自的彼岸。

另在古代的羅馬，刻畫大型人物群像的藝術傑作，尚有紀元前後的一些紀念碑式的石刻浮雕。如奧古斯都（西元前31—14在位）時代雕刻於紀元前13—9年的和平祭壇，即有高達155釐米的隊列遊行

圖37　埃及第十八王朝時期貴族尼塔姆陵墓內
一幅表現宴會場景的石膏繪畫

圖38　西元前13—9年羅馬和平祭壇高達
155釐米的佇列遊行人物群像

人物群像。從畫面構圖技巧上考察，這一組人物群像威儀端嚴、神情肅穆、層次分明、顧盼有致，傳達出濃郁的世俗群體生活的氣息。而其人物之間通過空間視位單元調度顯示出來的人際情感照應，尤其與龍門石窟賓陽中洞帝后禮佛圖的畫面定格有著驚人的相似之處（圖38）[22]。

以同一歷史思維看待蔥嶺東、西的文化生態，西域早期美術中這種以體量均衡、形態趨同爲特徵的人物刻畫範式，對後世東方人物群像的藝術創作將會有著示範的意義——建都平城時代的雲岡石窟，其供養人造像的構圖形式，顯然受到了這一美術模型的影響——雲岡石窟及龍門石窟早期人物造型中見有爲數衆多的高鼻深目、捲髮劉海的童子形象，無疑可以折射其間文化時尚的滲透。

人們熟知，以馬上馳騁爲主要交通方式的鮮卑王朝，曾經在溝通東西方社會往來和文化交流方面發揮過巨大的作用。

史載太延元年（435）北魏"遣使者二十輩使西域"[23]。二年（436），"遣使六輩使西域"[24]。三年（437），"遣散騎侍郎董琬、高明等多齎錦帛出鄯善，招撫九國，厚賜之。……琬過九國，北行至烏孫國。其王得魏賜，拜受甚悅。……

琬於是自向破洛那，遣明使者舌。烏孫王爲發導譯，達二國，琬等宣詔慰賜之。已而琬、明東還，烏孫、破洛那之屬遣使與琬俱來貢獻者十有六國。自後相繼而來，不間於歲，國使亦數十輩矣"[25]。及"琬等使還京師，具言凡所經見及傳聞旁國"，對北魏朝野了解西域各國的風土人情、地理物産有著巨大的推動作用。

當時西域的大月氏國，"其國人商販京師，自云能鑄石爲五色琉璃。於是採礦山中，於京師鑄之。既成，光澤乃美於西方來者。乃詔爲行殿，容百餘人，光色映徹，觀者見之，莫不驚駭，以爲神明所作。自此國中琉璃遂賤，人不復珍之"[26]。此爲西方物流技術落植東土的實例。

太平真君五年（444）三月，"遣使者四輩使西域"。又正平元年（451）正月，"破洛那、罽賓、迷密諸國各遣使朝獻"[27]。

至於平城時代北魏與波斯帝國的直接往來，史籍亦有確切的記載：皇興二年（468），北魏遣"使者韓羊皮使波斯，波斯王遣使獻馴象及珍物。經于闐，于闐中于王秋仁輒留之，假言慮有寇不達。羊皮言狀，顯祖怒，又遣羊皮奉詔責讓之"[28]。

歷史文獻有關當年中外往來之記事，已爲內地諸多出土文物所印證。

1964年12月，河北定縣一處北魏遺址中出土了一件太和五年（481）的石函。函中埋藏了貨幣、金、銀、銅、琉璃、玉、瑪瑙、水晶、珍珠、貝、珊瑚等5657件文物。貨幣中含波斯薩珊朝銀幣41枚，其中標本"7：3"號銀幣，係耶斯提澤德二世（438—457）時之物，其邊沿左邊有一"S"符號，下邊有一行打印上去的嚈噠文字——表示此幣可以在其國境內作爲法幣使用。"這枚銀幣是我國境內第一次發現的和嚈噠國有關的實物史料"，對研究中古時期中國與中亞地區的社會交往有珍貴的價值[29]。

1981年9月，山西省大同市西郊小站村發掘了北魏洛州刺史封和突墓。墓中出土鎏金銀盤一件，據考即波斯薩珊王朝東傳中國之物品。學者們研究認爲，這件銀盤中鏨雕的行獵者人物當爲薩珊朝第四代國王巴赫拉姆一世，而其藝術風格卻又受到希臘羅馬造型藝術的影響。從出土文物實例上來説，這件西域器物在中國內地的出現，真實地反映了北魏時代中原地區與西方國家文化往來的密切[30]。

1988年8月，大同市南郊張女墳第107號北魏墓中，出土了一件具有薩珊風格的玻璃碗和一件鎏金刻花銀碗。這件玻璃缽呈淡綠色透明狀，高7.3釐米，腹徑11.3釐米，口徑10.4釐米，直口、鼓腹、圜底，腹部有三十五個磨花橢圓形凸起裝飾，分四行交錯排列，圜底有六個磨花凹圓裝飾。銀碗高4.6釐米，口徑10.2釐米，敞口、圓腹、圓底。口沿下鏨聯珠紋兩道，腹部外壁飾四束"阿堪突斯（Acanthus）"葉紋聯成一體，每束葉紋中間的圓環內，各鏨一高鼻深目、長髮披肩的男子頭像。圜底有八等分圓圈葉紋[31]。

又1988年8—11月，大同市北魏平城遺址出土了一件具有西亞古埃蘭藝術遺風的花瓣紋玻璃缽。學者們認爲這件器物應爲薩珊波斯仿製當地古器而流入中國者[32]。

此外，20世紀80年代以來，大同市南郊北魏墓葬遺址中，曾出土了三件鎏金高足銅杯和一件銀碗。研究表明，其器形和紋飾帶有明顯的希臘化風格[33]。

中原王朝與西方國家禮尚往來如此之頻密，勢必推動雙方經濟、文化交流的增進。平城時代雲岡石窟供養人造像在美術模式上類同于波斯遺跡，自有文化傳播之引起殆無疑問。同期雲岡雕刻中習習常見的具有鮮明波斯風格的忍冬紋、連珠紋裝飾紋樣，亦從美術素材角度一再印證了此間內地與波斯文化交流的存在。

北魏國都南遷之後洛陽與西域諸國的社會往來和文化交流，史籍亦有連綿的記載。

神龜元年（518）閏七月"丁未，波斯、疏勒、烏萇、龜兹諸國並遣使朝獻。"[34]

神龜（518—520）中，波斯"國遣使上書貢物，云：'大國天子，天之所生，願日出處常爲漢中天子，波斯國王居和多千萬敬拜。'朝廷嘉納之。自此，每使朝獻"[35]。

正光二年（521）五月"乙酉，烏萇國遣使朝貢。閏月丁巳，居密、波斯國並遣使朝貢。六月己巳，高昌國遣使朝貢"[36]。

北魏遷都洛陽以來西域諸國奉使東夏如此之頻繁，足以反映當時中外交流、社會往來的暢通。對於西方世界絡繹款塞、頻示友好的行徑，北魏王庭亦有不失時機之回應。

神龜元年（518）胡靈太后遣敦煌人宋雲與崇立寺比丘惠生西行取經。宋雲一行征途逶迤，遠邁中亞。"惠生在烏場國二年，西胡風俗，大同小異，不能具録。至正光二年（521）二月，始還天闕"[37]。

洛都時代中原佛教與域外的交往，《洛陽伽藍記》更有繪聲繪色的描寫。

時洛陽城南"宣陽門外四里至洛水，上作浮橋，所謂永橋也。……永橋以南，圜丘以北，伊洛之間，夾御道有四夷館。……自蔥嶺已西，至於大秦，百國千城，莫不歡附。商胡販客，日奔塞下。所謂盡天地之區已，樂中國土風因而宅者不可勝數。是以附化之民，萬有餘家。門巷修整，閶闔填列。青槐蔭陌，緑樹垂庭。天下難得之貨，咸悉在焉"[38]。

洛京永寧寺塔"北有佛殿一所，形如太極殿。中有丈八金像一軀，中長金像十軀，繡珠像三軀，織成五軀。作功奇巧，冠於當世。僧房樓觀，一千餘間。雕梁粉壁，青縹綺疏，難得而言。栝柏松椿，扶疏拂簷，叢竹香草，布護階墀。是以常景碑云：'須彌寶殿、兜率淨宮莫尚於斯也。'外國所獻經像，皆在此寺"[39]。

"景明寺，宣武皇帝所立也。景明年中立，因以爲名，在宣陽門外一里御道東。……至八月節，以次入宣陽門，向閶闔宮前，受皇帝散花。於時金花映日，寶蓋浮雲；幡幢若林，香煙似霧；梵樂法音，聒動天地；百戲騰驤，所在駢比。名僧德衆，負錫爲群；信徒法侶，持花成藪。車騎填咽，繁衍相傾。時有西域胡沙門見此，唱言佛國"[40]。

"菩提寺，西域胡人所立也，在慕義里"[41]。

由以上歷史文獻透露的信息，人們不難想見當年洛中佛教蘊含西域文化因素的必然。龍門石窟北魏皇室的經營，其借鑒異域既有文化遺產之範型，更有與之匹配的社會條件。

龍門石窟與賓陽中洞帝后禮佛圖一併刻畫於同壁的《須大拿太子本生》故事、《薩埵那太子本生》故事浮雕，古陽洞南壁佛龕龕楣中的連環畫式的佛傳故事浮雕，蓮花洞南壁、火燒洞南壁佛龕內的佛傳故事浮雕，等等，顯然亦從造像題材角度折射出印度小乘教法影響東方石窟藝術的痕跡。因此我們可以說，西域文化元素之移植中夏，實乃當年中外社會往來耕耘播種的結果。

四、賓陽中洞帝后禮佛圖美術樣本對中國人物造型藝術范式的影響

回顧中國美術史跡的歷程，人們不難看到賓陽中洞帝后禮佛圖的美術樣本，對東方人物造型的藝術範式，尤其是宗教藝術人物造型中的藝術範式有過重大的的影響。

以龍門地區北魏寺院遺址出土的神龜元年（518）六月十五日扵遷、傅衝子、展祖暉等八人造像碑爲例，這一以釋迦佛爲造像本尊的綫畫石刻，其左右參與供養的 23 位僧尼二衆，與 8 尊脅侍菩薩共同構成了一個極具意境烘托效果的構圖單元（圖 39）。

圖39　龍門北魏寺院遺址出土北魏神龜元年（518）造像碑中的供養人行列

而田野調查得知，神龜元年（518）同月同日，包括以上扵遷、傅衝子、展祖暉等九人在內的邑義成員二十三人，並在龍門石窟古陽洞南壁並造釋迦像一鋪。由此人們可以想見，一日之內石窟裏外的兩鋪同題石刻創作，必有審美觀念的內在聯繫。

至此人們可以意識到，扵遷造像碑中這種以群像羅列、左右對稱的美術構圖顯示主題氛圍的石刻綫畫，無論從時代序列、地緣際遇任何一個方面來審視，均已明顯可以看出其已受到賓陽中洞帝后禮佛圖基本構圖技巧的感染。

就地緣因素來説，當地世俗藝術中的一些人物場景也可以看到賓陽中洞帝后禮佛圖的美術造型的痕跡。

例如，洛陽早年出土的一具北魏"孝子"畫像石棺左右兩梆的石刻綫畫，其人物造型的空間格調及其形色勾畫，即以充滿韻律感的綫條造型，展現了畫面人物相與顧盼的互動關係及其優美的身姿動態。這與賓陽中洞帝后禮佛圖所傳達的的藝術氛圍有著異曲同工的審美效果（圖 40）[42]。

洛陽出土的另一具北魏石棺床欄板，其綫刻畫面的美術造型亦有相同的藝術風格（圖 41）[43]。而檢閱洛陽地區出土的諸多北魏世俗石刻，其綫刻繪畫亦每有同類範式的人物群像的摹畫（圖 42）[44]。

在龍門石窟以外的同類文化遺址中，我們可以選擇麥積山石窟

圖40　洛陽出土北魏"孝子"畫像石棺的綫刻人物造型

圖41　洛陽出土北魏石棺床欄板的綫刻
人物造型

圖42　洛陽出土北魏晚期石碑座綫刻人物造型

和敦煌莫高窟的各期供養人美術遺跡考察它們之間在構圖技巧方面的藝術特徵，進而通過這種文物形態之間的相似之處體會它們蘊含其中的文化聯繫。

　　麥積山石窟第23窟正壁北魏晚期壁畫中的一幅供養人寫真，從其殘存的筆觸痕跡觀察，可以看到圖中禮佛人身著褒衣博帶的漢式服裝，在這一人物群體的身後，見有儀仗侍者手擎迎風搖曳的華蓋（圖43）。從畫面構圖意境上考察，其受到龍門古陽洞太和二十二年（498）北海王元詳造像龕供養人行列及賓陽中洞帝后禮佛圖造型範式的影響殆無疑問。

　　敦煌莫高窟第285窟東壁門拱南、北兩側，有北魏壁畫無量壽佛各一鋪。其門拱北側這一畫面的下方，南向繪男供養人十三身，北向繪女供養人十四身。門拱南側這一畫面的下方，南向繪女供養人十三身，北向繪男供養人十四身。這種相向排列、井然有序的男女邈真群像，俱著褒衣博帶漢式服飾，形貌瘦削，風姿綽約，傳達出拓跋晚期石窟寺人物造型中典型的“中原風格”（圖44）[45]。

圖43　麥積山石窟第23窟
北魏晚期壁畫中的供養人行列

圖44　敦煌莫高窟第285窟
北魏壁畫中的的禮佛人行列

　　莫高窟北魏以降見有供養人行列的壁畫，比較具有代表意義的例如：

　　第428窟東壁門拱南側北周時期的一鋪“薩埵那太子本生故事”壁畫，其下有“甘州沙門孫□□”等106身邈真形象的供養人行列三排（圖45）[46]。就繪畫題材的銜接及其與石窟空間格局的安排，這一鋪美術造像與賓陽中洞同類內容有著極其相似的特點。同壁窟門北側及中心柱以外三個壁面的下層，另有三排共計911身供養人和供養僧尼的寫真圖畫（圖46）[47]。一窟之內供養人數量之衆多，爲國內石窟寺同類造像所罕見。

圖45　敦煌莫高窟第428窟東壁門拱南側北周薩埵
那太子本生壁畫之下的禮佛人行列

圖46　敦煌莫高窟第428窟南壁北周壁畫中的
禮佛人行列

　　第303窟中心柱正面隋代佛龕下方的彩繪壁畫中，有方向相對的禮佛人行列一鋪。圖中人物形象以褒衣博帶服飾爲主導，間以著胡袍的侍者尾隨於身後，其高低錯落、主從分明，顯示出供養者具有一定的社會地位（圖47）[48]。

　　與這一鋪供養人繪

圖47　敦煌莫高窟第303窟中心柱
隋代壁畫中的禮佛人行列

畫人物格局相接近的美術實例，有莫高窟第375窟南、北兩壁下層初唐壁畫中的供養人行列。但二者人物形象在服飾樣式上則有明顯的不同。如後者女性蓄高髻，上著交領窄袖衫襦，下束齊胸長裙，外罩半臂，帔帛垂肩。具有濃郁的西域胡人風采氣象（圖48）⁴⁹。

　　莫高窟壁畫遺跡中帶有真正意義的漢風帝后禮佛圖繪畫，實以第220窟東壁初唐貞觀十六年（642）"帝王禮佛圖"爲代表。圖中華蓋、羽葆儀仗下的帝王，冕旒衰服，儀像端嚴。諸侍衛大臣老態龍鍾，形色矜持。整個畫面洋溢著一種不可一世的宮廷做派（圖49）⁵⁰。這一幅石窟彩繪，從題材內容的選取到美術技法的確定，无不鮮明地折射出貞觀十四年（640）李唐國家開拓西土疆域後中原政治意識在河西一帶的強化。與之稍後出現於宮廷畫師閻立本手筆的《歷代帝王圖卷》，不啻爲大唐帝國以美術作品宣揚王化的藝術實踐。而這種賦有人際群倫主從尊卑政治格調的大型繪畫，其藝術源頭正可上溯到龍門賓陽中洞帝后禮佛圖的美術藍本。這一審美傳統自此以後，曾在敦煌莫高窟的重要石窟經營中發揮過持續的作用。

圖48　敦煌莫高窟第375窟南壁初唐壁畫中的供養人行列

圖49　敦煌莫高窟第220窟東壁初唐貞觀十六年（642）"帝王禮佛圖"

圖50　敦煌莫高窟第130窟甬道南壁盛唐壁畫"都督樂庭瓌夫人出行圖"（段文傑臨摹本）

　　敦煌石窟中，以規模化群像作爲禮佛圖樣式的美術作品，有唐一代另有以下兩例佔有重要的地位。

　　莫高窟第130窟甬道南、北兩壁，分別彩繪盛唐晉昌郡太守樂庭瓌夫婦禮佛圖各一幀（段文傑臨本）（圖50）⁵¹。

　　莫高窟第156窟南、北壁晚唐經變故事畫下方彩繪河西歸義軍節度使張議潮夫婦出行圖各一幀（圖51、圖52）⁵²。

　　這類以描摹地方權貴現實生活爲敘事場景的美術畫卷，其人物形象之儀態雍容、主唱從隨，其儀仗衛翊之紛紜雜陳、極盡鋪張，不僅以生動逼真的寫實手法再現了當年河西地方當局禮敬佛法的人文細節，更讓人們看到其藝術粉本采源於龍門賓陽中洞同類的造像題材。

　　晚唐以後的莫高窟，第98窟不僅甬道南北兩壁繪有張議潮、索勳和曹議金父子及其隨從的禮佛圖像，其主室壁畫中亦有曹氏爲其部屬200餘人圖寫的供養人行列⁵³。

　　莫高窟第152窟佛床西面及背屏下方有回鶻時代繪供養人圖像，是爲敦煌晚期供養人圖像的代表⁵⁴。

　　絲綢之路一綫的其他石窟，見有比較重要的供養人刻畫的實例，有慶陽北

圖51　敦煌莫高窟第156窟南壁晚唐壁畫"張議潮出行圖"

圖52　敦煌莫高窟第 156 窟北壁晚唐壁畫 "宋國夫人出行圖"

石窟寺第 244 窟北壁北魏漢裝供養人行列[55]。慶陽北石窟寺第 159 窟佛座下方初唐時代的供養人行列，則呈現西域胡裝的樣式，這與龍門石窟唐代窟龕中的供養人形象具有相同的人文風貌[56]。

值得人們注意的是，張掖馬蹄寺北寺第七窟前堂南壁元代禮佛人行列，其身著冕服式衣飾的供養人形象及其構圖特徵[57]，與晉南元代永樂宮壁畫 "朝元圖" 中的群像構圖明顯受到莫高窟第 220 窟東壁初唐 "帝王禮佛圖" 樣式的影響（圖53）[58]。從中可以看出中古以降內地道家美術借鑒佛教繪畫藝術的痕跡——山西金、元以來的諸多寺觀壁畫中遺存至今的群像繪畫，值得人們給予連接的研究。而中國美術史上有名的繪本 "八十七神仙卷" 的群像樣式，則更有系鏈研究的意義。

圖53　元代永樂宮壁畫 "朝元圖" 中的群像構圖

五、龍門造型藝術在東方文化史中獨特的歷史價值

中國絲路沿綫造型藝術受到域外美術風尚影響的現象，此前學界已有相關的研究[59]。這無疑提醒人們從文化交流史角度對中外美術遺跡的歷史嬗遞給予更多的關注。

富有史學旨趣的是，還在賓陽中洞竣工的正光四年（523），處於頻繁交往之中的南北朝的歷史遺跡，已經透露出兩者之間有文化互動的事實。

1953 年，成都萬佛寺遺址出土梁普通四年（523）三月八日康勝石刻造像碑一件。碑陰上段殘損的佛傳故事影雕中，有淨飯王夫婦與諸脅侍人物簇擁出場的畫面。其人物場景之安排，與龍門賓陽中洞禮佛圖的構圖模式如出一轍。該造像碑下段釋迦說法圖的底層，又有著褒衣博帶服飾的男女供養人行列，其美術格調與龍門同期同類造像亦了無二致（圖54）[60]。

又 1994 年，彭州龍興寺出土梁中大通五年（533）正月廿三日尹氏釋迦牟尼

圖54　敦成都萬佛寺出土梁普通四年（523）康　　圖55　彭州龍興寺出土梁中大通五年（533）尹
　　　勝造像碑碑陰人物造型　　　　　　　　　　　　氏釋迦牟尼造像碑碑陰人物造型

造像碑一軀。碑陰上部影雕 "釋迦涅槃" 圖畫中，羅列出情態各異的眾多供養者。碑陰下段的釋迦說法圖及其供養人行列，更與康勝造像碑同題畫面相似如一（圖55）[61]。

中國石刻藝術史中的上述實例，應該反映出龍門石窟佛教藝術的造型風格極有可能波及於南朝。

藝術史上更讓人們引起聯想的還有，遠在海東地區日本和韓國的造型藝術中，亦有與龍門賓陽中洞禮佛圖造型風格亟相接近的遺存。以日本奈良縣高松塚古墳遺址壁畫中的人物造型爲例，人們可以明顯看到中外藝術遺跡之間的形態聯繫。

1972 年於高松塚發現的公元 7 世紀的墓葬壁畫，其人物造型之服飾樣式、群體動態及其構圖綫條的運用技巧，與賓陽中洞帝后禮佛圖的畫面定格有著極其相似的美學意致（圖 56）。跨地區之間造型藝術如此接近的構圖風格，從行爲學角度折射出其間文化交流的必然存在。

圖 56　日本高松塚古墳 7 世紀壁畫中的群像造型

通過以上對中外文化遺產美術實例的回顧，我們自然可以看到，龍門石窟賓陽中洞帝后禮佛圖這種以單元題材重複排列、人物層次岑岑疊加爲特徵的美術構圖，通過人物群像錯落有致、顧盼呼應的敘事性畫面，展現了它場景繁縟、主題莊嚴的創作意圖。這種以宏大的美術場面傳達中國政教高端擁有“權力意識”和“文化優越感”的審美取向，追溯其淵源，蓋採擷於西域早期政教美術遺跡的示範——波斯、印度藝術遺跡中擅長“群陣烘托”構圖的美術範式，直接爲賓陽中洞帝后禮佛圖這一皇室生活畫卷提供了創作的藍本。中外文化交流的客觀存在，龍門石窟賓陽中洞帝后禮佛圖的題材構成及其藝術風範的確定，恰是一個值得人們深入研究的案例。

不僅如此，龍門石窟這一賦有“宏大敘事（wide narrative perspective）”意義而爲上層社會喜聞樂見的美術作品，亦曾開啓了東方石窟寺大型人物裝飾藝術的先河。從後來國內外政教高層遺留至今的宗教遺跡中富有群像意義的美術圖例來看，賓陽中洞帝后禮佛圖的確對長達數百年之久的東方宗教藝術，尤其是對其中大型人物的版塊造型，作出了帶有主流意義的引領與垂範。一種凸顯著“東方格調”的大型人物群像，由此而在世界美術史上享有卓異西方的風範——出現於與此同期的一例同類題材的美術作品，可以從一個側面印證這一美術風範的美學價值。

圖 57　聖維塔爾（San Vitale）教堂聖殿牆壁左側查士丁尼皇帝與朝臣鑲嵌畫

圖 58　聖維塔爾（San Vitale）教堂聖殿牆壁右側狄奧朵拉皇后與朝臣鑲嵌畫

在西方拜占庭教堂裝飾藝術中，亦有描摹宮廷帝后宗教生活的美術作品。如竣工於 547 年的聖維塔爾（San Vitale）教堂聖殿牆壁上，即有表現查士丁尼皇帝和狄奧朵拉皇后禮敬基督的鑲嵌畫（圖 57、圖 58）[62]。顯而易見，與龍門石窟賓陽中洞帝后禮佛圖畫面效果形成截然相反的對比，這一組再現帝后生活場面的人物畫卷，呈現出一種過於刻板的“偶像化”的木然面貌。其缺乏個性塑造的人物形象，弱化了這類藝術作品激蕩人心的審美感染的效果——東西方屬於一個時代的同類藝術題材，其各有“形”“神”定格的創作意識，在藝術效果上竟會帶來如此大的差別！

留美華裔學者陳懷宇先生說過：對於古代石刻文獻，要從其“口述傳統（oral tradition）”和“文獻傳統（textual tradition）”的差距上多加審視，從而找出石刻文本更貼近生活真實的原本含義[63]。學者們如此真灼的見道，對我們從另外的視角認識既有的文化遺產無疑有著積極的推动作用。

時至今日，當我們面對龍門賓陽中洞帝后禮佛圖這一美術遺跡的時候，體現在這一藝術作品身上的中外文化交流、嬗變的歷史印痕，的確讓我們感到西元 6 世紀初葉東方像教藝術昌明的時代，這一居於當代文化高端的皇家藝術工程，既吸收有西域石刻藝術的創作理念和美術技巧，又展示出中原地區主流美術審美觀念的史地特徵——封建皇室“權力意識”下的文化取向，決定了這一美術作品氣象宏大的美學意境和漢化潮流的構圖定格，從而影響了後來中國上層宗教藝術中大型人物群像的構圖創作。

回望以上一段的中外美術史蹤，從學理意義上帶給我們的思維啓發，事實上已經遠遠超出這一美術案例給予我們的微觀提醒。在一定意義上可以説，圍繞龍門帝后禮佛圖而展開的一攬子文化事象，實際上已經啓發人們：龍門石窟作爲一座具有世界級文化價值的歷史遺産，其所給予人類的資源價值正有待人們通過多維的學理思維進行縱深地解讀。

參考文獻：

① （北齊）魏收：《魏書》卷一一四《釋老志》，北京：中華書局 1974 年，第 3043 頁。

② 同上，第 3037 頁。

③ 王去非：《關於龍門石窟的幾種新發現及其有關問題》，《文物參考資料》1955 年第 2 期，第 120—127 頁。

④ 參見劉慧達：《北魏石窟中的"三佛"》，《考古學報》1958 年第 4 期，第 91—101 頁。

⑤ 有關中國石刻藝術空間格調中的"密體意致"，參見張乃翥：《中古時期漢地裝飾美術中的"密體意致"》。

⑥ 參見倪雅梅：《龍門賓陽中洞之浮雕與石造繪畫之"問題"》，（美）巫鴻主編：《漢唐之間的視覺文化與物質文化》，北京：文物出版社 2003 年，第 157—190 頁。又李玉珉主編：《中國佛教美術論文索引（1930—1993）》，新竹：臺灣覺風佛教藝術文化基金會 1997 年。

⑦ 參見（日）石松日奈子：《龍門石窟和鞏縣石窟的漢服貴族供養人像——"主從形式供養人圖像"的成立》，龍門石窟研究院編：《石窟寺研究》第 1 輯，北京：文物出版社 2010 年，第 82—99 頁。

⑧ 甘肅省文物工作隊、炳靈寺文物保管所編：《中國石窟·永靖炳靈寺》，北京：文物出版社 1989 年，圖版 26。

⑨ 圖版採自樊錦詩主編：《敦煌石窟》，北京：中國旅遊出版社 2004 年，第 58 頁，圖版 47。

⑩ 天水麥積山石窟藝術研究所編：《中國石窟·天水麥積山》，東京·北京：平凡社·文物出版社 1998 年，圖版 11、12、13。

⑪ 圖版採自山西省文物工作委員會、山西雲岡石窟文物保管所編：《雲岡石窟》，北京：文物出版社 1977 年，圖版 63、72、81。雲岡石窟文物保管所編：《中國石窟·雲岡石窟》（第二册），北京：文物出版社 1994 年，圖版 91、94、117。李治國主編：《雲岡》，北京：文物出版社 2000 年，第 54 頁。

⑫ 宿白：《雲岡石窟分期試論》，《考古學報》1978 年第 1 期，第 25—38 頁。

⑬ 圖版採自王鏞：《印度美術》，北京：中國人民大學出版社 2004 年，第 33 頁。

⑭ 同上，第 65—66 頁。

⑮ 同上，第 67 頁。

⑯ 參見王鏞：《印度美術史話》，北京：人民美術出版社 1999 年，第 42 頁。

⑰ 王鏞：《印度美術》，北京：中國人民大學出版社 2004 年，第 59 頁。

⑱ 圖版採自李建群：《古代埃及和美索不達米亞美術》，北京：中國人民大學出版社 2004 年，第 124 頁。

⑲ 圖版採自陳志華：《外國古建築二十講》，北京：生活·新知·讀書三聯書店 2004 年，第 257 頁。

⑳ 圖版採自李建群：《古代埃及和美索不達米亞美術》，北京：中國人民大學出版社 2004 年，第 130 頁。

㉑ 同上，第 141 頁。

㉒ （英）蘇珊·伍德福德著，錢乘旦譯：《劍橋藝術史·古希臘羅馬藝術》（The Cambridge Introduction To Art—The Art of Greece and Rome），南京：譯林出版社 2009 年，第 91 頁。

㉓ （北齊）魏收：《魏書》卷四下《世祖紀》，北京：中華書局 1974 年，第 85 頁。

㉔ 同上，第 87 頁。

㉕ （唐）李延壽：《北史》卷九七《西域傳》，北京：中華書局 1974 年，第 3206 頁。

㉖ 同上，第 3226—3227 頁。

㉗ （北齊）魏收：《魏書》卷四下《世祖紀》，北京：中華書局 1974 年，第 105 頁。

㉘ （北齊）魏收：《魏書》卷一〇二《西域傳》，北京：中華書局 1974 年，第 2263 頁。

㉙ 河北省文化局文物工作隊：《河北定縣出土北魏石函》，《考古》1966 年第 5 期，第 269—270 頁。

㉚ 有關封和突墓出土波斯銀盤與北魏時代中外文化交流的情況，參見馬雍：《北魏封和突墓及其出土的波斯銀盤》，氏著《西域史地文物叢考》，北京：文物出版社 1990 年，第 138—146 頁。

㉛ 山西省考古研究所、大同市博物館：《大同南郊北魏墓群發掘簡報》，《文物》1992 年第 8 期，第 1—11 頁。

㉜ 張增光：《大同市城南發現北魏墓群》，《北朝研究》1989 年第 1 期，第 114 頁，圖見該期 66 頁。

㉝ 大同市博物館、胡平：《山西大同南郊出土北魏鎏金銅器》，《考古》1983 年第 11 期，第 997—999 頁。山西省考古研究所、大同市博物館：《大同南郊北魏墓群發掘簡報》，《文物》1992 年第 8 期，第 1—11 頁。

㉞ （北齊）魏收：《魏書》卷九《肅宗紀》，北京：中華書局 1974 年，第 228 頁。

㉟ （唐）李延壽：《北史》卷九七《西域傳》，北京：中華書局 1974 年，第 3223 頁。

㊱ （北齊）魏收：《魏書》卷九《肅宗紀》，北京：中華書局 1974 年，第 232 頁。

㊲ （北魏）楊衒之：《洛陽伽藍記》卷五，范祥雍校注：《洛陽伽藍記校注》，上海：上海古籍出版社 1978 年，第 251—342 頁。

㊳（北魏）楊衒之：《洛陽伽藍記》卷三，范祥雍校注：《洛陽伽藍記校注》，上海：上海古籍出版社 1978 年，第 159—161 頁。

㊴（北魏）楊衒之：《洛陽伽藍記》卷一，范祥雍校注：《洛陽伽藍記校注》，上海：上海古籍出版社 1978 年，第 3 頁。

㊵（北魏）楊衒之：《洛陽伽藍記》卷三，范祥雍校注：《洛陽伽藍記校注》，上海：上海古籍出版社 1978 年，第 132—133 頁。

㊶同上，第 173 頁。

㊷圖版採自黃明蘭編著：《洛陽北魏世俗石刻綫畫集》，北京：人民美術出版社 1987 年，第 8 頁。

㊸同上，第 84 頁。

㊹同上，第 112 頁。

㊺圖版採自敦煌文物研究所編：《中國石窟・敦煌莫高窟》（第一册），北京：文物出版社 1982 年，第 139 頁。關於莫高窟第 285 窟東壁這兩鋪壁畫的時代，筆者依據其畫風傾向於認爲他們竣工於東陽王元榮出鎮瓜州的北魏晚期。

㊻圖版採自樊錦詩主編：《敦煌石窟》，北京：中國旅遊出版社 2004 年，第 63 頁，圖版 51。

㊼同上，第 38 頁，圖版 35。敦煌研究院編：《敦煌石窟內容總錄》，北京：文物出版社 1996 年，第 175 頁。

㊽同上，第 41 頁，圖版 37。

㊾圖版採自敦煌文物研究所編：《中國石窟・敦煌莫高窟》（第三册），北京：文物出版社 1987 年，圖版 4。

㊿圖版採自樊錦詩主編：《敦煌石窟》，北京：中國旅遊出版社 2004 年，第 74—75 頁，圖版 64。

51 圖版採自張文彬主編：《敦煌》，北京：朝華出版社 2000 年，第 80—81 頁。

52 圖版採自敦煌文物研究所編：《中國石窟・敦煌莫高窟》（第四册），北京：文物出版社 1987 年，圖版 133、圖版 134。

53 敦煌研究院編：《敦煌石窟內容總錄》，北京：文物出版社 1996 年，第 38 頁。

54 同上，第 59 頁。

55 甘肅省文物工作隊、慶陽北石窟寺文官所編：《慶陽北石窟寺》，北京：文物出版社 1985 年，第 44 頁。

56 同上，第 55 頁。

57 甘肅省文物考古研究所編：《河西石窟》，北京：文物出版社 1987 年，圖版 159。

58 金維諾主編：《中國美術全集・繪畫篇・13・寺觀壁畫》，北京：文物出版社 1988 年，圖版 88。

59 參見（美）安吉拉・豪沃德：《4 世紀河西走廊地区涼州佛教藝術与中亞風格的轉變》（Angela Howard, Liang Patronage of Buddhist Art in the Gansu Corridor during the Fourth Century and the Transformation of a Central Asian Style），（美）巫鴻主編：《漢唐之間的宗教藝術與考古》，北京：文物出版社 2000 年，第 235—275 頁。

60 劉志遠、劉廷璧編：《成都萬佛寺石刻藝術》，北京：中國古典藝術出版社 1958 年，圖版 2。圖版採自李静傑：《四川南朝浮雕佛傳圖像考察》，龍門石窟研究院編：《石窟寺研究》第一輯，北京：文物出版社 2010 年，第 111 頁。

61 參見彭州市博物館、成都市文物考古研究所：《四川彭州龍興寺出土石造像》，《文物》2003 年第 9 期，第 74—86 頁。圖版採自李静傑：《四川南朝浮雕佛傳圖像考察》，龍門石窟研究院編：《石窟寺研究》第一輯，文物出版社 2010 年，第 122 頁。

62 圖版採自（法）雅克・德比奇等著，徐慶平譯：《西方藝術史》，海口：海南出版社 2002 年，第 86、88 頁。

63 參見陳懷宇：《唐代景教史三題——以景教碑爲中心》，沈衛榮主編：《西域歷史語言研究集刊》第二輯，北京：科學出版社 2009 年，第 173—186 頁。

中古洛陽與書法名家

CALLIGRAPHY IN MEDIEVAL LUOYANG

（意大利）畢羅（*Pietro De Laurentis*）

（拿波里東方大學亞非研究所）

內容摘要：

　　洛陽向被稱爲書法聖地，歷代皆有墨跡石刻與歷史文獻印證。河南地區從殷代甲骨文（公元前第 14 — 13 世紀）一直到晚明初清書法家王鐸（1592 — 1692），在中國書壇上佔有絕對的位置。就洛陽及周圍地區在中國書學史所起的作用而言，中古時期（第 3 — 第 10 世紀）在該區域陸陸續續出現了不可勝數的名家與書法高手，並留下了一群魅力不朽的遺跡。從史料、石刻、墨跡等考慮，中古洛陽爲東漢（25 — 220）、曹魏（220 — 265）、西晉（265 — 317）、北魏（386 — 534）、唐代（618 — 907）的主要行政與文化中心，貴族官僚、士大夫僧侶，或出生於此地，或因政治、宗教、文化等關係，都曾經遷至抑或遊至洛陽，因而留下了可貴的書法硬件載體及軟件記載。

　　宏觀地看中古洛陽書壇，除了和中央政府及朝廷的關注以外，宗教活動對書法創作同樣起了很大的作用，包括平民社會十分喜愛書法的現象。後漢時期的《熹平石經》（175）和北魏時代的元氏宗室及貴族墓誌銘（496 — 531）各自表示中央集權注重文字不但在宣揚傳統方面書寫應該規範有度而且在追念死者場合漢字也需要帶有一定的審美標準。至於宗教與書法的關係，北魏《龍門二十品》（488 — 520）等佛教書法精品明顯折射出當時佛教徒爲了在信仰方面作出功德而重視書法的真實。最後，從孫過庭（約 646 — 約 690）《書譜》（687）及若干平民墓誌銘中，我們還可以看出各層文士看重書法的不同情況，並且可以發現其書法作品實際上體現優劣不等的水平。

　　文化現象與歷史背景關係緊密，中國書法也不例外。書寫漢字作爲士大夫必修之技藝與行政機構深爲相連。中古洛陽因爲政治的需要對培養書法高手起了一定的作用，並且吸引了衆多擅長書法的文士官僚由各地而彙集洛陽，這在中國書法史上具有非常重大的意義。因此，就上述孫過庭而言，雖然未必出生在中原，但是因爲種種原因他居住洛陽時影響了當地的書壇。

　　除了行政管理要求文士官員掌握文字知識以外，我們絕對不應該忽略書寫漢字在中國傳統修養教育領域早就佔有的地位。中古時期凡是享有文化教育的人士大多數將六藝之一的書法作爲其個人修養手段之一，其中僧侶在書法創作方面也達到了一定的藝術境界。作爲漢人特有的文化與藝術表現的書法，無論在中國社會何等階層都是享有一定的地位。若干墓誌銘實例表明，製造者邀請名家或特殊身份的書寫者來書丹，即使作品藝術效果或不佳，其製造工程包括書法行爲仍然在當時社會上享有很大的影響。

　　該文擬對有關中古洛陽的書學環境作初步的梳理，並且指出其主要的社會與文化特徵。再者，以實際的書法作品作爲研究對象，將不同的書法創作情況作出介紹，以便勾畫出書法在當時中原地區及華夏文化圈的多彩多姿的社會面貌。

關鍵詞：

洛陽書法　政治文化　藝術文化　文字學知識　書法修養

Abstract:

Luoyang is one of the sacred places of Chinese calligraphy. Both manuscripts and stone inscriptions area, as well as numerous literary and historical accounts provide us with evidence of Luoyang's importance in the history of Chinese calligraphy.

From the earliest examples of Chinese writing itself, the famous oracle bone inscriptions（jiaguwen 甲骨文, fourteenth-thirteenth century BC） to the sixteenth century calligrapher Wang Duo 王鐸（1592—1692）, the Henan region in the Chinese Central Plain has incessantly held a preminent position in the realm of Chinese calligraphy. Especially during the Medieval Period (third-tenth centuries) Luoyang and the surrounding region have seen the production of countless masterpieces that are still regarded as models for practical study and theoretical research.

During the Eastern Han 東漢（25—220）, the Wei 魏（220—265）, the Western Jin 西晉（265—317）, the Northern Wei 北魏（386—534）, and the Tang 唐（618—907）dynasties, Luoyang was indeed one of the main political, cultural, and economical centres of China. Therefore, due to various factors it functioned as an important pole for nobles, literati, officials, and clergymen, who were either born there, or who, attracted by its political and cultural prestige, happened to move to Luoyang definitely or temporarily.

As we examine the cultural background of calligraphy in Luoyang during This Period, we can easily notice that the authors and the circumstances that created the various calligraphic works possess very different characteristics.

The first is to mention the role played by the court, the central government, and the administrative system as a whole in promoting expertise in calligraphy. From the *Classics Inscribed on Stone during the Xiping Reign Period*（*Xiping shijing* 熹平石經）（175）to the epitaphs of the royal family and the nobility during the Northern Wei (epigraphical data dating from 496 to 531), for example, the materials we possess today show from one side the importance of standard and precise writing in the transmission of classical culture, and the appreciation of beautiful writing in occasion of funerary rites from the other.

Secondly, the religious community equally held calligraphy in the greatest consideration. As the masterpieces cointained in the *Twenty Works from the Longmen Grottoes*（*Longmen ershipin* 龍門二十品）(dating from 488 to 520) reveal, the meritory function played by calligraphy in the production of buddhist votive images (like the copying of sutras in general) was indeed very important for buddhist followers.

Finally, from works by ordinary people such as the *Manual of Calligraphy*（*Shu pu* 書譜）（687）by Sun Guoting 從孫過庭（ca.646-ca.690）of the Tang as well as various epitaphs, we can have a glimpse of the variegated background of common people practising calligraphy, which is represented by both refined as well as poorly written manuscripts and inscriptions..

Of course cultural phenomena are deeply connected with the historical background, Chinese calligraphy included. Practising calligraphy as a means of self-cultivation is indeed deeply linked with the necessities of the adminstrative apparatus. Therefore, the political situation must have contributed to the formation of many skilled calligraphers, both native and coming from outside Luoyang, like, for instance, the above-mentioned Sun Guoting, who, not necessarily born in Luoyang, played an active role in the calligraphic circles there.

However, besides the key function implemented by the political system, we should not underestimate the importance acquired by mastership in calligraphy in the education of learned men. Hence, it is no wonder that, being regarded as one of the six arts of Chinese traditional education (along with rites, music, archery, riding, and arithmetics), calligraphy was often practiced by those who could get access to education and culture, clergymen included.

Moreover, it is necessary to stress that calligraphy was and still is a peculiar form of art for Chinese people, therefore its importance sometimes transcends not only social classes, but also the actual quality of the calligraphic work. In the Luoyang area there are some epigraphical works for which the commissioners had invited famous or peculiar personages for inseribine the text. In spite of their artistic outcome being quite poor, from the point of view of the commissioner as part of the social body, very likely they were still much valued as a sign of social prestige.

The present paper aims to describe the social and cultural environment of calligraphy in the Luoyang of the Middle Ancient

Period by pointing out its main social and cultural features. In addition, the author illustrates some typical circumstances of calligraphic production on the basis of material evidence, in order to outline the variegated social aspects of calligraphy in the Chinese Central Plain and in China in general.

Key words:

Longmen Grottoes　Engraved images of the emperor and the empress processions　Stone-engravings from the palace of Persepolis　Early Indian Buddhist Art　narrative power of the pictorial space

一、中古洛陽政治體制對書法藝文的影響

被稱爲"九朝古都"的洛陽，除了遠古時期在中原地區做過幾次首都以外，從漢代開始，它多次被設爲全國或北方政權的行政中心。從東漢建武元年（25）開始至初平元年（190）洛陽爲東漢實際控制中國版圖的正式首都。在三國魏（220—265）與其後的西晉（265—317）時代，洛陽延續佔有其中央職權中心的地位。在南北朝時期，317年之後，在中國北部若干朝代分裂統治版圖，其中北魏自太和九年（493）至永熙三年（534）爲北方政治與文化中心。隋代589年統一天下之後，從仁壽四年（603）到義寧二年（618）與長安並設爲首都，號稱"東都"。至於唐代，從顯慶元年（657）[①]到安史之亂（755—763），洛陽同樣享受唐帝國東都的地位，其主要原因在於武曌（約625—705）遷往東部地區的政治動力。顯然，或多或少，洛陽在政治方面影響了中州及全國的政壇將近400年之久，因而可知其作爲文化中心的歷史條件。

與政治活動影響同樣深遠的，是以佛教爲主的宗教活動。從創建白馬寺以來，洛陽地區即爲中州佛教文化的中心。而其佛教藝術最突出表現，毫無疑問應該算是龍門石窟。龍門石窟石刻文獻等資料表明，早在北魏太和十二年（488）古陽洞北壁開鑿《比丘慧成造像並記》，時稱《始平公造像》，爲龍門石窟佛龕絕對精品[②]。493年起北魏從平城遷都洛陽以後，鐫造佛像便越來越繁榮，種種居住、路過洛陽的人士，在龍門石窟留下佛像者數量相當大。至於邙山周圍地區，其宣傳佛教文化的寺院依然不可勝數[③]，同樣表現出洛陽與佛教文化的結緣。

因此，我們可以説，政治教育與宗教、藝術對形成洛陽地區的文化硬件與軟件起了極大的作用。如此豐富的文化環境所産生的藝術作品，除了世界一聲致認同並且贊美的佛教藝術以外，在洛陽地區還具有另一種表現，即是中國特有的漢字的藝術——書法。目前所留下的字跡，主要爲刻在石材上的漢字文本，其內容與載體有多種，像文學經典、造像題記、墓誌銘、書法理論等等。雖然流傳至今的墨跡極少，但它們尚能折射出當時書法文化的靈魂。東漢標準字體的《熹平石經》（175）、北魏佛教造像記中的著名《龍門二十品》（488—520）與北魏元氏宗室及貴族墓誌銘（496—531）、唐初傑出書法家褚遂良（596—659）所書《伊闕佛龕碑》（641）（圖1）、孫過庭（約646—約690）《書譜》（687）草書墨跡傑作，武則天（約625—705）撰並書《昇仙太子碑》（699）及唐代許多著名文士所書寫的墓誌銘，皆爲洛陽地區留下的中國書法寶藏。

文化表現與歷史背景關係緊密，中國書法也不例外。書寫漢字作爲士大夫必修之技藝與行政機構相連。從歷史資料我們可以看出，早在東漢時期（25—220），文字教育在行政體制當中有非常重要的地位。在其漢字學奠基之作《説文解字·序》中，東漢文字學家許慎（約55—約149）對有漢一代的文字教育的狀況，作了如下的介紹：

"尉律學僮十七已上，諷籀書九千字，乃得爲史。又以八體試之。郡移大史並課。最者以爲尚書、史。書或不正，輒舉劾之。"[④]

由此可知，漢代政府官員與文字知識的關係非常密切，這對其後的書法藝術的發展起到了深刻的影響[⑤]。從東漢行政管理制度我們可以看出，除了太學以外，在

圖1　龍門石窟賓陽南洞造像碑《伊闕佛龕之碑》

靈帝（劉宏，156—189，168—189 在位）掌握政權的公元 178 年，洛陽宮廷官宦還建立了鴻都門學，爲中國最早的藝術學校，此事《後漢書》曾有以下的記載：

"時其中諸生，皆敕州、郡三公舉召能爲尺牘辭賦及工書鳥篆者相課試，至千人焉。"⑥

此外，第 2 世紀下半葉洛陽宮廷裏除了皇家及諸臣教師以外，還活動著來自全國各地的"工書者"，當爲鴻都門學學生，畢業以後授官於各部門⑦。東漢中央政府重視書法的最重要表現之一，該算是在熹平四年（175）靈帝所敕令點校刊刻的儒家經文，183 年完成，一共爲四十幾塊石板⑧。《後漢書》裏的相關記載有所不同，或題《六經》，或題《五經》，統稱《石經》，爲著名文士蔡邕（132—192）等官員所編並書⑨。鑒於近代所出土的殘損《石經》，當代學者一般認爲漢代《石經》以當時標準隸書所書，不過，《後漢書》中也有與之相異的記載：

"熹平四年，靈帝乃詔諸儒正定《五經》，刊於石碑，爲古文、篆、隸三體書法以相參檢，述之學門，使天下咸取則焉。"⑩

當代學者多認爲中國多體經文刻石首創於曹魏正始四年（243），爲中央所命令刊刻的《三體石經》，亦名《正始石徑》（圖 2），同樣在首都洛陽之太學門前設立，1922 年秋在洛陽東漢太學舊址出土有幾塊殘石⑪。實際上基於上述引文，我們無法排除以多體文字書寫儒家經文最初產生於東漢末葉的可能。因而我們又可以推論洛陽作爲職權中心對官員了解多種字體有明確的要求，所以，至少從公元第 2 世紀開始，官僚掌握多種書體爲當時社會所熟悉現象。

圖 2　洛陽漢魏故城出土的正始石經

北魏時期（386—534），鮮卑族拓跋部（Tabgatch）佔領了中原後不久，就以明顯"漢化"政策實行統治。尤其在孝文帝（元宏，467—499，471—499 在位）即位以後，拓跋統治者一律採取漢人習俗，先在 493 年將靠近拓跋原地的平城首都遷到漢人中心的洛陽，至於"（太和）二十年春正月丁卯（496 年 2 月 2 日），詔改姓爲元氏。"⑫ 從這些政策我們不僅可以看出遊牧民族與漢人的不斷融合，而且還能了解洛陽作爲首都對北魏統治者的重要性。

到了唐代，我們知道從 657 年開始，洛陽被設爲"東都"，宮廷多次自長安而遷移到洛陽。因此，盡管如此多的短期遷都對國家經濟帶來一定的損失，中央政權體制還將所有的行政部門都重置於洛陽，包括 662 年復制的國子監：

"（龍朔二年春正月）丙午（662 年 2 月 9 日），東都初置國子監，並加學生等員，均分於兩都教授。"⑬

自從武則天（624—705）登上政壇以後，洛陽在國家政治中的角色越來越重要，從 682 年到 701 年還將首都徹底遷到洛陽。由此我們可以想像洛陽在唐帝國的政治、經濟與文化的重要性。

人們經常提到有唐一代書法爲"尚法"的時代，其"法度"之概念含義很廣，可以涉及到書學方方面面，從結字嚴謹有度到書體獲得法則等等。就從行政管理角度看，行政制度對官員的書法修養要求相當高⑭。甚至可以說，應算是作官的必備條件。歷史資料表明，文字學在唐代教育和取士兩方面，尤其是科舉與銓選，有著一定的地位。《唐六典》記載，在唐時，國子監管轄的六學裏有專門教習文字學的書學，以參加明字（明書）科舉科目爲目標⑮。除了這種技術學校以外，我們還知道國子監的所有的學生也需要有文字學的基礎：

"其習經有暇者，命習隸書並《國語》《說文》《字林》《三蒼》《爾雅》。"⑯

以上一段話又折射出，"習隸書"爲國子監學生在業餘時間必須練習的一門功課。這兒所謂的"隸書"是指楷書：在唐時，現在所謂的"漢隸的隸書"實稱"八分"，而隸書是指楷書⑰。再者，從《新唐書》我們又可以了解掌握一手楷字對銓選的重要性：

"凡擇人之法有四：一曰身，體貌豐偉；二曰言，言辭辯正；三曰書，楷法遒美；四曰判，文理優長。"⑱

所謂的"唐楷"是指在唐時形成的一種特殊的楷書風格。不過，除了楷書以外，唐代對其它書體的影響亦然深刻。就唐代行政體制而言，《唐六典》對秘書省校書郎有如下說明：

"校書郎、正字掌讎校典籍，刊正文字，字體有五：一曰古文，廢而不用；二曰大篆，惟於石經載之；三曰小篆，謂印璽、旛旗、碑碣所用；四曰八分，謂石經、碑碣所用；五曰隸書，謂典籍、表奏及公私文疏所用。皆辨其紕繆，以正四庫之圖史焉。"⑲

以此可以看出，中古洛陽的政治文化對培養歷代書法高手所起的作用。假如缺乏中央行政的地位，在不排除本土出現傑出書法家的可能下，我們可以估計至少當時洛陽無法稱爲全中國的文化中心，並且吸引衆多的文士官僚由各地而彙集洛陽。

二、中古洛陽藝壇與書法的關係

除了行政管理要求文士官員掌握文字知識以外，書寫漢字在中國傳統修養教育領域也佔有相當的地位。我們從中古時期許多記載都可以找出若干例證。從東漢初期開始出現最早的書法文字學論文以降，中古時期的文學作品也逐步增加了有關書法文字的論述。自從陽（楊）泉（活動於第 3 世紀中期）的《草書賦》、衛恒（252—291）的《四體書勢》、梁武帝（蕭衍，464—549），與陶隱居（陶弘景，456—536）《書啓》九首，一直到庾肩吾（487—551）《書品》及唐代孫過庭（約 646—約 690）《書譜》等書論，中古時期書法理論出現了許多議論精闢的著作。於此之外，一部分文學筆記作品也折射出當時書法文字學在士族豪門的文化圈裏所享受的地位。尤其是葛洪（283—343）的《抱樸子》[20]、劉義慶（403—444）的《世說新語》和顏之推（531—約 590）的《顏氏家訓》對六朝文士與書法的關係，有著種種的記載。

《世說新語》一部中，專門有一篇論述"巧藝"的文章，對我們了解中古社會如何看待書法提供了珍貴的資料。其中的一段相當著名的話，確實說，掌握書法可以變成剝削某人的一種原因：

"韋仲將（韋誕，179—253）能書。魏明帝（曹叡，204—239，226—239 在位）起殿，欲安榜，使仲將登梯題之。既下，頭鬢皓然。因敕兒孫勿復學書。"[21]

雖然該段話好像告訴我們當時善於書法並不受文人的重視，但實際上，則間接折射出書法水平高低有如此大的差異[22]。《顏氏家訓》關於蕭子雲（486—548）有相關的記載：

"蕭子雲每嘆曰：'吾著《齊書》，勒成一典，文章弘義，自謂可觀；唯以筆跡得名，亦異事也。'"[23]

《顏氏家訓》另外的一篇中，對書法作爲貴族豪門子弟文化修養的一部分，有以下記載：

"真草書跡，微須留意。江南諺云：'尺牘書疏，千里面目也。'承晉、宋餘俗，相與事之，故無頓狼狽者。吾幼承門業，加性愛重，所見法書亦多，而翫習功夫頗至，遂不能佳者，良由無分故也。"[24]

顏之推一生經歷過四個朝代：梁（502—557）、北齊（550—577）、北周（557—581）、隋（581—618），並且在不同地區接受了南北不同文化的熏陶。《顏氏家訓》所言，雖然沒有直接與當時洛陽地區掛鉤，尚能提供一些關於中原正統北方士族文化的可靠信息。顏之推出生於今天的湖北，其家族來自於山東琅琊，其傳統教育以南北分散前的東漢—西晉洛陽音調爲標準[25]。於是，顏之推作爲士族，雖然對書法"無分"，不過還需要"承門業"，由此可知士族豪門對書法的重視。

宋代文人朱長文（1039—1098）在其著名書學纂輯《墨池編》（1066 年爲序）第一部《雜議》後，爲有關六朝書法加了以下的注疏：

"朱長文曰：隸草始於秦，行於漢魏而特盛於江左。觀其君臣所以撰録論議，辨析古今，可謂勤矣。是時名流皆謂之盛事，以不能爲恥。故其盛如此。"[26]

歐陽詢（557—641）等編的《藝文類聚》是中國最重要的類書之一，其涉及到的內容甚廣，尤其對保存先唐文學作品起了極大的作用。其編者歐陽詢，爲當時著名官僚，尤善於書法，曾經書丹贊頌太宗李世民（599—649，626—649 在位）"文武之政"的《九成宮醴泉銘》一碑，對後世書法影響極深。《藝文類聚》第 74 卷收録了有關射、書、畫、圍棋、博、象戲等"巧藝"的若干篇文章。其中涉及到"書"的內容爲先唐完整的五篇文章，以及載於其它論文十幾段短文[27]。《藝文類聚》爲高祖李淵（566—635，618—626 在位）敕修之作，由此可知，唐初中央文化標準對書藝的重視。

太宗李世民在推廣書法方面作出了很大的貢獻。特別是他在 626 年將修文館改成弘文館，以及其徵召王羲之書跡。就弘文館而言，《唐六典》有以下記載：

"貞觀元年敕，見任京官文武職事五品已上子，有性愛學書而及有書性者，聽於館內學書，其書法內出。其年，有二十四人入館，敕虞世南、歐陽詢教示楷法。"[28]

上述一段話告訴我們弘文館對書法研習的重大推崇。中央對書法文化的重視，也在全國有影響。因此，我們觀察唐代書壇，洛陽地區即依然保持其先鋒的地位。

三、中古洛陽書法名品賞析

以上我們對中古洛陽的政治和藝術與書法的關係作了初步的梳理。下面我們試圖對有代表性的以洛陽爲中心的幾件書法作品進行介紹。由歷史先後順序排列如下。

（一）西晉《龍興皇帝三臨辟雍碑》（278）

從第 3 世紀開始，漢代的隸書已經發展到楷書，安徽省 1984 年出土的《朱然名刺》（？—243）是最早的明顯帶有楷書筆意的作品。除了楷書以外，漢代隸書還發展到漢隸的一個變體，其主要特點爲筆畫棱角更突出、框架更加舒長。這種漢隸變體在中古時期影響相當大，有許多墓誌碑刻一直到隋代仍然使用。《皇帝三臨辟雍碑》西晉咸寧四年（278）（圖 3）立於洛陽太學，即今偃師東大郊村北，可以作爲漢隸變體的典型。由於石刻 1931 年才出土，其保存完美，可以當作該書體的典範作品。

（二）北魏造像記、墓誌（488—531）

中國銘刻學專家施安昌先生對洛陽北魏時期出土的墓誌碑刻的書風，因其雷同形態表現，稱爲"邙山體"[29]。中古書學專家劉濤先生基於碑刻墓誌不限於邙山一處所出土，將之改稱"洛陽體"[30]。中古時期主要書風，除了上述漢隸變體之外，最著名者，當爲楷書變體的"魏碑體"，在中州及山東周圍地區普遍流傳，其主要實體表現爲墓誌、造像記、碑刻。近幾十年大量的石刻作品，陸續在考古及多種工程過程中挖掘問世。中古洛陽爲魏碑體最重要的中心，其主要表現爲北魏皇家元氏墓誌及若干異姓墓誌和龍門、邙山造像記。

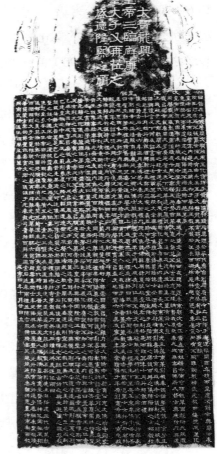

圖 3　洛陽漢魏故城出土的西晉
《大晉龍興皇帝三臨辟雍碑》

北魏皇家元氏墓誌，其發現地點爲洛陽一帶，現存洛陽、偃師、鄭州博物館等研究機構。按照施安昌先生的統計，"邙山體"最早的作品爲龍門石窟古陽洞的《尉遲爲牛橛造像記》，在 495 年 2 月 11 日到 3 月 11 日由丘穆陵亮夫人定作的。其實，像張乃翥先生的考查表明[31]，古陽洞另一方造像記應算是整個龍門石窟及所謂邙山體石刻當中的最早作品，即《比丘慧成爲始平公造像記》，俗稱《始平公造像記》（圖 4）。除了《始平公造像》

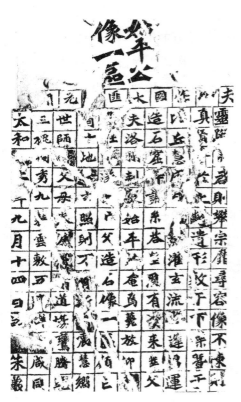

圖 4　龍門石窟古陽洞北壁
北魏始平公造像記

所造本末對考證龍門石窟開鑿年代極爲重要以外，《始平公造像記》確實記載了一項非常重要的信息。盡管造像記全文對碑主一人的真實姓名都沒有記錄，但在末行便明寫著造像記書者及撰文者的姓名：朱義章書，孟達文。

更爲重要的是，其書丹者朱義章的姓名先於撰文者孟達，這與古陽洞亦然注明的《孫秋生等造像記》（502 年 7 月 17 日訖）所記載的"孟廣達文，蕭顯慶書"的順序相反。朱義章等其他北魏造像記、墓誌銘所提及的書丹與撰文姓名史料中都沒有記載，因此無法了解實爲何等人物。不過，《始平公造像記》和《孫秋生等造像記》兩文十分強調主角官名[32]，但是在提及朱義章與蕭顯慶的時候，並未有注明其身份。兩方造像記又提到"爲國造石窟寺，口系答皇恩"和"願國祚永隆"，至少證明營造佛龕的工程與國家政府有著一定的關係，甚至有政府官員來監督的可能。那麼，我們至少可以推測，朱義章和蕭顯慶不在文壇上有一定的地位的話，兩塊造像記提及其姓名便毫無意義。盡管所謂"龍門二十品"當中包括許多書寫及鑴刻並不精緻的造像記，我們不應該以質量次者，輕視低估極品。尤其是《始平公造像記》爲書法傑作。首先，《始平公造像記》爲中國書法史上極少的陽刻石刻，在鑴刻方面要求刻工十分注意集中精神以避免難補的雕刻錯誤。其二，在書法上不像其他龍門二十品強調氣勢險絕、筆勢粗糙的風格。雖然它保留著左低右高、撇捺傾斜的結構，始終給人一種厚重有力的感覺。再者，與其他魏碑作品相比，方筆、圓筆兼備，證明書寫者、鑴刻者的絕對水平，比如題記第 3 個字"公"字與第 6 行第 18 個字"飛"（見圖 4a、b）。

（三）孫過庭（約646—約690）《書譜》（687）

與洛陽關係十分密切的另一中國書法史上的精品，應算爲"吳郡孫過庭"撰並書的《書譜》（台北故宮博物院藏）草書墨跡長卷（圖5）。筆者有關孫過庭及其《書譜》主要問題已經發表了兩篇文章[33]，於此主要試圖論述孫過庭與洛陽書壇的關係。

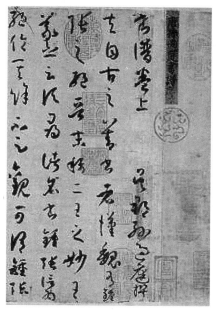

陳子昂（660—703）爲孫過庭撰寫的《率府録事孫君墓誌銘》一文給我們唯一的有關孫過庭與洛陽的記載："卒於洛陽植業里之客舍。"

孫過庭在《書譜》首行自署爲"吳郡孫過庭"，因此我們可知孫氏與蘇州一帶的"吳郡"有著一定的關係。不過，從孫過庭的生活背景可以看出，他在某一段時間必定在洛陽生活過。首先從他官位來考查，"率府録事參軍"和"右衛胄曹參軍"兩個職位所任的地方，一定在當時的首都：前者爲東宮中，後者也在京都負責京兆及皇宮的保衛[34]。從武則天在660年執政以後，可以説東都洛陽一直到第8世紀初爲國家主要首都。因而我們不妨推測孫過庭在世任官應該是在洛陽。而且，從孫氏交遊情況我們也可以找出一些鞏固這種觀點的例子。首先是史料有關孫過庭一生有直接往來的人物，文獻記載的陳子昂與王紹宗。陳子昂來自今天四川，據羅庸《陳子昂伯玉先生年譜》，他從684年到690年居洛陽任官[35]。關於孫過庭生卒年問題，筆者曾經提出了約646年—約690年的説法[36]。既然陳子昂是孫過庭的墓誌銘和祭文的撰文者，我們不難推論兩人之間是在680年代初以後在洛陽開始來往，恰恰爲武則天遷都洛陽的歷史階段。再者，陳子昂所撰的《祭率府孫録事文》還提及的"我之數子，君之百年，相視而笑，宛然昨日，交臂而悲，今焉已矣"[37]，是指

圖5　唐孫過庭《書譜》遺卷

孫過庭的知音，或至少跟他關係比較親近。又8世紀著名書法理論家張懷瓘的《書斷》（書成於727年）記載孫過庭與麟臺少監[38]王紹宗（生卒年不詳）相善[39]。據本傳所記載，王紹宗曾經以抄經爲業，並在寺院裏居住三十年，684年徐敬業（？—684）起義兵敗後，武則天親自選拔王氏並授官。王紹宗因"性澹雅，以儒素見稱，當時朝廷之士，咸敬慕之"[40]，還侍讀太子（推測是李成器）念書。除了《本傳》《書斷》與《述書賦》稱他善書以外，《歷代名畫記》也有提及[41]，足以證明他曾於當世贏得相當的名氣。與孫過庭任官情況一致，王紹宗也應當在680年中期以後因授官而居洛陽。因而可知，當時孫過庭在洛陽交往的圈子檔次顯然不低。

《書譜》當中也帶有一些折射孫過庭時代書壇的記載。盡管未有準確姓名的提及，我們至少可以了解當時書法作爲一門高雅藝術，已普及到當時種種社會階層。孫過庭自身官位也並不高，不過以他的書學與文化修養他確實達到了當時文人圈的認可，甚至還親自從事書法教育[42]。不過，孫過庭在《書譜》中也直接暴露著他對當時所謂"聞疑稱疑，得末行末"、水平很低的書法家的不滿。孫過庭又非常激烈地抨擊以"年職自高輕致凌誚"他的書法的所謂"時稱賢者"，意味著當時書壇確實存在裝懂非懂的現象。文章不但顯露著孫過庭的積極精神，十分關心讓讀者領悟書學的奧妙，同時又深深感慨世人"不入其門，詎窺其奧者也"。因此，我們可以將《書譜》作爲孫過庭啓發書法愛好者的範本和草書傑作。

（四）武則天（約625—705）與《昇仙太子碑》（699年5月23日立）

中國歷代書家絕大多數爲男性文士。擅長書法的女性人物，史料記載十分稀少。當然，這種現象並不意味著中國古代缺乏善書女性者，可是，除了著名的衛鑠（即衛夫人，272—349）、吳彩鸞（生活於第9世紀）等，文獻記載與作品傳世就不多。以皇家內廷女性書家而言，記録的人物就更少了。不過，在這種缺乏歷史證明的情況下，第7世紀下半葉的中國確實出現了一個非凡的人物，即武則天。如衆人所知，她在政治方面深深影響了整個唐代的政壇，不過，從她還很積極地推動書法事業。尤其是在收藏方面，武則天特意收集王羲之一門墨跡，其中最著名爲現藏遼寧省博物館的《萬歲通天帖》，由王方慶（活於第7世紀下半葉）在697年4月28日[43]主動捐給武曌的墨跡而成。除此之外，武則天還非常看重能寫一手綺麗書法的文人。如鍾紹京（生活於第8世紀上半葉）可以算是以"能書"而升職的最有名的例子。據《舊唐書》記載，他"初爲司農録事，以工書直鳳閣，則天時明堂額，九鼎之銘，及諸宮殿門榜，皆紹京所題。"[44] "鳳閣"從684年到705年是中書省的別名，雖然缺乏武則天親自進行該決定的證據，像中書省如此重要的機構的選官情況，我們不能排除其與武則天本身不無關係的可能。武則天時期的另一項主要的書法方面的政策，可以算爲內文學館改稱習藝館，負責內廷女工的學習事業。《新唐書》有如下記載：

初，內文學館隸中書省，以儒學者一人爲學士，掌教宮人，武后如意元年（692），改曰習藝館，又改曰萬林內教坊，尋復舊。有內教博士十八人，經學五人，史、子、集綴文三人，楷書二人，莊老、太一、篆書、律令、吟詠、飛白書、算、碁各一人。

開元末（713—742），館廢，以内教博士以下隸内侍省，中官爲之[45]。

說到飛白書，我們不能不提武則天親自書丹的《昇仙太子之碑》，又稱《武后昇仙太子廟碑》，699 年 7 月 21 日立於當今的偃師縣（圖 6）[46]。石碑的碑首爲現存少量的飛白體，碑陰又有薛曜書《御製遊仙篇》及參與製作石碑的諸臣題名，

像薛稷、鍾紹京、韓神感等。從碑陽的一些書寫特點，我們可以看出當時武則天的獨特性格。其一，她作爲 75 歲左右的女性，尚能以飛白、行草、楷書三種書體書寫如此長的文章（碑高 343 釐米，寬 155 釐米，超過 2000 個字）確實不簡單。再者，她決定以行草書立碑，與當時書丹習慣也有所區別。盡管太宗李世民爲首次以行書立碑的人物（646 年 2 月 16 日所立的《晉祠銘》），在第 7 世紀末，以行草書立碑刻墓誌，除了 673 年 1 月 1 日完成的《集字聖教序》以外，文獻等史料並沒有其他記載。可是，在武則天以後，以行書、草書書丹的例子越來越多了，如著名書法家李邕（675—747）、蘇靈之（生活於第 8 世紀中葉）、吳通微（生活於第 8 世紀末）等[47]，以及民間也也開始使用了行、草書刻墓誌銘[48]。因此我們可以推測，當時武則天以行書立碑的確是一場獨特的選擇。

（五）梁昇卿（活動於第 8 世紀上半葉）《張説墓誌》（667—731）（732 年 9 月 7 日）

唐代書法文化以多種書體進行書寫創作爲特徵。尤其是楷書，人人熟知"唐楷"及"唐楷四家"的名品，至今爲書法愛好者臨摹的最重要的範本之一。從史料方面來看，唐朝的立碑、刻墓誌，的確以楷書最多。不過，還需要提的另一現象是以隸書——或稱"唐八分"而刻的石碑墓誌。以隸書變體而書寫的石碑墓誌，南北朝及隋代時期數目相當大。到了第 8 世紀上半葉的開元年間（713—742），或以玄宗李隆基（685—761，712—756 在位）喜愛隸書[49]爲動因，帶有唐代風格的隸書又大爲流行。雖然結構與漢隸相似，可是在筆法上唐代的隸書明顯地帶有楷書提按、起筆、收筆的痕跡，因此受到了楷書法度的影響。

圖 6　武則天書丹的《升仙太子碑》

無論是立石碑還是在刻墓誌，第 8 世紀無疑爲唐代隸書的頂峰階段：韓擇木、史惟則等唐隸名家皆活動在這一時期。如此唐代特殊風格的隸書的典型作品爲 1998 年洛陽出土的《張説墓誌》（667—731）（圖 7）。張説爲第 7 世紀末—第 8 世紀上半葉政治與文學大人物。李隆基在東宮（710—712）"説與國子司業褚无量俱爲侍讀，深見親敬。"[50]我們又知道張説在 711 年年初勸説李旦睿宗（662—716，684—690，710—712 在位）向李隆基遜位[51]，再者，當張説逝世的時候，李隆基還特別關心其症狀，"每日令中使問疾，並手寫藥方賜之。"[52]去世以後，"玄宗爲説又自製神道碑文，賜諡文貞"。[53]因而，我們可知張説在當時享有的政治與文化地位。墓誌撰文者張九齡（678—740）亦然爲第 8 世紀唐代政壇大人物。他在世爲張説所推重，引爲政壇的同道[54]。張説書法，《墓誌銘》及《舊唐書》未提，只有 1708 年清朝書學叢集《佩文齋書畫譜》將"張説"一條列於「書家傳六·唐二」，内容實出於《舊唐書》本傳[55]。而書丹者梁昇卿（生活於第 8 世紀上半葉）爲唐代八分書家高手，第 9 世紀的書法纂輯《墨藪》中的《書品優劣》記載五個唐代八分人物，將梁昇卿排在首位，其詞曰：

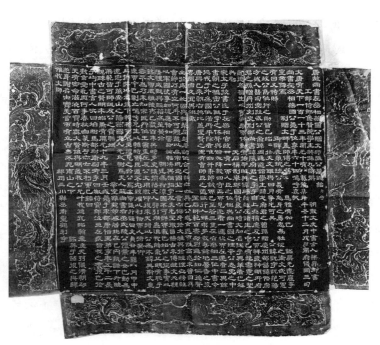

圖 7　龍門東山南麓出土的唐張説墓誌

梁昇卿如驚波往來，巨石前却。[56]

據張九齡本傳記載，他與梁昇卿相善[57]，因而我們可以推測或許梁昇卿被邀請隸書《張説墓誌銘》與張九齡頗有關係。

墓誌末行"鄜州三川縣丞衛靈鶴刻字"又是提這方重要石刻的鐫刻者，即三川（今西安市正北）縣丞的衛靈鶴。雖然歷史文獻沒有關於衛靈鶴的記載，他之所以能夠出現在如此重要的人物的墓誌上，一定是很有原因的。衛靈鶴爲"縣丞"，即輔佐縣令的官員。據《石刻考工録》所收録的刻碑、刊像的唐代人名當中，絕大部分不提官位。大部分情況石料記載只有刻工姓名或姓名和籍貫[58]。而《張説墓誌銘》刻石者確實爲地方官員，可以作爲選用高手的證據。

（六）沙門湛然（生活於第 8 世紀）書丹若干墓誌（740 ／ 754）

佛教爲中國外來宗教。隨著佛教從印度流行於中華地區，其異國宗教哲理與生活習俗傳入了漢土及少數民族地盤。但是，印度佛教一旦與中國社會各層開始交流，它不得不跟隨當地的種種文化表現而"漢化"。其中最典型的例子之一爲沙門僧人精通漢字。尤其是爲了抄錄佛經，僧人集團應當具備負責抄錄的經生、書手等專業人員。抄經不但是僧伽集團保護佛教文獻的主要手段，而且其本身的書寫行爲也可以稱爲佛教徒在實行宗教信仰的功德。正是因此，史料文獻還出現了有關唐代西崇福寺曾置有"侍書僧"一僧職的記載[59]。

我們知道，當時中國佛教與社會的兼容是很深刻的。特別是在中古時期的江南一帶，高層文人由於關心佛教和清談，因此形成了高層和尚有著當時文人的基本修養的熏陶[60]。

其中當然也包括書法藝術在內，譬如東晉康法識（生活於第 4 世紀），他與粟特後裔康昕（生卒年不詳）曾有書寫王羲之（303—361）草書的比賽[61]。

除了在南方以外，中原地區也不乏擅長書法的和尚，像洛陽大市寺安則慧（生活於第 4 世紀上半葉）。慧皎（497—554）的《高僧傳》（大約成於 530）卷 10 中，記載安則慧如下：

"……工正書。……寫《大品經》一部，合爲一卷。字如小豆，而分明可識，凡十餘本。以一本與汝南周仲智妻胡母氏供養。胡母過江齎經自隨……。"[62]

由此我們可知，早在西晉末葉，中原地區不但已經出現了以書法成名的和尚，而且存在著珍惜和尚墨寶的佛教徒。這種和尚與俗人佛教徒的來往，在唐朝達到了非常普遍的程度。

唐代是文人高官與僧人不斷來往的時代，歷史與文學有許多記載。就書法而言，釋懷素（俗姓錢，名藏真，生於 737 年）無疑是最著名的和尚書法家，其在世時間特愛交遊表演書法創作[63]。

不過，除了懷素作爲特殊的書壇人物以外，唐代還有另一種涉及到僧人與書法的關係。近二十幾年出土的銘刻史料表明，在第 8 世紀中葉，洛陽出現了一位特意書寫俗人墓誌銘的和尚，即爲洛陽大福先寺的沙門湛然。雖然史料基本上缺乏有關其人的記載[64]，從四方出土的墓誌銘，我們便可以從書法層面來了解當時和尚與佛教徒的特殊關係。我們知道湛然參與了至少四方墓誌銘的撰寫或書丹的工程：《滎陽郡夫人鄭氏墓誌》（740 年 12 月 12 日）、《盧公李夫人墓誌》（742 年 1 月 16 日）、《李君夫人盧氏墓誌》（754 年 2 月 9 日）和《穀熟縣丞鄭府君墓誌》（754 年 12 月 17 日），皆爲洛陽一帶所出土。除了《滎陽郡夫人鄭氏墓誌》（圖 8）以隸書書丹，其他三方都寫正楷。《李君夫人盧氏墓誌》還寫明"湛然書兼撰額"，出土還有其蓋，果然爲篆書。除了《盧公李夫人墓誌》爲湛然撰並書以外，其他三方爲別人撰寫。除了《穀熟縣丞鄭府君墓誌》墓主

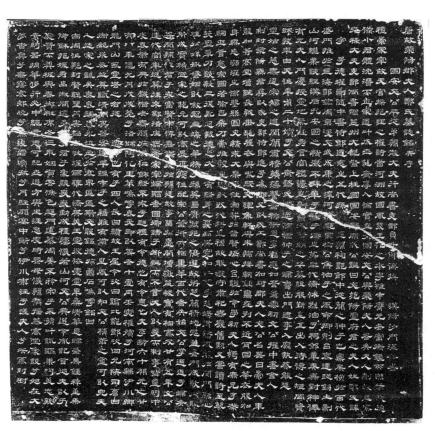

圖 8　龍門西山南麓出土的唐鄭德耀墓誌

爲男生以外，其他三方墓主皆為女生。《李君夫人盧氏墓誌》又是唯一記錄墓主曾有法號的墓誌。墓誌並不題其名字，祇寫其法號"無盡燈"，證明盧氏曾經受戒成爲了佛教徒，足以讓我們推測與洛陽大福先寺的湛然有宗教上的關係。除了該方墓誌以外，錄文並不帶有墓主信佛教的直接證據。因此我們可以推測，雖然墓主該與佛教信仰有著一定的關係，湛然之所以被邀請書丹墓誌銘，在很大的程度上可以追溯到他佛學與書學兼通的原因。從純粹的書法角度來觀察，我們不得不發現湛然對不同書體一樣熟悉：除了工整的小楷以外，他不但具有一手熟練的"唐隸"（即《鄭氏墓誌》）——正好符合當時玄宗李隆基喜愛的唐隸風格，《李君夫人盧氏墓誌》又寫明"湛然書兼篆額"，證明他亦然精通篆書。

不過，從另外的角度來看，我們也可以推測，《李君夫人盧氏墓誌》撰者鄭叔則（生卒年不詳）注明湛然書寫墓誌蓋，意味著他抑或從宗教層面抑或從藝文層面，在社會中有著一定地位和影響。觀察湛然楷書，

我們不難發現它明顯帶有鍾繇（151—232）的風格。而根據王木鐸、王沛所介紹[65]，湛然書丹的墓誌與陶宗儀（生活於第 14 世紀中葉）《書史會要》所記載的"釋湛然師鍾繇"吻合[66]。

由湛然一人的歷史事跡來看，中古時期的佛教僧伽重視書法創作並不祇以抄經作功德而已。書法爲社會所看重的藝術表現，中國僧人當然也不例外。和尚善於書法在一定的文化圈裏無疑爲社會高層文士所鑒賞。目前歷史記載尚希少，但是考古挖掘將來說不定還會提供更多類似沙門湛然的例子。

（七）張旭（約 675—759）《嚴仁墓誌》（743 年 1 月 1 日）

趙振華先生在其《洛陽出土墓誌撰文書丹鐫刻者及其書藝研究》一文中，將若干出於名人之筆的唐代墓誌舉例加以論述，證明在當時名人以種種原因而被邀請撰寫或書丹墓誌，無疑是偶然的現象[67]。我們以上所論述的幾個例子也足以證明中古洛陽撰寫與書丹碑刻墓誌爲當時文士所流行的高雅事業。不過，我們不應該以爲在如此衆多一群石刻文獻當中，任何名家或名人參與的立石碑刻墓誌的工程，都是精品。反而，我們從草書大家張旭（約 675—759）書丹的《嚴仁墓誌》一方墓誌（743 年 1 月 1 日）（圖 9），可以看出一種書法方面特殊的現象。張旭傳世作品極少，除了《嚴仁墓誌》和《郎官石柱記》（741 年 11 月 14 日建，原石已失，祇存孤本拓本）以外，其他草書幾幅學術界懷疑皆爲後人所作[68]。因此，1992 年年初《嚴仁墓誌》在洛陽偃師縣一出土問世，張旭書法真面貌終於得到了無可否定的依據。可是，我們一看該墓誌的書法風格，不得不感到一些失望。從楷書結構來觀察，有許多字計白守黑給人一種不平衡之感。我們從開端幾行就可以看出一些分間佈白的不成功之處：拿第 2 行墓主名"仁"字，我們不難發現張氏在處理左右偏旁的時候，確實沒有達到構件相呼應的目的，因而給人一種分散不凝固的感覺（見圖 9a）。拿出現在首行之"州"來說，它又出現在第 5 行，可是第 5 行的"州"字並不像首行那樣寫得相當工整：雖然三個豎畫保持了左低右高的趨勢，可是三個點確實失去了平行綫，即爲整個字的橫軸綫（見圖 9b）。除了這些結字較爲明顯的敗筆以外，我們從宏觀上看這方墓誌的書寫風格，也不得不感到張旭在行氣方面也尚未達到最高的表現。因此，我們除非懷疑張旭本身擅長楷書，不得不推算他至少在書寫這方墓誌的時候，好像沒有精心地進行書丹任務。如果我們將《嚴仁墓誌》與《郎官石柱記》作比較，不難發現，後者楷書相當精緻，還曾經受到許多評論家的贊同[69]。因此，我們不妨推測張旭書寫《嚴仁墓誌》是帶有應付性，不十分專心書丹的工作。儘管字字清晰可讀，但是像張旭大名家一類的楷書石刻，唐時更爲精緻者不可勝數。

圖 9　洛陽偃師出土的唐嚴仁墓誌

或許因爲墓主與撰稿人張萬頃、書丹人張旭都來自吳郡一帶，所以張旭同意爲埋在洛陽的同鄉書丹墓誌銘，也許張旭與嚴仁二人並非十分親近。

再者，王化昆先生的論文《唐代洛陽的職業墓誌撰稿人》，介紹了有唐一帶關於專業書寫墓誌銘的任務[70]。雖然記載稀少，我們也不能排除張旭之所以參與了《嚴仁墓誌》的書寫工程，是因爲得到了金錢的報酬。

四、結語

從上述幾個例子我們可以想像中古時期的洛陽一帶，高官、文人與地方官員在書法事業方面錯綜複雜的關係。除了墨跡書寫創作可以作爲書寫者獨立抒情載體以外，在立碑、刻墓誌方面，任何一方刻石都不是某人的個人製造的結果，而實爲一組籌備合作的小群體，其互相之間的關係各個不一。因此，除了審美效果以外，我們還需要考慮許多製造者邀請名家及特殊人物來書丹墓誌銘，首先是因爲其社會效果。像上述沙門湛然與張旭兩種情況所暗示，墓誌銘所傳達的藝術效果並不重要，實爲書寫者纔是製造者所看重的一方。

因此，我們容易發現，在歷代書法和銘刻領域，書寫者的角色十分特殊。我們看到了不提書丹者的《皇帝辟雍碑》與北魏皇家墓誌，也發現了《始平公造像記》記載一位歷史文獻無記載的朱義章，以及當時女皇武則天的石碑，都能夠證明當時漢字書寫世界的豐富性。

　　由此可知，在中古洛陽以及整個中國古代文化中書法在"創美麗"和"造功德"兩方面都起著極大作用，對推動當年歷史文化的發展與進步，作出了傑出的貢獻。

致辭

　　我的博士導師富安頓先生（Antonino Forte， 1940—2006）多年的知己、嚴謹、敏銳、勤奮的夫子張乃翥先生，在民族史、考古、藝術等領域在中外都已獲得了巨大的成就。除了其在民族史所作的貢獻之外，張先生一生在蒐集文物資料的同時，不但從歷史文獻角度給予考慮，而且從其形體審美價值銳意篩選，不斷地搜求寶貴的藝術拓片。因有幸參與其《洛汭草堂藏拓擷英》一書的撰述工程，我寫出這篇題爲《中古洛陽與書法名家》的短文。因此，我對張先生若干年來對我的指點與支持再一次表示衷心地感謝。富安頓先生非常熱愛洛陽，對洛陽歷史、文化、藝術等方面非常有研究，我想將此拙文奉獻給他。

參考文獻：

① （顯慶二年十二月）丁卯（662 年 2 月 9 日），手詔改洛陽宮爲東都"，見（後晉）劉昫等撰：《舊唐書》，卷四，北京：中華書局 1975 年，第 77 頁。

② 張乃翥：《龍門石窟始平公像龕造像年代管窺》，《中原文物》1983 年第 3 期，第 91—93 頁。

③ 例如隋唐時期洛陽佛教寺院總數至少已有 135 座，引見張乃翥輯：《洛陽隋唐寺院史料輯繹》（未刊稿）。

④ （清）段玉裁注：《說文解字》，上海：上海古籍出版社 1981 年，第 758—759 頁。

⑤ 有關漢代文字學與書法教育，參見華人德：《中國書法史——兩漢卷》，南京：江蘇教育出版社 1999 年，第 17—31 頁。

⑥ （南朝宋）范曄等：《後漢書》，卷八，北京：中華書局 1973 年，第 341 頁。

⑦ 見（美）Hans Bielenstein， *The Bureaucracy of Han Times* （《漢代行政概述》），New York: Cambridge University Press, 1980, pp.141.

⑧ 華仁德：《中國書法史——兩漢卷》，南京：江蘇教育出版社 1999 年，第 130 頁。

⑨ 《蔡邕傳》與《儒林列傳上》皆有記載。見前揭《後漢書》卷六〇下第 1990 頁、卷七七第 2533 頁、2558 頁。

⑩ 見前揭《後漢書》卷七九上第 2547 頁。

⑪ （西晉）衛恒（252—291）《四體書勢》有所記載，張彥生編著：《善本碑帖錄》，北京：中華書局 1984 年，第 43—44 頁；　劉濤：《中國書法史——魏晉南北朝卷》，南京：江蘇教育出版社 2002 年，第 21—23 頁。

⑫ 見（北齊）魏收：《魏書》，北京：中華書局 1974 年，卷七下，第 179 頁。從陰曆轉換西曆，筆者使用台灣"中央"研究院歷史語言研究所籌辦的"兩千年中西曆轉換"，網站：http://sinocal.sinica.edu.tw/。

⑬ 見前揭《舊唐書》，卷四，第 82 頁。

⑭ 有關唐代行政體制於書法，參見韓國磐：《〈卜天壽論語鄭氏寫本〉和唐代的書法》，《文物》，1973 年第 5 期，第 56—61 頁；朱關田：《中國書法史——隋唐卷》，南京：江蘇教育出版社 1999 年，第 49—52 頁。

⑮ （唐）李林甫等：《唐六典》，北京：中華書局 1992 年，卷二一，第 562 頁。

⑯ 同上，第 559 頁。

⑰ 孫過庭（約 646—約 690）《書譜》第 109 行，張懷瓘（活動於第 8 世紀）《書斷》卷上。參見 （日）谷村憙齋著：《唐孫過庭書譜——釋文解說》，東京：二玄社 1979 年；張彥遠撰：《法書要錄》，北京：人民美術出版社 2004 年，第 230—234 頁。今天通稱的五體書（真草隸行篆）最早出現在南宋（1127—1279）第一皇帝趙構（1107—1187）高宗（1127—1162 在位）撰寫的《翰墨志》中。見盧輔聖編：《中國書畫全書》（第 2 冊），上海：上海書畫出版社 1999 年，第 2 頁。

⑱ （宋）歐陽修等：《新唐書》，北京：中華書局 1975 年，卷四五，第 117 頁。

⑲ 見前揭《唐六典》，卷十，第 300 頁。

⑳ 楊明照：《抱朴子外篇校箋》，北京：中華書局 1997 年，卷二六，第 12 頁。

㉑ 楊勇：《世說新語校箋》，北京：中華書局 2001 年，卷下"巧藝"，第 385 頁。

㉒ 王元軍：《六朝書法與文化》，上海：上海書畫出版社 2002 年，第 27 頁。

㉓ 見王利器：《顏氏家訓集解》，北京：中華書局 2002 年，卷一九"雜藝"，第 570 頁。

㉔ 同上，第 587 頁。

㉕ （美）Teng Ssu-yü （鄧嗣禹）譯，*Family Instructions of the Yen Clan* （《顏氏家訓》），Leiden: E. J .Brill, 1968, pp. 23.

㉖ 見明萬曆八年（1580）刻本。

㉗ 見（唐）歐陽詢等主編：《藝文類聚》，上海：上海古籍出版社 1999 年，卷七四，第 1265—1268 頁。

㉘ 見前揭《唐六典》，卷八，第 225 頁。

㉙ 施安昌：《“北魏邙山體”析》，《書法叢刊》1994 年第 38 期，第 86—93 頁；施安昌：《北魏邙山體書蹟目録》，《書法叢刊》1996 年第 45 期，第 84—88 頁。

㉚ 劉濤：《中國書法史——魏晉南北朝卷》，南京：江蘇教育出版社 2002 年，第 435 頁。

㉛ 見張乃翥：《龍門石窟始平公像龕造像年代管窺》，《中原文物》1983 年第 3 期，第 91—93 頁。

㉜ 《始平公造像記》記載比丘慧成亡夫“父使持節，光［禄］大夫，洛州刺史，始平公……”，《孫秋生等造像記》提及“中散大夫滎陽太守孫道務，寧遠將軍中散大夫潁川太守安城令衛白犢，……新城縣功曹孫秋生新城縣功曹劉起祖”。

㉝ 畢羅：《孫過庭之志氣——〈書譜〉文體考》，載於《藝術史研究》2008 年第 10 期，第 107—130 頁；《孫過庭生平考》載於《書法叢刊》2009 年第 108 期，第 73—81 頁。

㉞ 《唐六典》卷二四記録“諸衛”及其職務，第一“左右衛”，有“左右衛胄曹參軍事”之官，主要任務爲記録不規則之事件。卷二八還列出“太子左右衛率府及諸率府”之職務，具體爲：“左右司禦率府”“左右司禦率府”“左右清道率府”“左右監門率府”“左右内率府”。（唐）李林甫等編：《唐六典》，北京：中華書局 1992 年，第 712—725 頁。

㉟ 見羅雍：《陳子昂伯玉先生年譜》，臺北：臺灣商務印書館 1986 年，第 20—34 頁。

㊱ 見前揭《孫過庭生平考》，第 74 頁。

㊲ 見《陳伯玉集》，《四部叢刊本》，臺北：臺灣商務印書館 1965 年，卷七。

㊳ 705 年又復稱“秘書少監”，見（後晉）劉昫等撰：《舊唐書》，北京：中華書局 1975 年，卷四三，第 1854 頁。

㊴ 《王紹宗傳》載於前揭《舊唐書》卷一八九下，第 4963—4964 頁。

㊵ 見（宋）歐陽修等：《新唐書》，北京：中華書局 1975 年，卷一八九下，第 5668 頁。

㊶ （唐）張彥遠：《歷代名畫記》，北京：人民美術出版社 2005 年，卷九，第 185 頁。

㊷ 有關《書譜》與孫過庭一生的關係，筆者有拙文作專門論述，見畢羅：《孫過庭之志氣：〈書譜〉文體考》，《藝術史研究》2008 年第 10 期，第 107—130 頁。

㊸ 墨跡末行題爲“萬歲通天二年四月三日”，見許禮平編：《中國名家法書——王羲之／萬歲通天帖》，北京：文物出版社 1997 年，第 25 頁。

㊹ 見前揭《舊唐書》，卷九七，第 3041—3042 頁。

㊺ 見前揭《舊唐書》，卷四七，第 1222 頁。

㊻ 參見朱關田：《中國書法全集——22 褚遂良》，北京：榮寶齋 1999 年，第 274—283、323 頁。有關中國歷史地理，筆者參考譚其驤主編《中國歷史地圖集》，北京：中國地圖出版社 1996 年。

㊼ 有關盛唐行書名家，參見前揭《中國書法史——隋唐五代卷》，第 90—108 頁。

㊽ 比如河南省博愛縣出土的《崔師墓誌》（707 年 6 月 27 日葬），見郝本性主編：《隋唐五代墓誌匯編——河南卷》，天津：天津古籍出版社 1991 年，第 45 頁。

㊾ 見前揭《舊唐書》，卷八，第 165 頁。

㊿ 見前揭《舊唐書》，卷九七，第 3051 頁。

51 見（宋）司馬光：《資治通鑑》，北京：中華書局 1956 年，卷二一〇，第 6663 頁。

52 見前揭《舊唐書》，卷九七，第 3056 頁。

53 同上，第 3057 頁。

54 見前揭《舊唐書》，卷九九，第 3098 頁。

55 見（清）孫岳頒等纂輯：《佩文齋書畫譜》，《四庫全書》本，上海：上海古籍出版社 1991 年，第 163 頁。

56 載於前揭《中國書畫全書》，第 1 册，第 13 頁。

57 見前揭《舊唐書》，卷九九，第 3100 頁。

58 見曾毅公輯：《石刻考工録》，北京：書目文獻出版社 1987 年，第 5—25 頁。

59 見陳潭撰並書《大唐西崇寺故侍書僧崇簡上人墓誌銘》（734 年 5 月 31 日），洛陽北郊邙山出土。見張乃翥《龍門區系石刻文萃》，北京：國家圖書館出版社 2011 年，第 495 頁。

60 （荷）Erik Zürcher, *The Buddhist Conquest of China* 《佛教征服中國》，Leiden: E.J. Brill, 2007, pp.75.

61 見（南朝梁）釋慧皎：《高僧傳》，北京：中華書局 1992 年，卷四，第 156—157 頁。

62 同上，第 372—373 頁。

63 有關懷素生平，見前揭《中國書法史——隋唐卷》，第 115—119 頁。

64 有關湛然生平等問題，見王木鐸、王沛：《唐代三方墓誌與書寫者湛然》，《中國書法》2009 年第 6 期，第 57—59、123 頁。

65 同上，第 123 頁。

66 （明）陶宗儀：《書史會要》，上海：上海書店 1984 年，卷五，第 201 頁。

67 見洛陽大學東方文化研究所編：《洛陽書法新論》，鄭州：河南人民出版社 2007 年，第 128—133 頁。

68 見前揭《中國書法史——隋唐卷》，第 115 頁。

69 同上。

70 王化昆：《唐代洛陽的職業墓誌撰稿人》，《河南科技大學學報》2009 年第 2 期，第 20—24 頁。

後　記

　　1990 年前後，洛陽古舊市場開始有當地魏唐墓誌——尤其是龍門地區新近出土的唐代墓誌——陸續面世。這些古代文物的文獻敘事，與早年這裏出土的同類石刻文獻一起，透露了中古時期一個“龍門地域文化群落”真實存在的信息。坊間陡然流行的這些歷史資料，對供職於龍門石窟研究院而與石刻文物朝夕過從的筆者來說，自然引起了分外的震感——即如龍門石窟古陽洞等有專職文物機構保管的文化遺存，其文物拓本亦有流散於市場者！

　　隨著年月的推移，筆者於古董市場淘換上述文史資料的收穫，已經可以爲龍門地區文化故實的面貌勾畫，提供一個清晰的框架性圖景。執是之故，編輯一本《龍門區系石刻文萃》書稿的想法，遂有付諸實現的可能。

　　此間值得人們注意的是，在這些石刻文物之中，大抵由於墓主身份的顯貴和經濟實力的充實，一些石刻作品的雕琢技藝傳達了極其絕妙而富於美學張力的工藝韻致——其題材設置之天方詭異，其畫面佈局之嚴謹緻密，其筆觸刀法之委婉有序，其視覺效果之生動傳神，在在折射出古代雕刻藝術家爐火純青的美術創造能力！洛陽古代遺跡中這些具有絕佳審美價值的藝術作品，不僅是歷史惠施給我們的一份豐厚的文化遺產，更是一座歷史文化名城在封建文明的巔峰時代兼融中外文化精華的真實紀影——美學讀品之啓迪於人們的史學認知，上述文化史料可謂一項值得我們細心瀏覽的畫卷。

　　面對這些已逝歲月令人爲之折服的文化遺跡，我們難以抑制對於古代文明“技藝含量”的回溯與扣問。筆者對本書歷史資料已有的研究表明，這些美術作品的出現，根源於中國封建社會繁榮時代相對開放的國家風尚的孕育。倘若將如此神采四溢的美術作品放置於當年的文化背景中加以考察的話，人們無不會從中體會到，正是當年中外社會通過絲綢之路絡繹不絕的人際往來和文化交流，推動了內地文化意識、審美理念對西域文明的兼融與汲取。

　　以圖書結集的方式公佈上述收藏積年的美術史料，是個人學涯晚年凝結在心的一樁難以釋懷的期許——筆者認爲，將個人私藏珍貴資料轉換爲有益於社會的公共讀本，對促進國家的文化進步及讀者歷史意識的增進和審美能力的提高，無疑都是一件具有積極意義的事業。

時至今日，當書稿終於展現在讀者面前的時刻，我們可以透過這些充滿視覺審美價值的文本，感受到洛陽古代歷史文明的成果積澱，以其傳神入化的時空品質，喚起世人對一段故國崢嶸歲月的眷念——祖國優秀歷史文化的滋養，必將激發吾人心力向上的情感。

國家圖書館出版社社長郭又陵先生，近年曾以前瞻性眼光關注著洛陽古代文化遺產的科研揭示。不數年間，其鼎力扶持的洛中著述，以洋洋大觀的集束體量出現在國內學術領域的前沿。從而鋪就了一條通向闡釋華夏經典文明、引領國人學術視野的陽光通道！

本書之所以能克服重重技術難度順利地出版，除了書中包含的珍貴美學史料值得編輯同仁熱忱工作，爲學界奉獻一項精品讀物之外，更與出版單位敬業理念的直接推動有著內在的關聯。

一項城市文化遺產文獻讀本的結集，原本就發生在這樣的一種人際因緣之間！毫無疑問，這部圖籍的出版，正是國家當今文化生態現實的一個可以正向考量的側面。

願這本美術讀物能以旨趣雋永的意蘊，給中外讀友帶來史學審美的愉悅。

張乃翥 2010 年清明時節跋於洛汭草堂